W0253545

ALLE · ZEIT · WACH
1842

H.-D. Lippert W. Weissauer

Das Rettungswesen

Organisation · Medizin · Recht

Unter Mitarbeit von F. W. Ahnefeld

Springer-Verlag
Berlin Heidelberg New York Tokyo 1984

Dr. jur. Hans-Dieter Lippert, Oberregierungsrat
Von-Stadion-Straße 1, 7906 Blaustein

Dr. med. h. c. Walther Weissauer, Ministerialdirigent,
Eckerstraße 34, 8050 Freising

CIP-Kurztitelaufnahme der Deutschen Bibliothek
Lippert, Hans-Dieter: Das Rettungswesen : Organisation – Medizin – Recht / Hans-Dieter Lippert ; Walther Weissauer. Unter Mitarb. von Friedrich Wilhelm Ahnefeld. – Berlin ; Heidelberg ; New York ; Tokyo : Springer, 1984.

ISBN-13: 978-3-642-69267-3 e-ISBN-13: 978-3-642-69266-6
DOI: 10.1007/978-3-642-69266-6

NE: Weissauer, Walther:

Softcover reprint of the hardcover 1st edition 1984

2119/3140-543210

Vorwort

Die Rettungsdienstgesetze der Länder haben die Einrichtung und Neuorganisation einer Vielzahl von Rettungs- und Notarztdiensten eingeleitet, so daß heute in der Bundesrepublik von einem annähernd flächendeckenden, technisch und einsatztaktisch hervorragend ausgestatteten Rettungswesen gesprochen werden kann.
Allen Vereinheitlichungstendenzen zum Trotz haben sich für den Rettungs- und Notarztdienst von Bundesland zu Bundesland, aber selbst innerhalb einzelner Bundesländer, unterschiedliche Strukturen herausgebildet.
Das vorliegende Werk versucht eine systematische Bestandsaufnahme des Entstandenen, mit dem Ziel, die den Diensten gemeinsamen Strukturen herauszuarbeiten.
Den in den Diensten Tätigen soll es in Zweifelsfragen Ratgeber sein. Den am Rettungs- und Notarztdienst beteiligten Organisationen will es Grundlagen und Anregungen zur weiteren Ausgestaltung der Dienste geben.
Ein derartiges Werk kann nicht vollständig sein.
Anregungen und Verbesserungsvorschläge werden daher gerne entgegengenommen. Allen, die am Zustandekommen dieses Buches, vor allem an der Fertigung des Manuskriptes beteiligt waren, sagen wir Dank. Besonderen Dank schulden wir Herrn Dr. G. Hirsch für eine kritische Durchsicht des Manuskripts und seine wertvollen Anregungen.
Schrifttum und Rechtsprechung sind bis Oktober 1983 berücksichtigt.

Ulm/München im Oktober 1983 Hans-Dieter Lippert Walther Weissauer

Inhaltsverzeichnis

Anhang

Rechtsvorschriften, Richtlinien, Vereinbarungen, Muster und Entwürfe

Abkürzungsverzeichnis

a. A.	anderer Ansicht
a. E.	am Ende
a. a. O.	am angegebenen Ort (Literaturverzeichnis, sowie Literaturverzeichnisse nach den einzelnen Teilen)
Abs.	Absatz
ADAC	Allg. Deutscher Automobilclub e. V.
Amtsbl.	Amtsblatt (u. jeweiliger Bereich)
AMG	Gesetz zur Neuordnung des Arzneimittelrecht (AMG) v. 24. 8. 1976 i. d. F. vom 24. 2. 1983 (BGBl I S. 169)
Anästh. u. Intensivmed.	Anästhesiologie und Intensivmedizin (Vorgängerin: Anästh. Informationen zit. nach Band, Jahr, Seite)
Anm.	Anmerkung
AP	Arbeitsrechtliche Praxis
ArbGG	Arbeitsgerichtsgesetz v. 3. Sept. 1963 (BGBl. I S. 1267)
Arge	Arbeitsgemeinschaft
Art.	Artikel
ASB	Arbeiter-Samariter-Bund e. V.
Az.	Aktenzeichen
BAT	Bundesangestelltentarifvertrag
BAG	Bundesarbeitsgericht
BAGE	Entscheidungen des Bundesarbeitsgerichts
BayOLG	Bayerisches Oberstes Landesgericht
BayVGH	Bayerischer Verwaltungsgerichtshof
BBG	Bundesbeamtengesetz i. d. F. v. 3. 1. 1977 (BGBl I S. 1)
BDA	Berufsverband Deutscher Anästhesisten
BDC	Berufsverband der Deutschen Chirurgen
BDSG	Bundesdatenschutzgesetz v. 27. 1. 1977 (BGBl I S. 201)
Beamten VG	Beamtenversorgungsgesetz v. 24. 8. 1976 (BGBl I S. 2485)
BGB	Bürgerliches Gesetzbuch v. 18. 8. 1896 (BGBl. S. 195)
BGBl. I	Bundesgesetzblatt Teil 1
BGH	Bundesgerichtshof
BGH St	Entscheidungen des Bundesgerichtshofes in Strafsachen (amtl. Sammlung)
BGHZ	Entscheidungen des Bundesgerichtshofes in Zivilsachen (amtl. Sammlung)
BPersVG	Bundespersonalvertretungsgesetz v. 15. 3. 1974 (BGBl. I S. 693)
BSG	Bundessozialgericht

BSGE	Entscheidungen des Bundessozialgerichtes (amtl. Sammlung)
BT-Drucks.	Drucksachen des Bundestages
BtMG	Gesetz zur Neuordnung des Betäubungsmittelrechts (BtMG) v. 28.7. 1981 (BGBl. S.681)
BVerfG	Bundesverfassungsgericht
BVerfGE	Entscheidungen des Bundesverfassungsgerichtes (amtl. Sammlung)
DÄBL	Deutsches Ärzteblatt, (zit. nach Jahrgg., Band, Seite)
ders.	derselbe (Verfasser)
DGAI	Deutsche Gesellschaft für Anästhesie und Intensivmedizin e. V.
DKG	Deutsche Krankenhausgesellschaft e. V.
DMW	Deutsche Medizinische Wochenschrift (zit. nach Band, Jahr, Seite)
DÖV	Die öffentliche Verwaltung (zit. nach Jahr u. Seite)
DRK	Deutsches Rotes Kreuz e. V.
DRF	Deutsche Rettungsflugwacht e. V.
DuD	Datenschutz u. Datensicherung (zit. nach Jahr u. Seite)
DVBl.	Deutsches Verwaltungsblatt (zit. nach Jahr u. Seite)
Einl.	Einleitung
FS	Festschrift
GA	Goltdammer's Archiv für Strafrecht (zit. nach Band u. Seite)
GG	Grundgesetz v. 23.5. 1949 (BGBl. I S.1)
GesE	Gesetzentwurf
GBl.	Gesetzblatt (unter Zusatz der jeweiligen Bundesländer)
GVBl.	Gesetz- u. Verordnungsblatt
GVOBl. GV	unter Zusatz der jeweiligen Bundesländer
h. M.	herrschende Meinung
Hs.	Halbsatz
i. e. S.	in engeren Sinn
i. d. F.	in der Fassung
JUH	Johanniter-Unfallhilfe
JuS	Juristische Schulung (zit. nach Jahr und Seite)
i. V. m.	in Verbindung mit
JZ	Juristenzeitung (zit. nach Jahr u. Seite)
i. w. S.	im weiteren Sinn
KschG	Kündigungsschutzgesetz v. 25.8. 1969 (BGBl. I S.1317)
KV	Kassenärztliche Vereinigung
LT-Drucksache	Landtagdrucksache (jeweiliges Bundesland)
LAG	Landesarbeitsgericht
LDSG	Landesdatenschutzgesetz b.-w. v. 4.12. 1979 (GBl. S.534)
LPVG	Landespersonalvertretungsgesetz b.-w. i. d. F. v. 1.10. 1975 (GBl. S.693)
LSG	Landessozialgericht
LuftVG	Luftverkehrsgesetz v. 4.11. 1968 (BGBl. I S.1113)

MBl.	Ministerialblatt (des jew. Bundeslandes bzw. Landesministeriums)
MedR	Medizinrecht (zit. nach Jahr u. Seite)
MHD	Malteser-Hilfsdienst
MS	niedersächs. Minister für Soziales
m.w.N.	mit weiteren Nachweisen
NAW	Notarztwagen
NEF	Notarzteinsatzfahrzeug
NJW	Neue Juristische Wochenschrift (zit. nach Jahr und Seite)
NStZ	Neue Zeitschrift für Strafrecht (zit. nach Jahr u. Seite)
OLG	Oberlandesgericht
RdA	Recht der Arbeit (zit. nach Jahr u. Seite)
RDG	Rettungsdienstgesetz (mit Landeszusatz)
RG	Reichsgericht
RGBl.	Reichsgesetzblatt
RGSt	Entscheidungen des Reichsgerichts in Strafsachen (amtl. Sammlung)
RGZ	Entscheidungen des Reichsgerichts in Zivilsachen (amtl. Sammlung)
RTH	Rettungshubschrauber
RTW	Rettungswagen
RVO	Reichsversicherungsordnung v. 19.7.1911 (RGBl. I S.509)
SAR	Search and Rescue-Dienst
SoldatenversG	Soldatenversorgungsgesetz v. 18.2. 1977 (BGBl. I S.337)
StGB	Strafgesetzbuch v. 2.1. 1975 (BGBl. I S.1)
StHG	Staatshaftungsgesetz v. 26.6. 1981 (BGBl. I S.553)
StPO	Strafprozeßordnung v. 7.1. 1975 (BGBl. I S.129)
StVG	Straßenverkehrsgesetz v. 29.12. 1952 (BGBl. I S.837)
VersR	Versicherungsrecht, Juristische Rundschau für die Individualversicherung (zit. nach Jahr u. Seite)
VO	Verordnung
Vorb.	Vorbemerkung
VVDStL	Veröffentlichungen der Vereinigung der Deutschen Staatsrechtslehrer
VwGO	Verwaltungsgerichtsordnung v. 21.1. 1960 (BGBl. I S.17)
ZPO	Zivilprozeßordnung v. 12.9. 1950 (BGBl. I S.533)
ZStW	Zeitschrift für die gesamte Strafrechtswissenschaft

Teil 1

Die Grundlagen des Rettungswesens

1 Entstehung des Rettungswesens

1* Die Pflicht zu spontaner Hilfeleistung läßt sich in ihren religiösen Ursprüngen bis in das frühe Christentum zurückverfolgen. Mit dem Gleichnis vom barmherzigen Samariter hat sie Eingang in die Bibel gefunden (Lk 10, 30). Es war über die spontane Hilfeleistung hinaus prägend, auch für die Entwicklung der Krankenpflege im christlichen Abendland.[1]

2 Bereits im frühen Christentum bildete sich unter seinen Anhängern eine besondere Gruppe aus, zu deren festen Aufgaben es gehörte, Kranke zu betreuen. Bis in die Neuzeit hinein wurde die Krankenpflege fast ausschließlich von Religionsgemeinschaften wahrgenommen. Krankenhäuser und Klöster bildeten im Mittelalter eine Einheit. Die Betreuung der Kranken bestand wegen der engen Grenzen ärztlicher Hilfe überwiegend in der Behandlungs- und Heilpflege. Die Behandlung durch Mönchsärzte in den Hospitälern wurde zudem wesentlich eingeschränkt, als das Edikt von Clermont (1130) die Mönche strenger auf ihre geistliche Bestimmung hinwies und ging nun mit der Wissenschaftspflege auf die Universitäten und die dort ausgebildeten Ärzte über.

3 Die Folge war eine intensive Ausrichtung der christlichen Gemeinschaften auf die engere barmherzige Pflegetätigkeit. Aus den alten Formen des Klosterwesens entwickelten sich christliche Ordensbewegungen, die ihre Tätigkeit in erster Linie dieser Aufgabe widmeten. Man kann sie in 3 große Gruppen zusammenfassen: die geistlichen Orden, die Ritterorden und die weltlichen Orden.

4 Während die geistlichen Orden keine eigentlichen Neuschöpfungen waren, sind die Ritterorden v. a. Produkt der Kreuzzugbewegung. In Jerusalem lag die Betreuung der Pilger in Händen der Brüder des Hospitals vom heiligen Johannes, die sich während der Kreuzzüge in einen Ritterorden, die Johanniter, später Malteser, umwandelten. Ebenfalls im Johannes-Spital zu Jerusalem gab es eine Bruderschaft deutscher Ritter. Zunächst als Brüder vom Hospital der heiligen Jungfrau Maria zu Jerusalem anerkannt, ist aus dieser Bruderschaft später der Deutsch-Ritter-Orden hervorgegangen.

5 Die weltlichen Orden schließlich waren durch die Stände gehende Pflegegemeinschaften. Ursprünglich als Laienvereinigungen, die sich zu karitativem Dienst zusammenschlossen, gegründet, unterstellten sie sich dem Schutz der Kirche, ohne ei-

1 Vgl. hierzu und dem folgenden E. Seidler, a. a. O.
* Das Sachverzeichnis am Ende des Buches nimmt auf die Randnummern im Text Bezug.

gentlich kirchliche Einrichtungen zu sein. Hier sind die Brüder vom Orden des heiligen Geistes, aber auch die Antoniter zu nennen.

6 Im 18. und 19. Jahrhundert traten neben Pflegeorganisationen beider Konfessionen nichtkirchliche Organisationen. Der Krim-Krieg und die Schlacht von Solferino stehen für den Beginn zweier Bewegungen, die bis in die heutige Zeit von Bedeutung sind: Die Nightingale-Bewegung und das Rote Kreuz.

7 Während die Nightingale-Bewegung ihre Erfolge im eigentlichen Krankenpflegebereich hatte, nahm die Entwicklung des Roten Kreuzes eine andere Wendung. Seine Internationalisierung und Gliederung in nationale Rot-Kreuz-Gesellschaften haben es zu einer umfassenden Hilfsorganisation gemacht. Neben der Krankenpflege widmet es sich einer Vielzahl karitativer Bereiche.

8 Das Rote Kreuz und andere Hilfsorganisationen,[2] die wie z. B. der Arbeiter-Samariter-Bund als Selbsthilfeorganisationen bestimmter Bevölkerungskreise gegründet wurden, nahmen sich der Erstversorgung von Unfallopfern und deren Transport ins Krankenhaus an. Neben den Laienhelfer, der zu spontaner Hilfe am Unfallort befähigt ist, trat damit nach und nach der geschulte, zu qualifizierter Hilfe für den Verletzten befähigte Helfer der Hilfsorganisation, der zugleich den sich möglicherweise anschließenden Transport des Verletzten besorgte. Mit zunehmender Verkehrsdichte und der Technisierung aller Lebensbereiche gewann dieses Hilfsangebot - zunächst überwiegend noch mit ehrenamtlichen Helfern erbracht - immer mehr an praktischer Bedeutung.

9 Bis in die neueste Zeit war es das Ziel Erster-Hilfe-Maßnahmen, den Patienten mit den am Notfallort verfügbaren Mitteln transportfähig zu machen, um ihn dann zum Arzt oder in das Krankenhaus zur Weiterbehandlung zu bringen. Lebenserhaltende Maßnahmen konnten vor, nicht aber während des Transportes vorgenommen werden. So gelangte zwar eine wachsende Zahl von Patienten in ärztliche Behandlung, jedoch oft mit irreversiblen, im Anschluß an die Erste-Hilfe-Maßnahmen erworbenen Schädigungen.

10 Das grundlegend neue Konzept, nicht den Notfallpatienten zum Arzt, sondern den Arzt zum Patienten zu bringen, wurde versuchsweise schon vor 2 Jahrzehnten erprobt (Clinomobil Heidelberg; Notarztwagen Köln). Auch in der notfallmedizinischen Versorgung am Notfallort ergab sich aber in den beiden letzten Jahrzehnten eine grundlegende Tendenzwende. Die Entwicklung spezifischer notfallmedizinischer Methoden, insbesondere in der Akut- und Dauerreanimation, ermöglicht es nun, schwere und schwerste Beeinträchtigungen der Vitalfunktionen so lange zu überbrücken, bis eine kausale Therapie eingeleitet werden kann. Der Schwerpunkt liegt nun auf der Wiederherstellung der Vitalfunktionen und ihrer Aufrechterhaltung während des Transportes. Damit kann die Behandlung der Verletzung oder Krankheit sehr weitgehend in den stationären Bereich verlagert werden.

---

2 Zur Geschichte des Rettungsdienstes vgl. W. Biese, in: Handbuch, a. a.O.

11 In der Anfangsphase ließen sich freilich die apparativen, technischen und organisatorischen Möglichkeiten der sich etablierenden Notfallmedizin nur unter erheblichen Reibungsverlusten in die Praxis des Rettungsdienstes umsetzen. Frühzeitig erhoben daher Fachleute des Rettungswesens – v. a. unter dem Eindruck einer steigenden Zahl von Straßenverkehrsunfällen – die Forderung nach einer planmäßigen Organisation des Rettungswesens sowie nach einer Koordination der dafür verfügbaren personellen, sachlichen und technischen Mittel.

12 Zur Verwirklichung dieser Forderung ergingen rechtliche Regelungen, um die bestehenden unterschiedlichen Strukturen einander anzugleichen, und aus der Zusammenfassung der verfügbaren Mittel einen effektiven und flächendeckenden Rettungsdienst zu schaffen. Dabei sollten private Initiativen in möglichst großem Umfang erhalten bleiben. Ziel war die Schaffung eines Rettungsdienstes als Teil staatlicher Daseinsvorsorge.

13 Schwierigkeiten für eine gesetzliche Regelung ergaben sich dabei aus der föderativen Struktur der Bundesrepublik. Von einigen Ausnahmen abgesehen, (Ausbildung der Rettungssanitäter, Personenbeförderung), fehlt dem Bund die Kompetenz für die Gesetzgebung über das Rettungswesen.[3]

---

3 Zu den Forderungen vgl. die Resolutionen des 2. und 3. Rettungskongresses des DRK 1971 (Göttingen) und 1974 (Sindelfingen) in: Handbuch des Rettungswesens G.2.1 und G.2.2

2 Rechtliche Grundlagen des organisierten Rettungswesens

2.1 Grundbegriffe

14 Für die Erörterung der organisatorischen und rechtlichen Grundlagen des Rettungswesens ist eine einheitliche Terminologie unerläßlich.
Daher soll versucht werden, zunächst die Grundbegriffe zu definieren, die im organisierten Rettungswesen Verwendung finden.

2.1.1 Unglücksfall und Notfall

15 Der Notfall, um den es im Rettungswesen geht, kann rechtlich unter den Oberbegriff des Unglückfalles eingeordnet werden. Der Begriff des Unglückfalles findet sich in § 323 cStGB. Nach gängiger Definition, die noch auf das RG[1] zurückgeht, ist der Unglücksfall ein plötzlich eintretendes Ereignis, das erhebliche Gefahren für Menschen (und Sachen) hervorruft oder hervorzurufen droht, wie z. B. ein Verkehrsunfall[2], eine plötzliche Erkrankung oder die plötzliche Verschlimmerung einer Krankheit und die versuchte Selbsttötung.[3] Sein spezifisches Gepräge gegenüber dem Oberbegriff des Unfalls erhält der für das Rettungswesen relevante Begriff des Notfalls dadurch, daß für den Hilfsbedürftigen akute Lebensgefahr oder die Gefahr schwerer Gesundheitsschäden gegeben ist und daß die erforderliche Hilfe in medizinischen Leistungen besteht.[4]

2.1.2 Der Notfallpatient

16 Definitionen des „Notfallpatienten" finden sich in den Rettungsdienstgesetzen der Länder, z. B. in § 1 Abs. 2 b. w. RDG und in Art. 1 Abs. 2 bay. RDG. Legt man diese Definition zugrunde, so sind Notfallpatienten im Sinne dieser Gesetze Kranke oder Verletzte, die sich in Lebensgefahr befinden oder bei denen schwerwiegende gesundheitliche Schäden zu befürchten sind, wenn sie nicht unverzüglich medizinische Hilfe erhalten.

---

1 So RG DR 1942 S. 1223
2 So BGH GA 1956, 121; BGH St 11, 136
3 Bay ObLG NJW 1953, 556; BGH St 6, 147 (153); OLG Hamm NJW 1975, 604 (605); AG Groß-Gerau NJW 1982, 709
4 So W. Weissauer, Der Arzt, ... a. a. O. S. 1011 ff.

2.1.3 Die allgemeine Hilfeleistungspflicht

17 Mit der Einordnung des Notfalles unter den Oberbegriff des Unglücksfalles im Sinne des § 323 c StGB ist der Zugang zu einer für das Rettungswesen zentralen Rechtsvorschrift eröffnet.

18 Diese allgemein bekannte Strafbestimmung (der „Liebesparagraph") verpflichtet zur *spontanen* Hilfeleistung. Sie bedroht denjenigen wegen *unterlassener Hilfeleistung* mit Freiheits- oder Geldstrafe, der bei Unglücksfällen nicht Hilfe leistet, obwohl dies erforderlich und ihm den Umständen nach zuzumuten ist. Danach ist jeder, nicht nur der Arzt, zur Hilfeleistung in medizinischen Notfällen verpflichtet. Wirksame Hilfe kann aber meist nur derjenige leisten, der zumindest über medizinische Grundkenntnisse und Erfahrungen in der Ersten Hilfe verfügt.

19 Zur *spontanen* Hilfeleistung ist jeder verpflichtet, der zufällig an einen Unfallort kommt, aber auch derjenige, der als Nächsterreichbarer zum Unfallort gerufen wird und dort schnellere und wirksamere Hilfe leisten kann als andere.[5]

20 Ein hochentwickeltes Gesundheitswesen kann sich mit der Statuierung einer spontanen, im Ergebnis mehr oder minder zufälligen Hilfeleistungspflicht freilich nicht begnügen. Es benötigt ein *organisiertes* Rettungswesen und Ärzte, die in dieses Rettungswesen zur Versorgung der Notfälle integriert werden. Die allgemeine Hilfeleistungspflicht wird jedoch durch die Einrichtung eines solchen Rettungswesens nicht aufgehoben. Nach wie vor ist jeder verpflichtet, in Notfällen die ihm nach seinen Kenntnissen und Fähigkeiten mögliche Erste Hilfe zu leisten.

2.1.4 Der Rettungsdienst

21 Der Rettungsdienst hat in den Ländern, die Rettungsdienstgesetze erlassen haben, seine entscheidende Prägung durch den Gesetzgeber erfahren. Am leichtesten läßt sich der Begriff des Rettungsdienstes dadurch bestimmen, daß seine Funktion innerhalb der Rettungskette[6] in den Vordergrund gestellt wird.

22 Der Rettungsdienst ist danach eine planmäßig organisierte Einrichtung der Daseinsvorsorge mit der Aufgabe, unter Einsatz der vom Träger des Dienstes oder den mit seiner Durchführung beauftragten Hilfsorganisationen bereitgestellten personellen und sachlichen Mitteln, Notfallpatienten am Notfallort nach notfallmedizinischen Grundsätzen zu versorgen, sie transportfähig zu machen und unter sachgerechter Betreuung während des Transportes in ein für die weitere Versorgung geeignetes Krankenhaus zu befördern.

23 Art, Umfang und Effektivität der notfallmedizinischen Versorgung hängen dabei weitgehend davon ab, ob und inwieweit dem Rettungsdienst speziell ausgebilde-

---

5 Zur Hilfeleistungspflicht des Arztes vgl. A. Laufs, a.a.O. Rdn. 38 ff. m.w.N. H. Narr, a.a.O. Rdn. 715 ff., 726; W. Weissauer, H.-D. Lippert in: P. Sefrin, a.a.O. S. 22 f.

6 Vgl. zum Begriff der Rettungskette, F. W. Ahnefeld in: Handbuch, a.a.O. S. 5 f.

te Notärzte am Notfallort und während des Transports zur Verfügung stehen. Da die Hilfsorganisationen und Feuerwehren traditionsgemäß nicht über einen eigenen ärztlichen Dienst verfügen, sichert erst ihre Kooperation mit einem organisierten Notarztdienst die volle Leistungsfähigkeit des Rettungsdienstes als zentrales Glied der Rettungskette, das auch in anderen wesentlichen Bereichen auf das Zusammenwirken mit den anderen Gliedern der Rettungskette angewiesen ist.

24 Die Rettungsdienstgesetze treffen deshalb Regelungen über das Zusammenwirken zwischen dem Rettungsdienst und dem notärztlichen Dienst sowie mit den zur technischen Hilfe fähigen Organisationen (wie dem Technischen Hilfswerk), mit den Rettungsleitstellen und den Krankenhäusern.
Damit ist noch nichts darüber ausgesagt, wer im einzelnen zum Träger des Rettungsdienstes berufen ist, wieweit er diese Aufgaben selbst wahrzunehmen hat oder sie delegieren darf oder muß.

2.1.5 Der Notarztdienst

25 Zur planmäßigen ärztlichen Versorgung von Notfällen hat sich ein duales System entwickelt. Neben den traditionellen, von den Kassenärztlichen Vereinigungen und den Ärztekammern getragenen Notfall- oder Bereitschaftsdiensten sind Notarztdienste unterschiedlicher Organisationsformen entstanden.[7]

26 Der wesentliche Unterschied zwischen den beiden Diensten kann darin gesehen werden, daß der Notarzt von seiner Qualifikation her über spezifische notfallmedizinische Kenntnisse und Erfahrungen verfügt, während die (obligatorische) Teilnahme am Notfalldienst solche Kenntnisse und Erfahrungen nicht voraussetzt, sowie weiter darin, daß der Notarztdienst voll in das Rettungswesen integriert ist und auch organisatorisch eng mit dem Rettungsdienst zusammenarbeitet.

27 Der Notarzt fährt mit Fahrzeugen des Rettungsdienstes zum Notfallort oder trifft sich mit ihnen dort im Rendezvoussystem. Es stehen ihm damit die medizinisch-technischen Geräte, Einrichtungen und Medikamente der Rettungs- oder Notarztwagen zur notfallmedizinischen Versorgung an Ort und Stelle sowie während des etwaigen Transports des Notfallpatienten zur Verfügung.

28 Der Notarztdienst läßt sich danach definieren als eine (von einem Träger oder von den beteiligten Ärzten) organisierte Einrichtung zur Versorgung von Notfallpatienten am Notfallort und/oder auf dem Transport durch notfallmedizinisch ausgebildete Ärzte im planmäßigen Zusammenwirken mit dem Rettungsdienst.[8]

---

7 Vgl. hierzu W. Weissauer, H.-D. Lippert in: P. Sefrin ... a. a. O. S. 8 ff. m. w. N.

8 Vgl. zur Definition, H.-D. Lippert, Rechtsprobleme ... NJW 1982 S. 2090. Der neuerdings zwischen der Bundesärztekammer und den Notarztorganisationen entbrannte Streit um die Bezeichnung Notarzt hat wohl mehr standespolitische als medizinische Ursachen. Die Ersetzung des Begriffes „Notarzt“ durch einen anderen ist, nachdem sich dieser Begriff nicht nur im Schrifttum eingebürgert hat, nicht vertretbar

29 Ist ein Notarztdienst eingerichtet, so wird die Rettungsleitstelle ihn in den Fällen rufen, in denen die Notfallversorgung spezifische notfallmedizinische Kenntnisse erfordert. In allen übrigen Notfällen wird die Rettungsleitstelle den Notfallarzt rufen. Fehlt regional ein spezieller Notarztdienst, so muß der Notfallarzt auf Anforderung (im Einzelfall) die Aufgaben übernehmen, die sonst vom planmäßigen Notarzt wahrgenommen werden.

30 Eine präzisere Abgrenzung der beiden Dienste von ihren Aufgaben her dürfte schwierig sein, ist aber auch nicht nötig. In der Praxis gibt es breite Überschneidungszonen schon deshalb, weil die Anforderung der Dienste im Einzelfall meist auf unpräzisen, laienhaften Schilderungen medizinisch relevanter Fakten beruht.

31 Um so wichtiger ist es, die beiden Dienste über eine gemeinsame Leitstelle so zu koordinieren, daß positive und negative Kompetenzkonflikte vermieden werden. Positive Kompetenzkonflikte führen zu unrationellen Doppeleinsätzen und die negativen Kompetenzkonflikte zu der gefährlichen Folge, daß sich einer auf den anderen verläßt und keiner der beiden Dienste Hilfe leistet. Den Rettungsleitstellen ist im übrigen die Kooperation mit dem ärztlichen Bereitschaftsdienst im Sinne unserer neueren Terminologie, also mit dem ärztlichen Notfalldienst, z. B. in Art. 5 Abs. 2 des bay. RDG ausdrücklich zur Pflicht gemacht.

2.2 Rechtliche Grundlagen des Rettungsdienstes

2.2.1 Die Rettungsdienstgesetze

32 Auf dem 1. Rettungsdienstkongress des DRK wurde erstmals von Fachleuten des Rettungsdienstes die Forderung nach einer umfassenden Reorganisation und Koordination des Rettungsdienstes auf gesetzlicher Grundlage erhoben. 1973 legte der Bund-Länder-Ausschuß „Rettungswesen" das Muster eines Rettungsdienstgesetzes vor, welches der Gesetzgebung in den Ländern als Vorbild dienen sollte.[9] 1974 trat das Bayerische Rettungsdienstgesetz in Kraft.[10] Ihm folgten rasch Nordrhein-Westfalen, Rheinland-Pfalz, das Saarland, Schleswig-Holstein und Baden-Württemberg.[11]

33 Die Entstehungsgeschichte dieser Gesetze darf nicht darüber hinwegtäuschen, daß die gewünschte, über den Mustergesetzentwurf des Bund-Länder-Ausschusses

9 Anlage 1 zu BT-Drucks. 7/489

10 Gesetz v. 11. 1. 1974 (GVBl. S. 1)

11 Baden-Württemberg: Gesetz über den Rettungsdienst v. 10.6. 1975, i. d. F. v. 1.9. 1983 (GBl. S. 573); Bayern: Bayerisches Gesetz über den Rettungsdienst v. 11. 1. 1974 (GVBl. S. 1); Nordrhein-Westfalen: Gesetz über den Rettungsdienst v. 26.11. 1974 (GVNW S. 1481); Rheinland-Pfalz: Landesgesetz über den Rettungsdienst v. 17.12. 1974 (GVBl. S. 625); Saarland: Gesetz Nr. 1029 über den Rettungsdienst v. 24.3. 1975 (AmtsBl. S. 545); Schleswig-Holstein: Rettungsdienstgesetz v. 24.3. 1975 (GVOBl. S. 41); Vgl. die Texte im Anhang und bei W. Gerdelmann, H. Korbmann, E. Stramka, St. Kutter, a. a. O. wo auch die Vorschriften zur Abrechnung der Einsätze wiedergegeben sind

„Rettungswesen“ initiierte länderübergreifende Vereinheitlichung des Rettungsdienstes nur teilweise gelungen ist. Verfassungsrechtlich war dies jedoch der einzig gangbare Weg, weil der Bund auch nach Artikel 74, Ziffer 19 bzw. 22 des Grundgesetzes keine umfassende Zuständigkeit für diese Materie besitzt und der Bund selbst da wo sie ihm zusteht, nämlich bei der Regelung der Zulassung zum Beruf des Rettungssanitäters[12], bisher bedauerlicherweise keinen Gebrauch von ihr gemacht hat.

34 Zweck der Rettungsdienstgesetze sollte es sein, die Funktionsfähigkeit des Gliedes „Rettungsdienst“ der Rettungskette zu gewährleisten, für die hierzu notwendige Anbindung an andere im Notfalleinsatz tätige Organisationen und Träger (Krankenhäuser, Feuerwehren, Technisches Hilfswerk, Ärztlicher Notfalldienst, u. a.) zu sorgen und die Möglichkeit zu schaffen, bereits bestehenden privaten im Rettungsdienst tätigen Organisationen die Durchführung des Rettungsdienstes ganz oder teilweise, nämlich im Zusammenwirken mit anderen Organisationen (z. B. den Berufsfeuerwehren) zu übertragen.

2.2.1.1 Rechtliche Einordnung des Rettungsdienstes

35 Die Länder, die Rettungsdienstgesetze erlassen haben, sind in mehr oder weniger großem Umfang nicht nur terminologisch sondern auch inhaltlich vom Mustergesetzentwurf abgewichen. Dies hat zur Folge, daß bereits die gesetzlichen Regelungen voneinander abweichende Organisationsmodelle enthalten.

36 Der Mustergesetzentwurf des Bund-Länder-Ausschusses „Rettungswesen“ erklärt in § 2 den Rettungsdienst entsprechend den unterschiedlichen Konzeptionen des Landeskommunalrechtes wahlweise zur Auftragsangelegenheit/Angelegenheit des übertragenen Wirkungskreises/Pflichtaufgabe nach Weisung/Aufgabe zur Erledigung nach Weisung der Kreise und kreisfreien Städte, übereinstimmend aber als dem Bereich der dekonzentrierten Staatsverwaltung zugehörig.

37 Mit Ausnahme von Baden-Württemberg wo neuerdings eine subsidiäre Zuständigkeit der Kreise und kreisfreien Städte gegeben ist (§ 3 Abs. 2 bw RDG), haben die Länder in ihren Rettungsdienstgesetzen den Rettungsdienst zur Auftrags- oder Weisungsangelegenheit der Kreise und kreisfreien Städte erklärt und diese zu Trägern des Rettungsdienstes gemacht.[13] Ungeachtet der terminologischen Unterschiede gehen die Landesgesetzgeber davon aus, daß es sich beim Rettungsdienst um eine Aufgabe der staatlichen Daseinsvorsorge handle, auch wenn er z. T. zur staatlichen oder öffentlichen Aufgabe erklärt wird. Eine völlige Übernahme des Rettungsdienstes in staatliche Regie war nicht beabsichtigt.[14]

38 Im Mustergesetzentwurf und in den Rettungsdienstgesetzen von Bayern und dem Saarland finden sich Vorschriften, nach denen zur Durchführung des Rettungsdienstes Rettungszweckverbände gebildet werden sollen.

12 Vgl. BT-Drucks. 7/822
13 Art. 2 Abs. 1 bay RDG; § 2 nw. RDG; § 2 rp RDG; § 2 saarl. RDG; § 2 sh RDG
14 H. Oehler, a. a. O. S. 3; H. Oehler/Schulz, a. a. O.; Bay VGH, DVBl. 1978, 965 (966); § 2 Abs. 1 saarl. RDG; § 1 rp RDG

2.2.1.2 Einbeziehung der Hilfsorganisationen

39 Wie schon der Mustergesetzentwurf in § 7, so sehen die Rettungsdienstgesetze eine Übertragung rettungsdienstlicher Aufgaben auf Hilfsorganisationen und private Unternehmer vor.[15] Allerdings unterscheiden sich diese Delegationsmöglichkeiten nicht unerheblich voneinander. Während z. B. das bayerische und das saarländische Rettungsdienstgesetz vorsehen, daß der jeweilige Rettungszweckverband die Durchführung des Rettungsdienstes auf die Hilfsorganisationen überträgt, soweit sie hierzu bereit und in der Lage sind, lassen das nordrhein-westfälische und das schleswig-holsteinische Rettungsdienstgesetz eine Übertragung der Durchführung des Rettungsdienstes auf Hilfsorganisationen nur in Form einer Kann-Bestimmung zu (§ 9 Abs. 1 nw RDG, § 2 Abs. 2 shRDG) und überdies ohne Einschaltung von Rettungszweckverbänden.

40 Der Wortlaut des Mustergesetzentwurfes und ihm folgend die erlassenen Gesetze zeigen zwar, daß die Möglichkeit geschaffen werden sollte nach dem Subsidiaritätsprinzip zu verfahren, also den Rettungsdienst den Hilfsorganisationen zu übertragen, solange sie hierzu bereit und in der Lage sind – indessen ist das Subsidiaritätsprinzip nicht in allen Landesgesetzen in gleichem Umfang durchgehalten. Unter anderem sind hierfür historische Ursachen maßgebend. Im Grundsatz wird in Baden-Württemberg nach dem Subsidiaritätsprinzip verfahren. Das Rettungsdienstgesetz gibt hier im wesentlichen die Rechtsgrundlage für den Abschluß vertraglicher Vereinbarungen zur Übertragung der Durchführung des Rettungsdienstes auf die Hilfsorganisationen ab. Bayern und das Saarland legen ihren Gesetzen hinsichtlich der Durchführung des Rettungsdienstes ebenfalls das Subsidiaritätsprinzip zugrunde.

41 Wie die Gesetzesmaterialien zeigen, hat dem bayerischen Gesetzgeber nicht zuletzt wegen der damit verbundenen Kosten die Übernahme des Rettungsdienstes in staatliche Regie ferngelegen[16] Das Gesetz hat deshalb die Gesamtverantwortung für den Rettungsdienst dem Staat bzw. den Landkreisen, kreisfreien Städten und den Rettungszweckverbänden übertragen, aber von vornherein dessen Durchführung durch die Hilfsorganisationen vorgesehen. Es ist indessen fraglich, ob den Landesgesetzen überhaupt eine Konzeption zugrunde gelegen hat oder ob nicht unbefangen rechtliche Begriffe und Schemata Eingang in diese Gesetze gefunden haben, die üblicherweise bei der Dezentralisierung von Staatsaufgaben Verwendung finden.[17]

42 Träger des Rettungsdienstes sind dabei staatliche Stellen[18]. Die im Mustergesetzent-

---

15 Art. 2 Abs. 3 bay. RDG; § 2 Abs. 2 saarl. RDG. Vgl. zum Verhältnis von öffentlichrechtlichem Rettungsdienst und privatrechtlichem Krankentransport neuestens OVG Lüneburg, DÖV 1981, 227, mit Anmerkung von H.-D. Lippert, Notfallmedizin 7 (1981) 1045 sowie VG Schleswig, MedR 1983, 238

16 H. Oehler, a. a. O. S. 3

17 Vgl. H. H. Rupp, Der Rettungsdienst ... a. a. O. S. 110 ff.

18 Vgl. hierzu Bay VGH DVBl. 1978, 965 (967); zur verfassungsrechtlichen Bedeutung des Subsidiaritätsprinzips, G. Dürig in: Th. Maunz, G. Dürig, R. Herzog, R. Scholz, a. a. O. Art. 1 Abs. 1 Rdn. 54 m. w. N

wurf und den Rettungsdienstgesetzen enthaltene Delegationsnorm könnte den Eindruck erwecken, als sollten die den Rettungsdienst durchführenden nichtstaatlichen Einrichtungen mit einer hoheitlichen Aufgabe beliehen werden. Bei näherer Analyse ergibt sich jedoch, daß die (im Detail) unterschiedlichen Regelungen in den Rettungsdienstgesetzen letztlich nur eine Vereinheitlichung des Rettungsdienstes und eine Steigerung seiner Leistungsfähigkeit beabsichtigen, ohne seine Grundlagen rechtlich zu verändern.

43 Die Rettungseinsätze sind, soweit sie von Hilfsorganisationen und anderen privaten Organisationen durchgeführt werden, keine Ausübung hoheitlicher Tätigkeit. Die mit der Durchführung des Rettungsdienstes beauftragten Hilfsorganisationen und andere privatrechtlichen Organisationen sind keine Beliehenen[19], sondern zu technischen Dienstleistungen im Rahmen der Daseinsvorsorge in Pflicht genommene Organisationen, die diese Aufgabe bereits bisher ohne gesetzliche Regelung wahrgenommen hatten[20].

2.2.1.3 Sonderstellung von Nordrhein-Westfalen und Schleswig-Holstein

44 Eine historisch zu begründende Sonderstellung nehmen Nordrhein-Westfalen und Schleswig-Holstein ein, wo die Feuerwehr den ihr durch die Besatzungsmacht übertragenen Rettungsdienst bereits vor Verabschiedung des Rettungsdienstgesetzes in großem Umfang durchführte. Das Einsatzvolumen der Hilfsorganisationen, sofern sie an der Durchführung des Rettungsdienstes beteiligt sind, ist demzufolge traditionell gering.

2.2.2 Die Feuerwehrgesetze

45 Die Stadtstaaten Bremen, Hamburg und Berlin haben keine Rettungsdienstgesetze erlassen, sondern ihre Feuerwehrgesetze ergänzt und der Feuerwehr die Durchführung des Rettungsdienstes übertragen, den diese dort bereits traditionsgemäß wahrgenommen hatte.[21] Vom Konzept her besteht insoweit eine weitgehende Übereinstimmung mit den tatsächlichen Gegebenheiten in Nordrhein-Westfalen und Schleswig-Holstein.

46 Auch in den Ländern, die RDG erlassen haben, besteht von der Gesetzeslage her zumeist die Möglichkeit, den Rettungsdienst von den Feuerwehren durchführen zu lassen, weil ihre Feuerwehrgesetze Zuständigkeiten vorsehen, die über die in den Rettungsdienstgesetzen und Feuerwehrgesetzen geregelte Pflicht zur Zusammenarbeit in Angelegenheiten des Rettungsdienstes hinausgehen. Allerdings werden die Rettungsdienstgesetze insoweit als speziellere Regelungen den Feuerwehrgesetzen vorgehen.

---

19 Vgl. hierzu und zum Begriff des Beliehenen: F. Ossenbühl, VVDStRL 29, 137 m. w. N.; H. Peters, FS Nipperdey II S. 877 ff.; H. H. Rupp, Privateigentum ... 1963; H.-J. Wolff, O. Bachof, a. a. O. § 104 m. w. N.

20 So auch H.-J. Wolff, O. Bachof, a. a. O. § 104 I d 10

21 Berlin: Gesetz über den Brandschutz und die Hilfeleistung in Notfällen v. 26.9. 1975 (GVBl. S. 2523); Bremen: Gesetz über den Feuerschutz im Lande Bremen v. 18.7. 1950 (GBl. S. 81); Hamburg: Feuerwehrgesetz v. 15.5. 1972 i. d. F. v. 9.12. 1974 (GBl. S. 381) auszugsweise im Anhang 2

47 In Baden-Württemberg wurde das Feuerwehrgesetz gerade im Zusammenhang mit dem Erlaß des Rettungsdienstgesetzes geändert und der Feuerwehr ausdrücklich eine Mitwirkung im Rettungsdienst eingeräumt.[22]

48 Auch wenn die Feuerwehrgesetze von Hamburg, Bremen und Berlin die Beteiligung anderer geeigneter Organisationen an der Durchführung des Rettungsdienstes zulassen, ist hier das Subsidiaritätsprinzip auf ein Minimum reduziert. In den Stadtstaaten ist der Rettungsdienst damit faktisch weitgehend in staatliche Regie übernommen.

2.2.3 Sonstige Rechtsgrundlagen

49 Hessen und Niedersachsen haben bisher keine Rettungsdienstgesetze erlassen. Hessen hat offenbar auch nicht die Absicht, dies zu tun. Es hat den Rettungsdienst auf der Grundlage öffentlichrechtlicher Verträge mit den Hilfsorganisationen auf Landesebene organisiert und institutionalisiert.[23] Die Durchführung hat es den hierzu bereiten und fähigen Hilfsorganisationen übertragen.

50 Niedersachsen hat sich bisher darauf beschränkt, ministerielle Richtlinien für den Rettungsdienst zu erlassen[24], die sich im Grundsatz auf den Mustergesetzentwurf stützen und eine Beteiligung der Hilfsorganisationen an der Durchführung des Rettungsdienstes vorsehen. In der Praxis wird davon aber geringer Gebrauch gemacht.

2.3 Rechtliche Grundlagen des Notarztdienstes

51 Mit den Rettungsdienstgesetzen und den novellierten Feuerwehrgesetzen hat der Rettungsdienst in den meisten Ländern eindeutige rechtliche Grundlagen erhalten. Die rechtlichen Grundlagen für den Einsatz des Notarztes zu ermitteln, ist schwierig.

2.3.1 Die Rettungsdienst- und die Feuerwehrgesetze

52 Die naheliegende Annahme, der Notarztdienst sei in den Rettungsdienstgesetzen oder in den Feuerwehrgesetzen der Länder geregelt, bestätigt sich bei näherer Prüfung nicht[25]. Sie enthalten weder Bestimmungen über die Einrichtung eines selbständigen Notarztdienstes noch verpflichten sie die Träger des Rettungsdienstes oder die Hilfsorganisationen und Feuerwehren, denen die Durchführung des Rettungsdienstes übertragen wird, in eigener Zuständigkeit einen Notarztdienst zu organisieren und zu unterhalten.

---

22 Feuerwehrgesetz i. d. F. v. 26. 2. 1960 (GBl. S. 85). Zur Rechtslage in anderen Bundesländern z. B. Bayern: Art. 2 Ges. Nr. 41 über das Feuerlöschwesen v. 17. 5. 1946 i. d. F. v. 28. 5. 1974 (GVBl. S. 226); § 1 niedersächsisches Gesetz über den Feuerschutz v. 21. 3. 1949 (GVBl. Sb I S. 360)

23 Vgl. Vereinbarung über den Ausbau und die Durchführung des Krankentransport- und Rettungsdienstes in Hessen v. 10. 2. 1978 (Anhang 1.7)

24 Richtlinien für den Rettungsdienst in Niedersachsen: Niedersächsisches MBl. v. 31. 10. 1974 Nr. 43 (Anhang 1.8)

25 Vgl. hierzu W. Weissauer, Rechtliche Grundlagen ... a. a. O. S. 29 ff.

53 Die Stadtstaaten und Schleswig-Holstein haben sogar auf Bestimmungen über die Zusammenarbeit mit Krankenhausärzten im Rettungsdienst verzichtet. Nur die Rettungsdienstgesetze von Baden-Württemberg, Bayern, Nordrhein-Westfalen und dem Saarland regeln in unterschiedlicher Form die Heranziehung von Krankenhausärzten zum Rettungsdienst[26].

54 Bei näherer Prüfung der Kompetenzverteilung zwischen Bund und Ländern auf dem Gebiet der konkurrierenden Gesetzgebung erscheint die Zurückhaltung der Landesgesetzgeber bei der näheren Regelung der Heranziehung von Krankenhausärzten zum Notarztdienst verständlich, ja rechtlich geboten.

55 Bedenken könnte nämlich die Regelung in Baden-Württemberg, Nordrhein-Westfalen und dem Saarland wegen Verstoßes gegen höherrangiges Recht begegnen, wenn § 2 Nr. 1 KHG[27] als abschließende bundesrechtliche Definition der Aufgaben der Krankenhäuser zu verstehen ist. Danach handelt es sich bei Krankenhäusern um „Einrichtungen, in denen durch ärztliche und pflegerische Hilfeleistungen Krankheiten, Leiden oder Körperschäden festgestellt, geheilt oder gemindert werden sollen oder Geburtshilfe geleistet wird und in denen die zu versorgenden Personen untergebracht und gepflegt werden".

56 Diese Definition schließt es wohl aus, in der Wahrnehmung von Aufgaben in der ambulanten ärztlichen Notfallversorgung am Notfallort, also außerhalb des Krankenhauses, eine originäre Aufgabe des Krankenhauses zu sehen. Landesrechtliche Regelungen, in denen es lediglich darum geht, daß Krankenhäuser ihre Ärzte für den Notarztdienst zur Verfügung stellen, erscheinen jedoch zulässig.

57 Im übrigen würde es auch gegen die §§ 368 ff. RVO verstoßen, wenn Krankenhäuser und Krankenhausärzte unmittelbar an der ambulanten Behandlung von Patienten beteiligt würden, die zum größten Teil Versicherte der gesetzlichen Krankenversicherung sind. Nach den §§ 368 ff. RVO ist die ambulante Behandlung dieses Personenkreises, wie noch näher aufzuführen ist, auch in Notfällen Aufgabe der niedergelassenen Ärzte und nicht der Krankenhäuser und ihrer Ärzte. Jedoch schließt die RVO in ihrem System der Arbeitsteilung zwischen niedergelassenen Ärzten einerseits und den Krankenhäusern und ihren Ärzten andererseits Aufgabenübertragungen und eine sinnvolle Kooperation nicht aus. Die Reichsversicherungsordnung eröffnet vielmehr die Möglichkeit, Krankenhausärzte oder Krankenhausträger im Rahmen des Bedürfnisses an der kassenärztlichen Versorgung teilnehmen zu lassen, ohne daß sie zur Mitwirkung verpflichtet werden könnten, selbst wenn nur auf diesem Wege die Notfallversorgung sichergestellt werden kann.

58 Die Hinwirkungspflicht des Trägers des Rettungsdienstes zur Gewinnung von

---

26 § 7 bw. RDG, der in seiner Neufassung gegen höherrangiges Recht verstößt; Art. 7 Abs. 2 bay. RDG; § 10 nrw. RDG; § 6 Abs. 1 saarl. RDG

27 Gesetz zur wirtschaftlichen Sicherung der Krankenhäuser und zur Regelung der Krankenhauspflegesätze (KHG) v. 29. 6. 1972 (BGBl. I S. 1009), Auszug s. Anhang 6.12

Krankenhausärzten für den Einsatz im Notarztdienst hilft hier eine Lücke zu schließen und verstößt in dieser (verfassungskonformen) Auslegung nicht gegen das Konzept der Reichsversicherungsordnung, sondern ergänzt es.

2.3.2 Sicherstellungsauftrag der kassenärztlichen Vereinigung

59 Versteht man den Notarztdienst primär als ambulante ärztliche Tätigkeit[28], so liegt es nahe, ihn auch als Teil des in §§ 368 ff. RVO für die gesetzliche Krankenversicherung normierten Sicherstellungsauftrages der kassenärztlichen Vereinigung zu begreifen.

60 Diese Auffassung ist nicht unumstritten. Gegen sie werden im wesentlichen folgende Einwände erhoben:
Mit der Normierung des Not- und Bereitschaftsdienstes in § 368 Abs. 3 RVO[29] sei, wie ein Blick in die amtliche Begründung zeige, eine Aufnahme des Notarztdienstes nicht beabsichtigt gewesen. Hiergegen spreche auch die Formulierung in den Rettungsdienstgesetzen, wonach die Leitstelle mit den Krankenhäusern und den für den ärztlichen Notfalldienst zuständigen Stellen zusammenarbeite. Vor allem aber hätte es dann in den Rettungsdienstgesetzen einer Normierung des Mitwirkens von Krankenhausärzten als Notärzte im organisierten Rettungswesen nicht bedurft. Der Umstand, daß der Notarztdienst auf das Krankenhaus ausgerichtet sei, sowie die Tatsache, daß die übergroße Zahl der eingesetzten Notärzte Krankenhausärzte seien, mache deutlich, daß der Notarztdienst sich als etwas Eigenständiges entwikkelt habe, das mit der kassenärztlichen Versorgung nichts zu tun habe, auch wenn es sich um eine ambulante ärztliche Tätigkeit handle. Der Notarztdienst sei gegenüber dem ärztlichen Bereitschaftsdienst rechtlich und organisatorisch ein aliud[30]. Konsequenzen aus dieser Auffassung, insbesondere in bezug auf den Status der Notärzte werden, soweit ersichtlich, freilich nicht gezogen.

61 Die Gegenmeinung[31], nach der die ärztliche Mitwirkung im organisierten Rettungswesen Teil des Sicherstellungsauftrages ist, stützt sich auf den Wortlaut des KVWG und auf die Systematik der RVO. Der Gesetzgeber habe bei der Änderung von § 368 Abs. 3 RVO den Not- und Bereitschaftsdienst ausdrücklich aufgenommen. Dieser Begriff umfasse auch den Notarztdienst. Hätte er ausgeschlossen werden sollen, so hätte der Gesetzgeber dies schon deshalb zum Ausdruck bringen müssen, weil die ambulante Versorgung der Versicherten einschließlich der Notfallversorgung nach der Systematik der RVO den niedergelassenen Ärzten vorbehalten ist.

---

28 Vgl. hierzu H. W. Opderbecke, W. Weissauer, Probleme ... a. a. O. S. 493, und die abweichende, auf ein spezifisches Modell bezogene Auffassung von H.-D. Lippert, Problematik a. a. O. S. 1944

29 Geändert durch das Gesetz zur Weiterentwicklung des Kassenarztrechts, (Krankenversicherungsweiterentwicklungsgesetz – KVWG) v. 28. 12. 1976 (BGBl. I S. 3871)

30 Vgl. hierzu H. Narr, a. a. O. Rdn. 1175; K.-W. Nellessen, a. a. O. S. 1919. Ob damit die Auffassung vertreten wird, der Notarztdienst sei dem stationären Bereich zuzuordnen, bleibt offen. Zum ärztlichen Notfalldienst allgemein: H. Martens, a. a. O. S. 494

31 Wie hier bereits W. Weissauer, H.-D. Lippert in: P. Sefrin ... a. a. O. S. 10 f. m. w. N. Zur Abrechnung von Notarzteinsätzen durch niedergelassene Ärzte, vgl. H.-D. Lippert, MedR 1983, 167 m. w. N.

62 Der letzteren Auffassung muß jedenfalls im Ergebnis zugestimmt werden. Die Gegenmeinung ist in sich widersprüchlich, wenn sie zwar den Notarztdienst der ambulanten ärztlichen Versorgung zurechnet, ihn aber nicht unter den kassenärztlichen Sicherstellungsauftrag fallen lassen will. Es mag zutreffen, daß der Notarztdienst beim Erlaß der Rettungsdienstgesetze sehr weitgehend in Händen der Krankenhausärzte lag. Die Entwicklung zeigt aber, daß zunehmend auch niedergelassene Ärzte über die notwendigen notfallmedizinischen Kenntnisse und Fähigkeiten verfügen und am Notarztdienst teilnehmen.

63 Die rechtliche Einordnung unter § 368 RVO hat die Verpflichtung des Kassenarztes zur Folge, sich am Notarztdienst zu beteiligen, soweit er dazu fachlich qualifiziert ist.

64 Eine enge Zusammenarbeit mit dem Notfalldienst ist gerade über die kassenärztlichen Vereinigungen möglich. In der Praxis wird der Notarztdienst schon wegen der notwendigen Zusammenarbeit mit dem Rettungsdienst als eine organisatorisch selbständige Einrichtung neben dem ärztlichen Notfall- und Bereitschaftsdienst bestehen bleiben müssen. Das organisierte Rettungswesen und mit ihm der Notarztdienst sind als sinnvolle Ergänzung des kassenärztlichen Notfalldienstes zu begreifen.

65 Um Unsicherheiten in der Abgrenzung zwischen krankenhaus- und kassenärztlicher Versorgung zu vermeiden und zu klaren Rechtsformen zu kommen, sollte der Notarztdienst durch Krankenhäuser im Rahmen von Institutsverträgen und durch Krankenhausärzte, die sich außerdienstlich hieran beteiligen, im Rahmen kassenärztlicher Ermächtigungen durchgeführt werden. Hierdurch kann am leichtesten ein flächendeckender Notarztdienst in sinnvoller Kooperation mit dem ärztlichen Notfalldienst geschaffen werden.

2.3.3 Kammergesetze und Berufsordnungen

66 Die Kammergesetze der Länder und die Berufsordnung der Landesärztekammer für die ärztliche Berufsausübung verpflichten die Ärzte zur Teilnahme am „Ärztlichen Notfalldienst“[32], dem „Ärztlichen Bereitschaftsdienst“, dem „Ärztlichen Not- und Bereitschaftsdienst“ oder dem „Ärztenotdienst“. Sie sprechen in verschiedenen Begriffen, meinen aber inhaltlich dasselbe und stimmen mit § 368 Abs. 3 RVO überein, der von einem Not- und Bereitschaftsdienst spricht. Alle diese Begriffe tauchen bei den Vorschriften, die in den Rettungsdienstgesetzen die Zusammenarbeit des Rettungsdienstes mit anderen Diensten regeln, wieder auf.[33]

67 Während es bei der in §§ 368 ff. RVO bundesgesetzlich geregelten Materie um den Bereich der Sozialversicherung und die Pflichten des Kassenarztes geht, regeln die Kammergesetze und die Berufsordnung die ärztlichen Berufspflichten landesrecht-

32 So § 31 bw. Kammergesetz v. 31. 5. 1976 (GBl. S. 473); § 20 bw. Berufsordnung v. 3. 12. 1977

33 Vgl. § 3 bw. RDG; Art. 5 Abs. 2 bay. RDG; § 6 Abs. 1 nw. RDG; § 6 rp. RDG; § 4 Abs. 3 saarl. RDG; § 3 Abs. 3 sh. RDG

lich. Ebenso wie die landesrechtlichen Rettungsdienstgesetze können sie die bundesgesetzliche Aufgabenzuweisung, die die RVO getroffen hat, nicht ändern. Sie ergänzen diese aber um die Teilnahmepflicht derjenigen niedergelassenen Ärzte am Notfalldienst, die nicht schon als Kassenärzte aus §§ 368 ff. RVO zur Mitwirkung verpflichtet sind.

Die weitere Entwicklung wird wohl auch die Verpflichtung zur Teilnahme am Notarztdienst für diejenigen Ärzte bringen, die über eine ausreichende notfallmedizinische Ausbildung verfügen.

3 Struktur und Organisation des Rettungswesens

68 Das Rettungswesen besteht aus mehreren Gliedern. Es erreicht seine volle Effektivität nur, wenn jedes der Glieder so aufgebaut und organisiert ist, daß es seine Aufgaben in Zusammenarbeit mit den anderen Gliedern voll erfüllen kann. Um dieses Ziel zu erreichen, muß die „Rettungskette"[1] von der Erstversorgung durch den in Erster Hilfe ausgebildeten Laien über das Meldesystem und die Notfallversorgung durch den Rettungs- und den Notarztdienst am Notfallort sowie während des Transports zum Krankenhaus bis hin zu den Notfallambulanzen und Notfallstationen der Krankenhäuser aus aufeinander abgestimmten, ineinandergreifenden, den medizinischen Bedürfnissen und den örtlichen Gegebenheiten adaptierten Gliedern bestehen.

3.1 Erste Hilfe

69 Auch bei bester Planung und Organisation erreichen der Rettungs- und der Notarztdienst den Notfallort frühestens nach einigen Minuten. Inzwischen kann – insbesondere bei Unfällen – bereits eine irreversible Schädigung des Notfallpatienten eingetreten sein.

70 Die Soforthilfe am Unfallort, die eine gezielte Ausbildung des Laien in Erster Hilfe erfordert, soll die Zeit bis zum Eintreffen der Rettungsmittel am Unfallort überbrücken und zumindest eine weitere Verschlechterung des Zustandes der Patienten verhindern. Auch wenn die Ausbildung aller Inhaber einer Fahrerlaubnis in Erster Hilfe gesetzlich zwingend vorgeschrieben ist, so läßt doch der Kenntnisstand über die an der Notfallstelle anzuwendenden Sofortmaßnahmen nach wie vor zu wünschen übrig. Überdies befähigt diese Ausbildung in erster Linie nur zur Hilfe bei Straßenverkehrsunfällen.

71 Eine spezifische, auf Betriebsunfälle ausgerichtete Schulung über Sofortmaßnahmen am Notfallort erhalten die Ersthelfer in den Betrieben. Eine sehr viel breitere Ausbildung des Laien in Erster Hilfe ist jedoch unerläßlich, um eine volle Effektivität des Rettungswesens zu gewährleisten.

1 Vgl. hierzu F. W. Ahnefeld in: Handbuch, a. a. O. S. 5 f.

3.2 Das Meldesystem

72 Ein funktionierendes Meldesystem muß sicherstellen, daß die erforderlichen Rettungsmittel gezielt und schnellstmöglich zum Einsatz gelangen. Neben zusätzlichen Notrufnummern und ausreichenden Notrufmöglichkeiten erfordert es einen einheitlichen Meldekopf, eine Rettungsleitstelle. Bei ihr laufen die Nachrichten und Meldungen ein. Sie lenkt die Einsätze des Rettungsdienstes in ihrem Bereich und koordiniert die Einsatzpläne der Rettungswachen. Von der Leitstelle aus wird auch das Zusammenwirken des Rettungsdienstes mit anderen am Rettungswesen beteiligten Stellen und Verbänden z. B. dem Rettungshubschrauber und den technischen Hilfsdiensten organisiert. Zusätzlich kann den Leitstellen nach den gesetzlichen Vorschriften die Aufgabe obliegen, einen Bettennachweis oder Bettenbelegungsnachweis der Krankenhäuser ihres Einzugsbereiches zu führen, um die klinische Weiterversorgung der Notfallpatienten sicherzustellen und Zeitverluste durch Fehlfahrten zu vermeiden.

73 In den Rettungsdienstgesetzen der Länder haben sich für die Trägerschaft der Leitstelle 2 Modelle herausgebildet. Ein Teil der Länder hat nicht nur die Durchführung und Organisation des Rettungsdienstes auf die Hilfsorganisationen delegiert, sondern auch die Einrichtung und den Unterhalt der Rettungsleitstellen. Diese Lösung findet sich in Baden-Württemberg und Bayern. Sie ist auch möglich in Nordrhein-Westfalen und Schleswig-Holstein; die Besetzung der Leitstelle ist hier vertraglichen Vereinbarungen zwischen den Trägern des Rettungsdienstes und den Hilfsorganisationen ganz oder doch teilweise zugänglich.

74 In Rheinland-Pfalz und im Saarland wurden nur die Organisationen und Durchführung des Rettungsdienstes auf die Hilfsorganisationen delegiert, die Rettungsleitstellen sind dagegen staatliche Einrichtungen, die vom Träger des Rettungsdienstes eingerichtet, unterhalten und personell besetzt werden.

3.3 Der Rettungsdienst

75 Das Glied „Rettungsdienst“ innerhalb der Rettungskette ist heute in technischer wie personeller Hinsicht ausreichend konzipiert und vermag trotz gewisser regionaler Unterschiede eine flächendeckende Notfallversorgung sicherzustellen.

3.3.1 Trägerschaft

76 Der Begriff des Trägers des Rettungsdienstes hatte bereits in § 3 Absatz 2 des Mustergesetzentwurfes Eingang gefunden, wo es hieß, der *Rettungszweckverband* nehme die Aufgaben des Trägers des Rettungsdienstes wahr.
In den Rettungsdienstgesetzen selbst finden sich 2 unterschiedliche Modelle der Trägerschaft. Einmal sind Kreise und kreisfreie Städte Träger, das andere Mal zu errichtende Rettungszweckverbände, die meist das Gebiet eines oder mehrerer Landkreise umfassen sollen.[2]

---

2 Zur rechtlichen Einordnung der Modelle vgl. H.-J. Wolff, O. Bachof, a. a. O. § 71 III, b, l

77 Organisationsrechtlich gesehen, bestehen zwischen beiden Modellen keine gravierenden Unterschiede. Die Träger sind in beiden Modellen Körperschaften des öffentlichen Rechtes.
Die Rolle des Trägers des Rettungsdienstes beschränkt sich bei näherer Prüfung darauf, Rettungsleitstellen und Rettungswachen einzurichten und zu unterhalten sowie ihre Einrichtung zu fördern, sofern die Entgelte für die Benutzung des Rettungsdienstes hierfür nicht ausreichen.

3.3.2 Durchführung des Rettungsdienstes

78 In Ländern, in denen das Subsidiaritätsprinzip gilt, wird die Durchführung des Rettungsdienstes dem Arbeiter-Samariter-Bund, dem Roten Kreuz, der Johanniter-Unfallhilfe, dem Malteser Hilfsdienst, der Deutschen Lebensrettungsgesellschaft und anderen Hilfsorganisationen übertragen. Nur soweit diese zur Durchführung nicht bereit oder in der Lage sind, führen die Träger den Rettungsdienst mit eigenen Einrichtungen oder unter (vertraglich zu vereinbarender) Inanspruchnahme von Einrichtungen Dritter durch (so die Regelung in Baden-Württemberg und Bayern). Es kann aber, wie das Beispiel Nordrhein-Westfalens, Schleswig-Holsteins und der Stadtstaaten zeigt auch umgekehrt sein. Die Hilfsorganisationen werden dort nur subsidiär in beschränktem Umfang mit der Durchführung des Rettungsdienstes betraut.

79 Die Rettungsdienstgesetze gehen davon aus, daß die mit der Durchführung des Rettungsdienstes beauftragten Hilfsorganisationen zwar die Rettungssanitäter und alles sonst benötigte Personal stellen, nicht aber die Notärzte. Dies wird schon daraus erkennbar, daß die Träger des Rettungsdienstes verpflichtet sind, durch Vereinbarungen mit den Trägern geeigneter Krankenhäuser darauf hinzuwirken, „daß Ärzte zur Hilfeleistung im Rettungsdienst, insbesondere für den Einsatz auf Notarztwagen zur Verfügung gestellt werden“[3], bzw. aus der Verpflichtung sicherzustellen, „daß die erforderliche Anzahl von Ärzten zur Verfügung steht“.[4]

3.3.2.1 Hilfsorganisationen

80 In den südlichen Flächenstaaten der Bundesrepublik liegt die Hauptlast der Durchführung des Rettungsdienstes bei den Hilfsorganisationen (vgl. 3.3.2). Sie stellen neben den Transportmitteln das zur Besetzung der Fahrzeuge notwendige nichtärztliche Personal, die Rettungssanitäter und Rettungshelfer. Mit zunehmender Inanspruchnahme durch den Rettungsdienst, v. a. in zeitlicher Hinsicht, hat bei den Hilfsorganisationen das hauptamtliche Personal erheblich zugenommen. Die Hilfsorganisationen setzen aber auch weiterhin in großem Umfang ehrenamtliche Mitarbeiter ein.

---

3 So Art. 7 Abs. 2 bay. RDG; § 10 Abs. 2 Nr. 2 nrw. RDG; § 7 Abs. 1 S. 2 bw RDG; sinngemäß § 6 Abs. 1 saarl. RDG

4 § 7 Abs. 4 rp. RDG

3.3.2.2 Feuerwehren

81 Wie bei den Hilfsorganisationen läßt sich auch bei den Feuerwehren, soweit sie den Rettungsdienst durchführen, ein Nord- Süd- Gefälle ausmachen. Insbesondere in den Stadtstaaten, aber auch sonst in Großstädten führen Berufsfeuerwehren mit hauptamtlichem Personal neben dem Brandschutz den Rettungsdienst durch. Eine besonders starke Stellung hat die Feuerwehr im Rettungsdienst in Nordrhein-Westfalen, wo die Kreise und kreisfreien Städte als Träger des Rettungsdienstes diesen überwiegend mit ihren eigenen Feuerwehren durchführen.

82 Die Hilfsorganisationen sind hier am Einsatzaufkommen neben den Berufsfeuerwehren mit einem deutlich geringeren Anteil einbezogen. Ihre Beteiligung erfolgt hier regelmäßig aufgrund besonderer Vereinbarungen (vgl. z. B. § 9 nw. RDG).

83 Zur modellhaften Entwicklung des organisierten Rettungswesens haben die Feuerwehren in erheblichem Umfang beigetragen[5]. Hinzu kommt, daß die Feuerwehr nach den Rettungsdienstgesetzen überall im Rahmen ihrer Möglichkeiten anderen Beteiligten im Rettungsdienst technische Hilfe leistet.

3.3.2.3 Bundeswehr

84 Ausgehend von Ulm, wo sie 1971 ihr erstes Rettungszentrum eröffnete, nimmt auch die Bundeswehr am Rettungswesen teil. In den Städten mit Bundeswehrkrankenhäusern (Hamburg, Koblenz, Amberg, Osnabrück, Gießen und Ulm) beteiligt sie sich am bodengebundenen Rettungsdienst aber auch und vorzugsweise am Luftrettungsdienst. Dabei nimmt die Bundeswehr im Gefüge des Rettungswesens insoweit eine Sonderstellung ein, als sie nicht nur über die Fahrzeuge und das nichtärztliche Personal, sondern auch über eigene Notärzte verfügt.[6]

3.3.2.4 Technisches Hilfswerk und Katastrophenschutz

85 Die Gesetze Baden-Württembergs, Bayerns, Nordrhein-Westfalens und Schleswig-Holsteins[7], regeln zusätzlich die Beziehung anderer Organisationen zu technischer Hilfeleistung. Hier ist in erster Linie an das Technische Hilfswerk und an die Organisationseinheiten zu denken, die im Katastrophenschutz technische Hilfeleistung erbringen.

3.3.2.5 Luftrettungsdienst

86 Der erste zivile Rettungshubschrauber für den Luftrettungsdienst wurde 1970 am Krankenhaus München-Harlaching stationiert[8]. Der Rettungshubschrauber sollte dabei von vornherein keine Sonderrolle spielen, sondern sich mit dem bodengebundenen Rettungsdienst ergänzen und so die Leistungsfähigkeit des Rettungswesens als System erhöhen.

---

5 Vgl. zu den Einzelheiten M. Puchner in: Handbuch, a. a. O.

6 Vgl. hierzu B. Gorgaß, F. W. Ahnefeld, H.-D. Lippert, a. a. O. S. 195, 282; B. Gorgaß, R. Bardua, a. a. O.; H. Linde in: Handbuch a. a. O.

7 § 17 b. w. RDG; Art. 7 Abs. 1 bay. RDG; § 6 Abs. 1 nrw. RDG; § 6 Abs. 2 saarl. RDG; § 3 Abs. 2 sh. RDG

8 Vgl. hierzu H. Burghart, a. a. O. S. 64, sowie J. Stindt, a. a. O.

87 Da für das Rettungswesen nach der Verfassung der Bundesrepublik die Länder zuständig sind, war es dem Bund verwehrt, bei der Organisation des Luftrettungsdienstes unmittelbar selbst tätig zu werden[9]. Aber im Rahmen seiner Zuständigkeit für den Katastrophenschutz hat der Bund ein Ausbauprogramm für den Luftrettungsdienst erstellt und finanziert es aus den Mitteln für die zivile Verteidigung. Die Hubschrauber des Katastrophenschutzes werden den Ländern vom Bund im Wege der Amtshilfe zur Verfügung gestellt. Die Länder ersetzen die Betriebskosten, bestimmen die Standorte und bauen Landeplätze und Hangars für die Hubschrauber.

88 Neben der SAR-Bereitschaft, die als militärischer Such- und Rettungsdienst der Truppe dient und Teil des nationalen Such- und Rettungsdienstes der Bundesrepublik ist, hat die Bundeswehr speziell ausgerüstete Rettungshubschrauber im Einsatz, die zwar nominell dem SAR-Dienst angehören, jedoch ausschließlich zur Notfallrettung im Sinne einer dringenden Nothilfe eingesetzt werden. Unter den Begriff der dringenden Nothilfe fällt dabei insbesondere die Rettung von Menschenleben aus Lebensgefahr oder zur Vermeidung schwerer gesundheitlicher Schäden.[10]

89 Der Luftrettungsdienst ist indessen keine ausschließliche Domäne staatlicher Träger. Mit der von der Steiger-Stiftung gegründeten Deutschen Rettungsflugwacht (DRF) ist in diesem Bereich z. B. auch ein privater Träger tätig.

90 Ein ökonomisch sinnvoller Einsatz der Rettungshubschrauber der unterschiedlichen Organisationen wird durch ein Verbundsystem der in diesem Bereich Tätigen sichergestellt. An den derzeit 24 Stützpunkten sind 16 Hubschrauber des Katastrophenschutzes stationiert. 5 Stationen, meist an Bundeswehrkrankenhäusern, werden von der Bundeswehr betreut, 3 von privater Seite, u. a. von der Steiger-Stiftung.

3.4 Der Notarztdienst

91 Die notärztliche Versorgung als wesentlicher Bestandteil des Rettungswesens kann von den Hilfsorganisationen weder organisiert noch erbracht werden. Viele Jahre hindurch war die Sicherstellung des Notarztdienstes nur durch das Engagement von Krankenhäusern und Krankenhausärzten (Anästhesisten, Chirurgen, Internisten, Pädiatern) gewährleistet, die diesen Dienst ohne Rücksicht auf mögliche Komplikationen versahen, die sich aus der weitgehend unklaren rechtlichen Situation ergaben.

92 Ist die notärztliche Versorgung der in den gesetzlichen Krankenkassen versicherten Notfallpatienten Teil des Sicherstellungsauftrages[11], so ist es primär Aufgabe der

9 A. A. wohl J. Stindt, a. a. O.

10 Vgl. hierzu auch die Grundsatzweisung für den SAR-Dienst in: Handbuch B 2.11; J. Stindt, a. a. O. S. 20 ff.

11 Vgl. hierzu W. Weissauer, H.-D. Lippert in: P. Sefrin ... a. a. O. S. 10 ff. m. w. N. A. A. wohl F. W. Ahnefeld u. a., Notfallmed. 8 (1982) 931 f.

Kassenärztlichen Vereinigungen, den Notarztdienst – ähnlich wie den ärztlichen Bereitschafts- und Notfalldienst – im Einvernehmen mit den Ärztekammern zu organisieren und ihn mit Kassenärzten sowie mit ermächtigten Ärzten durchzuführen, die sich dafür freiwillig zur Verfügung stellen. In Betracht kommen für solche Ermächtigungen v. a. Krankenhausärzte, die dazu freilich eine Nebentätigkeitsgenehmigung ihres Arbeitgebers benötigen. Vorstellbar ist, daß die Kassenärztlichen Vereinigungen die notärztliche Versorgung als organisatorisch selbständigen Teil in den ärztlichen Notfalldienst einbeziehen, aber auch, daß sie einen davon getrennten Notarztdienst, etwa auf der Grundlage freiwilliger Teilnahme, einrichten.

93 Die Kassenärztlichen Vereinigungen sind aufgrund der Flexibilität des Kassenarztrechtes nicht gezwungen, den Notarztdienst selbst zu organisieren. Sie können seine *Organisation* auch Trägern des Rettungsdienstes, Hilfsorganisationen, Krankenhausträgern oder freien Vereinigungen von Notärzten (Notarztteams) übertragen.

94 Gegen eine Delegation der Organisation auf Träger des Rettungsdienstes bestehen keine rechtlichen Bedenken, solange dadurch die ordnungsgemäße Erfüllung des Sicherstellungsauftrages nicht in Frage gestellt wird.[12] Daß die (freiwillige) Übernahme solcher Zuständigkeiten und der sich daraus ergebenden Pflichten prinzipiell sachgerecht ist, folgt u. a. aus der Pflicht der Träger des Rettungsdienstes, mit den Kassenärztlichen Vereinigungen im Bereich des ärztlichen Notfalldienstes zusammenzuarbeiten.[13]

3.4.1 Organisation des Notarztdienstes

95 Treffen die Rettungsdienste hinsichtlich der Einrichtung des Notarztdienstes keine Regelungen, so tun sie dies erst recht nicht zur Organisation.
Sie ist an keinen Typenzwang gebunden und freier Gestaltung zugänglich. Die Teilnahme bereiter und befähigter Ärzte, aber auch von Krankenhäusern und anderen Rechtsträger, unterliegt weder in fachlicher noch statusmäßiger Hinsicht Beschränkungen.

3.4.1.1 Krankenhäuser

96 Da die Rettungsdienstgesetze der Länder nur die Zuständigkeiten der Träger des Rettungsdienstes und der Hilfsorganisationen voneinander abgrenzen, ist die Regelung der organisatorischen Abläufe des Notarztdienstes einschließlich der Beteiligung geeigneter Notärzte vertraglicher Regelung zugänglich. Eine Grundvereinbarung darüber, welche Rechte und Pflichten Krankenhaus und Hilfsorganisationen übernehmen sollen, wird der Krankenhausträger insbesondere dann abschließen, wenn er die Organisation des Notarztdienstes in seinem Bereich in eigener Verantwortung zu übernehmen beabsichtigt.

97 Die Grundvereinbarung wird Art und Umfang des Zusammenwirkens zu regeln ha-

---

12 Vgl. hierzu H. Narr, a. a. O. Rdn. 1168; H.-J. Wolff, O. Bachof, a. a. O. § 72 IVb, 2 m. w. N.

13 Vgl. hierzu H. Narr, a. a. O. Rdn. 1168, der dies für einen gemeinsamen Notfalldienst von Kassenärzten und Nichtkassenärzten bejaht

ben, wobei sich der Krankenhausträger zur Bereitstellung des ärztlichen Personals, die Hilfsorganisation zur Bereitstellung nichtärztlichen Personals und der Transportmittel verpflichten werden.

98 Regelungsbedürftig erscheint dabei u. a. die Frage des Weisungsrechtes des Notarztes gegenüber nichtärztlichem Personal der Hilfsorganisationen, die Kostenverteilung, die Frage der Schadensteilung, die Abwicklung von Schadenersatzansprüchen im Verhältnis von ärztlichem und nichtärztlichem Personal.

99 In Ländern, in denen die Rettungsleitstellen keine staatlichen Einrichtungen sind, wie in Baden-Württemberg, Bayern, Nordrhein-Westfalen, Hessen und Schleswig-Holstein, empfiehlt es sich, Regelungen über den Betrieb einer Leitstelle aufzunehmen. Steht ein Flugrettungsdienst zur Verfügung, so sollte auch die Teilnahme der Notärzte an diesem geregelt werden.

100 Rechtlich bietet eine derartige Kooperation keine besonderen Schwierigkeiten, weil sich 2 oder mehrere, in vorgegebener Rechtsform organisierte Rechtsobjekte gegenüberstehen. Das Muster einer derartigen Vereinbarung findet sich im Anhang.

3.4.1.2 Freie Ärzteteams

101 Die Organisation des Notarztdienstes ist durch freie Ärztevereinigungen (Ärzteteams) in der Form rechtsfähiger oder nicht rechtsfähiger Vereine oder bürgerlich-rechtlicher Gesellschaften möglich. Denkbar ist, daß sich freie Vereinigungen gegenüber dem Träger des Rettungsdienstes und der kassenärztlichen Vereinigung zur Organisation des Notarztdienstes und zugleich zur Bereitstellung von Notärzten verpflichten.

102 Die Notärzte können aber auch Mitglieder einer Hilfsorganisation oder anderer Verbände sein ohne eine rechtlich selbstständige Untergruppierung zu bilden. Die Teambildung kann bei dieser Gestaltung auf der Satzung des Verbandes oder auf einer Verpflichtung beruhen, am Notarztdienst teilzunehmen. Auch in diesem Fall sollten zwischen den Beteiligten (freie Ärztevereinigung, Träger des Rettungsdienstes, kassenärztliche Vereinigung und Hilfsorganisationen) Grundvereinbarungen geschlossen werden, in denen die gegenseitigen Rechte und Pflichten niedergelegt sind.

103 In Ländern, die (wie Hessen) auf jegliche gesetzliche Regelung des Rettungswesens verzichten und auf vertraglicher Basis eine Zusammenarbeit der unterschiedlichen Beteiligten schaffen wollen, wird sich die Einbeziehung freier Notärzteteams in eine „Arge-Rettungswesen" anbieten. Sie könnte als Gesellschaft des bürgerlichen Rechts organisiert sein und die Rechtsform ihrer jeweiligen Mitglieder unberührt lassen.

3.4.1.3 Kassenärztliche Vereinigung

104 Bereits in 3.4 war die Zuständigkeit der Kassenärztlichen Vereinigungen für die Organisation und Durchführung des Notarztdienstes im Rahmen des Sicherstellungsauftrages bejaht worden. Aus diesem Auftrag folgt grundsätzlich das Recht und die

Pflicht, den Notarztdienst ähnlich wie die kassenärztlichen Notfalldienste mit den spezifischen Mitteln des Kassenarztrechtes zu organisieren. Wegen der engen organisatorischen Verzahnung des Notarztdienstes mit dem Rettungsdienst empfehlen sich auch hier Vereinbarungen mit den anderen Beteiligten, den Trägern des Rettungsdienstes, den Hilfsorganisationen und anderen Rechtssubjekten, in denen die gegenseitigen Rechte und Pflichten festgelegt werden.

105 Die kassenärztlichen Vereinigungen können zur Sicherstellung der ärztlichen Versorgung der Versicherten im Rahmen ihres pflichtgemäßen Ermessens anderen Rechtsträgern die Pflicht übertragen, den Notarztdienst für sie zu organisieren. Hiergegen bestehen keine rechtlichen Bedenken. Es handelt sich dabei um einen zulässigen Fall der Delegation der Organisationspflicht.[14]

3.4.2 Durchführung des Notarztdienstes

3.4.2.1 Krankenhausärzte als Dienstaufgabe

106 Statt den Weg über die Ermächtigung des einzelnen Krankenhausarztes durch die kassenärztliche Vereinigung zu wählen, hat ein großer Teil der Krankenhäuser ohne nähere rechtliche Absprache mit den beteiligten Organisationen und ohne tarifvertragliche Grundlage den Notarztdienst organisiert und durchgeführt. So konnte es nicht ausbleiben, daß die Verpflichtung von Krankenhausärzten im Rahmen ihrer Dienstaufgaben, am Notarztdienst teilzunehmen, in Frage gestellt wurde.[15] Da auch Krankenhäuser, deren personelle Decke hierzu nicht ausreichte, ihre Ärzte zur Teilnahme am Notarztdienst zumeist im Wege des Direktionsrechts verpflichteten, zudem ohne diesen Dienst gesondert zu vergüten, war es nur konsequent, daß zur Klärung dieser Frage die Gerichte bemüht wurden[16]. Weder Krankenhausträger noch Ärzte trugen hier freilich einen überzeugenden Sieg davon. Der Konflikt blieb unentschieden.
Eine gesonderte Vergütung des Dienstes, soweit er als Dienstauftrag wahrgenommen wurde, schied nach Auffassung vieler Krankenhausträger aus.[17] Die grundlegenden mit der Teilnahme am Notarztdienst als Dienstaufgabe zusammenhängenden rechtlichen Probleme wurden erst sehr viel später einer kritischen Überprüfung zugeführt.[18]

107 Obwohl diese Probleme bestenfalls andiskutiert sind, haben die Tarifvertragsparteien des öffentlichen Dienstes und der Marburger Bund im 45. Änderungstarifvertrag zum BAT vereinbart, daß die Teilnahme am Notarztdienst zu den Dienstaufga-

---

14 Vgl. hierzu den Rahmenvertrag zwischen der KV Bayerns und den Krankenkassen sowie den Hilfsorganisationen zur Regelung des Einsatzes von Ärzten im RTW und RTH, abgedruckt im Anhang 10.1; W. Weissauer, H.-D. Lippert in: P. Sefrin ... a. a. O. S. 12

15 Vgl. hierzu grundlegend: H. W. Opderbecke, W. Weissauer, Der Notarzteinsatz ... a. a. O. S. 159 ff. wo dies bedingt bestritten wird; H.-J. Rieger, a. a. O. S. 2535; ders. a. a. O. S. 1409; W. Weissauer, H.-D. Lippert in: P. Sefrin ... a. a. O. S. 13 f. m. w. N.; F. W. Ahnefeld, u. a. Notfallmed. 8 (1982) 931, 1062 ff.

16 Urteil des LAG Frankfurt v. 21. 11. 1974, Az 2 Sa 440/74

17 Vgl. hierzu H.-D. Lippert, Problematik, a. a. O. S. 1944

18 Vgl. hierzu H.-D. Lippert in: Handbuch, a. a. O. S. 2 ff.

ben aller Krankenhausärzte gehören solle, und daß hierfür eine nicht gesamtversorgungsfähige Notarzteinsatzpauschale zu gewähren sei.

108 Mag diese tarifvertragliche Regelung von ihren Befürwortern als ein Schritt in die richtige Richtung angesehen werden, so darf nicht verkannt werden, daß damit nicht alle Probleme gelöst worden sind. Einige sind durch die tarifvertragliche Regelung erst aufgetaucht. So ist z. B. ungeregelt, wer dem Notarzt die Schutzkleidung stellt. Ferner ist offen, ob dem Notarzt gegenüber nichtärztlichem Personal der Hilfsorganisationen ein Weisungsrecht zustehen soll und wenn ja, in welchem Umfang. Schließlich werden angestellte und beamtete Ärzte hinsichtlich der Notarztpauschale ungleich behandelt.[19]

109 Selbstverständlich präjudiziert die tarifvertragliche Regelung nicht die grundsätzliche Frage, ob und unter welchen näheren Voraussetzungen Krankenhäuser am Notarztdienst teilnehmen können; sie beantwortet sich, wie oben aufgezeigt, anhand der Systematik des Kassenarztrechtes und der Spezialregelung des § 368 Abs. 3 RVO.

110 Die Zuweisung zu den Dienstaufgaben läuft dort leer, wo der Krankenhausträger sich nicht am Notarztdienst beteiligt. Die tarifvertragliche Regelung, wonach die Teilnahme am Notarztdienst Dienstaufgabe der Krankenhausärzte ist, unterbindet nicht die Möglichkeit, geeigneten und dazu bereiten Krankenhausärzten die Teilnahme am Notarztdienst in Form einer Nebentätigkeit zu genehmigen.

3.4.2.2 Ermächtigte Krankenhausärzte in Nebentätigkeit

111 Der Notarztdienst ist von Anfang an in weitem Umfang von entsprechend motivierten, angestellten oder beamteten Krankenhausärzten aus eigener Initiative organisiert und durchgeführt worden. Krankenhausärzte benötigen dazu eine Nebentätigkeitsgenehmigung ihres Krankenhausträgers.

Auf sie hat der Krankenhausarzt nach den gesetzlichen Regelungen einen Rechtsanspruch, sofern dienstliche Belange nicht entgegenstehen. Die Ermächtigung von notfallmedizinisch befähigten Krankenhausärzten durch die kassenärztliche Vereinigung schafft die rechtliche Grundlage für die Teilnahme am Sicherstellungsauftrag.[20]

3.4.2.3 Niedergelassene Ärzte

112 Der Notarztdienst ist nach geltender Gesetzeslage dem ambulanten Bereich zuzuordnen.[21] Eine Vielzahl von Gründen war ausschlaggebend dafür, daß die kassenärztlichen Vereinigungen von ihrer gesetzlichen Aufgabe, den Notarztdienst zu organisieren, keinen Gebrauch gemacht haben. Im Vordergrund standen auch fachliche Gegebenheiten.

---

19 Vgl. hierzu H.-D. Lippert, Regelung des Rettungsdienstes ... a. a. O. S. 432; ders. Seit 1. Januar, ... a. a. O. S. 122 f. m. w. N.

20 Vgl. den Rahmenvertrag zwischen der KV Bayerns und den Krankenkassen sowie den Hilfsorganisationen zur Regelung des Einsatzes von Ärzten in RTW und RTH

21 Die ist in der Literatur bei allen Unterschieden im Detail niemals bestritten worden. Vgl. hierzu H.-D. Lippert in: Handbuch, S. 1 ff.; W. Weissauer, Der Arzt im Notfalleinsatz, a. a. O. S. 1012 f.

113 Die Notfallmedizin hat sich in der Klinik entwickelt. Sie ist aus der Klinik heraus in den universitären Unterricht eingegangen. Erst eine in der Notfallmedizin aus-, fort- und weitergebildete Generation niedergelassener Ärzte auf breiter Basis wird bereit und in der Lage sein, die Anforderungen, die an den Notarzt zu stellen sind, zu erfüllen. Die Zurückhaltung eines großen Teiles der niedergelassenen Ärzte, am Notarztdienst teilzunehmen, resultiert daraus, daß die Methoden der Notfallmedizin erst in den letzten Jahrzehnten entwickelt und diesen Ärzten zumeist im Studium nicht vermittelt worden sind.

3.4.2.4 Niedergelassene Ärzte und Krankenhausärzte gemeinsam

114 In ländlichen, großflächigen Bereichen kommt aber auch die Durchführung des Notarztdienstes durch Krankenhausärzte oder Teams von Krankenhausärzten und niedergelassenen Ärzten gemeinsam in Betracht.

115 Krankenhausträger, ermächtigte Krankenhausärzte, Ärzteteams und niedergelassene Ärzte werden aufgrund von Vereinbarungen die Dienstpläne absprechen. So kann es sinnvoll sein, daß Krankenhausträger den Notarztdienst während des Tages in den normalen Dienstzeiten, die niedergelassenen Ärzte ihn aber während der Nacht und am Wochenende versehen.[22]

3.5 Das Krankenhaus in der Rettungskette

116 Letztes Glied der Rettungskette ist das Krankenhaus, in welches schwer- und schwerstverletzte Unfallopfer, aber auch internistische und andere Notfallpatienten eingeliefert werden.

117 Aufnahme und Versorgung von Notfallpatienten im Krankenhaus erfordern strukturelle Maßnahmen, ohne die dieses letzte Glied der Rettungskette nicht effektiv arbeiten kann. Gefordert wird u.a. eine zentrale, interdisziplinär betriebene Notfallaufnahme.[23] Sie erleichtert die Organisation der Notfallversorgung innerhalb der Klinik und stellt sicher, daß jeder Notfallpatient der für seine Erkrankung zuständigen Fachdisziplin zugeführt werden kann.

22 Vgl. zu den Mischformen bei der Durchführung: E. Kipka, a.a.O. S.93
23 Vgl. hierzu W. Dick, H.-D. Lippert, a.a.O. S.123

4 Medizinische Grundlagen des Rettungswesens

4.1 Geschichte und Funktion des modernen Rettungsdienstes

118 Die Probleme der Notfallmedizin oder der Wiederbelebung und damit eng verbunden auch des Rettungsdienstes sind so alt wie die Menschheit.[1] Die Aufgabe entstand zunächst als Samariterdienst, in dem Bestreben, dem Nächsten bei Verletzungen oder Erkrankung helfen zu wollen. Beobachtung, Erfahrung und Zufall vermischt mit kultischen Handlungen waren das Methodenreservoir, das von Laien und ersten Berufshelfern mit wechselndem Erfolg eingesetzt wurde.

119 Der Rettungsdienst im Sinne des Krankentransportes begann mit der Verwendung von Krankentragen aus Schilfmatten oder Tierfellen; er ergab sich insbesondere bei kriegerischen Auseinandersetzungen und der Notwendigkeit, die Verletzten zu sammeln, zu betreuen und auch zu versorgen. Er wurde zur Konsequenz, nachdem bei den Armeen Sanitätsdienste mit Lazaretten und in den Städten Spitäler entstanden, in denen Erkrankte und Verletzte gepflegt und von Ärzten behandelt wurden.

120 Ein erstes „militärisches Notarztsystem" führte der Chefchirurg der napoleonischen Armee Larrey bereits 1792 ein. In „fliegenden Lazaretten" standen die Militärärzte dicht hinter der Front bereit, um die Versorgung der Verwundeten ohne jede Verzögerung einleiten zu können.

121 Im 19. und 20. Jahrhundert wurde der zivile Krankentransport und Rettungsdienst wesentlich durch Erfahrungen des militärischen Verwundetentransportes beeinflußt. Maßnahmen und Verfahren, die sich bei der Versorgung von Verwundeten bewährten, wurden auf die Versorgung Erkrankter und Verletzter in Friedenszeiten übernommen.

122 Auch die von Laien durchzuführenden Erste-Hilfe-Maßnahmen wurden aus diesen Erfahrungen, also aus der Versorgung von Verwundeten, abgeleitet; sie bestanden daher ganz vorwiegend in chirurgischen Maßnahmen, wie dem Anlegen von Verbänden, der Schienung von Brüchen usw. Eine außerklinische Versorgung von Erkrankten, auch wenn es sich um lebensbedrohlich akute Krankheiten handelte, gab es, abgesehen von Ausnahmen, nicht. Wiederbelebungsversuche bei Ertrunkenen oder durch Gase Vergifteten stellten absolute Ausnahmen dar, da sie selten eintra-

---

1 Vgl. hierzu F. W. Ahnefeld in: Handbuch A. 1. 1.; B. Gorgaß, F. W. Ahnefeld, a. a. O. S. 9 ff.; weiterführend: Präsidium des DRK, Analysen ... a. a. O.; Notfallmedizin, Bd. 10 Klinische Anästhesiologie und Intensivtherapie a. a. O.

ten, aber auch die verfügbaren Methoden ineffektiv waren, nicht zuletzt auch die Helfer eine unzureichende Ausbildung in diesen Methoden besaßen. Gleiches galt für das seinerzeit fast ausschließlich ehrenamtlich arbeitende Personal der Hilfsorganisationen. Der Ausbildungsstand dieses Personals, aber auch die Konstruktion und Ausstattung der Krankenfahrzeuge waren ausschließlich auf die Transportaufgabe ausgerichtet. Nach Durchführung begrenzter Erste-Hilfe-Maßnahmen blieb dem damaligen Sanitäter lediglich die Erfüllung einer samaritanen Aufgabe.

123 Basierend wiederum auf den Erfahrungen der Sanitätsdienste im Zweiten Weltkrieg setzte in den 50er Jahren, ausgelöst durch neue, in fast allen medizinischen Fachgebieten erarbeitete Erkenntnisse, eine stürmische Entwicklung ein, die die Grundlagen für die daraus entstandene Notfallmedizin lieferte. Während früher außerhalb und innerhalb der Klinik fast ausschließlich eine direkt auf das Leiden bzw. die Verletzung ausgerichtete Behandlung stattfand, traten nun andere Gesichtspunkte in den Vordergrund. Für das Leben und die Erhaltung der Gesundheit ist zwar die ausreichende Funktion aller Organe unumgänglich notwendig, der Mensch kann aber an wesentlich mehr Krankheiten leiden als an Todesursachen sterben; d.h. in den Vordergrund der Betrachtungen rückten die lebenswichtigen Funktionen, wie die Atmung und das Herz mit dem Kreislaufsystem.

124 Für die Lebenserhaltung nach akutem traumatischen oder nichttraumatischen Geschehen ist zunächst und vordergründig die ausreichende Sauerstoffversorgung aller Organe und Gewebe von Bedeutung. Damit ergaben sich neue Gesichtspunkte, aber auch Ansatzpunkte für die Lebenserhaltung trotz schwerster Schädigungen des Organismus.

125 Alle medizinischen Fachgebiete entwickelten neue Methoden, um durch Trauma oder Erkrankung bzw. Vergiftung eingeschränkte oder aufgehobene lebenswichtige Funktionen temporär zu ergänzen, zu ersetzen oder wiederherzustellen. Entsprechende Einrichtungen, in denen diese neuen Methoden der Wiederbelebung und der Lebenserhaltung, z.B. durch Beatmung, durch Unterstützung der Herz- und Kreislauffunktion, durch Ergänzung oder Ersatz der Nierenfunktion, zur Anwendung kamen, wurden zunächst innerhalb der Kliniken als Vorläufer intensivmedizinischer Einheiten entwickelt und eingesetzt. Es ergaben sich aber auch neue Definitionen des Todes. Als klinischer Tod wurde der gleichzeitig vorhandene Atem- und Kreislaufstillstand definiert, der noch für einige Minuten reversibel blieb und der erst nach Eintritt definitiver Organ- oder Gewebeschäden in den irreversiblen oder biologischen Tod überging.

126 Daraus resultierte wiederum die Aufgabenstellung, einmal den Eintritt des klinischen Todes zu verhindern, ihn zum anderen durch sofortigen Einsatz entsprechender, ebenfalls neu entwickelter oder weiterentwickelter Wiederbelebungsmethoden rückgängig zu machen. Es zeigte sich während dieser Entwicklung aber auch, daß es nicht ausreichte, nur innerhalb der Kliniken entsprechende Reanimationseinrichtungen zu schaffen. Es mußte gleichzeitig dafür gesorgt werden, daß die betroffenen Patienten möglichst bereits am Ort des Geschehens und während des Transportes, also in der präklinischen Phase, eine ausreichende Erstversorgung erhielten,

um das Überleben zu sichern und damit die in der Klinik vorhandenen erweiterten notfallmedizinischen Maßnahmen mit dem Ziele einer Wiederherstellung einsetzen zu können.

127 Die Rettungsdienste erhielten dadurch neue und erweiterte Aufgaben. Es handelte sich um die Voraussetzungen, die der deutsche Chirurg Kirschner bereits 1936 in Heidelberg formulierte, als er ausführte: „Der Verletzte muß nicht so schnell wie möglich zum Arzt, sondern der Arzt muß so schnell wie möglich zum Verletzten gelangen, um die schwierigste und für das Überleben entscheidende, sich direkt an das Trauma anschließende Phase mit geeigneten lebenserhaltenden Maßnahmen überbrücken zu können."

128 Die Impulse für die Reorganisation der Rettungsdienste gingen in diesem ersten Zeitraum ganz vordergründig von der Aufgabenstellung der Erstversorgung Unfallverletzter aus. Aus diesem Grunde wurde noch in den 60er Jahren vorwiegend vom Unfallrettungsdienst gesprochen. Akut lebensbedrohliche Zustände sind jedoch nicht nur nach äußeren Einwirkungen durch unterschiedliche Unfallmechanismen zu erwarten, sondern in gleicher Weise und bei gleichen Ansatzpunkten, lediglich mit unterschiedlicher Auslösung, nach akuten Erkrankungen und Vergiftungen. Nach den heute vorliegenden Statistiken beträgt der Anteil der Verletzten an der Gesamtzahl der Notfallpatienten noch ca. 30%, der der akut Erkrankten um 70%.

129 Die Funktion des modernen Rettungsdienstes besteht darin,
- die durch Schmerzen und Angst verursachte menschliche Not zu mildern,
- eine Verschlechterung des Zustandes insbesondere bei Notfallpatienten zu verhindern, und
- in bestimmten Fällen eine Wiederbelebung klinisch Toter zu versuchen.

130 Dies muß immer mit dem Ziel geschehen, durch eine Stabilisierung oder Unterstützung der lebenswichtigen Funktionen Zeit zu gewinnen, das Überleben zu sichern, den Transport in die Klinik zu gewährleisten, um damit die Voraussetzungen für eine auf das auslösende Leiden oder die Verletzungen ausgerichtete kausale Therapie zu ermöglichen. Häufig gelingt es, durch relativ einfache Verfahren das Überleben zu sichern sowie Folgekrankheiten mit entsprechend langer Liegezeit in der Klinik und bleibende Invalidität zu vermeiden. Die Wiederbelebung bereits klinisch Toter ist eine wesentliche Teilfunktion, sie sollte aber in ihrem Stellenwert nicht überschätzt werden.

131 Diese Aufgabenstellung läßt sich jedoch nur dann erfüllen, wenn bestimmte Anforderungen, die die Organisation, die Bereitstellung der Rettungsmittel, aber auch des qualifizierten Personals betreffen, erfüllt werden. Rettungsdienst und klinische Versorgung dürfen nicht mehr als getrennte, sondern müssen als eng miteinander verknüpfte Funktionsbereiche gesehen werden. Der Rettungsdienst muß sich funktional als verlängerter Arm der Klinik darstellen. Rettungs-, Notarztwagen und Rettungshubschrauber fungieren – unter der Voraussetzung, daß eine qualifizierte personelle Besatzung vorhanden ist – als „mobile klinische Einrichtungen".

132 Anhand der vor Jahren von uns zur klaren Definition der unterschiedlichen Aufgabenstellungen vorgeschlagenen Rettungskette lassen sich die Funktionsabläufe darlegen und entsprechende Glieder dieser Kette beschreiben. Die Effizienz des gesamten Systems hängt davon ab, daß jeder Bereich auf die Leistungsfähigkeit des nächsten abgestimmt ist und keine Versorgungslücken, kein Riß in der Kette entsteht.

4.1.1 Die Rettungskette

133 Als wesentliche Glieder der Rettungskette[2] sind zu definieren:
- Die *Sofortmaßnahmen* am Notfallort, die möglichst jeder Augenzeuge des Geschehens anwenden können sollte, um bereits kurze Zeit nach Eintritt der Schädigung einer Verschlimmerung vorzubeugen.
- Die *Meldung* an die Leitstelle des Rettungsdienstes mit dem für den Einsatz zusätzlich notwendigen Alarm- und Koordinationssystem.
- Der *Rettungsdienst* mit den Rettungsmitteln: Rettungswagen, Notarztwagen und Rettungshubschrauber sowie einem entsprechend qualifizierten Personal, wie Rettungshelfern, Rettungssanitätern und Notärzten.
- Die *Klinik* mit einer zentralen Notaufnahme, allen Möglichkeiten für die erweiterte Soforttherapie, der Mitwirkung aller benötigten Fachdisziplinen, der Diagnostik und der sich daran anschließenden Therapie (z. B. Operation oder Intensivtherapie).

Zu den hier dargestellten wichtigsten Gliedern der Rettungskette im folgenden noch einige Erläuterungen:

4.1.1.1 Sofortmaßnahmen

134 Zu den Sofortmaßnahmen: Bei vielen schweren Unfällen, z. B. einem Stromunfall, einer Schädel-Hirn-Verletzung mit tiefer Bewußtlosigkeit oder einem Schlagaderabriß mit spritzender Blutung, können trotz der Schnelligkeit der modernen Rettungsfahrzeuge schwere Schäden oder der Tod nur durch sofortiges sachgerechtes Eingreifen der sich am Ort des Geschehens oder in der Nähe befindlichen medizinischen Laien verhindert werden. Die Probleme bei Erkrankungen und Vergiftungen, beispielsweise mit akuten Atemstörungen, erfordern die gleichen Voraussetzungen.

135 Jeder Bürger sollte daher die lebensrettenden Sofortmaßnahmen, wie
- schnelle Rettung aus dem Gefahrenbereich durch die Anwendung von Rettungsgriffen,
- Seitenlagerung Bewußtloser, spezielle Lagerungsmethoden für spezielle Unfälle oder Erkrankungen,
- die Überstreckung des Kopfes bei Verdacht auf Verlegungen der Atemwege,
- die Atemspende,
- das Anlegen von Druckverbänden oder Abbindungen zur Blutstillung,

beherrschen und anwenden, d. h. über eine Grundausbildung in Erster Hilfe verfü-

2 Vgl. zum Begriff: F. W. Ahnefeld, in: Handbuch, a. a. O. S. 5f.; B. Gorgaß, F. W. Ahnefeld, a. a. O. S. 14ff.

gen. Der Anteil der in der Bundesrepublik in diesen Methoden Ausgebildeten ist verschwindend klein, es fehlen Wiederholungs- und Auffrischungskurse. Die Chancen, daß ein Schwerverletzter oder lebensbedrohlich akut Erkrankter mit den genannten Sofortmaßnahmen eine schnelle und richtige Hilfe erhält, sind unter diesen Bedingungen gering. Die Ausbildung in der Ersten Hilfe sollte daher bereits in der Schule beginnen, während des beruflichen Lebens müßten sich, in nicht zu langen Zeitabständen, entsprechende Wiederholungskurse anschließen. Nur damit ließe sich sichern, daß das erste und für das Überleben wichtige Glied der Rettungskette ausreichend verstärkt wird.

136 Zum Teil leisten niedergelassene Ärzte, die den Notfallort vor Eintreffen des Rettungsdienstes erreichen, erste ärztliche Hilfe. Es muß daher jeder Arzt, unabhängig von der Fachrichtung, erweiterte ärztliche Sofortmaßnahmen einleiten können. Dazu gehören u. a.:
- die Beatmung mit Beatmungsgeräten,
- die Schockbehandlung durch Infusion von Volumenersatzmitteln,
- die medikamentöse Therapie akuter Notfallsituationen.

137 Jeder Arzt muß für die Erfüllung dieser Aufgaben über eine geeignete apparative und medikamentöse Notfallausstattung (Notfallkoffer) und v. a. über Kenntnisse und Fähigkeiten verfügen.

4.1.1.2 Melde-, Alarm- und Koordinationssystem

138 Voraussetzung für den schnellen und gezielten Einsatz von Rettungsfahrzeugen und Personal ist ein reibungslos arbeitendes Melde-, Alarm- und Koordinationssystem. Notfallmeldungen müssen über private Telefonanschlüsse und gebührenfrei über öffentliche Münzfernsprecher, z. T. auch über Notrufzusatzeinrichtungen durch Wahl einer einheitlichen Notrufnummer (110) bei einer Notrufzentrale, in der Regel der Polizei, auflaufen und von dort, bei Vorliegen eines medizinischen Notfalles, über eine Direktleitung zu den Leitstellen des Rettungsdienstes weitergegeben werden. Die Auswahl des geeigneten Rettungsfahrzeuges mit der entsprechenden Besatzung hat in diesen Rettungsleitstellen nach klaren einsatztaktischen Prinzipien unter Berücksichtigung des Inhaltes der Meldung, der Entfernungen, der Straßenverhältnisse usw. zu erfolgen. Zusätzlich sollte an den Leitstellen ein Krankenbettennachweis geführt werden, um die Verteilung von Notfallpatienten auf mehrere im Einzugsbereich liegende Kliniken zu erleichtern. Als besondere Schwachstelle ist die Art und der Inhalt der Meldungen anzusehen. Die Bevölkerung verfügt immer noch nicht über ausreichende Informationen. Die Meldung ist eines der schwächsten Glieder der Rettungskette geblieben.

4.1.1.3 Der Rettungsdienst

139 Aufgaben und Probleme des Rettungsdienstes, die Gestaltung der Rettungsmittel und die fachliche Qualifikation werden in anderen Abschnitten dargestellt.[3] Herauszuheben ist hier die zunehmende Diskrepanz zwischen guter Ausstattung und

3 Vgl. unten Rdn. 193 ff.

einer sogar überhöhten Technisierung bei einer zu langsamen Zunahme der personellen Qualifikation.

4.1.1.4 Das Krankenhaus in der Rettungskette

140 Die klinischen Strukturen müssen sich dem reorganisierten Rettungsdienst anpassen. Es ist möglichst für das gesamte Klinikum eine zentrale Notaufnahme zu schaffen, um hier alle Funktionen zusammenzufassen, die für die Erstversorgung eines jeden Notfallpatienten, unabhängig davon, ob es sich um eine Verletzung oder eine akute Erkrankung handelt, sicherstellen zu können. Diese Aufgabe erfordert bauliche Voraussetzungen, eine entsprechende Ausstattung mit dem dafür erforderlichen diagnostischen und therapeutischen Instrumentarium sowie Medikamente, schließlich eine ausreichende personelle Besetzung mit Schwestern, Pflegern und Ärzten, die über spezielle und ausreichende Kenntnisse sowie Erfahrungen in der Notfallmedizin, d.h. in der Bekämpfung lebensbedrohlicher Zustände, verfügen.

141 Die Klinik muß bei akuter Lebensgefahr der vom Rettungsdienst übernommenen Patienten auf dem Funk- oder Drahtweg möglichst eingehende Vorinformationen durch die Rettungssanitäter oder den Notarzt erhalten, um entsprechende Vorbereitungen treffen zu können. Es muß daher sichergestellt sein, daß über die Rettungsleitstelle die Voraussetzungen für eine funktionierende Verbindung zwischen Rettungsfahrzeugen und Klinik gegeben sind.

142 Zusammengefaßt läßt sich feststellen, daß sich die hier beschriebenen Funktionen des modernen Rettungsdienstes aus neuen notfallmedizinischen Erkenntnissen ergeben. Diese Erkenntnisse weisen darauf hin, daß die akute Lebensbedrohung nach Unfällen oder Erkrankungen zunächst von den lebenswichtigen Funktionen, ausgeht. Neue Methoden der Wiederbelebung, apparative und medikamentöse Behandlungsverfahren sind als notfallmedizinische Sofortmaßnahmen in entsprechender Abstufung durch Laien, Rettungssanitäter oder Ärzte sowie Notärzte einsetzbar und können bei Sicherstellung einer Rettungskette einer Verschlimmerung bei einer schweren Störung der Gesundheit vorbeugen, das Überleben sichern und die Basis für eine erfolgreiche, auf das Grundleiden ausgerichtete Behandlung, damit für die Wiederherstellung bilden.

4.2 Notfallmedizinische Grundbegriffe

143 Als wichtigster Grundsatz gilt die Forderung, die vitalen Funktionen – Atmung und Herz-Kreislauf – zu erhalten, notfalls wiederherzustellen und sich erst sekundär, z.B. bei Verletzungen, der Versorgung örtlicher Schädigungen zuzuwenden. Bei akuten Gefährdungen des Lebens sind die Ursachen, die diese Gefährdung hervorriefen, insbesondere aber die Diagnose, die den Zustand bestimmter oder aller Organfunktionen beschreibt, von sekundärer Bedeutung. Entscheidender ist die Beantwortung der Frage, welche vitalen Funktionen in welchem Umfange betroffen sind. Aus der Antwort ergibt sich, welche Sofortmaßnahmen in welcher Reihenfolge zur Anwendung kommen können und müssen.

4.2.1 Der Notfallpatient

144 Von Bedeutung ist die medizinische Definition des Notfallpatienten.[4] Er ist durch Verletzung, Krankheit oder andere Umstände jener Fähigkeiten beraubt, die das Leben garantieren, wobei Natur und Ausmaß oft nicht sofort oder nicht in vollem Umfang erkennbar sind. Jeder Patient mit Verletzungen der Körperhöhlen, des Gesichtsschädels, des Halses, der Wirbelsäule oder auch Patienten mit Erkrankungen und Vergiftungen, bei denen Störungen vitaler Funktionen vorhanden, zu befürchten oder nicht sicher auszuschließen sind, befinden sich in akuter Lebensgefahr und werden als Notfallpatienten deklariert. Damit läßt sich die Aufgabenstellung charakterisieren, die sich am Ort des Geschehens und auf dem Transport, also in den dargestellten Gliedern der Rettungskette ergibt.

4.2.2 Die Vitalfunktionen[5]

145 Leben, Gesundheit und Selbständigkeit des Menschen sind durch das Zusammenwirken aller Organe sichergestellt. Die Gesamtleistung wird durch ein kompliziertes Steuersystem, in dem das Gehirn, Nerven und endokrine Organe zusammenwirken, v. a. aber durch die kontinuierliche Zufuhr des Betriebsmittels Sauerstoff und die Elimination der Stoffwechselprodukte, insbesondere der Kohlensäure, ermöglicht. Ständige Austauschvorgänge zwischen den Flüssigkeitsräumen und die ununterbrochene Zirkulation des Blutes im Gefäßsystem ermöglichen das ungestörte Zusammenwirken der Organe. Sie arbeiten in einem Verbundsystem und bewirken so die Sicherung aller Lebensvorgänge. Das Verbundsystem schafft gleichzeitig Voraussetzungen für gegenseitige Kompensationen bei Funktionsstörungen. Die Krankheitslehre ist ausgerichtet auf organische Schäden, die unter verschiedenen Anzeichen, chronisch und akut, sowie in unterschiedlichen Schweregraden in Erscheinung treten. Das bedeutet, das geregelte Zusammenspiel der verschiedenen Funktionen ist in unterschiedlichem Ausmaß gestört; wir sprechen von leichten oder schweren Erkrankungen, die sich durch bestimmte Anzeichen zu erkennen geben und unterschiedliche Beschwerden verursachen. Viele dieser langsam oder plötzlich entstandenen Störungen sind, wenn der Arzt die Ursachen mit der Diagnose feststellt, durch Medikamente und zusätzliche Maßnahmen heilbar. Bei einigen werden chirurgische Eingriffe erforderlich, andere lassen sich in ihren Auswirkungen vermindern, ein Teil ist aber auch unter Einsatz aller heute verfügbaren Möglichkeiten nicht erfolgreich anzugehen. Mit dieser Darstellung sind die Störungen der Gesundheit beschrieben, die zwar eine unterschiedliche Schwere aufweisen, die aber alle nicht in kürzester Zeit zu einer Lebensbedrohung führen.

146 In den zurückliegenden 2–3 Jahrzehnten haben neue Forschungsergebnisse zu neuen Erkenntnissen über die Entstehung der Lebensbedrohung oder des Todes nach plötzlichen schweren Erkrankungen oder Verletzungen geführt. Das Betriebsmittel für alle Lebensvorgänge ist der Sauerstoff. Der Mensch verfügt über keinen Sauerstoffvorrat. Das Leben ist nur aufrechtzuerhalten, wenn alle Zellen des Kör-

4 Zur Definition vgl. B. Gorgaß, F. W. Ahnefeld, a. a. O. S. 31
5 Vgl. B. Gorgaß, F. W. Ahnefeld, a. a. O. S. 32, 40 ff; H.-P. Schuster, a. a. O. S. 1 ff.

pers ohne jede Unterbrechung eine ausreichende Menge Sauerstoff erhalten, anderenfalls treten sofort Ausfälle ein, die sich als lebensbedrohliche Situationen darstellen.

147 Eine Störung kann in den verschiedenen Bereichen des Verbundsystems ansetzen, z. B. beim Versagen der Atmung, bei Blutverlust nach Verletzungen, bei einer Störung der Herztätigkeit etc. Immer wird als Endresultat die einzelne Zelle nicht genügend Sauerstoff erhalten und ihre Funktion vermindern oder einstellen und damit eine akute Lebensbedrohung bewirken. Die Aufgabe, die sich daraus für die Notfallmedizin ergibt, ist einfach abzuleiten: Nach plötzlich und unerwartet eintretenden schweren Verletzungen oder Erkrankungen müssen die lebenswichtigen Funktionen Atmung und Herz-Kreislauf-System aufrechterhalten oder durch geeignete Maßnahmen wiederhergestellt werden, mit dem Ziele, die Lebensbedrohung abzuwenden, das Überleben zu sichern und Zeit zu gewinnen, um in der Klinik mit allen dort bereitstehenden Möglichkeiten die Ursachen des Geschehens, z. B. durch eine Operation oder durch Medikamente, zu beseitigen.

148 Für die Funktion eines jeden Organs gibt es 2 Voraussetzungen[6]
- Die Leistungsfähigkeit des Organs und
- die Leistungsbedingungen.

Eine akute Störung, hervorgerufen durch Verletzung oder Erkrankung, kann 2 grundsätzlich unterschiedliche Ursachen haben:
- Eine Leistungsunfähigkeit des Organs,
- eine Leistungsbehinderung infolge Fehlens der Leistungsbedingungen.

149 Dafür ein Beispiel: Ein leistungsfähiges Herz benötigt zur Aufrechterhaltung der dem aktuellen Bedarf angepaßten Pumpleistung einen ausreichenden Zufluß an sauerstoffreichem Blut. Tritt ein Blutverlust ein, nimmt die Herzleistung ab. In diesem Falle handelt es sich nicht um eine Leistungsunfähigkeit eines Organs, also des Herzens, sondern es fehlen die Leistungsbedingungen, d. h. ein ausreichendes zirkulierendes Blutvolumen. Fehlen Leistungsbedingungen über längere Zeit, dann erst entsteht eine Schädigung auch des oder der Organe, erst dann tritt eine organbedingte Leistungsunfähigkeit ein.

150 In der Notfallmedizin fehlen häufiger die Leistungsbedingungen, seltener liegt die primäre Ursache in der Leistungseinschränkung eines Organs, wie dies z. B. nach einem Herzinfarkt der Fall sein kann.

151 Alle definierbaren Gefährdungen des Lebens gehen von einer oder mehreren der beschriebenen vitalen Funktionen aus. Die Chancen der Wiederbelebung oder auch der Vorbeugung einer Verschlimmerung sind verständlicherweise zeitabhängig. Der Zeitfaktor und die angewandten notfallmedizinischen Maßnahmen entscheiden darüber, ob ein Überleben, eine vollständige oder auch nur eine teilweise Wiederherstellung möglich wird.

6 Vgl. hierzu F. W. Ahnefeld, Sekunden, a. a. O. S. 8f.

152 Die Analyse des Geschehens bei einem Notfallpatienten muß schnell gehen, um schnell genug die Ansatzpunkte für die Sofortmaßnahmen zu finden, die bereits der Laienhelfer durchzuführen hat, oder die sich für Rettungssanitäter und Ärzte durch erweiterte lebensrettende Maßnahmen und Methoden, ggf. auch Medikamente anbieten. Jeder kann die bedrohlichen Anzeichen der Lebensgefährdung alleine durch Sehen, Hören oder Tasten, also weitgehend ohne Hilfsmittel, feststellen.

153 Bei der Erstinformation reicht die Beantwortung folgender Fragen aus:
- Ist der Patient bei Bewußtsein?
- Sind Störungen der Atemfunktion oder gar ein Atemstillstand nachweisbar?
- Ist die Herzfunktion verändert, der Herzschlag unregelmäßig oder fehlt er, gibt es Anzeichen für Blutverluste im Sinne eines Schocks?

154 Bereits aus dieser kurzen Analyse lassen sich wesentliche Schlußfolgerungen ziehen, die dann noch durch differenzierte Abfrageschemata für die Funktion Atmung und Herz-Kreislauf ergänzt werden können.

155 Zusammengefaßt läßt sich feststellen: Die Analyse der Störung und die Sicherung der Vitalfunktionen sind die Grundlage für die Sicherung des Überlebens und eine den Erfordernissen und dem eigentlichen ursächlichen Geschehen angepaßte definitive Behandlung als Voraussetzung für die Wiederherstellung.

4.2.3 Notfallmedizin

156 Notfallmedizin bedeutet, daß unter eingeschränkten Bedingungen mit einer begrenzten Ausstattung an Geräten und Medikamenten, insbesondere eingeschränkten Möglichkeiten einer Diagnostik sowie einem geringen personellen Aufwand, ein breites Spektrum von Notfällen nach Traumen und Erkrankungen kurzfristig so zu analysieren und zu versorgen ist, daß ein Überleben gesichert werden kann. Die grundsätzliche Aufgabe der Notfallmedizin ist global gesehen der Beginn einer Intensivtherapie unter anderen Voraussetzungen und mit anderen Mitteln.

4.3 Verfahren zur Behandlung von Notfallpatienten

157 In Abhängigkeit vom Ausbildungsstand, den Kenntnissen und Fähigkeiten, die der Laienhelfer, der Rettungssanitäter, Schwestern, Pfleger und Ärzte aufweisen, stehen heute spezielle notfallmedizinische Verfahren für die Erstversorgung von Notfallpatienten am Ort des Geschehens und auf dem Transport, schließlich in der Klinik zur Verfügung. Diese Verfahren sollen im folgenden in kurzgefaßter Form aufgeführt, erläutert und begründet werden.

4.3.1 Die Rettung des Patienten aus einem Gefahrenbereich

158 Eine Rettung aus dem Gefahrenbereich ist die erste Aufgabe, falls sich der Notfallpatient infolge eines speziellen Unfallherganges alleine aufgrund der äußeren Situation in einer Lebensgefahr befindet, aus der er sich, z. B. wegen der erlittenen

Verletzungen oder einer gestörten Bewußtseinslage, nicht mehr selbst befreien kann. Solche Situationen entstehen sowohl bei Verkehrsunfällen, bei Unfällen mit elektrischem Strom oder bei Einwirkung giftiger Gase. Für die Rettung eines Patienten aus der Gefahrenzone kommen die Rautek-Rettungsgriffe zur Anwendung.

4.3.2 Lagerung von Notfallpatienten[7]

159 Von der Art der Verletzung oder Erkrankung, von der Bewußtseinslage und dem Zustand der vitalen Funktionen wird die Art der Lagerung bestimmt. Lagerungsmaßnahmen verhindern einmal eine Verschlimmerung eines lebensbedrohlichen Zustandes, zum anderen kommen sie während der Reanimation oder während des Transportes zur Unterstützung der lebensrettenden Sofortmaßnahmen zur Anwendung.

4.3.2.1 Seitenlagerung

160 Ist ein Notfallpatient bewußtlos oder besteht eine deutliche Einschränkung der Bewußtseinslage, so wird er sofort in eine Seitenlagerung gebracht. Diese Lagerung garantiert freie Atemwege und verhindert insbesondere bei Blutungen oder Erbrechen die Aspiration. Eine Seitenlagerung ist bei den genannten Voraussetzungen obligatorisch. Der Notfallpatient bleibt nur dann in Rückenlage, wenn die Atemfunktion gestört oder aufgehoben ist, d.h. wenn eine Atemspende oder eine Beatmung mit Hilfsmitteln zur Anwendung kommen muß. Daraus ergibt sich: Bei jedem Notfallpatienten müssen sofort Bewußtseinslage und die Atemfunktion überprüft werden. Das Ergebnis bestimmt die Art der Lagerung.

4.3.2.2 Lagerungen bei Störungen des respiratorischen Systems

161 Folgende Notfälle mit Störungen des respiratorischen Systems machen eine gezielte Lagerung erforderlich: Die Atemnot, Thoraxverletzungen und ein Lungenödem.

162 Bei allen Erkrankungen, bei denen die Ein- und/oder die Ausatmung erschwert sind, wird der Oberkörper des Patienten hochgelagert. Typische Beispiele sind das Asthma und die Schwellungen im Bereich der Luftwege. Durch die erhöhte Lagerung des Oberkörpers wird die Beweglichkeit der Atemmuskulatur, der Zwischenrippenmuskulatur, der Atemhilfsmuskulatur, besonders aber des Zwerchfelles verbessert.

163 Bei Thoraxverletzungen entstehen häufig schmerzbedingte Störungen der Atembewegungen.
Ein Lungenödem kann sich als Folge einer kardialen Insuffizienz, aber auch nach Schädigung der Lunge durch Reizgase entwickeln. Das Ziel dieser speziellen Lagerung besteht darin, eine Drucksenkung im Lungenkreislauf zu erreichen.

---

7 Vgl. hierzu B. Gorgaß, F. W. Ahnefeld, a.a.O. S. 112ff.; P. Sefrin in: P. Sefrin, a.a.O. S. 116f.; F. W. Ahnefeld, Sekunden, a.a.O. S. 18ff.; H.-P. Schuster, a.a.O. S. 10ff.

4.3.2.3 Lagerungen bei Störungen des zirkulatorischen Systems

164 Alle schwerwiegenden Störungen des Herz-Kreislauf-Systems verlangen unterschiedliche Lagerungsformen. Von besonderer Wichtigkeit sind die Notfälle: Volumenmangelschock, kardiogener Schock und Kavakompressionssyndrom.

165 Bei einem drohenden oder bereits ausgeprägten Schock, der als Folge eines Mangels an zirkulierendem Blutvolumen eintritt, kommen Schocklagerungen mit dem Ziel zur Anwendung, einen verstärkten Rückfluß von Blut aus den Beinen und dem Bauchraum zum Herzen zu erreichen und damit eine noch ausreichende Durchblutung der lebenswichtigen Organe (Herz, Lunge, Gehirn) zu sichern.

166 Wird ein Schockbild durch ein akutes Linksherzversagen, z. B. nach einem Herzinfarkt, ausgelöst, entwickeln sich häufig durch eine Lungenstauung Symptome der Atemnot. Die betroffenen Patienten müssen trotz erniedrigter Blutdruckwerte mit mäßig erhöhtem Oberkörper bei flacher Position der Beine gelagert werden.

167 Bei Schwangeren kann der Uterus in Rückenlage die große Hohlvene komprimieren, und damit den Rückfluß des Blutes zum Herzen so stark vermindern, daß eine schwere Schocksymptomatik auftritt. Aus diesem Grunde dürfen Schwangere grundsätzlich nur in Seitenlagerung transportiert werden. Durch die Linksseitenlagerung läßt sich die beschriebene Kompressionsgefahr vermeiden.

4.3.2.4 Lagerung bei speziellen Verletzungen

168 Folgende Verletzungen erfordern eine spezielle Lagerung des Patienten:
- Schädel-Hirn-Traumen,
- Gesichtsverletzungen,
- Blutungen im Mund-Rachen-Raum,
- Rückenmarkschädigungen,
- Bauchverletzungen.

169 Bei allen schweren Schädelverletzungen, insbesondere bei offenen Frakturen, besteht die Gefahr, daß sich kurzfristig ein erhöhter Hirndruck entwickelt. Zur Verminderung der Hirndurchblutung wird als vorbeugende Maßnahme eine leichte Hochlagerung des Kopfes empfohlen.

170 Bei Kiefer- und Gesichtsverletzungen kann, in Abhängigkeit von der Lokalisation und Schwere der Blutungen, eine Störung der Atemfunktion eintreten. Wird der Patient in Bauchlage gebracht, läßt sich das Abfließen des Blutes nach außen sicherstellen.

171 Besteht der Verdacht auf eine Schädigung der Wirbelsäule, oder wird eine Bekkenfraktur vermutet, so ist der Verletzte auf einer festen Unterlage (Vakuummatratze) flach zu lagern. Das Ziel besteht darin, die Verschiebung der Knochenfragmente und dadurch mögliche Schädigungen des Rückenmarks zu vermeiden.

172 Bei allen Patienten mit Verletzungen des Bauchraumes oder nach Perforation z. B. bei Magenulkus entstehen infolge der Reizung des Bauchfelles starke Schmerzen.

Durch Anheben des Oberkörpers und Unterpolsterung der Knie wird die beabsichtigte Wirkung, eine Entspannung der Bauchdecke und damit eine Schmerzlinderung, bewirkt.

173 Zusammenfassend ist festzustellen, daß alle Lagerungsmaßnahmen die Zielsetzung haben, weitere Komplikationen zu vermeiden und die übrigen Sofortmaßnahmen, die auf eine Stabilisierung der vitalen Funktionen ausgerichtet sind, zu unterstützen.

4.3.3 Maßnahmen zur Behandlung von Störungen des respiratorischen Systems[8]

174 Alle Maßnahmen, die bei der Behandlung von Störungen des respiratorischen Systems zur Anwendung kommen, lassen sich unter den Schlagworten:
- Freimachen und
- Freihalten der Atemwege,
- Sauerstoffgabe und
- Beatmung

zusammenfassen.

4.3.3.1 Freimachen der Atemwege

175 Beim Bewußtlosen fehlen die Schutzreflexe. Liegt er auf dem Rücken oder ist auch in Seitenlagerung die Kopfhaltung nicht korrekt, so werden die Atemwege durch die mit dem Unterkiefer zurückgesunkene Zunge partiell oder komplett blockiert. Der Bewußtlose nimmt diesen Zustand weder wahr, noch kann er die Blockade beseitigen. Die Überstreckung des Kopfes nackenwärts und das Schließen des Mundes mit dem Anheben des Unterkiefers stellen sofort freie Atemwege und damit einen ausreichenden Luftaustausch bei vorhandener Spontanatmung sicher.

4.3.3.2 Reinigung der Atemwege

176 Bringt das Freimachen der Atemwege keinen oder keinen ausreichenden Effekt, spürt der Beatmende einen Widerstand oder ist aufgrund der Verletzungen eine Verunreinigung der Mundhöhle mit Fremdkörpern, Schleim, Blut oder Erbrochenem zu vermuten, so wird zusätzlich die Reinigung der Luftwege durchgeführt, um damit die beschriebene Methode des Freimachens der Atemwege zu ergänzen.
Hier kommt der Esmarch-Handgriff zum Öffnen des Mundes zur Anwendung.

4.3.3.3 Freihalten der Atemwege

177 Neben den bereits genannten Verfahren der Überstreckung des Kopfes können zum Freihalten der Atemwege Hilfsmittel eingesetzt werden. Für den Laienhelfer und den weniger Geübten ist an erster Stelle der Guedel-Tubus zu nennen, der in verschiedenen Größen für Neugeborene, Kinder und Erwachsene zur Verfügung steht. Der Tubus wirkt als „Luftbrücke" zwischen Lippen und Kehlkopfeingang. Die Form des Tubus bewirkt ein Anheben des Zungengrundes. 3 Grundsätze sind für den Einsatz aller Hilfsmittel von Wichtigkeit:

8 Vgl. hierzu B. Gorgaß, F. W. Ahnefeld, a. a. O. S. 121 ff.; J. Naujoks in: P. Sefrin. a. a. O. S. 78; F. W. Ahnefeld, Sekunden, a. a. O. S. 32 ff.; H.-P. Schuster, a. a. O. S. 17 ff.

- In einer Notsituation ist eine notwendige Reanimation zunächst ohne jedes Hilfsmittel zu beginnen,
- die Anwendung der Hilfsmittel erfordert Kenntnisse und praktische Übung,
- die beschriebene Kopf- und Kieferhaltung zum Freihalten der Atemwege ist trotz der Verwendung von Hilfsmitteln exakt einzuhalten.

4.3.3.4 Beatmung[9]

178 Die einfachste, effektivste, ohne jedes Hilfsmittel und in jeder Situation durchführbare Form der Beatmung ist die Atemspende. Sie verlangt außer dem beschriebenen Freimachen der Atemwege weder beim Bewußtlosen noch beim Helfer Vorbereitungen. Nur bei dieser Methode sind die Atemwege für die Passage der Luft sicher geöffnet; sie ist unabhängig von der Ursache, auch bei Verletzungen, z. B. der Arme oder des Brustkorbes, geeignet. Die Auswirkungen einer nachgewiesenen Ateminsuffizienz oder eines Atemstillstandes sind unter kurz- oder längerfristiger Anwendung dieser Beatmung zu beseitigen.

179 Die Atemspende kann mit oder ohne Hilfsmittel als Mund-zu-Mund- oder Mund-zu-Nase-Methode durchgeführt werden. Zu bevorzugen ist die Mund-zu-Nase-Beatmung. Die Mund-zu-Mund-Methode kommt nur dann zur Anwendung, wenn die Nasenwege verletzt sind.

Sauerstoffinsufflation

180 Der Sauerstoff ist bei allen Störungen der Atemfunktion, darüber hinaus bei schweren Schockzuständen, Vergiftungen und einer kardialen Insuffizienz als obligatorisches „Medikament" anzuführen. Eine Insufflation von Sauerstoff ist möglich über
- einen Nasopharyngealkatheter,
- einen Nasenkatheter,
- ein Masken-Beutel-System.

181 Sie ist allerdings nur bei ausreichender Spontanatmung indiziert, bei unzureichender Eigenatmung oder Atemstillstand muß die Sauerstoffinsufflation wirkungslos bleiben. Die Sauerstoffkonzentration in der Inspirationsluft soll mindestens 40 Vol.% betragen. Dafür ist eine Dosierung von 4 l O_2/min erforderlich.

Beatmung mit einfachen Geräten

182 Für den Geübten stehen einfache Geräte, z. B. der AMBU-Beutel als Masken-Ventil-Beutel-System, zur Verfügung. Die Anwendung auch der einfachen Geräte erfordert Übung. Die Maske ist fest auf die Mund-Nasen-Partie aufzusetzen. Die Beatmung erfolgt in einer Frequenz von ca. 12/min mit einem Beatmungsvolumen von 500–700 ml. Es besteht die Möglichkeit, in den Beutel oder ein Reservoir zusätzlich Sauerstoff einzuleiten und die atmosphärische Luft mit Sauerstoff anzureichern.

---

9 Vgl hierzu und zum folgenden F. W. Ahnefeld, Sekunden, a. a. O. S. 52 ff.; H.-P. Schuster, a. a. O. S. 36 ff.

Endotracheale Intubation

183 Nur mit Hilfe der endotrachealen Intubation sind freie Atemwege und eine zuverlässige Ventilation zu garantieren sowie eine Aspirationsgefahr auszuschließen. Eine endotracheale Intubation erfordert Erfahrung und das notwendige Instrumentarium (Laryngoskop, Endotrachealtuben, Spritzen, Medikamente, Venenverweilkanüle).

Pneumothorax

184 Ein respiratorischer Notfall besonderer Art ist der Pneumothorax. Ein Spannungspneu wird ohne Entlastung zu einer akuten Elementarbedrohung, insbesondere wenn wegen einer Ateminsuffizienz eine Beatmung erfolgt. Eine sofortige Entlastung durch Punktion ist erforderlich.

4.3.4 Maßnahmen zur Behandlung von Störungen des zirkulatorischen Systems[10]

4.3.4.1 Unblutiger Aderlaß

185 Bei einem Lungenödem wird bei halbsitzender Position und Anlegen von Blutdruckmanschetten an beiden Oberarmen und beiden Oberschenkeln gleichzeitig an 2–3 Extremitäten eine Stauung (Druck zwischen systolischem und diastolischem Wert) durchgeführt und damit der venöse Rückfluß aus den Gliedmaßen vermindert. Diese Verminderung des Rückflusses bewirkt eine Drucksenkung im Lungenkreislauf.

4.3.4.2 Punktion peripherer Venen

186 Rettungssanitäter und Ärzte müssen die Punktion peripherer Venen beherrschen, um im Notfall eine Schockbehandlung durch eine Infusion einleiten zu können. Es gilt der Grundsatz, daß bei jedem Notfallpatienten, um rechtzeitig einen Zugang zum venösen System zu erreichen, eine geeignete Vene, möglichst mit einer Kunststoffkanüle (sichere Lage), punktiert wird, um jederzeit eine Infusion oder, auf Anordnung des Arztes, auch Medikamente zuführen zu können.

4.3.4.3 Infusion

187 Das Anlegen von Infusionen ist heute nicht nur als klinisches Routineverfahren anzusehen. Bei Notfallpatienten ist nach Möglichkeit und bei entsprechender Indikation sofort am Ort des Geschehens mit der Infusionstherapie zu beginnen.

4.3.4.4 Blutstillung

188 Neben den bereits dargestellten Möglichkeiten der unterschiedlichen Schocklagerungen ist bei Blutungen nach außen die Blutstillung von entscheidender Bedeutung, da nur mit einer sofort wirksamen Blutstillung weiteren Verlusten und damit einer Vertiefung des Schocks vorgebeugt werden kann. An erster Stelle ist der Druckverband zu nennen. Nur in Ausnahmesituationen, wenn mit einem Druckverband keine ausreichende Blutstillung zu erreichen ist, kommt eine Abbindung in Frage.

---

10 Vgl. hierzu B. Gorgaß, F. W. Ahnefeld, a. a. O. S. 146 ff.; K. Eyrich in: P. Sefrin, a. a. O. S. 88 ff.; F. W. Ahnefeld, Sekunden, a. a. O. S. 65 ff.; H.-P. Schuster, a. a. O. S. 53 ff.

4.3.4.5 Kardiopulmonale Reanimation[11]

189 Für die Sofortmaßnahmen, die sich bei einem Kreislaufstillstand ergeben, ist es von untergeordneter Bedeutung, welche auslösende Ursache und welcher Typ des Kreislaufstillstandes (Asystolie, Kammerflimmern) vorliegen. Die Symptome sind eindeutig und werden durch Beobachten und Tasten festgestellt. Zu beobachten sind eine Bewußtlosigkeit, ein Atemstillstand, eine Bläße der Haut und weite reaktionslose Pupillen. Als sicheres hämodynmisches Zeichen des Kreislaufstillstandes ist der fehlende Puls der A. carotis zu nennen. Basierend auf diesen allgemeinen Symptomen des Herz-Kreislauf-Stillstandes kann mit Hilfe einer ebenso einfachen Checkliste schnell entschieden werden, ob einfache oder eingreifende, aber lebensrettende Maßnahmen ergriffen werden müssen. Ein stufenweises Vorgehen ist unerläßlich. Vielfach reicht die Behebung eines Atemstillstandes schon aus, um eine ineffektive Herz-Kreislauf-Funktion zu reaktivieren. Dementsprechend werden zunächst nach Flachlagerung des Patienten die Atemwege frei gemacht. Kommt danach die Atmung bereits in Gang, wird auch eine genügende Kreislauffunktion wiederkehren. Bleibt der Atemstillstand bestehen, so wird unverzüglich 3- bis 5mal beatmet, um zunächst eine ausreichende Oxygenierung zu erzielen. Im Anschluß daran gibt die Palpation der A. carotis darüber Auskunft, ob der Kreislaufstillstand weiter besteht, oder ob er inzwischen behoben worden ist. Fehlt der Puls der A. carotis auch weiterhin, so wird unverzüglich und konsequent mit der kombinierten kardiopulmonalen Reanimation begonnen, d.h. Beatmung und Herzmassage wechseln in einem festgelegten Rhythmus ab. Zwischen Aufnahme der Beatmung und Beginn der Herzmassage kann ohne jeden Zeitverlust ein präkordialer Schlag zwischengeschaltet werden. Dieser besteht in einem kräftigen Faustschlag auf die Mitte des Brustbeines aus ca. 30 cm Höhe. Er ist ausschließlich indiziert beim sog. „blaßen“ Herzstillstand, der nicht auf einer Hypoxie beruht und der unverzüglich nach eingetretenem Herzstillstand, also durch einen Augenzeugen des Geschehens, zur Anwendung kommen kann.

190 Für die kardiopulmonale Reanimation stehen Methoden für 1 und für 2 Helfer zur Verfügung.
Wie jede andere eingreifende Behandlungsmethode kann auch die kardiopulmonale Reanimation Komplikationen nach sich ziehen. Sie entstehen in aller Regel jedoch bei Anwendung einer fehlerhaften Technik, seltener infolge anatomischer Gegebenheiten, zusätzlicher bereits bestehender Verletzungen oder durch das Alter des Patienten. Dabei können knöcherne Frakturen am Sternum, den Rippen usw. von Weichteilverletzungen an der Lunge, der Leber, der Milz oder des Herzens unterschieden werden. Nicht selten tritt im Gefolge derartiger Begleitverletzungen ein Pneumothorax auf.

Defibrillation

191 Als weitere ergänzende Maßnahme im Rahmen einer kardiopulmonalen Reanimation kann bereits am Ort des Geschehens oder auf dem Transport eine Defibrillation erforderlich werden.

---

11 Vgl. hierzu H.-P. Schuster, a. a. O. S. 107 ff.

192 Mit dieser Darstellung sind die wesentlichsten Verfahren zur Behandlung von Notfallpatienten, soweit es sich um Basismaßnahmen handelt, beschrieben. Zusätzliche Maßnahmen und Methoden ergeben sich in der Notfallmedizin für spezielle Störungen der vitalen Funktionen oder der Regelkreise, die die vitalen Funktionen direkt oder indirekt beeinflussen. Hierbei handelt es sich dann jedoch, abgesehen von den dargestellten Basismaßnahmen, insbesondere um eine medikamentöse Notfalltherapie, auf die hier nicht eingegangen werden soll.

5 Organisation des Rettungsdienstes

5.1 Rettungsmittel[1]

5.1.1 Bodengebundene Rettungsmittel

193 Technische Eigenschaften und Mindestanforderungen für das Raumangebot und die medizinische Ausstattung der Krankenwagen sind in der Norm – DIN 75 080 – festgelegt. Dabei ist von folgenden Grundbegriffen auszugehen: Krankenkraftwagen sind Spezialfahrzeuge, die für den Rettungsdienst und den Krankentransport geeignet sind. Nach ihrem Verwendungszweck werden sie unterteilt in
- Rettungswagen (RTW),
- Krankentransportwagen (KTW).

194 Der Einsatz von Rettungswagen ist für die Erstversorgung aller Notfallpatienten vorzusehen (Herstellen und Aufrechterhalten der Transportfähigkeit vor und während des Transportes). Krankentransportwagen sind grundsätzlich für den Transport von Nichtnotfallpatienten bestimmt. Diese in der DIN festgelegte Definition, die auch den medizinischen Erfordernissen entspricht, daß Notfallpatienten grundsätzlich im RTW transportiert werden sollen, während ein KTW nur zum Transport von Nichtnotfallpatienten einzusetzen ist, kann auch heute noch nicht in vollem Umfange eingehalten werden, da die Anzahl der eingesetzten Rettungswagen noch nicht den errechneten und erforderlichen Anhaltszahlen entspricht. Die Erfahrungswerte zeigen, daß etwa 40% aller Krankenkraftwagen als Rettungswagen vorgesehen werden müssen, um den Aufgaben entsprechen zu können. Unter diesen Bedingungen ist allerdings für die Übergangsphase zu beachten, daß die ersatzweise statt eines RTW noch eingesetzten Krankentransportwagen in der Ausstattung den Forderungen für einen RTW gleichgestellt werden müssen, da die niedergelegte Ausstattung als Voraussetzung für das Herstellen und Aufrechterhalten der Transportfähigkeit von Notfallpatienten vor und während des Transportes angesehen werden muß. Die in den 60er Jahren aufgrund umfangreicher Untersuchungen erörterten Anforderungen an Rettungswagen lassen 2 wesentliche Voraussetzungen erkennen:
- Das Fahrzeug ist von der Konstruktion, insbesondere den Abmessungen her so einzurichten, daß ein Notfallpatient auch während des Transportes, von allen Seiten zugänglich mit den unterschiedlichen Maßnahmen wie Intubation, Beatmung, Infusion, Herzmassage usw., versorgt werden kann, und
- es muß eine für die Erstversorgung außerhalb und innerhalb des RTW verwendbare Ausstattung mit Geräten, Instrumentarium und Zubehör sichergestellt sein.

---

1 Vgl. hierzu B. Gorgaß, F. W. Ahnefeld, a. a. O. S. 170ff.

195 Der Rettungswagen mit einem Rettungshelfer und einem Rettungssanitäter besetzt konnte somit zu einem universellen Rettungsmittel entwickelt werden. Ist er zusätzlich mit einem Arzt (Notarzt) besetzt, kommt er als Notarztwagen zum Einsatz. In der Norm für den Rettungswagen ist bereits eine ärztliche Ausstattung vorgesehen, die den Erfahrungen entsprechend in den letzten Jahren fortgeschrieben wurde. Anzuraten ist in jedem Falle, daß in einer engen Kooperation zwischen denjenigen, die die Rettungsdienste betreiben, und den Notärzten eine den Erfordernissen angepaßte, allerdings *streng auf die Aufgabenstellung limitierte* Ausstattung sichergestellt wird.
So gehören zur Ausstattung eines Notarztwagens heute obligatorisch ein EKG-Monitor, ein Defibrillator, ein Notarztkoffer und ein Satz an Notfallmedikamenten.

5.1.2 Luftfahrzeuge[2]

196 Zu den Rettungsmitteln im engeren Sinne sind Rettungshubschrauber (RTH) zu rechnen. Darüber hinaus werden aber heute bei Verlegungstransporten oder sog. Repatriierungsflügen Flächenflugzeuge eingesetzt.

197 Aufgrund der in der Praxis beim Einsatz unterschiedlicher Hubschraubermodelle gewonnenen Erfahrungen wurde mittlerweile ein Normenentwurf für Rettungshubschrauber (DIN 13 230) erarbeitet. Nach den der DIN 75 080 für Rettungswagen entsprechenden Prinzipien sind flugtechnische und medizinische Minimalforderungen für diese immer mit einem Notarzt besetzten Rettungsmittel festgelegt.

198 Die Arbeitsgruppe „Flugmedizinische Aspekte im Luftrettungsdienst" hat darüber hinaus Empfehlungen für Minimalstandards der Patientenkabine, Art und Umfang des mitzuführenden Materials und des medizinischen und fliegerischen Personals für Rettungshubschrauber und Flächenflugzeuge zusammengestellt.

199 Dazu sind jedoch noch folgende Zusatzbemerkungen erforderlich:
- Die für den Rettungswagen ermittelten und in der DIN niedergelegten Funktionsmaße für den Krankenraum im RTW konnten nicht in gleichem Umfang für den Rettungshubschrauber übernommen werden, da verständlicherweise spezielle konstruktive Bedingungen einzuhalten waren. Dennoch gelten auch hier die Grundforderungen: Der Krankenraum muß mindestens für einen der beiden nebeneinander liegend zu transportierenden Notfallpatienten die zur Herstellung und Aufrechterhaltung der Transportfähigkeit notwendigen Maßnahmen ermöglichen. Hierzu müssen die Krankentragen mindestens bis zu ihrer Mitte frei zugänglich sein. Für Notarzt und Rettungssanitäter muß je ein Sitzplatz mit Sicherheitsgurten vorhanden sein, davon ein Sitzplatz am Kopfende der Trage.
- Die heute im Einsatz befindlichen unterschiedlichen Modelle entsprechen zumindest in den Abmessungen noch nicht den in der Norm niedergelegten Mindestanforderungen, während die Ausstattung in vollem Umfang der eines Notarztwagens angeglichen werden konnte. Die Erfahrungen lassen erkennen, daß trotz der Begrenzungen, die den Krankenraum betreffen, durch Improvisationen

2 Vgl. hierzu B. Gorgaß, F. W. Ahnefeld, a. a. O. S. 203; P. Sefrin in: P. Sefrin, a. a. O. S. 33

und organisatorische Vorkehrungen eine ausreichende Versorgung der Notfallpatienten ermöglicht werden kann, wenn z. B. vor dem Transport vorbeugende Maßnahmen zur Sicherung der vitalen Funktionen, z. B. eine Intubation, durchgeführt werden. Rettungshubschrauber können in besonders gelagerten Fällen noch für zusätzliche Aufgabenstellungen Verwendung finden, so z. B. für den Antransport eines Notarztes zum Orte des Geschehens. Der Notarzt trifft dann die Entscheidung, mit welchem Rettungsmittel der verletzte oder erkrankte Notfallpatient in seiner Begleitung in die Klinik transportiert wird, falls z. B. am Orte des Geschehens ein Rettungswagen zur Verfügung steht. Entsprechende organisatorische Vorbereitungen und Absprachen werden durch die Rettungsleitstelle getroffen. Mit Hilfe von Rettungshubschraubern werden darüber hinaus dringende Transporte von Medikamenten, Organen usw. vorgenommen.

200 Die hier genannten Normen werden unter Berücksichtigung der in der Praxis gewonnenen Erfahrungen durch die entsprechenden Normenausschüsse im Deutschen Institut für Normung e. V. ständig fortgeschrieben. Wesentliche Empfehlungen für die Änderung oder Zusätze in der Ausstattung entstammen den Empfehlungen der Arbeitsgruppen, die auf den zurückliegenden Rettungskongressen tätig wurden.[3]

5.2 Mobile Ausstattung der Rettungsmittel

201 Die bereits dargestellte Aufgabenstellung für den Rettungsdienst lautet: Am Ort des Geschehens, also vor dem Transport und ggf. außerhalb des Rettungsmittels, lebensrettende Maßnahmen durchzuführen, die auf die Stabilisierung der vitalen Funktionen ausgerichtet sind. In allen Rettungsfahrzeugen muß daher eine tragbare Notausrüstung mitgeführt werden, die es ermöglicht, auch außerhalb des Fahrzeuges, also direkt am Notfallort, gezielte Maßnahmen einzuleiten. Diese Notausrüstung sollte zweckmäßigerweise in geeigneten Koffern untergebracht sein, nur für die Akutversorgung wichtige Geräte und Medikamente enthalten, übersichtlich, leicht bedienbar und leicht entnehmbar in den Koffern angeordnet sein und den Grundforderungen der Hygiene genügen. Der allein auf sich gestellte Rettungssanitäter muß mit der tragbaren Notausrüstung akute Atemstörungen sofort durch Absaugen, Sauerstoffinsufflation oder Beatmung bekämpfen können. Mitgeführte Medikamente ermöglichen das sofortige Tätigwerden eines hinzukommenden oder zusätzlich alarmierten Arztes. Auf eine umfangreiche Zusammenstellung von Verbandstoffen, Schienenmaterial usw. ist dabei bewußt zu verzichten, da die Verfahren der „klassischen Ersten Hilfe" bei schwerwiegenden Notfällen von zweitrangiger Bedeutung sind und in allen Rettungsmitteln in der Bordausrüstung ausreichende Vorräte an Verbandmaterial, pneumatischen Schienen usw. vorhanden sind.
Bewährt haben sich dabei 2 Ausstattungsvorschläge:

---

3 Die jeweils neueste Fassung der genannten Normen ist über den Beuth-Verlag GmbH, 1000 Berlin 30, erhältlich

5.2.1 Arztkoffer[4]

202 Ein Arztkoffer sollte in allen Rettungswagen, in Regionen, in denen noch nicht genügend RTW zum Transport von Notfallpatienten verfügbar sind, auch in Krankentransportwagen, darüber hinaus in Betriebssanitätsstationen verfügbar sein. Die Ausstattung läßt sich schematisch in 3 Funktionsgruppen aufteilen:

- Diagnostische Einheiten, dazu gehören neben einem Stethoskop ein Blutdruckmeßgerät, eine Taschenlampe, ein Reflexhammer und Teststäbchen,
- eine Ausstattung zur Behandlung respiratorischer Störungen, dazu gehören eine 2-l-Sauerstofflasche, eine Sekretabsaugung, ein Beatmungsbeutel für Erwachsene und Kleinkinder, Beatmungsmasken, Tuben, eine Kornzange, Absaugkatheter und Pneumothoraxdrainagen,
- eine Ausstattung zur Behandlung zirkulatorischer Störungen mit Infusionslösungen und Notfallmedikamenten sowie des Zubehörs, z. B. Spritzen, Kanülen usw.

5.2.2 Arztkofferkombinationen

203 Für die speziellen Anforderungen des Notarztes empfiehlt es sich, die apparativen und medikamentösen Einheiten, die bereits bei der vorausgehenden Ausstattung genannt wurden, in die Teilbereiche „Atmung" und „Kreislauf" aufzuteilen und in 2 Einzelkoffern unterzubringen. Der Notarzt hat bei entsprechender Qualifikation die Möglichkeit, erweiterte lebensrettende Maßnahmen durchzuführen, z. B. eine Intubation vorzunehmen oder auch spezifische Medikamente einzusetzen. Alleine aus diesen Gründen muß die Ausstattung für diesen Aufgabenbereich umfangreicher, also den Möglichkeiten des Notarztes angepaßt sein. Die „Notarztkofferkombination" sollte in allen Notarztwagen und Rettungshubschraubern und in Rettungswagen, die häufig oder zeitweise als Notarztwagen zum Einsatz kommen, verfügbar sein.[5]

5.3 Notfallmeldung

204 Für die Funktion der Rettungskette spielt die Meldung eines Notfalles eine entscheidende Rolle. Nur die schnell, aber auch richtig abgegebene Meldung garantiert die optimale Funktion des Geschehens und die richtige Auswahl des im Einzelfall benötigten Rettungsmittels (Rettungswagen, Notarztwagen, Rettungshubschrauber).
Außerdem ermöglicht sie die in besonders gelagerten Fällen notwendige zusätzliche Alarmierung der Einrichtungen, z. B. Feuerwehr, Technisches Hilfswerk, die eine Brandbekämpfung, aber auch eine Bergung als Voraussetzung für die Soforthilfe des Rettungsdienstes durchführen können.

205 Aus zahlreichen Gründen ist die Meldung nach wie vor eines der schwächsten Glieder der Rettungskette geblieben. Die Bevölkerung ist trotz aller Bemühungen noch

4 Vgl. hierzu F. W. Ahnefeld, Sekunden, a. a. O. S. 133 ff.
5 Weitere Einzelheiten siehe B. Gorgaß und F. W. Ahnefeld, a. a. O. S. 196

immer nicht ausreichend darüber informiert, welchen Inhalt eine Meldung haben muß und an wen sie zu richten ist. Allgemein gültige Aussagen lassen sich wegen der unterschiedlichen Situationen und der leider immer noch verschiedenartigen Meldesysteme nicht machen; dennoch können einige wichtige Grundsätze vermittelt werden: Jeder sollte sich nicht erst im Notfall, sondern bereits vorher in ausreichender Weise

- über die örtliche Notrufnummer,
- über die Funktion der vorhandenen Notrufeinrichtungen (z. B. Notrufsäulen, münzfreie Notruffernsprecheinrichtungen usw.),
- über Art und den notwendigen Inhalt einer Notrufmeldung

informieren und zumindest im häuslichen Bereich die Notrufnummer und ein Schema für die Meldung eines Notfalles bereithalten.

206 Bei einem plötzlich eintretenden Geschehen muß an erster Stelle entschieden werden, wer die möglichen Sofortmaßnahmen durchführt und wer die Meldung abgibt. Derjenige, der die Meldung übernimmt, sollte zumindest die Informationen besitzen, die mit der Meldung weiterzugeben sind. Unvollständige Meldungen führen in jedem Falle zu Zeitverzögerungen. Das heute übliche „5-W-Schema" überzeugt v. a. durch leichte Merkbarkeit und eine summarische Vollständigkeit. Die Fragen, die kurz, präzise und vollständig zu beantworten sind, lauten:

- Wo ist etwas passiert?
  Ort, Straße, Kreuzung, Hausnummer, Stockwerk oder andere Hinweise, die ein schnelles Auffinden des Notfallortes ermöglichen.
- Was ist passiert?
  Falls möglich, kurze Angaben, die der Leitstelle die Situation vermitteln.
- Wann ist es passiert?
- Wie viele Personen sind verletzt?
  Möglichst Angaben über die vermeintliche Art und Schwere der Verletzungen.
- Welche Besonderheiten sind zu melden?
  Z. B. ein zusätzlicher Brand, eingeschlossene Verletzte im Fahrzeug usw.

207 Je besser derjenige, der die Meldung abgibt, auf die Aufgabenstellung vorbereitet ist, um so leichter wird der die Meldung Engegennehmende ausreichende Informationen erhalten. Im Idealfall wird man den Anrufer ausreden lassen, um ggf. kurze und präzise Zusatzfragen zu stellen, die geeignet sind, die Situation zu klären. Das Leitstellenpersonal kann in vielen Fällen die verwirrende Nervosität des Anrufers, die wegen der Überforderung des medizinischen Laien infolge der Situation entstanden ist, durch eine gute psychologische Führung beseitigen.

208 Während bei Primäreinsätzen die Meldung fast immer von Laien abgegeben wird, bestehen bei der Anforderung von Sekundäreinsätzen geänderte Voraussetzungen. Eine entscheidende organisatorische Besonderheit des Sekundäreinsatzes liegt darin, daß in diesem Falle der Anrufer, ein Klinikarzt, genaue Angaben über den Zustand des Patienten, die Gründe der Verlegung und das Ausmaß der zeitlichen Dringlichkeit machen kann.

209 Nach Möglichkeit sollte die Leitstelle eine direkte Gesprächsverbindung zwischen

dem Arzt im abgebenden Krankenhaus und dem den Transport durchführenden Notarzt ermöglichen. In diesem Gespräch müssen die medizinischen Probleme und Besonderheiten des jeweiligen Falles kurz, aber umfassend abgeklärt werden, damit sich der Notarzt medizinisch, zeitlich und organisatorisch auf den Patienten einstellen kann. Der Arzt in der abgebenden Klinik wird Empfehlungen des Notarztes für die Transportvorbereitung des Patienten berücksichtigen.
Die beiden Ärzte sollten nach Wertung der Gesamtsituation weiterhin feststellen, ob der Patient im abgebenden Krankenhaus oder am Landeplatz des Rettungshubschraubers übernommen werden soll.

5.4 Einsatzformen und Einsatzsteuerung[6]

210 Definitionen über Einsatzformen gelten sowohl für bodengebundene als auch für Luftrettungsmittel.
Zu unterscheiden sind:
1. Primäreinsatz und
2. Sekundäreinsatz
   - dringlich,
   - nicht dringlich,
3. sonstige Einsätze
   - Blut-,
   - Organ-,
   - Material-,
   - Personaltransport

5.4.1 Primäreinsatz

211 *Primäreinsatz* bedeutet Alarmfahrt oder schneller Hinflug zum Notfallort, Versorgung des Patienten und, falls erforderlich, Transport in ein geeignetes Krankenhaus. Primäreinsätze sind bis zum Eintreffen des Rettungsfahrzeuges am Notfallort stets dringlich, da das Ausmaß der Lebensbedrohung, ausgelöst durch Erkrankung oder Verletzung, nicht zuletzt wegen der Meldung durch einen Laien, in der Regel zuvor nicht erkennbar ist.

5.4.2 Sekundäreinsatz

212 Bei *Sekundäreinsätzen* ist dagegen zwischen dringlich oder nicht dringlich zu unterscheiden. Als Sekundäreinsatz wird der Transport eines Notfallpatienten aus einem Krankenhaus, dessen Möglichkeiten für eine Versorgung nicht ausreichen, in eine Klinik, die für die Endbehandlung medizinisch, personell und organisatorisch genügend ausgerüstet ist, bezeichnet.

213 Dringlich bedeutet in diesem Zusammenhang, daß weiterhin eine akute Lebensgefahr besteht und die Abwicklung des Einsatzes mit der gleichen Schnelligkeit und

---

6 Vgl. hierzu B. Gorgaß, F. W. Ahnefeld, a. a. O. S. 211 ff.

unter gleichen Bedingungen wie bei Primäreinsätzen erfolgen muß. Nicht selten sind Schädelverletzungen, die nur in einer neurochirurgischen Klinik, oder schwere Störungen der Atmung, die nur auf entsprechend eingerichteten Intensivstationen behandelt werden können, die Ursache für diese dringlichen Sekundäreinsätze.

214 Bei einem nicht dringlichen Sekundäreinsatz besteht keine akute Lebensgefahr mehr. Der Lufttransport in eine Spezialklinik ist aus unterschiedlichen Gründen vorgesehen. Die Rettungsmittel des primären Rettungsdienstes sollen nach Möglichkeit mit diesen Transporten nicht befaßt werden, um sie für akute Notfälle verfügbar zu haben.

5.4.3 Sonstige Einsätze

215 Blut-, Organ-, Material-, Medikamenten- und Personentransporte werden als sonstige Einsätze zusammengefaßt. Auch diese Einsätze sind im allgemeinen dringlich.

5.5 Einsatzkriterien

216 Welche speziellen Einsatzkriterien haben für Krankenwagen, Rettungswagen, Notarztwagen und Rettungshubschrauber Gültigkeit?

217 In Regionen, in denen nur KTW und RTW als Rettungsmittel verfügbar sind, werden beide Fahrzeugtypen den im vorausgegangenen dargestellten Aufgabenbereichen entsprechend eingesetzt, d.h. Krankentransportwagen zum Transport von Nichtnotfallpatienten, Rettungswagen zur Versorgung und für den Transport von Notfallpatienten.
Stehen dagegen mit einem Notarzt besetzte bodengebundene Fahrzeuge oder Rettungshubschrauber zusätzlich zur Verfügung, bleibt die Funktion des KTW unverändert.

218 Rettungswagen kommen zum Einsatz, falls die Meldung relativ sicher erkennen läßt, daß es sich in dem speziellen Fall der Definition nach zwar um einen Notfallpatienten handelt, daß aber mit an Sicherheit grenzender Wahrscheinlichkeit ein ärztlicher Einsatz nicht benötigt wird. Diese Abgrenzung ist jedoch, falls es sich nicht um eine sehr präzise oder gar von einem Arzt übermittelte Meldung handelt, sehr schwierig. Das Notfallgeschehen ist kein statischer Zustand. Zwischen dem akuten Geschehen, der Abgabe der Meldung und dem Eintreffen des Rettungsdienstes kann eine weitere Verschlimmerung eintreten, die dann zu einer Ausweitung der Lebensbedrohung führt, die mit den Möglichkeiten und Mitteln, die dem Rettungssanitäter zur Verfügung stehen, nicht oder nicht ausreichend zu beheben ist. Alle Versuche, aus der Meldung Bewertungsmaßstäbe zu erarbeiten und daraus die Auswahl des Rettungsmittels abzuleiten, müssen als gescheitert angesehen werden, eben weil die Meldung keine Kriterien für eine ausreichende Bewertung vermittelt und sowohl nach Traumen als auch nach Erkrankungen in kürzester Zeit zusätzliche Komplikationen entstehen können, die weder von demjenigen, der die Meldung abgibt, noch von demjenigen, der das Rettungsmittel auswählt, vorausge-

sehen werden können. Nur theoretisch wäre die Zahl der Fehleinsätze durch solche Verfahren zu senken. Das geeignete Rettungsmittel, insbesondere der Notarzt, würde aber auch in vielen Fällen, in denen er dringend benötigt wird, den Patienten zu spät oder gar nicht erreichen. Wichtiger als Bewertungssysteme sind bei vielen Meldungen gründliche medizinische Erfahrungen und ein Einfühlungsvermögen des Leitstellenpersonals.

219 Rettungswagen können sicher zur Entlastung des Notarztwagens eingesetzt werden, wenn z. B. der Notarzt am Ort des Geschehens eine Stabilisierung der vitalen Funktionen erreicht hat und nunmehr nur die Transportaufgabe mit entsprechender Überwachung im Vordergrund steht.
Unter solchen Bedingungen werden die Notarztwagen schneller für weitere Einsätze verfügbar.

5.6 Notarzteinsatzsysteme[7]

220 In diesem Zusammenhang sind aber auch die unterschiedlichen, von örtlichen und anderen Gegebenheiten beeinflußten, in der Bundesrepublik heute üblichen Notarztsysteme zu nennen. 2 Systeme haben sich dabei bewährt und kommen mit vergleichbarem Erfolg zum Einsatz.

5.6.1 Stationssystem

221 Der Notarztwagen wird von einer geeigneten Klinik aus eingesetzt. In der einsatzfreien Zeit hat er hier seinen Standplatz, die Rettungssanitäter arbeiten innerhalb der Klinik mit und erhalten dadurch eine kontinuierliche Fortbildung. Rettungssanitäter und Notarzt sind durch tragbare Funkgeräte jederzeit über die Rettungsleitstelle zu alarmieren und kurzfristig einzusetzen. Der Vorteil dieses Systems liegt darin, daß Rettungssanitäter und Notarzt im Notarztwagen gleichzeitig am Ort des Geschehens eintreffen. Durch die ständige Zusammenarbeit, sicher auch durch die in der einsatzfreien Zeit mögliche Fortbildung, bildet sich ein aufeinander eingespieltes, effektives Team. Die Nachteile liegen darin, daß dieses System aufwendiger und teuerer ist und außerdem eine zentrale Lage des Krankenhauses vorausgesetzt werden muß.

5.6.2 Rendezvoussystem

222 Bei diesem System sind die Rettungswagen mit den Rettungssanitätern in der einsatzfreien Zeit an den örtlich vorgesehenen Rettungswachen stationiert. Der Notarzt arbeitet in der Klinik, ihm steht hier ein mit einem Fahrer besetztes Notarzteinsatzfahrzeug (NEF)[8] zur Verfügung. Die Rettungsleitstelle kann, falls ein Notarzteinsatz erforderlich wird, gleichzeitig den Rettungswagen mit den Rettungssanitätern und den Notarzt mit dem Notarzteinsatzfahrzeug alarmieren.

7 Vgl. hierzu P. Sefrin in: P. Sefrin, a. a. O. S. 28 ff.; F. W. Ahnefeld, u. a., Notfallmed. 8 (1982) 1062 f.
8 Zur Ausstattung vgl. F. W. Ahnefeld, B. Gorgaß, M. Schorr, P. Sefrin, E. Thiemens, a. a. O.

223 RTW und NEF fahren getrennt zum Notfallort. In Abhängigkeit von der Lage des Notfallortes kann bei diesem System einmal der RTW, einmal der Notarzt mit dem NEF zuerst eintreffen, beide Teile sind aber, da sie über eine entsprechende Ausstattung verfügen, unabhängig voneinander voll handlungsfähig.

224 Die Vorteile dieses Systems liegen darin, daß ein Notarzt ggf. mehrere Rettungswagen betreuen kann. Er kann auch vom Ort des Geschehens aus „nachalarmiert" werden. Er kann schließlich seine notärztliche Tätigkeit durchführen und in Abhängigkeit von der Schwere und der Art der Verletzung bzw. Erkrankung den Transport durch den Rettungssanitäter begleiten lassen. Er wird so in ca. 50% der Einsätze frei. Dieses System ist zudem ökonomischer. Es kann jedoch den Nachteil haben, daß die Kooperation weniger gut und effektiv ist. Gerade dieses System verlangt eine hervorragend arbeitende Leitstelle, außerdem gute organisatorische Vorkehrungen, die u.a. auch die Fortbildung der Rettungssanitäter einschließlich der Zusammenarbeit mit dem Notarzt betreffen.

225 Nur in Großstädten mit einer hohen Einsatzfrequenz kann der Notarzt auch auf der Rettungswache stationiert werden. In der einsatzfreien Zeit beschäftigt er sich mit der Dokumentation, aber auch mit der Fortbildung der Rettungssanitäter.

226 Der Hubschraubereinsatz erfolgt i.allg. ausschließlich nach dem Stationssystem. Rettungshubschrauber und Notarztwagen sind hinsichtlich der medizinischen Qualifikation von Notarzt und Rettungssanitäter gleichwertige Rettungsmittel. Die Entscheidung, welches Rettungsmittel im Einzelfall eingesetzt wird, hängt nur von einsatztaktischen Gesichtspunkten wie Entfernung, Sichtbedingungen, Straßenverkehrslage, Landemöglichkeiten usw. ab. Trotz gut funktionierender Leitstellen und auch ausreichender organisatorischer Vorbereitungen sind Doppelalarmierungen aus unterschiedlichen Gründen in Einzelfällen nicht zu umgehen, manchmal sogar notwendig, falls die Gegebenheiten einen koordinierten Einsatz von Notarztwagen und Rettungshubschrauber wie z.B. bei Massenunfällen an Autobahnen, erfordern. Neben der örtlichen Koordination liegt die Aufgabenstellung der übergeordneten Koordination, insbesondere die Auswahl des Krankenhauses, bei der Rettungsleitstelle, die dabei die Rückmeldungen vom Ort des Geschehens (Rettungssanitäter, Notarzt) zu berücksichtigen hat.

5.7 Medizinische Probleme des Patiententransportes[9]

227 Als Störfaktoren können sich während des Transportes in den Rettungsmitteln folgende Einflüsse negativ auf den Zustand des Notfallpatienten auswirken:
- Beschleunigungskräfte,
- mechanische Schwingungen,
- Lärm.

228 Hohe Startgeschwindigkeiten haben bei mit dem Kopf in Fahrt- bzw. Flugrichtung

9 Vgl. hierzu B. Gorgaß, F. W. Ahnefeld, a. a. O. S. 201 ff.

liegenden Patienten eine Minderdurchblutung des Gehirns zur Folge, weil sich das Blut in dieser Phase der Schwerkraft entsprechend in die unteren Körperpartien verlagert. Starkes Bremsen hat im Hinblick auf die Blutverteilung den gegenteiligen Effekt. Durch plötzlich einsetzende Geschwindigkeitsänderungen in horizontaler und vertikaler Richtung (Hubschrauber) werden außerdem Organe und Gewebe des Körpers gegeneinander verschoben. Übelkeit, Blutdruckabfall, Schweißausbrüche, aber auch Schmerzen können die Folge sein. In Boden- und Luftfahrzeugen entstehen während des Transportes zusätzlich mechanische Schwingungen, die wiederum Störungen des vegetativen Nervensystems, aber auch Schmerzen verursachen können. Daraus ergibt sich, daß starke Geschwindigkeitsänderungen unbedingt vermieden werden müssen. Zur Eindämmung der Auswirkungen mechanischer Schwingungen hat es sich bewährt, die Vakuummatratze nicht nur zur Schienung von Frakturen, sondern generell als Tragenauflage beim Transport aller Notfallpatienten zu verwenden.

229 Lärm entsteht durch Luftschwingungen verschiedener Frequenzen. Auch starker Lärm führt bei wachen Patienten zu vegetativen Störungen, die sich negativ auf den labilen Zustand der vitalen Funktionen eines Notfallpatienten auswirken können. Unnötige Lärmeinflüsse sind während des Transportes mit bodengebundenen Fahrzeugen zu vermeiden. Dazu gehört auch die im Einzelfall nicht notwendige Anwendung von Sondersignalen! Wache oder somnolente Patienten sollten insbesondere während des Transportes im Rettungshubschrauber mit einem Gehörschutz versorgt werden.

230 Grundsätzlich gilt für jeden Transport, daß nach Herstellung der Transportfähigkeit die Patienten so schonend wie *möglich* und so schnell wie *nötig* transportiert werden, um zusätzliche Schädigungen durch Beschleunigungskräfte, mechanische Schwingungen und Lärm weitestgehend zu vermeiden.

231 Zur Einsatztaktik sind abschließend zu dieser Darstellung noch einige Hinweise zu geben:
Generell sollte auch der Rettungssanitäter versuchen, jeden Notfallpatienten direkt in die für eine Endversorgung *geeignete* Klinik zu transportieren. Besteht eine Auswahlmöglichkeit zwischen 2 oder mehreren Krankenhäusern, darf sich der Rettungssanitäter nur dann für einen längeren Anfahrtsweg in die geeignete Klinik entscheiden, wenn er nach Bewertung des Zustandes des Patienten eine Verzögerung der ärztlichen Erstversorgung verantworten kann. Der Rettungssanitäter wird sich beim Transport von Notfallpatienten häufiger für einen schnellen Transport unter Verwendung der Sondersignale entscheiden, wenn er mit seinen beschränkten Möglichkeiten allein die Verantwortung tragen muß. Bei einem Einsatz von Notärzten ist nur in *Ausnahmefällen,* z. B. bei Verdacht auf schwere Blutungen im Bauchraum, auf dem Wege vom Ort des Geschehens in die Klinik die Verwendung der Sondersignale erforderlich. Grundsätzlich und mit allem Nachdruck ist hier der Hinweis zu geben, daß Sondersignale
- nur bei absolut begründbaren Voraussetzungen einzusetzen sind und
- unabhängig von der tatsächlich notwendigen, meistens nur vermeintlichen Dringlichkeit eine Verkehrsgefährdung vermieden werden muß.

232 Bei den meisten Nofallpatienten wird bereits durch das sofortige gezielte Eingreifen des Notarztes eine ausreichende Stabilisierung *vor* Beginn des Transportes am Ort des Geschehens erreicht. Dies ist jedenfalls die Grundforderung, von der nur in Ausnahmesituationen abgewichen werden darf.

5.8 Koordination der medizinischen Rettungsmaßnahmen mit anderen Diensten[10]

233 Koordinationsmängel treten heute immer noch und wieder auf, da eine dem Bedarf entsprechende Leitstellenfunktion noch nicht in allen Bereichen der Bundesrepublik sichergestellt ist und auch noch keine bundeseinheitliche Notrufnummer erreicht werden konnte. Der in der Leitstelle oder Rettungswache Notfallmeldungen entgegennehmende Rettungssanitäter muß in Abhängigkeit von den regionalen Gegebenheiten prüfen, ob Feuerwehr, Polizei, Kliniken und andere Dienststellen während der Entsendung von Fahrzeugen des medizinischen Rettungsdienstes parallel informiert oder alarmiert werden müssen. Ist aufgrund der meldetechnischen Abläufe klar ersichtlich oder auf direkte Rückfrage beim Anrufer zu erfahren, daß bisher nur der medizinische Rettungsdienst alarmiert wurde, muß sofort abgewogen werden, welche weiteren Institutionen zu benachrichtigen oder zu alarmieren sind. Ein solches Vorgehen ist häufig erforderlich, um eine reibungslose, schnelle und gefahrlose Versorgung der Patienten zu gewährleisten.

234 Bei Verkehrsunfällen mit Verletzten werden Polizeifahrzeuge in aller Regel schon vor dem Rettungsdienst am Unfallort eintreffen, um die Unfallstelle abzusichern und den Unfallhergang zu recherchieren.

235 Bei der Meldung krimineller Delikte, z. B. „Schießerei" oder „Messerstecherei", muß die Polizei sofort, auch zum Schutz des medizinischen Teams, alarmiert werden. Bei solchen Anlässen können Notfallpatienten häufig erst versorgt werden, wenn die Polizei eingegriffen und die zusätzlichen Gefahren beseitigt hat.

236 Es gehört zu den Selbstverständlichkeiten, daß beim Eingang einer Brandmeldung in der Leitstelle des medizinischen Rettungsdienstes (in Regionen, in denen die Feuerwehr nicht den Rettungsdienst betreibt) die Feuerwehr zu alarmieren ist.

237 Darüber hinaus gibt es aber viele Unfallsituationen, die nur durch das Eingreifen der Feuerwehr als universellem, schnell zu alarmierendem technischem Rettungsdienst zu bewältigen sind. Die Feuerwehren setzen für diesen Zweck in zunehmendem Umfang kleine, schnelle und geländegängige Fahrzeuge ein. Im einzelnen gehören dazu Unfälle in einer Umgebung mit gefährlichen Veränderungen der Atemluft. Bei Meldungen über Unfälle in Silos, Gärgruben, Jauchegruben, bei Bewußtseinsverlust in Räumen, in denen Feuer unterhalten wird oder Verbrennungsmotoren laufen, bei Gasvergiftungen oder bei Freiwerden von Reizgasen kann nur

10 Vgl. hierzu B. Gorgaß, F. W. Ahnefeld, a. a. O. S. 216ff.

die Feuerwehr die notwendige Bergung und/oder Rettung unter Einsatz schwerer Atemschutzgeräte durchführen.

238 Bei Einklemmungs- und Verschüttungsunfällen, z. B. nach Verkehrsunfällen, Unfällen im Tiefbau oder Explosionsunglücken, muß spezifisches Bergungsgerät eingesetzt werden, um die Verletzten zu befreien und damit die Voraussetzung für die notfallmedizinische Versorgung zu geben.

239 Bei Hochspannungs- und Starkstromunfällen ist die sofortige Information des zuständigen Elektrizitätswerkes, aber auch die Alarmierung der Feuerwehr für die technische Rettung notwendig.

240 Bei Wasserunfällen können in speziell gelagerten Situationen Taucher von der Feuerwehr oder von den Wasserrettungsdiensten angefordert werden.

241 Als Grundsatz muß sowohl für das Leitstellenpersonal als auch für die Rettungssanitäter und den Notarzt gelten, daß die aufnehmende Klinik so früh wie möglich ausreichende und verläßliche Informationen erhält. Dies gilt eigentlich für die Einlieferung eines jeden Notfallpatienten. Zusätzliche wichtige Informationen können aber bei spezifischen Verletzungen, die z. B. einen sofortigen operativen Eingriff oder andere Vorbereitungen der Klinik erforderlich machen, notwendig werden. Selbstverständlich sind auch frühzeitig genug Informationen an die Klinik dann erforderlich, wenn es sich um Massenunfälle, Massenvergiftungen usw. handelt.

6 Literatur

Ahnefeld, F. W., Bergmann, H., Burri, C., Dick, W., Halmágyi, M., Rügheimer, E.: Klinische Anästhesiologie und Intensivtherapie, Bd. 10, Notfallmedizin, 1976.

Ahnefeld, F. W., Dick, W., Kilian, J., Mehrkens, H.-H., Spilker, E.-D.: Der Notarzt im Rettungsdienst, Notfallmedizin 8 (1982) 931, 1062.

Ahnefeld, F. W.: Die notfallmedizinischen Grundlagen für den Rettungsdienst, in: Handbuch A. 1.1.

Biese, W.: Das öffentliche Rettungswesen, in: Handbuch A. 1.2.

Burghart, H.: Der Einsatz des Rettungshubschraubers, Anästh. u. Intensivmed. 22 (1981) 64.

Dick, W., Lippert, H.-D.: Medizinische und rechtliche Aspekte bei der Beherrschung von Notfällen im Krankenhaus, Anästh. u. Intensivmed. 22 (1981) 123.

Gorgaß, B., Ahnefeld, F. W., Lippert, H.-D.: Der Rettungsdienst in der Bundesrepublik – 5 Jahre Erfahrung am Rettungszentrum Ulm, Notfallmedizin 4 (1978) 195, 282.

Gorgaß, B., Bardua, R.: Die Rettungszentren der Bundeswehr, in: Handbuch C. I. 6.2.2.1.

Kipka, E.: Zusammenarbeit zwischen niedergelassenen Ärzten und Krankenhausärzten im Notarztdienst, Anästh. u. Intensivmed. 21 (1980) 93.

Linde, H.: Die Bundeswehr im Rettungsdienst, in: Handbuch C. I. 6.3.

Lippert, H.-D.: Problematik beim Rettungsdienst, arbeits-, versicherungs- und haftpflichtrechtliche Fragen, DMW 103 (1978) 1944.

Lippert, H.-D.: Arbeitsrechtliche, versicherungsrechtliche und haftungsrechtliche Fragen bei der Durchführung des Rettungsdienstes, in: Handbuch B. 7.4. (zit. in: Handbuch).

Lippert, H.-D.: Regelung des Rettungsdienstes im BAT, DMW 105 (1980) 432.

Lippert, H.-D.: Seit 1. Januar: Rettungsdienst ist Dienstaufgabe der angestellten Krankenhausärzte, Anästh. u. Intensivmed. 21 (1980) 122.

Lippert, H.-D.: Rechtsprobleme bei der Durchführung von Rettungs- und Notarztdienst, NJW 1982, 2089.

Lippert, H.-D.: Die Rechtsstellung des niedergelassenen Arztes in Rettungs- und Notarztdienst, MedR 1983, 167.
Martens, H.: Zum ärztlichen Notfalldienst, NJW 1970, 494.
Nellessen, K. W.: Notfalldienst, Bereitschaftsdienst, Rettungsdienst, NJW 1979, 1919.
Oehler, H.: Das bayerische Rettungsdienstgesetz, in: Handbuch B. 4.2.2.
Opderbecke, H. W., Weissauer, W.: Probleme beim Rettungsdienst, DMW 104 (1979) 439.
Opderbecke, H. W., Weissauer, W.: Der Notarzteinsatz eine Aufgabe des Krankenhausarztes?, Anästh. Inf. 16 (1975) 159.
Ossenbühl, F.: Die Erfüllung von Verwaltungsaufgaben durch Private, Veröffentlichungen der Vereinigung Deutscher Staatsrechtslehrer, Bd. 29, 137.
Peters, H.: Öffentliche und staatliche Aufgaben, in: Festschrift für Nipperdey Bd. II, 877.
Puchner, M.: Der Rettungsdienst im Bereich der Berufsfeuerwehren, in: Handbuch F. 5.2.
Rieger, H.-J.: Einsatz von Krankenhausärzten im Notarztwagen, DMW 99 (1974) 2535.
Rieger, H.-J.: Einsatz von Krankenhausärzten im Notarztwagen, DMW 100 (1975) 1409.
Rupp, H. H.: Privateigentum an Staatsfunktionen?, 1963.
Rupp, H. H.: Der Rettungsdienst als öffentliche Aufgabe, in: 4. Rettungskongreß des DRK, Schriftenreihe d. DRK Nr. 55 S. 110.
Schuster, H.-P.: Notfallmedizin, 2. Auflage 1979.
Seidler, E.: Geschichte der Pflege des kranken Menschen, 2. Auflage 1969.
Stosseck, K.: Ausbildung und Aufgaben des Rettungssanitäters, Anästh. u. Intensivmed. 21 (1980) 320.
Stindt, J.: Luftrettung in der Bundesrepublik Deutschland, 1983.
Weissauer, W.: Der Arzt im Notfalleinsatz, Bay. Ärzteblatt, 1979, 1011.
Weissauer, W.: Rechtliche Grundlagen des Notarztdienstes, Anästh. u. Intensivmed. 21 (1980) 29.

Teil 2

Das Personal im Rettungswesen

1 Der Notarzt

1.1 Die medizinische Qualifikation des Notarztes

242 Im November 1979 wurde anläßlich der Jahrestagung des Berufsverbandes Deutscher Anästhesisten in Saarbrücken erneut das Thema Rettungsdienst, diesmal mit dem Schwerpunkt „Der Arzt im Rettungsdienst“, aufgegriffen. Die in zahlreichen Referaten niedergelegten, insbesondere in einer ausführlichen Diskussion erarbeiteten Ergebnisse fanden ihren Niederschlag in einer Empfehlung zur Organisation des Rettungswesens als Stellungnahme der Deutschen Gesellschaft für Anästhesiologie und Intensivmedizin und des Berufsverbandes Deutscher Anästhesisten.[1] Bereits in dieser Empfehlung wurde unter anderem die Qualifikation des Notarztes angesprochen.

243 Inzwischen ist der 45. Tarifvertrag zur Änderung und Ergänzung des Bundesangestelltentarifvertrages mit Wirkung vom 01.01. 1980 in Kraft getreten, der die Notarzttätigkeit des Krankenhausarztes zur Dienstaufgabe erhebt. Als Qualifikationsmerkmal ist in den Protokollnotizen lediglich festgestellt: „Ein Arzt, der nach der Approbation noch nicht mindestens 1 Jahr klinisch tätig war, ist grundsätzlich nicht zum Einsatz im Rettungsdienst heranzuziehen.“ Die bisher vorliegenden Erfahrungen lassen erkennen, daß die Zahl der in der Bundesrepublik nach unterschiedlichen Modellen eingerichteten Notarztdienste innerhalb der zurückliegenden Jahre deutlich anstieg und nicht mehr nur auf Großstädte und Ballungsräume beschränkt geblieben ist. Die Krankenhausträger, die sich bereit erklärt haben, im Rettungsdienst mitzuwirken, veranlassen unter Hinweis auf den Tarifvertrag den Einsatz von Ärzten unterschiedlicher Fachgebiete als Notärzte nach Absolvierung einer 1jährigen fachspezifischen, jedoch nicht notfallmedizinischen klinischen Weiterbildung. Auch das 1jährige Limit wurde wiederholt unterschritten, falls aus organisatorischen oder anderen Gründen nicht genügend Ärzte vorhanden waren, die die genannten Auflagen erfüllten. Eine systematische Weiter- und Fortbildung als Vorbereitung für den Notarzteinsatz findet nur in Ausnahmefällen statt. Die eingesetzten Notärzte fühlen sich nicht selten wegen mangelnder Kenntnisse und Fähigkeiten überfordert. Diese Tatsache führte bereits zur Verweigerung der Dienstaufgabe und daraus resultierenden juristischen Auseinandersetzungen.

244 Der Abschluß des im Tarifvertrag als „Mindestvoraussetzung“ geforderten ersten Weiterbildungsjahres ist verständlicherweise nicht mit einer bestimmten Qualifikation, insbesondere in bezug auf die Notfallmedizin gleichzusetzen. Bleibt es auch in Zukunft bei dieser Limitierung, dann müssen die Ärzte, die nach Abschluß des er-

1 Anästh. und Intensivmed. 21 (1980) S. 20; P. Sefrin in: P. Sefrin, a. a. O. S. 38 ff.

sten Weiterbildungsjahres als Notärzte zum Einsatz kommen sollen, in der praktischen Tätigkeit mit bestimmten Grundmethoden vertraut gemacht werden, z. B. der Intubation, der Beatmung, der Schaffung eines zentralvenösen Zuganges, der Pleurapunktion usw. Solche Voraussetzungen lassen sich nicht durch eine spezielle notfallmedizinisch ausgerichtete „programmierte Fortbildung“ erreichen. Es handelt sich um Basismethoden, die derjenige, der als Notarzt zum Einsatz kommt, unabdingbar beherrschen muß. Der Einsatz eines in den Basismethoden unerfahrenen Arztes widerspricht der Aufgabenstellung des Notarztes. Nach Lippert[2] ergeben sich für den Krankenhausträger Folgerungen: „Übernimmt ein Krankenhaus die Aufgabe, am organisierten Rettungsdienst teilzunehmen, in der Weise, daß es Ärzte zur Verfügung stellt, so haftet es für eine sorgfältige Auswahl der Ärzte ...“ Daraus dürfte sich ergeben, daß nicht jeder Arzt, schon gar nicht jeder Arzt eines jeden Fachgebietes, nach Abschluß des ersten Weiterbildungsjahres zum Notarztdienst verpflichtet werden kann, sondern daß genau wie im klinischen Bereich auch für die spezifische Aufgabenstellung im Notarztdienst gleiche qualitative Voraussetzungen zu fordern sind.

245 Unberührt von diesen Tatsachen bleibt die Forderung, den Bereich „Notfallmedizin“ in die Ausbildung der Medizinstudenten einzubeziehen. Die Anästhesie bietet ausreichende Möglichkeiten, die erforderlichen Lehrinhalte in den verschiedenen Abschnitten des Studiums in Theorie und Praxis zu vermitteln. Vorschläge zur Realisierung dieser Forderung liegen bereits vor.

246 Die Deutsche Gesellschaft für Anästhesiologie und Intensivmedizin hat immer wieder betont, daß sie keinen Ausschließlichkeitsanspruch auf die ärztliche Tätigkeit im Rettungsdienst stellt, daß sie jedoch unabhängig davon, aus welchen Fachgebieten der Notarzt kommt, eine den Erfordernissen entsprechende fachliche Qualifikation für unumgänglich hält.

247 Im folgenden sind die Empfehlungen der DGAI für die Weiter- und Fortbildung des *Anästhesisten* in der Notfallmedizin als Voraussetzung für einen Einsatz als Notarzt dargestellt. Der in Theorie und Praxis aufgegliederte Unterricht kann als gesonderter Komplex gesehen werden, er läßt sich aber, zumindest in wesentlichen Teilbereichen, in die Weiterbildung integrieren und dadurch leichter realisieren. Es besteht ferner die Möglichkeit, daß aufgrund einer interdisziplinären Absprache zumindest Teilbereiche der Fortbildungsabschnitte in gemeinsamen Kolloquien, Seminaren usw. durchgeführt werden. Die geforderte Fortbildung kann stundenweise, z. B. in den ohnehin notwendigen Weiterbildungskolloquien, aber auch in Form von Seminaren oder Blockunterrichten absolviert werden. Unumgänglich ist eine praktische Unterweisung im Notarztwagen (Einsatzpraktikum).

---

2 Seit 1. Januar ... Anästh. u. Intensivmed. 21 (1980) 122f.

1.1.1 Empfehlungen der Deutschen Gesellschaft für Anästhesiologie und Intensivmedizin für die Weiter- und Fortbildung des Anästhesisten in der Notfallmedizin

248 Die DGAI empfiehlt[3] für die Weiter- und Fortbildung der Ärzte in Anästhesieabteilungen in der Notfallmedizin sowie für die Beurteilung ihrer Qualifikation für den Notarzteinsatz von folgenden Grundsätzen auszugehen:

1.1.1.1 Erfordernis der Qualifikation

249 Für den Notarzteinsatz ist nur der Arzt qualifiziert, der spezifische Kenntnisse und praktische Erfahrungen besitzt
- in der Diagnostik und Sofortbehandlung medizinischer Notfälle,
- im technischen und organisatorischen Ablauf des Notarzteinsatzes einschließlich des Zusammenwirkens der Beteiligten in der Rettungskette.

Der zum Dienst eingeteilte und der mit der Leitung des Notarztdienstes beauftragte Arzt haben zu prüfen, ob diese Qualifikation gegeben ist. Der Krankenhausträger, der die organisatorische und rechtliche Verantwortung für den Einsatz der Krankenhausärzte trägt, sollte den Notarztdienst erst dann übernehmen, wenn ihm dafür eine ausreichende Zahl qualifizierter Ärzte zur Verfügung steht.

250 Der Abschluß eines Jahres klinischer Tätigkeit nach der Approbation wird in der Protokollnotiz des 45. Änderungstarifvertrages zum BAT als *Mindestvoraussetzung* gefordert. Ihre Erfüllung entbindet deshalb die Beteiligten nicht von der Verpflichtung zu prüfen, ob die *Grundvoraussetzungen* der Qualifikation erfüllt sind.

1.1.1.2 Grundvoraussetzungen

251 1. Mindestens 1jährige Weiterbildung im Fachgebiet Anästhesiologie.
Zu vermitteln sind im ersten Weiterbildungsjahr die grundlegenden Kenntnisse und praktischen Erfahrungen in der Erkennung vital bedrohender Zustände sowie in der Aufrechterhaltung und Wiederherstellung bedrohter Vitalfunktionen mit den spezifischen Methoden der Notfallmedizin, wie Beatmung und Intubation, Schockbehandlung, Schaffung eines zentralvenösen Zugangs, Pleurapunktion usw.

252 2. Teilnahme an einer inhaltlich definierten Fortbildung „Notfallmedizin".
Diese Fortbildung ist
a) teils in die fachspezifische Weiterbildung zu integrieren,
b) teils in gesondertem, evtl. interdisziplinärem praktischem und theoretischem Unterricht zu vermitteln.

Dieses Fortbildungsprogramm sollte in der Regel im 1. und 2. Jahre der Weiterbildung in der Anästhesiologie vermittelt werden. Ist jedoch der Einsatz eines Arztes bereits nach Abschluß des 1. Weiterbildungsjahres unabdingbar notwendig, muß es bis zum Einsatz als Notarzt abgeschlossen sein.

---

3 Einer vom Präsidium der DGAI eingesetzten Kommission gehörten an: Ahnefeld (Ulm), Bonhoeffer (Köln), Dick (Ulm), Peter (München) und Sefrin (Würzburg). Das Präsidium der DGAI hat der Empfehlung am 5. März 1982 zugestimmt. Vgl. diese Empfehlung, Anästh. u. Intensivmed. 21 (1982) 213ff.; F. W. Ahnefeld, a. a. O. S. 212; F. W. Ahnefeld u. a., Notfallmed. 8 (1982) 931, 1062 m. w. N.

1.1.1.3 Fortbildungsprogramm

253 Aus sachlichen und organisatorischen Gründen sollte die inhaltlich definierte Fortbildung „Notfallmedizin" in folgende Abschnitte unterteilt werden:

a) Allgemeine Notfallmedizin: Gesamtbedarf 30 Stunden Theorie und Praxis.

b) Spezielle Notfallmedizin: Gesamtbedarf 30 Stunden Theorie und Praxis. Diese Stundenzahl ist nur dann ausreichend, wenn die in der Anlage aufgeführten Themenbereiche zusammengefaßt und ausschließlich unter notfallmedizinischen, nicht unter klinischen Gesichtspunkten zur Darstellung kommen.

c) Organisation und Einsatztaktik: Gesamtbedarf 5 Stunden, aufgeteilt in Theorie und Praxis.

d) Seminar: Fallberichte aus der Notfallmedizin: Gesamtbedarf 10 Stunden. Dieses Seminar ist als besonders wichtiger Abschnitt der Fortbildung anzusehen, da der zukünftige Notarzt nur durch die Erörterung von Kasuistiken einen zusammenfassenden und praxisnahen Unterricht erhält, sofern die in der Anlage aufgeführten Voraussetzungen in der Gliederung der Fallberichte eingehalten werden. Dabei können wegen der begrenzten Zeit nur die wichtigsten und häufigsten Notfälle abgehandelt werden.

e) Einsatzpraktikum im Notarztwagen: Gesamtbedarf 5 Stunden Praxis. Vor einer selbständigen Tätigkeit als Notarzt muß der Arzt Gelegenheit erhalten, in Anwesenheit eines erfahrenen Notarztes einige Notarzteinsätze zu absolvieren, um dabei die wichtigsten Grundvoraussetzungen sowohl über den Ablauf des Notarzteinsatzes, die Tätigkeit am Notfallort, die Zusammenarbeit mit den Rettungssanitätern usw. zu erfahren.

Zusammengefaßt ergibt sich für die Fortbildung ein Gesamtbedarf von 80 Stunden.

254 Die in Theorie und Praxis abzuhandelnden Themen für die einzelnen Ausbildungsabschnitte sind im folgenden aufgeführt:

a) Allgemeine Notfallmedizin – 30 Stunden Theorie und Praxis:

1. Notfallmedizin: Aufgabenstellung, Definitionen, Voraussetzungen.
2. Untersuchungen von Notfallpatienten: Systematik und Einsatz von diagnostischen Hilfsmitteln.
3. Basismaßnahmen der Wiederbelebung und erweiterte lebensrettende Sofortmaßnahmen.
4. Ausstattung des Notarztes: Medikamente, Geräte, Instrumente (Notfallkoffer, Notarztwagen).
5. Grundregeln für Injektionen und Infusionen bei Notfallpatienten.
6. Ursachen, Sofortdiagnostik und Soforttherapie bei

6.1 respiratorischen Störungen,

6.2 unterschiedlichen Schockformen,

6.3 kardialen und kardiozirkulatorischen Störungen,

6.4 Störungen im Wasserelektrolyt- und Säuren-Basen-Haushalt,

6.5 unterschiedlichen Komaformen.

7. Schmerztherapie bei Notfallpatienten.

b) Spezielle Notfallmedizin – 30 Stunden Theorie und Praxis:

1. Sofortdiagnostik und Soforttherapie in Notfällen:

1.1 bei neurologischen und psychiatrischen Erkrankungen,

1.2 bei chirurgischen Erkrankungen,
1.3 bei Erkrankungen und Verletzungen des Auges,
1.4 bei Notfällen im HNO- und Kieferbereich,
1.5 bei Vergiftungen,
1.6 bei Verletzungen durch Strom, Blitzschlag, Barotraumen und Ertrinken,
1.7 bei Verbrennungen, Verätzungen, Hitze- und Kälteschäden,
1.8 in der Pädiatrie,
1.9 in der Gynäkologie und Geburtshilfe,
1.10 in der Urologie,
1.11 in der Gastroenterologie,
1.12 in der Angiologie,
1.13 in der Hämostaseologie,
1.14 in der Endokrinologie,
1.15 in der Dermatologie,
1.16 nach Strahlenschäden,
1.17 nach Arzneimittelnebenwirkungen,
1.18 nach der Einnahme von Drogen.
2. Besonderheiten bei akuten Infektionskrankheiten.
3. Katastrophenmedizinische Aspekte der Notfallmedizin.

c) Organisation und Einsatztaktik – 5 Stunden:
1. Organisation des örtlichen Rettungsdienstes.
2. Verantwortungsbereich des Notarztes, Einsatzkriterien für NAW und RHS.
3. Einsatzdokumentation.
4. Rechtliche Grundlagen und Versicherungsschutz.
5. Funkverkehr und Rettungsgerät.

d) Seminar – 10 Stunden:
Fallberichte aus der Notfallmedizin gegliedert in:
- Meldung,
- Notfallanamnese,
- Sofortdiagnostik,
- Soforttherapie a) am Ort des Geschehens,
  b) während des Transportes,
- Aufnahmebefund Klinik,
- klinische Diagnostik,
- endgültige Diagnose und definitive Maßnahmen,
- Epikrise.

Zusammenfassung der eingesetzten Medikamente, angewandten Maßnahmen, der benötigten Geräte und des Instrumentariums.

e) Einsatzpraktikum im Notarztwagen – 5 Stunden:
- Einweisung durch erfahrenen Notarzt in einsatztaktische und notfallmedizinische Aufgabenbereiche.
- Einführung in die Unterbringung der Medikamente, die Anwendung des Instrumentariums und der Geräte.
- Organisatorischer Ablauf der Notfallversorgung außerhalb und innerhalb des Rettungsmittels.

1.2 Die Rechtsstellung des Notarztes

255 Am jeweiligen Status des Notarztes orientiert sich seine rechtliche Stellung im Rettungswesen. Da es kein Monopol für den Einsatz im Notarztdienst gibt, können Krankenhausärzte im Rahmen ihrer Dienstaufgaben oder als ermächtigte Krankenhausärzte in Nebentätigkeit den Notarztdienst ebenso versehen wie niedergelassene Ärzte, die sich hierzu bereitfinden.

256 Der angestellte Krankenhausarzt, der den Notarztdienst als Dienstaufgabe zu versehen hat, erhält hierfür neben seiner normalen Vergütung einen nicht versorgungsfähigen Einsatzzuschlag. Ein eigenes Liquidationsrecht wird ihm zumeist nicht eingeräumt. Statt dessen rechnet häufig der Krankenhausträger die Einsätze ab. Der beamtete Krankenhausarzt erhält auch den Einsatzzuschlag nicht, weil hierin eine gesetzeswidrige Höherbezahlung liegt.[4] Ausnahmen sind aber durch die Zuweisung der Teilnahme am Notarztdienst zu einem Nebenamt möglich.

257 Der ermächtigte Krankenhausarzt, der den Notarztdienst in Nebentätigkeit versieht, liquidiert für seine Einsätze ebenso wie sein niedergelassener Kollege.

258 Auf die haftungsrechtlichen Folgen aus dem jeweiligen Status wird in Teil 3 ausführlich eingegangen. Die Folgen, die der Status des Notarztes für die Unfallversicherung haben kann, sollen im folgenden behandelt werden.

1.2.1 Die Unfallversicherung des Notarztes

259 Gegenüber dem normalen Dienst, etwa dem eines Krankenhausarztes, birgt die Teilnahme am Notarztdienst ein erhöhtes Unfallrisiko. Dies wird ernsthaft von niemandem bestritten. Umstritten ist aber, wer das erhöhte Risiko versichern soll. Diese Frage war lange Zeit weitgehend ungeklärt. Daher haben sich Krankenhausärzte, die bereits im Bereich der Dienstaufgaben für diese Tätigkeit versichert waren auch noch bei der Berufsgenossenschaft auf eigene Kosten versichert. Es soll auch vorgekommen sein, daß die Hilfsorganisationen, mit denen sie zusammenarbeiteten, erneut Beiträge für eine Unfallversicherung abgeführt haben. Umgekehrt gab es Krankenhausärzte, die in Nebentätigkeit mitwirkten und der irrigen Meinung waren, durch den Krankenhausträger versichert zu sein.[5]

1.2.1.1 Niedergelassener Arzt

260 Die Rechtsstellung des niedergelassenen Arztes ändert sich durch die Übernahme des Notarztdienstes nicht. Die Teilnahme am Notarztdienst ist Teil der freiberuflichen Tätigkeit.

261 Erleidet ein niedergelassener Arzt im Notfalleinsatz einen Unfall, so tritt nur sein privater Versicherungsschutz ein, falls nicht der Träger des Rettungsdienstes oder die Hilfsorganisationen, mit denen zusammen er den Dienst durchführt, eine Un-

4 H.-D. Lippert, Seit 1. Januar, a. a. O. S. 122; ders., Regelung ... a. a. O. S. 432
5 Vgl. hierzu auch W. Weissauer, H.-D. Lippert in: P. Sefrin ... a. a. O. S. 16 f. m. w. N.

fallversicherung zu seinen Gunsten abgeschlossen haben. Sonst muß er für den notwendigen Versicherungsschutz selbst aufkommen. Andererseits liquidiert er für seine Tätigkeit.

1.2.1.2 Ermächtigter angestellter/beamteter Arzt im Rahmen der Nebentätigkeit

262 Ermächtigt die kassenärztliche Vereinigung in Erfüllung ihres Sicherstellungsauftrages einen angestellten oder beamteten Arzt im Rahmen einer genehmigten Nebentätigkeit,[6] am Notarztdienst teilzunehmen, so übt er wie sein niedergelassener Kollege eine freiberufliche Tätigkeit aus. Auch der ermächtigte angestellte oder beamtete Notarzt muß sich selbst gegen Unfall versichern, sofern der Träger des Rettungsdienstes oder die ihn durchführenden Organisationen nicht dafür zu seinen Gunsten sorgen.

263 Ob niedergelassene und nebenamtlich tätige Notärzte den Schutz der gesetzlichen Unfallversicherung genießen, war umstritten.[7] Zum Kreis der über § 539 Abs. 1 Nr. 1 RVO geschützten Personen gehören sie nicht. Sie werden zumeist in lockeren Absprachen oder aufgrund unabhängiger Dienstaufträge mit den den Rettungsdienst durchführenden Organisationen tätig und treten zu diesen im Normalfall in kein Arbeitsverhältnis. Auch das dem Notarzt während des Einsatzes mit nichtärztlichem Personal der Hilfsorganisationen, ggf. auch der Feuerwehren, zustehende medizinisch fachliche Weisungsrecht[8] macht ihn nicht zum Arbeitnehmer der den Rettungsdienst durchführenden Organisationen. Es ist Ausfluß seiner koordinierenden medizinischen Behandlungstätigkeit.

264 Der niedergelassene oder in Nebentätigkeit mitwirkende Notarzt ist auch keine im Gesundheitswesen tätige Person im Sinne von § 539 Abs. 1 Nr. 7 RVO, weil der Arzt als selbständig Tätiger nach § 541 Abs. 1 Nr. 4 RVO ausdrücklich vom gesetzlichen Unfallversicherungsschutz ausgenommen ist.

265 Da der niedergelassene oder in Nebentätigkeit zum Einsatz kommende Notarzt regelmäßig nicht unentgeltlich sondern gegen Vergütung tätig wird, scheidet ein Unfallversicherungsschutz aus, den § 539 Abs. 1 Nr. 8 RVO ehrenamtlich in Unternehmen zur Hilfeleistung bei Unglücksfällen Tätigen gewährt. Im übrigen fehlt[9] es an der Eingliederung in die Organisation.

266 Das Gesagte gilt auch für den Zusammenschluß mehrerer Notärzte. Diese Zusammenschlüsse (eingetragene Vereine oder BGB-Gesellschaften) sind keine Unternehmen zur Hilfeleistung in Unglücksfällen im Sinne der RVO.[10]

---

6 Beamtete wie angestellte Ärzte benötigen zur Teilnahme am Notarztdienst eine Nebentätigkeitsgenehmigung, vgl. § 65 BBG (der landesrechtlichen Vorschriften entspricht). Für Angestellte gelten diese Vorschriften über § 11 BAT entsprechend

7 Vgl. hierzu K. Gatz, a. a. O. S. 148. So ein Ergebnis LSG Niedersachsen, VersR 1979, 821 m. Anm. H.-D. Lippert, Notfallmedizin 6 (1980) 193 f. So auch schon BSGE 35, 212, allerdings für eine andere Fallgestaltung

8 Vgl. hierzu K. Gatz, a. a. O. S. 147 f.; vgl. hierzu unten Teil 2, 2.8.2

9 Vgl. so K. Gatz, a. a. O. S. 148

10 Vgl. so K. Gatz, a. a. O. S. 148

267 Wer berufsmäßig als niedergelassener oder als nebenamtlicher Arzt am Notarztdienst teilnimmt, gehört auch nicht zum Kreis der durch § 539 Abs. 1 Nr. 9 a RVO versicherten Personen. Hier soll das Engagement des Einzelnen für die Gemeinschaft unter dem Gesichtspunkt des Aufopferungsgedankens honoriert werden.

268 Der niedergelassene und der nebenamtlich tätige angestellte oder beamtete Notarzt kommt danach nicht in den Genuß der gesetzlichen Unfallversicherung, es sei denn, er versichert sich freiwillig bei der Berufsgenossenschaft Gesundheitsdienst und Wohlfahrtspflege oder bei einem privaten Versicherer. Zum Teil übernehmen aber auch die Hilfsorganisationen, mit denen die Notärzte zusammenarbeiten, die Unfallversicherung. Diese Versicherungen gewähren zumeist nur Einmalzahlungen. Rentenzahlungen gewährt hingegen die Berufsgenossenschaft.

1.2.1.3 Krankenhausarzt im Rahmen der Dienstaufgaben

269 Übernimmt der Krankenhausträger die Durchführung des Notarztdienstes, so gehört die Teilnahme am Notarztdienst tarifvertraglich oder kraft beamtenrechtlicher Weisung zu den Dienstaufgaben seiner angestellten oder beamteten Krankenhausärzte. An der rechtlichen Stellung der Krankenhausärzte in ihrem bisherigen ambulanten bzw. stationären Tätigkeitsbereich ändert sich hierdurch nichts.

270 Erleiden beamtete oder angestellte Krankenhausärzte, zu deren Dienstaufgaben die Teilnahme am Notarztdienst gehört, hierbei einen Unfall, so ist dieser regelmäßig als Dienst- bzw. Berufsunfall anzusehen. Beamtete Ärzte erhalten Unfallfürsorge nach §§ 30 ff. BVersG bzw. als Sanitätsoffiziere nach §§ 27 ff. SoldatenversG. Angestellte Ärzte genießen gesetzlichen Unfallversicherungsschutz nach §§ 537 ff. RVO und gehören zum Personenkreis des § 539 Abs. 1 Nr. 1 RVO. Für beide Gruppen von Bediensteten umfaßt der Unfallversicherungsschutz Heilbehandlung, Verletztengeld, Verletztenrente sowie Hinterbliebenenrente. Bei Angestellten kann eine Erhöhung der Leistung aufgrund der unterschiedlichen Mehrleistungsverordnungen des Bundes und der Länder erfolgen.[11]

271 Die Träger der Kliniken der öffentlichen Hand stellen sich auf den Standpunkt, die gesetzliche Unfallversicherung decke jegliches Risiko, auch das erhöhte des Notarztdienstes, unabhängig von Alter und Stand des Arztes ausreichend ab. Um einen der Höhe nach ausreichenden Versicherungsschutz der Notärzte zu gewährleisten, sollte in Kooperationsvereinbarungen der beteiligten Organisationen eine Regelung über eine zusätzliche Unfallversicherung und ihre Höhe aufgenommen werden.

---

11 Für den Bund: MehrleistungsVO vom 18. 8. 1967 (BGBl. I S. 935)

2 Das nichtärztliche Personal

272 Das Rettungsdienstpersonal muß in der täglichen Praxis am Notfallort oft unter erschwerten Bedingungen tätig werden. Seine Maßnahmen sind, soweit sie die Vitalfunktionen aufrechterhalten oder wieder in Gang bringen sollen, von ausschlaggebender Bedeutung, soll der Patient eine Überlebenschance haben. Die Bewältigung dieser Maßnahmen bedarf mit den hierzu erforderlichen Kenntnissen und Fähigkeiten einer besonderen Ausbildung. Das bisherige, zumeist ehrenamtliche Personal der Hilfsorganisationen im Rettungsdienst und Krankentransport konnte nach dem Wissens- und Ausbildungsstand die notwendigen Anforderungen nicht mehr erfüllen. Die Feuerwehren und Hilfsorganisationen sind daher nicht untätig geblieben. Sie orientieren sich bei der Ausbildung ihrer Rettungssanitäter derzeit an den Grundsätzen, die der Bund-Länder-Ausschuß „Rettungswesen" 1977 zur Ausbildung des Personals im Rettungswesen erarbeitet hat.[1]
Diese Empfehlungen gehen auf ein Mindestprogramm zurück, auf welches sich Hilfsorganisationen und Feuerwehren für die Ausbildung geeinigt haben.

273 Trotz erheblicher Anstrengungen der Hilfsorganisationen, und der Feuerwehren, mangelt es noch an qualifizierten Rettungssanitätern. Dies führt dazu, daß nach wie vor Rettungssanitäter eingesetzt werden, die den Qualifikationsanforderungen nicht immer gerecht werden.

274 Vor allem für das ehrenamtliche Personal der Hilfsorganisationen ergeben sich aus der Qualifikationsanhebung der Rettungssanitäterausbildung Schwierigkeiten: Dieses Personal muß die erforderlichen Kurse neben der regulären Berufstätigkeit absolvieren.

2.1 Qualifikation des hauptamtlichen Rettungshelfers

275 Das hauptamtliche Hilfspersonal der Hilfsorganisationen besteht überwiegend aus Rettungshelfern, die als Fahrer der Krankentransportwagen eingesetzt sind. Ihre Ausbildung besteht in einem 3monatigen Kurs, in welchem sie außer den notwendigen Kenntnissen in den Sofortmaßnahmen pflegerische Grundkenntnisse sowie technische Kenntnisse vermittelt erhalten. Im Vordergrund der Ausbildung steht eindeutig die Technik der Fahrzeugbeherrschung.[2]

---

1 Vgl. Rundschreiben an die Hilfsorganisationen vom 20.9. 1977
2 Vgl. hierzu den Ausbildungsplan zur Ausbildung von Fahrern in KTW und RTW (Rettungshelfer) in: Handbuch des Rettungswesens D I. 1.2.2 S. 7f.

2.2 Die Rechtsstellung des hauptamtlichen Rettungshelfers

276 Entsprechend seiner Vor- und Ausbildung kann der Rettungshelfer in erster Linie dem Rettungssanitäter als Assistent zur Hand gehen. Daneben ist er zur fachgerechten Einleitung von Sofortmaßnahmen am Unfallort in der Lage. Erweiterte lebensrettende Maßnahmen kann er aufgrund seiner Kenntnisse nicht durchführen.

2.3 Rechtsstellung und Qualifikation des hauptamtlichen Rettungssanitäters

277 Bereits 1966 auf dem 1. Rettungskongreß des DRK in Berlin wurden die Grundlagen für das Berufsbild des Rettungssanitäters entwickelt. Mit weiteren Konkretisierungen fand es 1973 seinen Niederschlag im Gesetzentwurf der Bundesregierung über den Beruf des Rettungssanitäters.[3]
Der Entwurf wurde vom 7. Deutschen Bundestag nicht mehr verabschiedet und wurde im 8. Bundestag nicht wieder eingebracht.

278 Blenden wir deshalb nochmals zurück auf das Verfahren zur Verabschiedung des Gesetzes im Bundestag und Bundesrat. Der Gesetzentwurf regelt nach demselben Muster, wie andere Gesetze im Bereich der Heilhilfsberufe, den Zugang zum Beruf des Rettungssanitäters und bestimmt unter welchen Voraussetzungen sich der Absolvent eines entsprechenden Lehrganges Rettungssanitäter nennen darf. Gesetzlich geschützt ist demnach eine Berufsbezeichnung, keine qualifizierte Tätigkeit. Es ist daher in Zweifel gezogen worden, ob ein derartiges Vorgehen des Gesetzgebers verfassungsmäßig ist, weil der Bund nach Art. 74 Nr. 19 GG nur die Kompetenz habe, die Zulassung zu ärztlichen und anderen Heilberufen und zum Heilgewerbe zu regeln.[4]

279 Das Fehlen eines definitiven Ausbildungszieles innerhalb des noch zu schaffenden Berufsbildes eines Rettungssanitäters hatte zur Folge, daß der Bundesrat[5] in seiner Stellungnahme zum Gesetzentwurf der Bundesregierung Zweifel zum Ausdruck brachte, ob die Schaffung eines neuen Berufsbildes überhaupt bildungspolitisch wünschenswert sei oder ob nicht vielmehr mit der Schulung vorhandenen Personals ein Standard geschaffen werden könne, der den gewachsenen Anforderungen des Rettungsdienstes Rechnung trage.

280 Die Bundesregierung hat in ihrer Gegenäußerung an dem Gesetzentwurf festgehalten und sich dazu auf eine Entschließung des Deutschen Bundestages vom 2. Dezember 1972 berufen, in welcher die Bundesregierung ersucht wird, u. a. „ein Berufsbild des Rettungssanitäters zu schaffen und darauf hinzuwirken, daß in allen

---

3 BT-Drucks. 7/822

4 Vgl. hierzu H. H. Rupp, H. v. Olshausen in: A. Mergen Band I S. 23 m. w. N.

5 Vgl. hierzu H. Jocks, a. a. O. S. 6

Bundesländern für die Ausbildung der Rettungssanitäter die notwendigen Maßnahmen getroffen werden".[6]

281 Die auf der Grundlage des Gesetzes zu erlassende Ausbildungs- und Prüfungsordnung ist ebenfalls nicht in Kraft gesetzt worden.[7] Sie sah innerhalb eines 2jährigen Lehrgangs Unterricht von insgesamt 1200 Stunden vor. Daß die Einführung eines derartigen neuen Ausbildungsganges mit erheblichen Kosten verbunden sein würde, zeichnete sich schnell ab. Bereits der Bundesrat hat hierauf in seiner Stellungnahme zum geplanten Gesetz ausdrücklich hingewiesen.

282 Der Entwurf ist formal gesehen dem Prinzip der Diskontinuität des Parlaments zum Opfer gefallen, letztlich aber ist er an der drohenden finanziellen Belastung für Länder und Gemeinden gescheitert.

283 Die betroffenen Rettungssanitäter fordern das gesetzlich verankerte Berufsbild, weil sie sich hiervon eine soziale Absicherung und auf Bundesebene eine einheitliche Ausbildung auf einheitlichem Standard versprechen.[8]
Die Hilfsorganisationen v.a. stehen dem gesetzlichen Berufsbild distanzierter gegenüber als noch vor Jahren, weil sie eine Verdrängung des ehrenamtlichen Elements im Rettungsdienst befürchten, v.a. aber weitere Kostensteigerungen, die zu bezahlen sich die Kostenträger nicht imstande sehen.

284 In der Praxis wurde – trotz Fehlens einer gesetzlichen Regelung – das vorhandene Personal zu Rettungssanitätern ausgebildet, wenn auch mit teilweise höchst unterschiedlichen Kenntnissen. Dennoch bestehen viele Unklarheiten und Ungereimtheiten. Besonders die Stellung des Rettungssanitäters im Verhältnis zum Arzt ist umstritten.

285 Die bereits erwähnten niedersächsischen Vorschriften[9] definieren die Stellung des Rettungssanitäters als die eines fachkundigen Helfers des Arztes am Unfallort (§ 1 Abs. 1). Sie gehen damit von einer grundsätzlichen Kooperation von Rettungssanitäter und Notarzt aus.

286 Anders indessen bereits die Resolution des 3. Rettungskongresses des DRK 1974 in Sindelfingen, wo festgestellt wird:
„Im Gesetzentwurf wird die Tätigkeit des Rettungssanitäters grundsätzlich auf die Assistenz bei ärztlichen Maßnahmen abgestellt. Dieses Vorgehen entspricht nicht den Realitäten ... Der Rettungssanitäter hat mit dem Rettungswagen und der darin enthaltenen Ausstattung die Möglichkeit und auch die Verpflichtung, lebenserhaltende und erweiterte lebensrettende Sofortmaßnahmen anzuwenden. Er wird dazu

6 Vgl. hierzu H. Jocks, a. a. O. S. 6
7 Die Entwürfe des Gesetzes und der Ausbildungs- und Prüfungsordnung sind im Anhang abgedruckt
8 Vgl. den auf dem 3. Bundeskongreß des Berufsverbandes der Rettungssanitäter am 12. Juni 1983 vorgelegten Gesetzentwurf samt Ausbildungs- und Prüfungsordnung, abgedruckt im Anhang 9
9 Runderlaß des Niedersächsischen Sozialministers vom 16. 11. 1978 Nds. MBl. 55/1978 S. 2056 ff.

bei vielen Einsätzen selbständig tätig werden müssen. Die Ausbildung soll ihn befähigen, als „verlängerter Arm der Klinik" selbständig auch ohne Arzt einen Notfallpatienten zu versorgen. Er muß dabei die in der Ausbildung erlernten Kenntnisse und Fähigkeiten zur Abwendung einer Lebensbedrohung auch selbständig anwenden dürfen ..."[10]
Um keine Mißverständnisse aufkommen zu lassen:
Das Berufsbild eines Rettungssanitäters hat inzwischen durch faktische Gegebenheiten deutliche Konturen gewonnen.[11] Der Rettungssanitäter ist aus dem Rettungsdienst nicht mehr wegzudenken. Aber darf der Weg in die von der Resolution vorgezeichnete Richtung gehen? Gewichtige rechtliche Gründe sprechen dagegen.

287 Die Forderung der Resolution müßte dazu führen, dem Rettungssanitäter für bestimmte, aus gutem Grund dem Arzt vorbehaltene Maßnahmen eine limitierte Approbation zu erteilen. Er entspräche damit den „para-medics" in den USA. Dieses Vorgehen bedürfte einer Gesetzesänderung und würde einen Bruch innerhalb unseres Gesundheitssystems und der ihm zugrunde liegenden Ausbildungsgänge bedeuten. Dies müßte seiner Verwirklichung nicht ernstlich im Wege stehen. Rechtliche und rechtspolitische Gründe lassen jedoch die Beibehaltung der bisherigen Trennung geboten erscheinen:

288 Unser Haftungsrecht ist von dem Grundsatz geprägt, daß derjenige, der eine Aufgabe übernimmt, sie mit der notwendigen Sorgfalt seines Berufsstandes zu erfüllen hat. Kann er dies nicht und übernimmt er die Aufgabe dennoch, so hat er für einen evtl. hieraus entstehenden Schaden aufzukommen; zudem kann er bei schuldhaften Fehlleistungen auch strafrechtlich zur Verantwortung gezogen werden. Das Prinzip der Eigenverantwortlichkeit des Handelnden und der Gesichtspunkt des Übernahmeverschuldens würden den Rettungssanitäter mit einer rechtlichen Verantwortung belasten, die er auch bei einer grundlegenden Änderung des Berufsbildes und einer dementsprechenden erheblichen Intensivierung der Ausbildung nicht gewachsen wäre.

289 Ziel der derzeitigen Ausbildung ist es, den Rettungssanitäter zu befähigen, die Wiederbelebung von Atmung und Kreislauf ohne Anwendung von Medikamenten selbständig durchzuführen und bei den weiterführenden ärztlichen Maßnahmen assistierend tätig sein zu können. Darüber hinaus muß er die technischen Maßnahmen zur Rettung des Notfallpatienten beherrschen. Längere Berufserfahrung soll ihn in den Stand versetzen, die Leitung einer Rettungsleitstelle zu übernehmen oder als Lehrrettungssanitäter tätig zu sein.[12] Die Gesamtausbildung im theoretischen und im klinischen Abschnitt sowie dem Abschnitt in der Rettungswache umfaßt 520 Unterrichtsstunden. Auf alle 3 Abschnitte entfallen dabei gleichermaßen je

10 Resolution des 3. Rettungskongresses des DRK in Sindelfingen in: Handbuch des Rettungswesens G. 2.2 S. 7

11 Zu den rechtlichen Problemen des Berufsbildes vgl. H.-D. Lippert, a. a. O. S. 177; ders. Rechtsprobleme, a. a. O. S. 2091

12 Vgl. hierzu K. Stosseck, a. a. O. S. 320; Resolution des 3. Rettungskongresses des DRK 1974 in: Handbuch des Rettungswesens G. 2.2 S. 7 f.

160 h. Der Abschlußlehrgang mit Prüfung umfaßt 40 h. Dies wird allgemein als Minimum angesehen.

290 Auf der Basis dieser Empfehlung haben einzelne Länder, z. B. Niedersachsen eine Lehrgangsregelung für Rettungssanitäter erlassen.[13] Nach ihr kann zu einem Rettungssanitäterlehrgang zugelassen werden, wer das 18. Lebensjahr vollendet, eine abgeschlossene Hauptschul- oder eine gleichwertige abgeschlossene Schulausbildung nachweisen kann und gegen dessen Zuverlässigkeit keine Bedenken bestehen (§ 2). Die 4 Abschnitte der Ausbildung, 3 Blöcke zu 160 und einer zu 40 h sind innerhalb einer wenigstens 6monatigen höchstens 36monatigen Tätigkeit im Rettungsdienst und Krankentransport abzuschließen (§ 5).

291 Von der geplanten bundesgesetzlichen Regelung weicht die Lehrgangsregelung, abgesehen von der Ausbildungsdauer, nur in Kleinigkeiten ab. Sie ist als Minimalprogramm bis zum Erlaß einer gesetzlichen Regelung ein Schritt in die richtige Richtung und zur Erprobung des zu schaffenden Berufsbildes geeignet.[14] Notfallmediziner wie Fachleute des Rettungswesens bezweifeln, ebenso wie der Berufsverband der Rettungssanitäter, daß die 520-h-Ausbildung dem Rettungssanitäter praktisch und theoretisch das notwendige Rüstzeug zu vermitteln vermag, welches er für seine verantwortungsvolle Aufgabe benötigt.

292 Die Ergebnisse der bisherigen 520-h-Ausbildung, die auch nach 5jähriger Probephase noch nicht überall und v. a. nicht einheitlich praktiziert wird, scheinen die geäußerten Zweifel zu bestätigen.

2.4 Arbeitsrechtliche Stellung des hauptamtlichen Rettungssanitäters und Rettungshelfers

2.4.1 Der Arbeitsvertrag

293 Hauptamtliche Rettungssanitäter und Rettungshelfer stehen zur Hilfsorganisation in einem Arbeitsverhältnis. Grundlage dieses Arbeitsverhältnisses ist der zwischen der Hilfsorganisation und dem Rettungssanitäter bzw. dem Rettungshelfer geschlossene Arbeitsvertrag. In diesem gegenseitigen Vertrag verpflichten sich Rettungssanitäter und Rettungshelfer zur Erbringung ihrer Arbeitsleistung, die Hilfsorganisation zur Zahlung der vereinbarten Vergütung.

294 Die Hilfsorganisationen als rechtsfähige Vereine verlangen von ihren hauptamtlichen Rettungssanitätern und Rettungshelfern zumeist, daß diese mit Abschluß des Arbeitsvertrages auch Mitglied des Vereines werden. Arbeitsrechtliche Auswirkung hat diese Mitgliedschaft zunächst nicht. Aus der Mitgliedschaft ergeben sich be-

13 Runderlaß des Niedersächsischen Sozialministers v. 16. 11. 1978 Nds. MBl. 55/1978, S. 2056. Vgl. hierzu auch die bay. VO über die Tätigkeit als Rettungssanitäter v. 26. Okt. 1978 (GVBl. S. 780)

14 So der Bundesminister für Jugend, Familie und Gesundheit im Schreiben vom 2. Okt. 1981 an den Berufsverband der Rettungssanitäter

stenfalls zusätzliche Rechte und Pflichten oder ihre Konkretisierung. Soll der Rettungssanitäter bzw. der Rettungshelfer dem Arbeitgeber Schäden ersetzen, die dieser aus dem Verhalten des Arbeitnehmers erlitten hat, so gelten – sofern die Vereinssatzung keine günstigeren Regelungen vorsieht – die von der Rechtsprechung aufgestellten Grundsätze einschließlich derjenigen über gefahrgeneigte Tätigkeit.[15]

295 Bei der Beendigung des Arbeitsverhältnisses, v. a. bei der außerordentlichen Kündigung, gewinnt die Verknüpfung von Arbeitsverhältnis und Mitgliedschaft an Bedeutung. Während bei der regulären Beendigung des Arbeitsverhältnisses die Vereinsmitgliedschaft regelmäßig nicht tangiert zu werden braucht, können die Gründe für die außerordentliche Kündigung des Arbeitgebers zugleich einen Grund für einen Vereinsausschluß darstellen. Die Beendigung des Arbeitsverhältnisses dürfte jedoch das satzungsmäßig vorgesehene übliche Ausschlußverfahren nicht ersetzen.

296 Aus dem Vorrang des Arbeitsverhältnisses vor der Mitgliedschaft folgt, daß für Streitigkeiten aus dem Arbeitsverhältnis das Arbeitsgericht zuständig ist.[16]

297 Der zwischen Hilfsorganisation und dem Rettungssanitäter bzw. Rettungshelfer geschlossene Arbeitsvertrag ist nach den Regeln des Dienstvertrages, § 611 ff. BGB abzuwickeln, weil sich Rettungssanitäter und Rettungshelfer zur Leistung von Diensten und nicht zur Herstellung eines Werkes verpflichtet haben.[17] Arbeitgeber des Rettungssanitäters bzw. Rettungshelfers ist regelmäßig die Hilfsorganisation als eingetragener Verein. Dies kann ein Landes-, ein Kreis- aber auch ein Ortsverband sein. Ist der Landesverband oder der Kreisverband eine juristische Person, etwa ein eingetragener Verein, so sind die rechtlich unselbständigen Untergliederungen[18] keine Arbeitgeber.

298 Bis in die jüngste Zeit hinein war umstritten, ob der Rettungssanitäter zum Kreis der Arbeiter oder der Angestellten zu rechnen ist. Arbeitsrechtlich ist die Frage weitgehend ohne Brisanz, weil die Hilfsorganisationen ihre Mitarbeiter aufgrund von Haustarifverträgen oder in Anlehnung an bestehende Tarifverträge beschäftigen, so daß der Bestandsschutz, den arbeitsrechtlich der Angestelltenstatus bezüglich des Arbeitsverhältnisses schafft, weitgehend bereits besteht.[19] Im übrigen ist jedoch bei den Rettungssanitätern, die über einen entsprechenden Ausbildungsnachweis verfügen, davon auszugehen, daß die geistige Arbeitsleistung die körperliche überwiegt, so daß sie den Angestellten zuzurechnen sind.

299 Für die Krankenversicherung, bei der die Unterscheidung allerdings von geringerer Bedeutung ist, hat das Bundessozialgericht dies bejaht.[20] Im Bereich der Rentenver-

---

15 Vgl. hierzu H.-D. Lippert, Verantwortlichkeit ... a. a. O. S. 553 ff. m. w. N.
16 Vgl. anders für die Rot-Kreuz-Schwestern BAG AP Nr. 1,5 zu § 5 ArbGG
17 So G. Schaub, a. a. O. S. 103 m. w. N.; W. Zöllner, a. a. O. S. 36 f. m. w. N.
18 Vgl. hierzu G. Schaub, a. a. O. S. 63; zum Gesamtverein: B. Reichert, F. Dannecker, C. Kühr, a. a. O. Rdn. 1264 ff. m. w. N.
19 Vgl. hierzu G. Schaub, a. a. O. S. 47 m. w. N.
20 BSG-Urteil v. 6. 12. 1978, Az. 8 RK 3/78

sicherung ist dagegen die Frage, ob der Ausbildung der Rettungssanitäter ein Berufsbild zugrunde liegt, von erheblicher Bedeutung, weil sich daran bemißt, ob der berufsunfähige Rettungssanitäter sich als Ungelernter ansehen und vermitteln lassen muß oder nicht. Die Entstehung eines eigenen Berufsbildes kann heute ernstlich nicht mehr bestritten werden. Zu weit hat sich die Tätigkeit des Rettungssanitäters von der des Krankenwagenfahrers alter Prägung und des Rettungshelfers inzwischen emanzipiert. Von den gesetzlich anerkannten Heilhilfsberufen unterscheidet sich die Tätigkeit des Rettungssanitäters nur in Inhalt und Umfang, nicht dagegen in ihrer Qualität, v.a. auch nicht in ihrer Verantwortung für den Patienten.

300 Der Arbeitsvertrag kann grundsätzlich formlos geschlossen werden. Sieht der Arbeitsvertrag oder der Tarifvertrag Schriftform vor, so gilt § 127 BGB. Danach muß der Arbeitsvertrag von beiden Parteien auf derselben Urkunde unterschrieben sein.

2.4.2 Rechtliche Grundlagen der Arbeitsbedingungen[21]

301 Grundsätzlich steht es Arbeitnehmer und Arbeitgeber frei, die Grundlagen des Arbeitsverhältnisses einzelvertraglich auszuhandeln und im Arbeitsvertrag zu fixieren (Vertragsfreiheit). In der täglichen Praxis ist dieser Fall aber die Ausnahme. Der Regelfall ist auch hier der Formularvertrag des Arbeitgebers, den der Arbeitnehmer akzeptiert. Die Vertragsfreiheit ist weiterhin eingeschränkt, sofern für den entsprechenden Bereich Tarifverträge abgeschlossen worden sind, die für alle Arbeitsverhältnisse bindend sein sollen und von denen nur zugunsten des Arbeitnehmers abgewichen werden kann. Auch Betriebsvereinbarungen können einzelvertragliche Regelungen zwischen Arbeitgeber und Arbeitnehmer überlagern.

302 Vereinbaren Hilfsorganisationen, obgleich nicht tarifvertragsgebunden, in ihren Arbeitsverträgen die Geltung eines für einen anderen Bereich geltenden Tarifvertrages, so ist der Arbeitgeber hierdurch und durch den Gleichbehandlungsgrundsatz gebunden und muß die Bedingungen des Tarifvertrages seinen sämtlichen Arbeitsverträgen zugrunde legen.

303 Mit dem Arbeitsvertrag wird regelmäßig nur die Arbeitsverpflichtung des Arbeitnehmers festgelegt. Dagegen bleiben die Einzelheiten der vom Arbeitnehmer zu erbringenden Arbeitsleistung ungeregelt. Dem Arbeitgeber steht zur näheren Ausformung der Arbeitspflicht das Direktionsrecht zu. Er hat die Arbeitsleistung nach Art, Ort und Zeit zu bestimmen. Er kann arbeitsbestimmende Weisungen erteilen, durch die die Arbeit und ihre Methodik geregelt wird. Mit arbeitsbegleitenden Weisungen trifft er Verhaltensregelungen für die Durchführung der Arbeit. Die Befugnisse des Arbeitgebers bei der Ausübung des Direktionsrechtes sind auf das dienstliche Verhalten des Arbeitnehmers im Betrieb und gegenüber seinen Arbeitskollegen beschränkt.[22]

---

21 Vgl. hierzu G. Schaub, a.a.O. S. 105 ff. m.w.N.; W. Zöllner, a.a.O. § 6 m.w.N.
22 Vgl. hierzu G. Schaub, a.a.O. S. 110 m.w.N.; W. Zöllner, a.a.O. § 6 I, 8, § 12 III

2.4.3 Pflichten aus dem Arbeitsverhältnis

2.4.3.1 Arbeitnehmer

304 Hauptpflicht des Arbeitnehmers ist die Arbeitspflicht. Er hat die Arbeitsleistung, zu der er sich verpflichtet hat, in Person zu leisten. Kommt er nicht selbst der Arbeitspflicht nach, gerät er mit der Arbeitsleistung in Leistungsverzug. Im Falle der Leistungsverhinderung braucht der Arbeitnehmer regelmäßig keinen Ersatz zu stellen.

305 Während der tariflichen oder arbeitsvertraglichen Arbeitszeit hat der Arbeitnehmer dem Arbeitgeber seine volle Arbeitskraft zur Verfügung zu stellen. In seiner Freizeit kann er einer Nebenbeschäftigung nachgehen, es sei denn, sie beeinträchtigte seine Arbeitsleistung oder ihre Übernahme wäre vertraglich zulässigerweise ausgeschlossen.[23]

306 Bietet der Arbeitnehmer dem Arbeitgeber seine Arbeitsleistung an und nimmt dieser sie nicht an oder unterläßt die erforderlichen Mitwirkungshandlungen, so daß der Arbeitnehmer sie nicht erbringen kann, so kommt der Arbeitgeber in Annahmeverzug. Dem Arbeitnehmer wird seine Leistung wegen ihres Fixschuldcharakters nach Ablauf der Arbeitszeit unmöglich. Er wird daher von seiner Arbeitspflicht frei, ohne nacharbeiten zu müssen. Der Arbeitgeber muß die Arbeitsleistung vergüten, ohne sie zu erhalten.

307 Wird dem Arbeitnehmer die Arbeitsleistung schlechthin unmöglich, so wird er von der Arbeitsverpflichtung frei. Das Arbeitsverhältnis kann dann durch außerordentliche Kündigung beendet werden. Leistet der Arbeitnehmer schuldhaft ohne rechtfertigenden Grund die Arbeit nicht, so gerät er in Schuldnerverzug. Der Arbeitgeber kann auf Erfüllung des Arbeitsvertrages klagen, die nicht geleistete Arbeit braucht er jedoch nicht zu vergüten. Der Arbeitgeber kann aus diesem Anlaß innerhalb von 2 Wochen die außerordentliche Kündigung aussprechen.

308 Erbringt der Arbeitnehmer eine mangelhafte Arbeitsleistung, so kann der Arbeitgeber den Lohn mindern, u. U. Schadenersatz wegen Schlechterfüllung verlangen oder auch die außerordentliche Kündigung aussprechen.

2.4.3.2 Arbeitgeber

309 Hauptpflicht des Arbeitgebers ist es, die vereinbarte Vergütung zu bezahlen. Wird die Zahlung von Zuschlägen, Mehrarbeits- und Überstundenvergütung vertraglich zugesichert, so sind diese Zuschläge nach Anfall beim Vorliegen der gesetzlichen oder vertraglichen Voraussetzungen zu zahlen.

310 Gewährt der Arbeitgeber aus bestimmten Anlässen (Weihnachten, Urlaub, etc.) neben der Arbeitsvergütung Sonderzuwendungen, so sind diese Anerkennung für geleistete Dienste und Anreiz für weitere Dienstleistungen. Auf ihre Zahlung besteht ohne besondere Rechtsgrundlage kein Rechtsanspruch.[24]

---

23 Vgl. G. Schaub, a. a. O. S. 188 m. w. N.
24 So G. Schaub, a. a. O. S. 358 f. m. w. N.

Ihre Rückzahlung für den Fall des alsbaldigen Ausscheidens wird üblicherweise vereinbart, ohne daß hierin eine unzulässige Beeinträchtigung des Kündigungsrechtes des Arbeitnehmers gesehen werden könnte.[25]

311 Wird der Arbeitnehmer arbeitsunfähig krank, so wird er von seiner Verpflichtung zur Arbeitsleistung frei. Nach den Regeln des gegenseitigen Vertrages müßte er seinen Anspruch auf die Vergütung verlieren (es sei denn, der Arbeitgeber hätte die Krankheit verschuldet). Da das Arbeitsverhältnis als personenrechtliches Gemeinschaftsverhältnis verstanden wird, aus dem Treue- und Fürsorgepflichten folgen, bleibt der Arbeitgeber im Krankheitsfall zur Vergütungsfortzahlung verpflichtet. Das Lohnfortzahlungsgesetz[26] gilt nur für Arbeiter. Für Angestellte folgt der Anspruch aus § 616 BGB.[27]

312 Der Anspruch auf Krankenvergütung besteht dann nicht, wenn die Krankheit vom Arbeitnehmer verschuldet ist, z. B. durch einen Unfall mit grobem Verstoß gegen Verkehrsregeln oder Trunkenheit, durch Betriebsunfälle infolge groben Verstoßes gegen Sicherheitsvorschriften.[28]

2.4.4 Beendigung des Arbeitsverhältnisses

313 Ein unbefristet geschlossenes Arbeitsverhältnis kann durch Kündigung, aber auch durch Abschluß eines Aufhebungsvertrages und durch den Tod des Arbeitnehmers beendet werden.[29] Durch Aufhebungsvertrag kann von den tarifvertraglich oder einzelvertraglich vereinbarten Kündigungsfristen abgewichen werden.

314 Die Kündigung beendet das Arbeitsverhältnis für die Zukunft, wobei zumeist Kündigungsfristen einzuhalten sind. Grundsätzlich haben beide Vertragspartner das Recht zur Kündigung. Dieses kann durch allgemeine Kündigungsvorschriften, wie sie im Kündigungsschutzgesetz verankert sind, oder durch besondere Kündigungsschutzvorschriften eingeschränkt sein, etwa durch das Zustimmungserfordernis bei schwerbehinderten Arbeitnehmern, Betriebsratsmitgliedern, bei Schwangerschaft u. ä.

315 Eine „Rücknahme" der Kündigung läßt das alte Arbeitsverhältnis nicht wieder aufleben. Es ist durch die Kündigung endgültig beendet. Die Rücknahmeerklärung ist daher als Angebot auf Abschluß eines neuen Arbeitsvertrages zu werten. Das alte Arbeitsverhältnis kann dadurch je nach Sachlage zu den alten Bedingungen neu begründet werden.[30]
Vor jeder Kündigung (ordentlichen, außerordentlichen und Änderungskündigung) hat der Arbeitgeber, sofern ein Betriebsrat gebildet ist, diesen anzuhören. Eine ohne

25 So G. Schaub, a. a. O. S. 364 m. w. N.
26 Gesetz v. 27. 7. 1969 (BGBl. I S. 946)
27 Vgl. hierzu die weiteren Anspruchsgrundlagen bei G. Schaub, a. a. O. S. 515 f. m. w. N.
28 Vgl. G. Schaub, a. a. O. S. 520 f. m. w. N.; vgl. zur Krankenversicherung des Rettungssanitäters: H.-D. Lippert, Die Krankenversicherung ... a. a. O. S. 480 f. m. w. N.
29 Vgl. zur Systematik: W. Zöllner, a. a. O. S. 175 ff.; G. Schaub, a. a. O. §§ 121 ff. m. w. N.
30 Vgl. G. Schaub, a. a. O. § 123 II, 4 m. w. N. aus der Rechtsprechung

Anhörung oder hinreichende Information des Betriebsrates ausgesprochene Kündigung ist unwirksam.

316 Setzt sich der Arbeitnehmer gegen die ordentliche Kündigung zur Wehr, weil er sie aus Gründen des Kündigungsschutzes für unwirksam hält, so muß er nach dem Kündigungsschutzgesetz binnen 3 Wochen Klage erheben, §§ 4, 5 KSchG. Versäumt der Arbeitnehmer die Klagefrist und wird diese Klage nicht nachträglich zugelassen, weil er an der Klageerhebung gehindert war, so wird die Kündigung voll wirksam, §§ 5, 7 KSchG.

317 Die außerordentliche Kündigung ist bei befristeten und unbefristeten Arbeitsverhältnissen zulässig. Sie bedarf grundsätzlich keiner Frist. Sie ist jedoch für beide Vertragsteile nur zulässig, wenn ein wichtiger Grund vorliegt.

318 Wichtig ist ein Grund dann, wenn dem Kündigenden die Fortsetzung des Arbeitsverhältnisses bis zum Ablauf der Kündigungsfrist nicht zugemutet werden kann.[31] Dies kann etwa bei dauernder (abgemahnter) Schlechtleistung des Arbeitnehmers, Tätlichkeiten gegen den Arbeitgeber und Kollegen oder Beleidigung des Arbeitgebers und Kollegen, Verdacht strafbarer Handlungen sowie nachhaltiger Störung des Betriebsfriedens u. a. der Fall sein.
Das Recht zur außerordentlichen Kündigung erlischt, sofern es nicht binnen 2 Wochen seit Erlangung der Kenntnis von den für die Kündigung maßgeblichen Tatsachen ausgeübt wird. Im Kündigungsschreiben müssen die Kündigungsgründe nicht mitgeteilt werden, der Arbeitnehmer hat aber einen Anspruch darauf, daß sie ihm mündlich oder schriftlich auf Verlangen mitgeteilt werden.

319 Obgleich das Kündigungsschutzgesetz davon ausgeht, eine berechtigte außerordentliche Kündigung könne niemals sozialwidrig sein, räumt es in § 13 Abs. 1 Satz 2 KSchG dem Arbeitnehmer das Recht ein, ebenfalls Kündigungsschutzklage zu erheben.

320 Wird dem Arbeitnehmer außerordentlich gekündigt und zugleich die Weiterarbeit untersagt, so muß er zur Sicherung seines Lohnanspruches dem Arbeitgeber seine Arbeitsleistung tatsächlich anbieten. Nur auf diese Weise setzt er den Arbeitgeber, der die angebotene Arbeitsleistung im Regelfall ablehnen wird, in Annahmeverzug, sofern sich erweist, daß die Kündigung unwirksam ist.

2.5 Rechtsstellung beamteter Rettungssanitäter

321 Werden die Feuerwehren aufgrund ihres gesetzlichen Auftrages im Rettungsdienst tätig, so setzen sie im Regelfall beamtete Feuerwehrleute mit der Ausbildung eines Rettungssanitäters ein. Diesen kann nach den jeweiligen landesrechtlichen Beamtengesetzen jede Tätigkeit übertragen werden, die ihrer Laufbahn, Vorbildung und

31 Vgl. W. Zöllner, a. a. O. S. 185 f.; G. Schaub, a. a. O. § 125; zu den wichtigen Gründen insbesondere § 125 VII m. w. N.

Befähigung entspricht. Dies gilt auch für die Übertragung von Spezialaufgaben innerhalb des ausgeübten Tätigkeitsgebietes.

322 Die Teilnahme am Rettungsdienst kann Beamten der Feuerwehr durch Einzelanweisung zur Dienstaufgabe gemacht werden, wenn die Feuerwehr auch ohne konkreten gesetzlichen Auftrag an der Durchführung des Rettungsdienstes teilnimmt.
Der Dienstherr kann seinen Beamten die damit verbundenen zusätzlichen Dienstaufgaben allerdings nur in den Grenzen der Zumutbarkeit übertragen. Führt diese Übertragung zu einer Überbelastung oder gar Überforderung des eingesetzten Personals, so verstößt der Dienstherr mit der Übertragung dieser Aufgaben gegen seine Fürsorgepflicht.[32]

2.6 Rechtsstellung ehrenamtlicher Rettungshelfer

323 Die bisherigen Ausführungen zum Hilfspersonal bezogen sich auf hauptamtlich tätige Rettungshelfer. In den Hilfsorganisationen sind jedoch auch in großem Umfang ehrenamtliche Rettungshelfer tätig, die vorzugsweise am Wochenende zum Einsatz kommen.

324 Der ehrenamtliche Rettungshelfer tritt (wie der ehrenamtliche Rettungssanitäter, auf dessen Rechtsstellung sogleich eingegangen wird) zur Hilfsorganisation weder in ein Arbeitsverhältnis noch in ein arbeitnehmerähnliches Verhältnis. Seine Rechte v. a. aber seine Pflichten ergeben sich aus der Vereinssatzung und seinem mitgliedschaftlichen Verhältnis zur Hilfsorganisation.[33] Seine mitgliedschaftliche Stellung verpflichtet ihn zur Teilnahme am Dienst, an der Fortbildung, zum Tragen der vorgeschriebenen Dienstkleidung, zur Beachtung der Dienstanweisungen und der Dienstordnungen, der Dienstpläne sowie der Einzelweisungen der für den Einsatz verantwortlichen Vereinsmitglieder.

325 Eine geringe Einsatzfrequenz der ehrenamtlichen Rettungshelfer führt dazu, daß diese hauptamtlichen bei gleichem Ausbildungsstandard in der Praxis unterlegen sind. Die Anforderungen, die heute im Rettungsdienst auch an das eingesetzte Hilfspersonal gestellt werden müssen, verbieten es, danach zu differenzieren, ob der Assistent des Rettungssanitäters den Dienst als haupt- oder ehrenamtliche Kraft wahrnimmt.

326 Selbst wenn die Probleme bei den ehrenamtlichen Rettungshelfern nicht so drükkend zu sein scheinen wie bei den ehrenamtlichen Rettungssanitätern, wird man nicht umhin können, auch ihre Einsatzfähigkeit zu überdenken und für sie neue Einsatzkonzeptionen zu entwickeln. Der bisher gelegentlich übliche Einsatz von

32 So H.-J. Rieger, a. a. O. S. 2535; ders., a. a. O. S. 1409 für beamtete Krankenhausärzte
33 Wie hier BAG AP Nr. 1,5 zu § 5 ArbGG (für Rot-Kreuz-Schwestern); H.-D. Lippert, Die Verantwortlichkeit ... a. a. O. S. 553

Rettungshelfern als Ersatz für fehlende Rettungssanitäter kann aus haftungsrechtlichen Gründen nicht mehr hingenommen werden.

2.7 Rechtsstellung ehrenamtlicher Rettungssanitäter

327 Gravierender als bei den ehrenamtlichen Rettungshelfern sind die Probleme bei den ehrenamtlichen Rettungssanitätern. Wer für ihren Einsatz verantwortlich ist, muß darauf achten, daß sie ihre Leistungen mit denselben Kenntnissen und derselben Sorgfalt erbringen, wie die hauptamtlichen.

328 Der unterschiedliche Status darf zu keiner „Klasseneinteilung" und zu keinem „Abschlag" im Bereich des anzuwendenden Leistungsstandards führen.

329 An dieser unabdingbaren Forderung zeichnet sich ein grundsätzliches Problem für den Einsatz ehrenamtlicher Rettungssanitäter überhaupt ab. Die Forderung nach einem potenten Rettungsdienst hat zur Entwicklung des Berufsbildes eines Rettungssanitäters geführt, der eine qualifizierte Spezialausbildung von erheblicher fachlicher Bandbreite zu absolvieren hat. Ebenso wichtig wie diese Basisausbildung ist für ihren Erhalt die tägliche Praxis, verbunden mit einer koordinierten permanenten Fortbildung. Die Kurse zur Ausbildung des ehrenamtlichen Rettungssanitäters – im Blocksystem organisiert und abgehalten – ermöglichen eine Ausbildung neben einem Hauptberuf. Der nebenamtliche Einsatz, v.a. an Wochenenden und Feiertagen, vermittelt aber keine ausreichende Routine. Das Ergebnis ist ein Rettungssanitäter, der zwar theoretisch über das erforderliche Wissen verfügt, dem aber die Praxis fehlt. Mit diesem Problem ist im übrigen auch das hauptamtliche Personal kleiner Rettungswachen mit unspezifischem und geringem Einsatzaufkommen konfrontiert.

330 Der Zwang zur immer qualifizierteren Ausbildung des Rettungssanitäters wird so leider die Konsequenz haben, daß der ehrenamtliche Rettungssanitäter den erforderlichen Standard nicht mehr wird erreichen und halten können. Er wird von seinen hauptamtlichen Kollegen verdrängt werden und nur noch ausnahmsweise im Rettungsdienst zum Einsatz kommen. Das Ausscheiden der ehrenamtlich tätigen Mitglieder der Hilfsorganisationen bedeutet zugleich einen Schritt in Richtung eines staatlichen oder unter staatlicher Regie stehenden und wohl kaum billigeren Rettungsdienstes, wie bereits vorhandene Beispiele zeigen.

331 Wollen die Hilfsorganisationen aber auch in Zukunft nicht auf die Mitwirkung qualifizierter, ehrenamtlicher Rettungssanitäter verzichten, so werden sie nicht umhin können, einschneidende Änderungen in ihrem Aus-, Fort- und Weiterbildungssystem vorzunehmen. Eine Absenkung unter den Qualifikationsstandard wie ihn die 520-h-Ausbildung vorsieht, sollte sich im Hinblick auf die jahrelang von den Hilfsorganisationen in der Bevölkerung genährte Auffassung von der Leistungsfähigkeit des Rettungsdienstes von selbst verbieten.

2.8 Aufgabenteilung und Zusammenwirken zwischen Notarzt und Rettungsdienst

332 Notarzt, Rettungssanitäter und sonstiges am Einsatz im Notfall beteiligtes nichtärztliches Personal bilden bei Behandlung und Transport des Notfallpatienten ein Team. Dabei spielt es im Prinzip keine Rolle, wie das Personal des Rettungs- und Notarztdienstes eingesetzt wird. Spätestens am Notfallort wird das Team gebildet. Nach der Konzeption, die dem Berufsbild des Rettungssanitäters nach dem Willen des nicht zustandegekommenen Gesetzes hätte zugrunde liegen sollen, ist der Rettungssanitäter qualifizierter Assistent und Helfer des Arztes.

2.8.1 Delegation ärztlicher Aufgaben auf Rettungssanitäter und Hilfspersonal

333 Das Zusammenwirken von Notarzt und Rettungssanitäter führt dazu, daß der Rettungssanitäter nicht nur Aufgaben zu erfüllen hat, die zu seinem ureigensten Tätigkeitsbereich, nämlich der Lagerung und der Erstbehandlung des Notfallpatienten, gehören. Es entspricht einem Bedürfnis der modernen Medizin allgemein, die Durchführung einer Reihe von Verrichtungen, die früher weitgehend dem Arzt vorbehalten war[34] und mangels ausgebildeten Personals, welches diese Aufgabe hätte übernehmen können, vorbehalten bleiben mußten, in zunehmendem Maße auf speziell aus- bzw. weitergebildetes nichtärztliches Personal zu übertragen. Im Krankenhaus gehören zu diesen Verrichtungen z. B. die individuelle und apparative Überwachung von vitalbedrohten Schwerstkranken und Beatmungspatienten sowie andere Maßnahmen der erweiterten Behandlungspflege in der Intensivtherapie.

334 In der Intensivtherapie wie im Rettungsdienst kommt die Applikation von Medikamenten aufgrund ärztlicher Anordnung durch subkutane, intramuskuläre und intravenöse Injektion, die intravenöse Infusion und die Blutentnahme aus der Vene hinzu.

335 Prinzipiell dem Arzt vorbehalten bleiben dagegen sämtliche diagnostischen und therapeutischen Entscheidungen.[35] Übertragen werden darf nur die Durchführung ärztlich angeordneter Maßnahmen. Die Durchführung der genannten Maßnahmen bleibt jedoch Aufgabe des Arztes, wenn sie wegen ihrer technischen Schwierigkeiten oder ihres Risikos für den Notfallpatienten theoretisches ärztliches Wissen und praktische ärztliche Erfahrung erfordern.

336 Für das Zusammenwirken des Notarztes und des Rettungssanitäters läßt sich sagen, daß der gut ausgebildete Rettungssanitäter seiner Qualifikation und Stellung nach dem medizinischen Assistenzpersonal zugerechnet werden kann.[36] Delegiert

---

34 Vgl. hierzu H. W. Opderbecke, W. Weissauer, Abgrenzung ... a. a. O. S. 94 ff.; diess. a. a. O. S. 216; H.-D. Lippert, Rechtsprobleme a. a. O. S. 2091 m. w. N.

35 Vgl. hierzu die Stellungnahme der DKG zur Durchführung von Injektionen, Infusionen und Blutentnahmen durch das Krankenpflegepersonal, die für den vorliegenden Bereich ebenfalls Aussagekraft besitzt

36 So auch Stosseck, a. a. O. S. 320; H. W. Opderbecke, W. Weissauer, Durchführung ... a. a. O. S. 287 m. w. N.

der Notarzt die Durchführung ärztlicher Maßnahmen der eben skizzierten Art auf den Rettungssanitäter, so trifft den Arzt die Anordnungsverantwortung und zugleich die Pflicht, die Ausführung in geeigneter Weise zu überwachen, den Rettungssanitäter dagegen die Durchführungsverantwortung.[37]

337 Grenzt man die Kompetenzen zwischen Notarzt und Rettungssanitäter in der medizinischen Zusammenarbeit in dieser klaren Weise ab, so ergeben sich keine Probleme hinsichtlich des Heilpraktikergesetzes.[38] Für die Abgrenzung von ärztlichen und nichtärztlichen Tätigkeiten ist es schon deshalb untauglich, weil es außer dem Begriff „Ausübung der Heilkunde" keine Kriterien für die Aufgabenteilung enthält. Für medizinische Assistenzberufe ist es nicht einschlägig, weil Assistenten des Arztes eben gerade keine Heilkunde ausüben, wenn sie auf Anweisung des Arztes und unter seiner Aufsicht tätig werden. Handelt der Rettungssanitäter im Notfall in Ausübung seiner Notkompetenz (zu ihrem Inhalt und Umfang s.u.), also ausnahmsweise selbständig und in voller Eigenverantwortung, so erfüllt er damit eine ihm gesetzlich auferlegte Pflicht, die dem Verbot des Heilpraktikergesetzes Heilkunde auszuüben vorgeht.[39]

338 Sinn und Zweck des Heilpraktikergesetzes ist es, Personen von der Krankenbehandlung fernzuhalten, die – weil sie nicht über die erforderliche Sachkunde verfügen – eine Gefährdung der Gesundheit der Allgemeinheit herbeiführen können.[40] Der Einsatz des Rettungssanitäters dient aber auf der Basis einer planmäßigen Ausbildung und im Rahmen eines staatlich organisierten Rettungswesens gerade der Wahrnehmung spezifischer Funktionen innerhalb des Gesundheitswesens. Die restriktive Argumentation aus dem Heilpraktikergesetz ist deshalb von vornherein schief.

2.8.2 Umfang des ärztlichen Weisungsrechts gegenüber nichtärztlichem Personal

339 Notarzt- und Rettungsdienst werden in der Praxis überwiegend getrennt organisiert. Dies gilt regelmäßig auch dann, wenn etwa Träger von Feuerwehr und Krankenhaus die selbe Gebietskörperschaft ist.

2.8.2.1 Getrennte Träger

340 Die Notärzte treten zur jeweiligen Hilfsorganisation, die den Rettungsdienst durchführt, in keine unmittelbaren rechtlichen Beziehungen.[41] Arbeitsrechtliche Weisungen können dem Rettungssanitäter bzw. dem Fahrer des Rettungswagens nur von der jeweiligen Hilfsorganisation, in deren Dienst er steht, dem Notarzt, der als Krankenhausarzt im Rahmen seiner Dienstaufgaben handelt, regelmäßig nur vom

37 Vgl. Stellungnahme der DKG zur Durchführung von Injektionen, Infusionen und Blutentnahmen durch das Krankenpflegepersonal

38 Gesetz vom 17.2.1939 (RGBl. I. S. 251), welches als Bundesrecht fortgilt. So neuestes H. Roth in: B. Gorgaß, F. W. Ahnefeld, a. a. O. S. 23

39 So auch P. Bockelmann, S. 1146; H.-D. Lippert, in: Handbuch S. 14. m. w. N.

40 So auch P. Bockelmann, a. a. O. S. 12; ders. Das Ende ... S. 1146

41 So schon W. Weissauer, H.-D. Lippert in: P. Sefrin ... a. a. O. S. 16f.

Krankenhausträger erteilt werden. Die Leitstelle ist auch dem Personal der Hilfsorganisation gegenüber nur zu Anweisungen berechtigt, die die Übernahme, die Logistik und die Koordination des Rettungseinsatzes betreffen.

341 Soll dem im Notarzteinsatzfahrzeug oder im Rettungswagen mitfahrenden Notarzt ein arbeitsrechtliches Weisungsrecht gegenüber nichtärztlichem Personal eingeräumt werden, so bedarf es dazu einer Kooperationsvereinbarung zwischen den Trägern des Notarzt- und des Rettungsdienstes.

342 Weisungen[42] des Notarztes gegenüber nichtärztlichem, in Diensten der Hilfsorganisation stehendem Personal sind unproblematisch nur dort, wo es sich um medizinische Anweisungen handelt, obwohl auch derartige Anweisungen des Arztes eine arbeitsrechtliche Komponente enthalten. Es wird davon auszugehen sein, daß die den Rettungsdienst durchführende Hilfsorganisation ihre Mitarbeiter insoweit medizinisch-fachlich dem Weisungsrecht des Notarztes unterstellt, weil dies unerläßliche Voraussetzung jeder sinnvollen Kooperation ist.

343 Da die Beurteilung der Notfallmeldung unter medizinischen Gesichtspunkten zum weisungsfreien medizinischen Bereich des Notarztes gehört, kann dieser dem Fahrer des Einsatzfahrzeuges auch Anweisungen bezüglich seines Fahrverhaltens geben, soweit es darum geht, ob mit Sondersignal gefahren werden soll und welches Tempo erforderlich ist.[43]

344 Das soeben zum Weisungsrecht des Krankenhausarztes gesagte gilt auch, sofern sich niedergelassene Ärzte oder Ärzteteams (z. B. eingetragene Vereine, BGB-Gesellschaften) und Krankenhausärzte im Rahmen freiberuflicher Nebentätigkeit in einer Vereinbarung gegenüber der Hilfsorganisation zur Zusammenarbeit mit dem Rettungsdienst verpflichten. Dabei wird es sich in aller Regel um keine Arbeitsverträge sondern um freie Dienstverträge handeln. Die Vereinbarungen mit Ärzteteams können wechselseitige Verpflichtungen zur Erfüllung einer gemeinsamen Aufgabe und je nach der näheren Ausgestaltung des Vertragswerkes vielleicht auch den Schwesterngestellungsverträgen[44] ähnliche Rechtsverhältnisse sein.

2.8.2.2 Identität des Trägers

345 Sind Angehörige der Feuerwehr und der Notarzt Angestellte oder Beamte derselben Gebietskörperschaft, so ist arbeitsrechtlich weisungsbefugt der Leiter des Betriebszweiges der Gebietskörperschaft, also der Feuerwehr bzw. des Krankenhauses.[45] Die Leitstelle hat die Rettungseinsätze im Rahmen ihrer logistischen Steuerfunktion zu lenken und zu koordinieren. Ein darüber hinausgehendes Weisungsrecht gegenüber dem Einsatzpersonal steht der Leitstelle nicht zu.

---

42 Vgl. hierzu H.-D. Lippert, Rechtsprobleme ... a. a. O. S. 2092

43 Vgl. hierzu H.-D. Lippert, Wann mit ... a. a. O. S. 1365; ders., Rechtsprobleme ... a. a. O. S. 2092; ders., Zur Rechtsstellung ... in: Handbuch, S. 5

44 Vgl. hierzu A. Nikisch, a. a. O. S. 1 ff.; G. Trieschmann, a. a. O. S. 458 ff. jeweils m. w. N.

45 In diesem Sinne auch G. Schaub, a. a. O. § 45 IV m. w. N.

346 Der Notarzt untersteht jedoch als angestellter oder beamteter Arzt bei seinen medizinisch-fachlichen Entscheidungen nur der Weisung des mit der Leitung des Notarztdienstes beauftragten Arztes und ist andererseits gegenüber dem Rettungsdienstpersonal nur aus den bereits erwähnten zwingenden Gründen im medizinisch-fachlichen Bereich während des Einsatzes weisungsberechtigt und weisungsverpflichtet.

2.8.3 Auswahl und Überwachung des Rettungssanitäters durch den Notarzt

347 Will der Notarzt im Notfalleinsatz ärztliche Aufgaben zur Durchführung an den Rettungssanitäter delegieren, so kann er sich grundsätzlich nach dem Vertrauensgrundsatz[46] darauf verlassen, daß der eingesetzte Rettungssanitäter über die für den Einsatz erforderlichen Kenntnisse und Fähigkeiten verfügt, solange sich aus dessen Verhalten keine mangelnde Befähigung ergibt. Gleichwohl bleibt der Notarzt, der eine ärztliche Aufgabe zur Durchführung auf den Rettungssanitäter delegiert, verpflichtet, die Durchführung zu überwachen und sich von der Zuverlässigkeit des Rettungssanitäters zumindest stichprobenhaft zu überzeugen.[47]

348 Im Gegensatz zum Leiter einer Fachabteilung eines Krankenhauses oder dem Leiter eines selbständigen Aufgabenbereiches, wie des Notarztdienstes, ergeben sich jedoch aus der Struktur von Rettungs- und Notarztdienst Besonderheiten bei der Auswahl und der Überwachung des Rettungsdienstpersonals.

349 Denn anders als der Krankenhausarzt, der innerhalb des Krankenhauses bei Auswahl und Einstellung des ihm zugeteilten Personals mitwirken kann, hat der Notarzt keinerlei Einfluß auf die Auswahl des Rettungsdienstpersonals. Hierüber entscheiden die für die Gestaltung der Dienstpläne Verantwortlichen bei den Hilfsorganisationen und Feuerwehren.

350 Ist dem Notarzt im Einsatz nicht ausreichend qualifiziertes Personal beigegeben, so kann er im Einsatz hieran nichts ändern. Da der Notarzt in diesem Fall keine ärztlichen Aufgaben zur Durchführung delegieren kann, führt dies zwangsläufig dazu, daß der Notarzt weit mehr Verrichtungen selbst durchführen muß, weil er sie aus haftungsrechtlichen Gründen nicht delegieren darf.
Umgekehrt wird der Rettungssanitäter so zum Handlanger degradiert. Von arbeitsteiliger Durchführung der Notfalleinsätze kann kaum noch gesprochen werden.

2.8.4 Inhalt und Umfang der Notkompetenz des Rettungssanitäters

351 Großen Raum hat in der Vergangenheit die Diskussion um Inhalt und Umfang der Notkompetenz des Rettungssanitäters eingenommen.[48] Sie hat zu einer Klärung der

---

46 Vgl. hierzu W. Weissauer, Arbeitsteilung und Abgrenzung ... a. a. O. S. 255 sowie unten 2.8.5

47 Allgemeine Meinung. Vgl. hierzu statt aller: H. W. Opderbecke, W. Weissauer, Die Verantwortung ... a. a. O. S. 216 ff.

48 Vgl. hierzu H.-D. Lippert, Zur Notkompetenz ... a. a. O. S. 207 ff.; W. Weissauer, H.-D. Lippert, in: P. Sefrin ... a. a. O. S. 27 f. m. w. N.; H.-D. Lippert, Rechtsprobleme ... a. a. O. S. 2091 m. w. N.

Grundsatzprobleme geführt. Sehr viel schwieriger ist es, eine eindeutige und überzeugende Lösung für die konkrete Abgrenzung derjenigen Verrichtungen zu finden, die der Rettungssanitäter im Rahmen der Notkompetenz auszuführen hat. Eine generelle und abstrakte Abgrenzung scheitert bereits daran, daß es keine gesetzliche Regelung gibt, die einen einheitlichen Kenntnis- und Leistungsstandard des Rettungssanitäters gewährleistet.

352 Die Aufgaben, für die der Rettungssanitäter derzeit ohne gesetzliche Grundlage seine Ausbildung erhält, umfassen das Einleiten und Durchführen lebensrettender Maßnahmen bei der Übernahme von Notfallpatienten am Notfallort, die Beurteilung und Herstellung der Transportfähigkeit sowie die Beobachtung und Aufrechterhaltung der lebenswichtigen Funktionen des Körpers während des Transportes ins Krankenhaus. Wird der Rettungssanitäter am Notfallort als Gehilfe des Notarztes tätig, so kann ihm der Notarzt im Wege der Delegation je nach Befähigung bestimmte ärztliche Aufgaben zur Durchführung übertragen (vgl. Teil 2, Kap. 2, Abschn. 8.1).

353 Steht im Einzelfall ärztliche Hilfe nicht oder nicht rechtzeitig zur Verfügung, so muß der Rettungssanitäter die beste und wirksamste Hilfe leisten, die ihm bei seinem Ausbildungsstandard möglich ist. Er muß diejenigen Rettungsmaßnahmen einleiten und durchführen, die er beherrscht und die er in der gegebenen Situation für aussichtsreich erachtet (originäre Notkompetenz).[49] Anders als in der unmittelbaren Zusammenarbeit mit dem Notarzt muß er hier selbständig und in eigener Verantwortung diagnostische und therapeutische Entscheidungen treffen und ausführen. Dies folgt aus der allgemeinen Hilfeleistungspflicht und der gegenüber § 323 c StGB gesteigerten Pflicht zur Hilfeleistung, die sich aus der Garantenstellung[50] ergibt, die der Rettungssanitäter durch seine Einbindung in den Rettungsdienst dem Notfallpatienten gegenüber innehat. Diese Hilfeleistungen haben Vorrang vor dem Verbot des Heilpraktikergesetzes.[51]

354 Wird der Rettungssanitäter im Rahmen seiner (originären) Notkompetenz tätig und nimmt er diejenigen Maßnahmen vor, die er beherrscht, so darf er dennoch nicht wahllos Methoden und Mittel anwenden, die ihm geeignet erscheinen. Sein oberstes Ziel bei der Wahl der Methode muß es sein, jedes unnötige Risiko zu vermeiden. Nach dem Grundsatz der Verhältnismäßigkeit hat der Rettungssanitäter diejenigen Maßnahmen und diejenigen Mittel zu wählen, die zur Notfallversorgung am Notfallort und beim Transport ausreichen und die körperliche Integrität des Notfallpatienten am wenigsten beeinträchtigen.[52] Für die rechtliche Beurteilung seines Verhaltens sind der Zeitpunkt des Handelns an der Notfallstelle und die äußeren Umstände maßgebend, unter denen die Maßnahmen durchzuführen waren. Abzustellen ist also bei der forensischen Beurteilung auf die Erkenntnismöglichkeiten,

---

49 G. Hirsch, a. a. O. S. 9

50 Vgl. hierzu H.-D. Lippert, Die Garantenstellung ... a. a. O. S. 1571 m. w. N.

51 Vgl. hierzu H.-D. Lippert, Zur Notkompetenz ... S. 207 ff. m. w. N.; Zur Garantenstellung ders., a. a. O. S. 1571; Zur Garantenstellung im Katastropheneinsatz: ders., a. a. O. S. 382

52 Vgl. hierzu K. Stosseck, a. a. O. S. 320; H.-D. Lippert, Zur Notkompetenz ... a. a. O. S. 208 m. w. N.; W. Weissauer, H.-D. Lippert, in: P. Sefrin ... a. a. O. S. 27

die dem Rettungssanitäter in diesem Zeitpunkt zur Verfügung standen (Sicht ex ante).

2.8.5 Der Vertrauensgrundsatz bei der Zusammenarbeit von Rettungs- und Notarztdienst

355 Nimmt eine Mehrzahl unterschiedlicher Organisationen an der Durchführung des Rettungswesens teil, so ist es erforderlich, die gegenseitigen Rechte und Pflichten, v.a. aber die jeweils zu übernehmenden Aufgaben möglichst genau zu beschreiben und gegeneinander abzugrenzen. Dies gilt insbesondere für die Nahtstellen, an denen es durch überlappende Pflichten und Kompetenzen zu organisatorischen Fehlleistungen kommen kann, weil jeder sich auf den anderen verläßt und sich letztlich niemand für die entsprechende Aufgabe zuständig fühlt (negativer Kompetenzkonflikt). Die Kooperation muß leistungssteigernd wirken und nicht nur die Initiative für den unmittelbar eigenen Aufgabenbereich fördern, sondern auch die für die Gesamtleistung.

356 Das Zusammenwirken der unterschiedlichen Organisationen ist dabei vom Vertrauensgrundsatz[53] geprägt. Das heißt, die beteiligten Organisationen können bei Erfüllung ihrer Aufgaben davon ausgehen, daß ihre jeweiligen Partner bei der Zusammenarbeit ihre Verantwortungsbereiche ordnungsgemäß wahrnehmen, so daß eine wechselseitige Überprüfung der Leistungen jedenfalls solange nicht erforderlich ist, als Qualifikations- und Sorgfaltsmängel nicht erkennbar werden. Dies gilt auch bei der Durchführung des Rettungs- und Notarztdienstes (zur strafrechtlichen Verantwortlichkeit und Arbeitsteilung vgl. Teil 3, Kap. 1.4, zur zivilrechtlichen Haftung und dem Vertrauensgrundsatz Teil 3, Kap. 2, Abschn. 1.2.2).

---

53 Vgl. grundlegend hierzu W. Weissauer, Arbeitsteilung und Abgrenzung ... a. a. O. S. 255; ders., Die interdisziplinäre Arbeitsteilung ... a. a. O. S. 97, hierzu neuestens auch BGH, NJW 1980, 649, 650
Die ursprüngliche Beschränkung bei der Anwendung des Vertrauensgrundsatzes (vgl. hierzu Weissauer, Arbeitsteilung ... S. 249 m. w. N.) dürfte inzwischen überholt sein. Die Selbständigkeit von Notarzt- und Rettungsdienst im organisatorischen Bereich dürfte für seine Anwendung sprechen, auch wenn das Personal der den Rettungsdienst durchführenden Organisationen am Notfallort ärztlichen Weisungen unterliegt. H.-D. Lippert, Rechtsprobleme ... a. a. O. S. 2091

3 Fortbildung

357 Soll der Rettungssanitäter als Assistent des Notarztes und auf dessen Anweisung die erforderlichen Maßnahmen durchführen, so muß zu einer guten theoretischen eine ebenso gute praktische Ausbildung treten, die ihn befähigt, die erforderlichen Maßnahmen im Rahmen ärztlicher Anweisungen durchzuführen. Insbesondere angesichts der Notkompetenz, von der er Gebrauch machen muß, sofern ein Arzt nicht oder nicht rechtzeitig erreichbar ist, gewinnt darüber hinaus die Frage nach der Fortbildung der Rettungssanitäter an Bedeutung.

358 Da sowohl Einsatzdichte als auch Maßnahmenspektrum sehr unterschiedlich sein können und sehr wesentlich vom Standort einer einzelnen Rettungswache abhängen, sollten die Rettungssanitäter in regelmäßigen Abständen in unterschiedlichen Rettungswachen eingesetzt werden, um so einer Einseitigkeit durch gleichartiges Einsatzaufkommen vorzubeugen.

359 Derartige Arbeitsplatzwechsel dürften indessen nur in Ballungszentren vollziehbar sein. Die Rettungssanitäter sollten, wo eine derartige Rotation unmöglich ist, in regelmäßigen Abständen zu Ergänzungslehrgängen zusammengefaßt werden, um Maßnahmen zu üben, die zwar in der Praxis selten vorkommen, die aber wenn sie auftreten, eine volle Beherrschung des Instrumentariums erfordern. Dabei sollte in besonderem Maße auf das Einüben bestimmter, immer wiederkehrender Geschehensabläufe besonderer Wert gelegt werden. Auch die Grundkenntnisse sollten in regelmäßigen Abständen aufgefrischt werden.[1]

360 Wie die Fortbildung organisatorisch durchgeführt werden kann, ist sicherlich von Hilfsorganisation zu Hilfsorganisation unterschiedlich und von den jeweiligen betrieblichen Gegebenheiten abhängig. Eine verstärkte Kooperation der Hilfsorganisationen untereinander ist auf längere Sicht wünschenswert. In Bundesländern, die Gesetze über den Bildungsurlaub erlassen haben,[2] ist daran zu denken, Zeiten des Bildungsurlaubs zur Durchführung von Fortbildungsmaßnahmen zu verwenden und die Rettungssanitäter umschichtig an entsprechenden Maßnahmen wie z. B. Blockpraktika, Klinikpraktika teilnehmen zu lassen.

1 Einer amerikanischen Umfrage zufolge sollen selbst im Bereich der Anästhesie nur 60% des Personals, welches in lebensrettenden Sofortmaßnahmen aus-, fort- und weitergebildet war, imstande sein, eine kardiopulmonale Reanimation sachgerecht durchzuführen. Vgl. A. J. Schwartz, F. K. Orkin et al., a. a. O. S. 191–194

2 Hamburg: Gesetz vom 21. 1. 1974 (GVBl. S. 6); Hessen: Gesetz vom 24. 6. 1974 (GVBl. S. 300); Niedersachsen: Gesetz vom 5. 6. 1974 (GVBl. S. 321) i. d. F. v. 13. 12. 1974 (GVBl. S. 549)

4 Literatur

Ahnefeld, F. W., Dick, W., Mehrkens, H.-H., Spilker, E.-D.: Der Notarzt im Rettungsdienst, Notfallmedizin 8 (1982) 931, 1062.
Ahnefeld, F. W.: Die Qualifikation für den Notarztdienst, Anästh. u. Intensivmed. 23 (1982) 212.
Bockelmann, P.: Das Ende des Heilpraktikergesetzes, NJW 1965, 1145.
Gatz, K.: Die Unfallversicherung des Notarztes, Anästh. u. Intensivmed. 21 (1980) 147.
Hirsch, G.: Rechtsgrundlage bei selbständigen medizinischen Handlungen durch das Rettungsdienstpersonal, Leben retten, 1978, 1/6.
Jocks, H.: Zum Entwurf eines Gesetzes über den Beruf des Rettungssanitäters, in: Handbuch D. I. 1.2.
Lippert, H.-D.: Seit 1. Januar: Rettungsdienst ist Dienstaufgabe der angestellten Krankenhausärzte, Anästh. u. Intensivmed. 21 (1980) 122, (zit.: Seit 1. Jan.).
Lippert, H.-D.: Regelung des Rettungsdienstes im BAT, DMW 105 (1980) 432 (zit.: Regelung).
Lippert, H.-D.: Notarzt und Unfallversicherungsschutz, Notfallmedizin 6 (1980) 193.
Lippert, H.-D.: Die Verantwortlichkeit ehrenamtlicher Rettungssanitäter gegenüber den Hilfsorganisationen, Notfallmedizin 6 (1980) 553.
Lippert, H.-D.: Die Krankenversicherung des Rettungssanitäters, Notfallmedizin 7 (1981) 480.
Lippert, H.-D.: Die Rechtsstellung des Rettungssanitäters im Katastropheneinsatz u. im Einsatz mit mehreren Verletzten, Der Rettungssanitäter 1982, 381.
Lippert, H.-D.: Rechtsprobleme im Zusammenhang mit dem Berufsbild des Rettungssanitäters, in: Reanimation - Aspekte der modernen Wiederbelebung, Hrsg. P. Sefrin, 1982, 177.
Lippert, H.-D.: Wann mit Blaulicht fahren? Notfallmedizin 7 (1981) 1365.
Lippert, H.-D.: Rechtsprobleme bei der Durchführung von Rettungs- und Notarztdienst, NJW 1982, 2089.
Lippert, H.-D.: Zur Rechtsstellung des Notarztes im Rettungsdienst, in: Handbuch des Rettungswesens, B. 7.5.
Lippert, H.-D.: Zur Notkompetenz des Rettungssanitäters, Notfallmedizin 7 (1980) 207.
Lippert, H.-D.: Die Garantenstellung des Rettungssanitäters, Notfallmedizin 8 (1982) 1571.
Nikisch, A.: Zur Rechtsstellung der Rot-Kreuz-Schwestern, zugleich ein Beitrag zur Lehre vom Leiharbeitsverhältnis, Festschrift Hueck, 1959, 1.
Opderbecke, H. W., Weissauer, W.: Durchführung von Injektionen, Infusionen und Blutentnahmen durch das Pflegepersonal im Krankenhaus, Anästh. u. Intensivmed., 21 (1980) 287.
Opderbecke, H. W., Weissauer, W.: Zur Abgrenzung der Aufgaben zwischen Arzt und nichtärztlichen Mitarbeitern in der Intensivmedizin, Anästh. Inf. 15 (1974) 94.
Opderbecke, H. W., Weissauer, W.: Die Verantwortung des leitenden Anästhesisten und die Delegierung von Aufgaben an ärztliche und nichtärztliche Mitarbeiter, Anästh. Inf. 14 (1973) 216.
Präsidium des DRK: 3. Rettungskongreß, Analysen, Berichte, Ergebnisse, Schriftenreihe Nr. 51, 1974.
Präsidium des DRK: 4. Rettungskongreß, Analysen, Berichte, Ergebnisse, Schriftenreihe Nr. 55, 1978.
Rieger, H.-J.: Einsatz von Krankenhausärzten im Notarztwagen, DMW 99 (1974) 2535.
Rieger, H.-J.: Einsatz von Krankenhausärzten im Notarztwagen DMW 100 (1975) 1409.
Rupp, H. H., v. Olshausen, H.: Die verfassungsrechtliche Situation der Heilhilfsberufe, in: Mergen, A. (Hrsg.) Die juristische Problematik Bd. I S. 13 ff.
Schwartz, A. J., Orkin, F. K. et al.: Anesthesiologist's Training and Knowledge of Basic-Life-Support, Anesthesiology 50 (1979) 191.
Stosseck, K.: Ausbildung und Aufgaben des Rettungssanitäters, Anästh. u. Intensivmed. 21 (1980) 320.
Trieschmann, G.: Die Gestellungsverträge der Schwesternorganisationen, RdA 1955, 458.
Weissauer, W.: Arbeitsteilung und Abgrenzung der Verantwortung zwischen Anästhesist und Operateur, Der Anästhesist 11 (1962) 239.
Weissauer, W.: Die interdisziplinäre Arbeitsteilung und der Vertrauensgrundsatz in der Rechtsprechung des Bundesgerichtshofes, Anästh. u. Intensivmed. 21 (1980) 97.

Teil 3

Haftungsfragen

Prolog

361 Fehlleistungen einzelner, im Rettungs- und Notarztdienst eingesetzter Personen, die zu Körperschäden oder zum Tod des Notfallpatienten führen, können straf- und zivilrechtliche Sanktionen nach sich ziehen, wenn dem Handelnden ein schuldhaftes, d. h. fahrlässiges oder vorsätzliches Tun oder Unterlassen nachgewiesen werden kann. Ausnahmen hiervon gibt es bei Tatbeständen der Gefährdungshaftung, für die ohne Verschulden gehaftet wird. Auf sie wird später einzugehen sein.

362 Zivilrechtliche und strafrechtliche Sanktionen stehen nebeneinander. Eine Fehlleistung kann unter strafrechtlichen Gesichtspunkten als fahrlässige Körperverletzung oder fahrlässige Tötung, begangen durch Tun oder Unterlassen oder als unterlassene Hilfeleistung zu einer Bestrafung des Handelnden sowie unabhängig davon zu einer Verurteilung auf Ersatz des durch die Fehlleistung entstandenen Schadens und zu Schmerzensgeld führen. Die strafrechtliche wie die zivilrechtliche Verantwortung trifft sowohl ärztliches wie nichtärztliches Personal im Rettungs- und Notarztdienst. Nach dem Prinzip der Eigenverantwortung hat jeder für sein deliktisches Handeln einzustehen.

363 Bei der Abhandlung von strafrechtlicher Verantwortlichkeit und zivilrechtlicher Haftung wird entgegen ständiger Übung unter Juristen nicht immer dem gängigen Schema entsprechend (Tatbestand, Rechtswidrigkeit, Schuld) vorgegangen.

364 Dies erscheint zweckmäßig, weil so unter Verzicht auf ohnehin bekanntes (Qualifikation des ärztlichen Heileingriffs nach h. M. als Körperverletzung bzw. fahrlässige Tötung) die eigentlichen Probleme in den Vordergrund treten. Diese sind (abgesehen von der Garantenstellung beim unechten Unterlassungsdelikt, die zum Tatbestand gerechnet wird) im Strafrecht und der deliktischen wie vertraglichen Haftung, wie zu zeigen sein wird, im Bereich des Verschuldens angesiedelt.

1 Die strafrechtliche Verantwortlichkeit[1]

1.1 Unterlassene Hilfeleistung

365 Geht es um die Unterlassung der gebotenen Hilfeleistung, so ist zwischen spontaner und organisierter Hilfeleistung zu unterscheiden sowie zwischen Personen, die eine Garantenstellung gegenüber dem Notfallpatienten haben (vgl. Teil 3, Kap. 1, Abschn. 2) und anderen Personen.

366 Wer sich im Unglücksfall vorsätzlich der Hilfeleistung entzieht und nicht im Rahmen des Zumutbaren und Erforderlichen, die nach seinen Fähigkeiten beste, die wirksamste Hilfe leistet oder sie nicht sofort leistet, macht sich nach § 323 c StGB einer unterlassenen Hilfeleistung schuldig. Diese Verpflichtung zur Hilfeleistung gilt für jedermann.

367 Die Hilfeleistungspflicht besteht auch dann, wenn der Arzt zwar den Tod nicht mehr abwenden, aber die Schmerzen des Notfallpatienten lindern kann.[2]

368 Zur Hilfeleistung ist zwar jeder nach Maßgabe seiner individuellen Fähigkeiten verpflichtet. Potente Hilfe kann bei medizinischen Notfällen aber oft nur der Arzt leisten.

369 Dem Ruf zu einem Notfall muß der Arzt im Rahmen der spontanen Hilfeleistungspflicht folgen, wenn er schneller und wirksamer helfen kann als andere am Notfallort Anwesende.[3]

370 Die Pflicht zur spontanen Hilfeleistung besteht für den Arzt auch dann, wenn er zwar zur Erfüllung einer anderen Aufgabe unterwegs ist, die spontane Hilfeleistung aber erbringen kann, ohne eine andere Pflicht zu verletzen, oder wenn er im Rahmen einer Pflichtenabwägung die Hilfe am Notfallort der anderen Verpflichtung vorzieht.

371 Für die Beurteilung der Frage, ob der Arzt schneller und wirksamer helfen kann und ob ihm die Hilfeleistung zuzumuten ist, kommt es auf den Zeitpunkt des an ihn ergehenden Notrufes an. Stellt sich nachträglich heraus, daß er durch seine Hilfe

1 Vgl. hierzu schon W. Weissauer, H.-D. Lippert in: P. Sefrin ... a. a. O. S. 22 f. m. w. N.; vgl. hierzu K. Ulsenheimer ... a. a. O. S. 41 ff.
2 BGHSt 14, 213; vgl. zum ganzen: A. Schönke, H. Schröder, P. Cramer, a. a. O. § 330 c Rdn. 10 ff. m. w. N.
3 BGHSt 2, 69; 21, 50; vgl. hierzu auch P. Bockelmann, a. a. O. S. 19, 21, m. w. N.

zwar letztlich den Tod des Patienten nicht hätte verhindern können, war die Hilfeleistung jedoch nicht von vorneherein erkennbar ohne jegliche Aussicht auf Erfolg, so kann gleichwohl eine Strafbarkeit nach § 323 c StGB in Betracht kommen. Nach § 323 c StGB wird nämlich anders als beim unechten Unterlassungsdelikt, bei dem der Erfolg eintreten muß, nur das Untätigbleiben bestraft.

372 Wird ein Arzt (auch ein Notarzt) zu einem Notfallpatienten gerufen, der keine Lebenszeichen mehr erkennen läßt, so muß der Arzt in bestimmten Fällen damit rechnen, daß der Patient nicht tot ist, sondern einen Atem- bzw. Kreislaufstillstand erlitten haben könnte, der durch sofortige Wiederbelebungsmaßnahmen rückgängig zu machen ist. Derartige Wiederbelebungsmaßnahmen sind beim Notfallpatienten erforderlich im Sinne von § 323 c StGB, solange der Zeitraum für eine erfolgreiche Reanimation ohne irreversible Schädigung des Hirns nicht verstrichen ist.[4] Ist der Eintritt des Atem-Kreislaufstillstandes nicht genau zu bestimmen, so darf sich der hilfeleistende Arzt nicht mit dem Mindestzeitraum zur Reanimation zufrieden geben.

373 Der Vorwurf, die Hilfeleistungspflicht nach § 323 c StGB verletzt zu haben, trifft den Arzt nicht, der im Rahmen der spontanen Hilfeleistung eine objektiv gebotene Maßnahme der notfallmedizinischen Versorgung, also etwa die Methode der künstlichen Beatmung mit Intubation, nicht beherrscht oder dem die dazu erforderlichen Hilfsmittel am Notfallort nicht zur Verfügung stehen. Berufsrechtlich kann ihn freilich der Vorwurf treffen, seiner Fortbildungspflicht nicht nachgekommen zu sein. Die Sanktionen liegen insoweit aber im Bereich der Berufsaufsicht und der Berufsgerichtsbarkeit sowie des Kassenarztrechtes. Sie sind also nicht strafrechtlicher Natur.

374 Die Hilfeleistungspflicht nach § 323 c StGB gilt für alle Ärzte, also z. B. auch für den Notarzt, der sich nicht im Dienst befindet, aber an einen Notfallort gerufen wird oder zufällig dorthin gelangt.

1.2 Verantwortlichkeit für Unterlassen aus der Garantenstellung[5]

375 In § 323 c StGB ist das Unterlassen der Hilfeleistung als solches tatbestandliche Voraussetzung für die Strafbarkeit (echtes Unterlassungsdelikt). Im Normalfall bedrohen dagegen Strafnormen ein aktives Tun, welches zu einer Verletzung geschützter Rechtsgüter führt mit Strafe (Begehungsdelikt).

376 Auf die dogmatischen Streitfragen, die sich beim unechten Unterlassungsdelikt am

4 Vgl. zur Erforderlichkeit: A. Schönke, H. Schröder, P. Cramer, a. a. O. § 330 c Rdn. 15 ff. m. w. N.; neuestens M. Kleiber, a. a. O. S. 350; wie hier bereits H.-D. Lippert, Juristische Aspekte ... a. a. O. in: P. Sefrin, S. 107; ders., Wie lange ... a. a. O. S. 998

5 Vgl. zur ärztlichen Hilfeleistungspflicht und zur Garantenstellung: P. Bockelmann, a. a. O. S. 19 f.; A. Laufs, a. a. O. Rdn. 38 ff. m. w. N.

Unterlassen als zweiter Form menschlichen Handelns entzündet haben,[6] braucht nicht eingegangen zu werden. Es bleibt festzuhalten, daß der Tatbestand eines Begehungsdeliktes regelmäßig auch durch Unterlassen erfüllt werden kann (so nunmehr ausdrücklich § 13 StGB). Nicht jedes Unterlassen ist jedoch für sich gesehen strafbar, selbst wenn es zu einem vor der Rechtsordnung mißbilligten Erfolg führt.

377 Ein Unterlassen kann erst dann einem aktiven Handeln gleichgestellt werden, wenn den Unterlassenden rechtlich die Pflicht trifft, dafür zu sorgen, daß der Erfolg nicht eintritt. Eine solche Pflicht kann sich aus einer „Garantenstellung" für das zu schützende Rechtsgut ergeben. Sie kann auf Gesetz, Vertrag, Übernahme einer Aufgabe, aus enger Familien-, Lebens- oder Gefahrgemeinschaft oder aus gefahrbegründetem, vorangegangenem Tun beruhen.[7]

378 Übernimmt ein Arzt freiwillig oder aufgrund dienstvertraglicher Aufgabenzuweisung den Notarztdienst, so ergibt sich für ihn hieraus eine Garantenstellung. Sie verpflichtet ihn, den Notarztdienst im übernommenen Umfang abzuleisten, also im Rahmen des Einsatzplanes zur Verfügung zu stehen und im Verhinderungsfall für einen Ersatz zu sorgen. Der den Notarztdienst Organisierende kann sich auf die Erfüllung dieser Verpflichtung verlassen. Er wird regelmäßig keine Vorkehrungen treffen müssen, etwa einen anderen Notarzt zum Dienst heranzuziehen.[8]

379 Der zum Dienst eingeteilte Notarzt, der einem Einsatzauftrag nicht folgt oder sich zwar an den Notfallort begibt, dort aber nicht die ihm nach den Umständen mögliche und zumutbare Hilfe leistet, erfüllt den Tatbestand eines Körperverletzungs- oder Tötungsdeliktes in der Form des (unechten) Unterlassens, wenn er durch seine medizinische Hilfe einen Körperschaden oder den Tod des Patienten hätte abwenden können.

380 Anders als bei der unterlassenen Hilfeleistung nach § 323 c StGB muß hier der Beweis geführt werden, daß das Unterlassen für den eingetretenen Erfolg (d. h. für den Tod oder Körperschaden) ursächlich gewesen ist. Die Ursächlichkeit wird bejaht, wenn die Handlung, deren Unterlassen dem Arzt zum Vorwurf gemacht wird, mit an Sicherheit grenzender Wahrscheinlichkeit den Erfolg (also den Körperschaden oder Tod) in seiner konkreten Erscheinungsform verhindert hätte.[9]

---

6 Vgl. hierzu K. Lackner, a. a. O. Anm. 3 vor § 13 m. w. N. aus Rechtsprechung und Literatur

7 Vgl. hierzu K. Lackner, a. a. O. § 13 Anm. 3 m. w. N.; P. Bockelmann, a. a. O. S. 19, 21 m. w. N. Zur Systematik der Garantenstellung: A. Schönke, H. Schröder, W. Stree, a. a. O., § 13 Rdn. 9 ff. m. w. N.

8 Allg. Meinung. Vgl. hierzu K. Lackner, a. a. O. § 13 Anm. 3 b m. w. N.; A. Schönke, H. Schröder, W. Stree, a. a. O. § 13 Rdn. 28 m. w. N., insbesondere für den ärztlichen Bereich aus Übernahme ärztlicher Behandlung. Zur Garantenstellung des Rettungssanitäters vgl. H.-D. Lippert, a. a. O. 1571

9 Vgl. hierzu K. Lackner, a. a. O. Anm. 1 c, bb vor § 13; so auch A. Schönke, H. Schröder, W. Stree, a. a. O. § 13 Rdn. 61. Wie hier schon W. Weissauer, H.-D. Lippert in: P. Sefrin ... a. a. O. S. 23; NStZ 1981, 218

381 Der Vorwurf fahrlässigen Handelns setzt im Strafrecht voraus, daß der Notarzt eine persönliche Pflicht zur Sorgfalt verletzt und pflichtwidrig nicht erkennt, daß er damit gegen ein Gesetz verstößt oder sonst Unrecht tut. Der Fahrlässigkeitsbegriff enthält also 2 Elemente:

382 Die pflichtwidrige Tatbestandsverwirklichung und die Vorhersehbarkeit der Rechtsverletzung. Der Maßstab der Vorhersehbarkeit ist im Strafrecht subjektiv zu bestimmen. Maßgeblich und zurechenbar ist daher nur, was der Notarzt in der konkreten Situation nach seinen Kenntnissen und Fähigkeiten hätte voraussehen können.[10]

1.3 Die Fehlbehandlung

383 Nach Auffassung der Rechtsprechung, die das Bundesverfassungsgericht in seiner Arzthaftungsentscheidung bestätigt hat, erfüllt der ärztliche Heileingriff objektiv den Tatbestand einer Körperverletzung. Seine Rechtswidrigkeit wird aber durch die Einwilligung des Patienten beseitigt.[11] Nach der in der Literatur überwiegenden Auffassung soll dagegen tatbestandsmäßig nur der mißglückte Eingriff sein, bei dem der Patient nach dem Eingriff gesundheitlich schlechter steht als vorher. Selbst der schädigende körperliche Eingriff soll nach einer in der Literatur weit verbreiteten Auffassung keine Körperverletzung sein, wenn der Eingriff zu Heilzwecken indiziert ist und entsprechend den anerkannten Regeln ärztlicher Kunst durchgeführt wird.

384 Die Einwilligung des Patienten rechtfertigt den Eingriff nur, wenn er mit der gebotenen ärztlichen Sorgfalt vorbereitet und durchgeführt wird.

385 Die Anforderungen an die Sorgfalt des Arztes bestimmen sich nach der konkreten Situation, in der der Arzt zu handeln hat. An den geplanten und in einem Krankenhaus unter normalen Umständen durchgeführten Eingriff sind höhere Sorgfaltsanforderungen zu stellen, als an eine Notfallversorgung unter Notfallbedingungen, also etwa an der Notfallstelle unter Zeitdruck und unter erschwerten äußeren Voraussetzungen.[12] Unter ungünstigen äußeren Bedingungen kann auch der sorgfältigste Notarzt Kontraindikationen übersehen oder es können ihm Fehler bei der Durchführung indizierter Maßnahmen unterlaufen.

386 Ob der Arzt mit der gebotenen Sorgfalt gehandelt hat, ist dabei ex ante, d. h. auf den Zeitpunkt des Handelns bezogen, also prospektiv vom Standpunkt des behandelnden Arztes aus, und nicht retrospektiv aus der Sicht des Richters und des Sachver-

---

10 Vgl. zur Fahrlässigkeit: P. Bockelmann, a. a. O. S. 85 ff. m. w. N; A. Schönke, H. Schröder, P. Cramer, a. a. O. § 15 Rdn. 134 ff. m. w. N., zum fahrlässigen Unterlassungsdelikt insbesondere Rdn. 141. K. Lackner, a. a. O. § 15 Anm. III, 1 a, cc, b, aa f.

11 So BGHSt 11, 111; P. Bockelmann, Operativer Eingriff, a. a. O. S. 525, der zwischen ge- und mißlungenem Eingriff differenziert. BVerfG NJW 1979, 1925. A. A. K. Engisch, a. a. O. S. 1, um nur einige exponierte Vertreter der jeweiligen Auffassungen zu nennen. Zum Meinungsstand: A. Schönke, H. Schröder, A. Eser, a. a. O. § 223 Rdn. 30 m. w. N. aus dem Schrifttum

12 So auch A. Schönke, H. Schröder, A. Eser, a. a. O. § 223 Rdn., 35 ff. m. w. N.

ständigen und der ihnen (nachträglich) zur Verfügung stehenden Erkenntnisse (z. B. des Obduktionsergebnisses mit seinen Hinweisen auf anatomische Anomalien) zu beurteilen.[13] Der Sachverständige und ihm folgend der Richter müssen sich in die konkrete Situation des Notarztes versetzen und die ihm dabei zur Verfügung stehenden diagnostischen und therapeutischen Möglichkeiten zugrunde legen. Es ist zu entscheiden, ob der Notarzt in der konkreten Situation entsprechend seinen Fähigkeiten gehandelt hat und ob der eingetretene Erfolg unter diesen Umständen für ihn vorhersehbar und vermeidbar gewesen wäre. Läßt sich diese Frage verneinen, obwohl sich die Maßnahme im nachhinein als objektiv falsch erweist, so kann dem Notarzt kein Schuldvorwurf aus seinem Handeln gemacht werden.

1.4 Strafrechtliche Verantwortlichkeit und Arbeitsteilung

387 Das Zusammenwirken von Notarzt und Rettungssanitäter im organisierten Rettungswesen wirft die Frage auf, wie sich die Arbeitsteilung zwischen beiden auf ihre strafrechtliche Verantwortlichkeit auswirkt, insbesondere ob und gegen wen aus einem bestimmten Verhalten der Vorwurf der Fahrlässigkeit erhoben werden kann. Problematisch ist v. a., inwieweit aus dem an der Vorhersehbarkeit und Vermeidbarkeit orientierten allgemeinen Verbot riskanten Verhaltens auch Sorgfaltspflichten in bezug auf das Verhalten Dritter resultieren. Besondere Bedeutung kommt dem zu, wenn die Ursächlichkeit zwischen Handlung und Erfolg erst durch Dritte vermittelt wird, wenn also z. B. der dem Notarzt assistierende Rettungssanitäter auf dessen konkrete Anweisung hin ein falsches Medikament verabreicht. Notarzt und Rettungssanitäter haften nur für ihr eigenes Verschulden, das auch darin bestehen kann, daß der Notarzt durch Sorgfaltsmängel bei der Auswahl, Anleitung oder Überwachung seiner Mitarbeiter (also durch die Verletzung der ihm obliegenden „sekundären" Sorgfaltspflicht) Fehlleistung des unmittelbar Handelnden (bei der Erfüllung der diesem obliegenden primären Sorgfaltspflicht) ermöglicht oder erleichtert hat.[14]

388 Für die Abgrenzung von einzelnen Verantwortungsbereichen ist im Straßenverkehr seit langem der die Sorgfaltspflicht begrenzende Vertrauensgrundsatz anerkannt. Danach darf jeder Verkehrsteilnehmer grundsätzlich darauf vertrauen, daß sich andere Verkehrsteilnehmer verkehrsgerecht verhalten werden. Mit Unvernunft oder ordnungswidrigem Verhalten braucht nicht gerechnet zu werden.[15]

389 Der Anwendungsbereich des Vertrauensgrundsatzes ist aber nicht auf den Straßenverkehr beschränkt geblieben. Er führt überall dort zur Begrenzung der Sorgfaltsanforderungen, wo gefahrträchtige Aufgaben arbeitsteilig wahrgenommen werden. Dies gilt nicht etwa nur für die Verantwortlichkeit zwischen den Vertretern selbstän-

---

13 Vgl. hierzu W. Weissauer, Der Anästhesist als ... a. a. O. S. 248 (252)

14 Vgl. zum Grundsatz der Eigenverantwortung im Strafrecht: A. Schönke, H. Schröder, A. Eser, a. a. O. § 15 Rdn. 146 m. w. N. aus der Literatur. Vgl. zur Arbeitsteilung: D. Wilhelm, a. a. O. S. 45 m. w. N.; G. Carstensen, H.-L. Schreiber in: H. Jung, H. W. Schreiber, a. a. O. S. 167 ff. m. w. N.; K. Ulsenheimer, a. a. O. S. 47 f. m. w. N.

15 Vgl. zum Vertrauensgrundsatz: A. Schönke, H. Schröder, A. Eser, a. a. O. § 15 Rdn. 147 m. w. N.

diger medizinischer Fächer, wie z. B. Anästhesisten und Chirurgen,[16] im Verhalten zueinander (horizontale Arbeitsteilung), sondern auch im Fall der Arbeitsteilung mit ärztlichem Personal, also grundsätzlich auch zwischen Notarzt und Rettungssanitäter (vertikale Arbeitsteilung). Ebenso wie der Notarzt sich darauf verlassen kann, der durch seine Ausbildung dafür qualifizierte Rettungssanitäter werde seine Anordnungen fachgemäß ausführen, kann der Rettungssanitäter auf die Richtigkeit notärztlicher Anweisung vertrauen.[17]

390 Anders als im Rahmen der horizontalen Arbeitsteilung gibt es bei der vertikalen Arbeitsteilung aber keinen Bereich, um den der Arzt sich nicht zu kümmern bräuchte. Er muß vor der Aufgabendelegation die fachliche und persönliche Qualifikation dessen prüfen, dem er die Durchführung einer Maßnahme übertragen will, er muß ihm die erforderlichen generellen und speziellen Weisungen erteilen und er muß ihn zumindest stichprobenartig überwachen.

391 Der Vertrauensgrundsatz findet dort seine Grenzen, wo Fehler oder Qualifikationsmängel auch ohne eine planmäßige Nachprüfung erkennbar werden.

1.5 Übernahmeverschulden

392 Beim organisierten Notarztdienst kann sich der Vorwurf, pflichtwidrig gehandelt zu haben, auch daraus ergeben, daß der Arzt den Notarztdienst übernimmt, obwohl er die damit verbundenen Pflichten mangels spezieller Kenntnisse und Erfahrungen nicht ordnungsgemäß erfüllen kann. Der Arzt handelt fahrlässig unter dem Gesichtspunkt des Übernahmeverschuldens, wenn er dies hätte erkennen können.

393 Fahrlässig handelt aber auch derjenige, der den Arzt zum Notarztdienst einteilt ohne zu prüfen, ob dieser über die erforderlichen Fähigkeiten verfügt. Diese Prüfung muß strikt individuell erfolgen, also bezogen auf den einzelnen Arzt und sein persönliches Leistungsvermögen.[18] Einer gesonderten Prüfung bedürfte es nur dann nicht, wenn generell verbindlich vorgeschriebene Maßstäbe in der Form eines formalisierten Ausbildungs- und Fortbildungsganges bestünden, dessen erfolgreicher Abschluß als äußerer Qualifikationsmaßstab gelten könnte. Derartiges gibt es noch nicht für alle Fächer.[19] Die Notfallmedizin ist kein eigenes Fachgebiet. Die notfallmedizinische Qualifikation kann sich daher nur am

---

16 Grundlegend hierzu W. Weissauer, Arbeitsteilung und Abgrenzung ... a. a. O. S. 239 ff. Grundlegend für das Strafrecht: G. Stratenwerth, a. a. O. S. 383; W. Weissauer, Die interdisziplinäre Arbeitsteilung und der Vertrauensgrundsatz ... a. a. O. S. 97 f., ders., Arbeitsteilung ..., Anästh. u. Intensivmed. 23 (1982) 359 BGH NJW 1980, 649 m. w. N.; vgl. hierzu neuestens auch D. Wilhelm, a. a. O. S. 45

17 So auch A. Schönke, H. Schröder, P. Cramer, a. a. O. § 15 Rdn. 153

18 Vgl. hierzu RGSt 64, 269; BGHSt 3, 91. Zur Übernahme einer ärztlichen Tätigkeit durch den Heilpraktiker: RGSt 67, 20; 59, 355; A. Schönke, H. Schröder, P. Cramer, a. a. O. § 15 Rdn. 196 m. w. N.

19 Vgl. hierzu die Empfehlung der DGAI für die Weiter- und Fortbildung der Anästhesisten in der Notfallmedizin, Anästh. u. Intensivmed. 23 (1982) 213

Leistungsstandard bestimmter Gruppen (z. B. der Fachärzte bestimmter Fachgebiete) orientieren.

1.6 Beweisfragen

394 Anders als im Zivilprozeß, wo es um die finanzielle Wiedergutmachung iatrogener Schäden durch die Zuweisung von Schadenersatzansprüchen des Geschädigten gegen den Schädiger geht, ist es Aufgabe des Strafrechts und des Strafverfahrensrechtes, den staatlichen Strafanspruch zur Ahndung kriminalethischen Unrechtes durchzusetzen.

395 Einer der wesentlichsten Unterschiede gegenüber dem Zivilprozeß besteht darin, daß es im Strafprozeß keine Beweislast des Angeklagten gibt. Dies bedeutet, daß dem angeklagten Notarzt oder Rettungssanitäter nicht nur die Erfüllung der objektiven Tatbestandsmerkmale, sondern auch das schuldhafte Verhalten und dessen Ursächlichkeit für den Körperschaden oder den Tod des Notfallpatienten zur vollen Überzeugung des Gerichtes nachgewiesen werden muß.[20] Bleiben nach der Ausschöpfung aller Beweismittel Zweifel, so wirken sie sich nach dem Grundsatz „in dubio pro reo" zugunsten des Angeklagten aus; er ist freizusprechen.

1.7 Der Einsatz des Rettungssanitäters

396 Die strafrechtliche Verantwortlichkeit des Rettungssanitäters unterscheidet sich prinzipiell nicht von der des Notarztes. Die Kenntnisse und Erfahrungen, die ihm seine Berufsausbildung, einerlei, ob sie auf gesetzlicher Grundlage oder nach Richtlinien oder einem sonstigen Lehrplan erfolgt, und die praktische Tätigkeit vermitteln, muß er im Notfall einsetzen, um wirksame Hilfe zu leisten. Dazu ist er sowohl im Rahmen der spontanen Hilfeleistung verpflichtet als auch in Ausübung seiner Dienstpflicht.[21]

397 Wie der Notarzt hat auch der Rettungssanitäter im organisierten Rettungswesen eine Garantenstellung aus übernommener Pflicht. Insbesondere ergibt sich aus dieser Garantenstellung die Pflicht des Rettungssanitäters, das Beste, das Wirksamste für den Patienten im Rahmen seiner persönlichen Kenntnisse und Erfahrungen zu tun, sofern in der konkreten Notfallsituation ärztliche Hilfe nicht oder nicht rechtzeitig zur Verfügung steht. Der Rettungssanitäter muß in diesem Fall von seiner (originären) Notkompetenz in dem oben bereits geschilderten Umfang sowohl unter dem Gesichtspunkt der allgemeinen Hilfeleistungspflicht wie aus seiner Garantenstellung Gebrauch machen.[22]

---

20 Zur Herausgabe von Beweismitteln vgl. K. Ulsenheimer, a. a. O. S. 51 f.
21 Wie hier G. Hirsch, a. a. O. S. 7
22 Vgl. hierzu G. Hirsch, a. a. O. S. 7; vgl. oben Teil 2, 2.8. m. w. N.; wie hier: H.-D. Lippert, Zur Notkompetenz ... a. a. O. S. 207 m. w. N.; ders., Die Garantenstellung ... a. a. O. S. 1571

398 Trifft der Rettungssanitäter am Notfallort eine Maßnahme, die sich im nachhinein als falsch herausstellt, so ist bei der Prüfung des Verschuldens auf den Zeitpunkt des Handelns bezogen zu fragen, ob er den Tod des Patienten oder den eingetretenen gesundheitlichen Schaden nach seinen Kenntnissen und Fähigkeiten unter Berücksichtigung der aktuellen Gegebenheiten am Notfallort hätte vermeiden können. Nur wenn diese Frage uneingeschränkt bejaht werden kann, kommt eine Bestrafung wegen fahrlässiger Körperverletzung oder fahrlässiger Tötung in Betracht. Vom Rettungssanitäter wird erwartet, daß er eine Rettungschance auch dann nutzt, wenn nicht auszuschließen ist, daß sich die getroffenen Maßnahmen im nachhinein als zwecklos oder als schädlich erweisen.[23]

1.8 Strafrechtsschutzversicherung

399 Bis in die neueste Zeit hinein galt es als schwierig, sich effizient gegen die Kosten eines Strafverfahrens zu versichern. Erstmals hat nunmehr der Berufsverband Deutscher Anästhesisten und der Berufsverband der Deutschen Chirurgen zugunsten seiner Mitglieder eine Versicherung abgeschlossen, die diesen im Fall eines Strafverfahrens umfassenden Rechtsschutz gewährt. Dies bedeutet v.a., daß dem Angeklagten ein mit der Materie vertrauter Anwalt als Verteidiger zur Seite steht.[24] Sein Honorar und die Kosten des Strafverfahrens werden voll von der Versicherung bezahlt. Die individuellen Rechtsschutzversicherungen erstatten dagegen nur das in der Rechtsanwaltsgebührenordnung vorgesehene Honorar. In der Praxis werden aber, um einen versierten Verteidiger zu gewinnen, Honorarvereinbarungen geschlossen, die sehr viel höhere Honorare vorsehen. Deren Erstattung ist nunmehr bei den genannten Berufsverbänden versichert. Nicht versicherbar sind Geldstrafen und Bußgelder sowie die Kosten eines Strafverfahrens wegen vorsätzlichen Handelns.

400 Bei der abgeschlossenen Versicherung handelt es sich um eine Strafrechtsschutz- und nicht um eine Haftpflichtversicherung.

1.9 Exkurs: Die Hilfeleistung im Katastrophenfall

1.9.1 Gesetzliche Regelungen

401 Die Gesetzgebungszuständigkeit für den friedensmäßigen Katstrophenschutz liegt bei den Ländern. Die Katastrophenschutzgesetze der Länder, das erste wurde am 31. Juli 1970 in Bayern erlassen, sind nach Inhalt und Zielsetzung reine Organisationsgesetze.[25]

---

23 So G. Hirsch, a. a. O. S. 10; H.-D. Lippert, Zur Notkompetenz ... a. a. O. S. 208 f. m. w. N. Wie hier: W. Weissauer, H.-D. Lippert in: P. Sefrin ... a. a. O. S. 27

24 Vgl. hierzu O. Zierl, a. a. O. S. 3 für den Berufsverband Deutscher Anästhesisten (BDA)

25 Baden-Württemberg: G v. 24. 4. 1979, (GBl 189); Bayern: G v. 31. 7. 1970, (GVBl 360/456); Berlin: VO v. 25. 3. 1974, (GVBl 683); Bremen: G v. 17. 9. 1979, (GBl 361); Hamburg: G v. 16. 1. 1978,

Sie bestimmen die für den Katastrophenschutz zuständigen Behörden und verpflichten sie, Katastrophen vorzubeugen, Katastrophen zu bekämpfen und ihre Bekämpfung vorzubereiten. Zu diesen Aufgaben gehört u.a. das Anlegen von Katastrophenschutzplänen, das Abhalten von Katastrophenschutzübungen, die Einsatzleitung bei Katastropheneinsätzen und die Verpflichtung von Behörden, Gemeinden, Organisationen und Verbänden, aber auch von Einzelpersonen zur Mitwirkung am Katastrophenschutz.[26]

402 Der Bund, dem die Gesetzgebungskompetenz für den Katastrophenschutz im Verteidigungsfall zusteht, bestimmt in seinem Gesetz über die Erweiterung des Katastrophenschutzes vom 9.7. 1968,[27] daß die für den friedensmäßigen Katastrophenschutz vorhandenen Einheiten und Einrichtungen ihre Aufgaben auch im Verteidigungsfall wahrnehmen. Das Bundesgesetz verweist damit für den Verteidigungsfall auf die in den Ländern bereitgestellten Einrichtungen.

403 Die Katastrophenschutzgesetze von Bund und Ländern geben also die Rechtsgrundlage für den Einsatz der für die medizinische Versorgung in Notfällen benötigten Ärzte und Helfer. Sie sagen dagegen über die katastrophenmedizinische Versorgung selbst nichts aus.

1.9.2 Die Katastrophenmedizin

404 Die Katastrophe läßt sich – auf den Aspekt der medizinischen Versorgung begrenzt – definieren als allgemeiner Not- oder Unglücksfall, der Menschen in einer so großen Zahl gesundheitlich schädigt oder gefährdet, daß die örtlich verfügbaren Mittel für ihre Versorgung nicht ausreichen.

405 Die Katastrophenmedizin kann daran anschließend definiert werden als Lehre und Praxis von der Planung, Organisation und Durchführung der medizinischen Versorgung in Katastrophenfällen.

406 Zieht man die äußeren Umstände und die hier medizinisch indizierten Behandlungsmethoden in Betracht, so ist die Katastrophenmedizin eine Notfallmedizin unter der erschwerenden Voraussetzung, daß wegen des Massenanfalls an Verletzten oder Kranken ein Mißverhältnis zwischen Hilfebedürfnis und Hilfemöglichkeiten besteht.[28]

(GVBl 31); Hessen: G v. 12.7. 1978, (GBl I, 487); Niedersachsen: G v. 8.3. 1978, (GVBl 243); Nordrhein-Westfalen: G v. 20.12. 1977, (GVNW 492); Rheinland-Pfalz: G v. 2.11. 1981, (GVBl 247); Saarland: G v. 31.1. 1979, (ABl 141)

26 Vgl. H. Narr, Gesetzliche Grundlagen ... a.a.O. S. 7ff.; ders., Katastrophenschutz ... a.a.O. S. 19; K. Stordeur, a.a.O. S. 19

27 BGBl I S. 776

28 Vgl. dazu R. Lanz, a.a.O. S. 9

1.9.3 Prinzipien medizinischer Versorgung im Katastrophenfall

407 Soll – bezogen auf die Gesamtheit der Katastrophenopfer – mit den verfügbaren Mitteln ein Optimum an medizinischer Hilfe erreicht werden, so ist es unerläßlich

- vom sonst geltenden Präventionsprinzip abzugehen und zunächst im Rahmen der Triage die Katastrophenopfer in Gruppen und Dringlichkeitsstufen für die Behandlung an Ort und Stelle oder für den Abtransport einzuteilen und dann
- die Notfallbehandlung des Einzelnen nach den spezifischen Methoden einer Massenmedizin durchzuführen, also unter bewußtem Verzicht auf eine optimale individualmedizinische Versorgung.

Es bestehen insoweit also bedeutsame Unterschiede gegenüber dem „normalen" Rettungseinsatz.

1.9.4 Rechtliche Probleme

408 Bei der rechtlichen Bewertung kann nicht zweifelhaft sein, daß die Katastrophe ein Unglücksfall im Sinne des § 323 c StGB ist, der jeden – und nicht nur den Arzt – verpflichtet, im Rahmen des Zumutbaren den Verletzten oder Kranken die beste, die wirksamste Hilfe zu leisten, zu der er nach seinen persönlichen Kenntnissen und Fähigkeiten imstande ist, und diese Hilfe sofort zu leisten. Wer sich dieser Pflicht vorsätzlich entzieht, macht sich wegen unterlassener Hilfeleistung strafbar oder verstößt gegen die in den Katastrophenschutzgesetzen der Länder (z. B. § 23 KatSG b. w.) normierte Hilfeleistungspflicht. Dieser Verstoß kann als Ordnungswidrigkeit geahndet werden.

409 Da im Katastrophenfall nicht alle Opfer gleichzeitig und gleichwertig versorgt werden können, muß als beste, als wirksamste Hilfe im Sinne des § 323 c StGB diejenige medizinische Versorgung gelten, die in Abwägung der Gesamtsituation ein Optimum an Gefahrenabwehr für alle leistet. Die Notwendigkeit und Dringlichkeit der Behandlung einerseits und ihre Erfolgsaussichten andererseits sind danach die Kriterien, anhand derer sich die Priorität der Hilfeleistung für den Einzelnen im Sinne der Triage und ihre Begrenzung auf das unbedingt Erforderliche auch aus rechtlicher Sicht bemißt.

410 Nichts anderes kann auch dann gelten, wenn der am Katastropheneinsatz Mitwirkende – etwa auf Grund seiner besonderen Einsatzverpflichtung, ähnlich wie der Notarzt und der Notfallarzt – gegenüber den Katastrophenopfern eine Garantenstellung hat.[29] Die Pflichten aus dieser Garantenstellung gegenüber dem einzelnen Hilfsbedürftigen sind mit dem Blick auf die Gesamtsituation zu bestimmen und damit nach den skizzierten Grundsätzen von vornherein im Sinne einer Prioritätenfolge zu limitieren.

411 Als Ergebnis kann festgehalten werden: Sieht sich der Arzt im Not- oder Katastrophenfall einer Vielzahl von Verletzten gegenüber, bedarf die erforderliche Triage im Hinblick auf die Verletzten, deren Behandlung zurückgestellt werden muß, keines

---

29 Vgl. hierzu H.-D. Lippert, Die Rechtsstellung ... a. a. O. S. 381

besonderen Rechtfertigungsgrundes (Notstand, rechtfertigende Pflichtenkollision); vielmehr wird bereits die *Handlungspflicht* durch die zur Verfügung stehenden Mittel und Möglichkeiten begrenzt.[30] Der Arzt verletzt also mit der Triage nach dem allgemeinen strafrechtlichen Grundsatz des „ultra posse nemo obligetur" keine Behandlungspflichten gegenüber den zurückgestellten. Er erfüllt vielmehr, wenn er im Rahmen der Triage das ihm Mögliche tut, die Verpflichtung, die er von Rechts wegen hat. Dieser Grundsatz gilt im übrigen auch für denjenigen Notarzt, der sich unerwartet einer Mehrzahl von Verletzten gegenübersieht, die er nicht alle gleichzeitig versorgen kann.

1.9.5 Sorgfaltspflichten

412 Der in der Katastrophenmedizin u. U. unerläßliche Verzicht auf die optimale Individualversorgung, also die bewußte Begrenzung der Hilfeleistung auf das unbedingt Nötige zugunsten der Versorgung anderer dringlicher Fälle, entbindet den Arzt und seine Helfer nicht von der Verpflichtung, die in der konkreten Situation mögliche Sorgfalt in Diagnose und Therapie zu wahren. Die Ausführungen zur zivil- und strafrechtlichen Haftung des Notarztes und seiner Helfer gelten sinngemäß auch für den Einsatz im Katastrophenfall.

413 In erster Linie werden auch im Katastrophenfall die organisierten Notarztdienste und die Hilfsorganisationen für den raschen und effektiven medizinischen Einsatz zur Verfügung stehen, auch wenn sie primär nicht zu den Kräften des Katastrophenschutzes gehören.

---

30 A. Schönke, H. Schröder, P. Cramer, a. a. O. § 323 c Rdn. 19; diess., W. Stree, a. a. O. Rdn. 141 vor § 13. Vgl. hierzu auch H.-D. Lippert, Die Rechtsstellung des Rettungssanitäters ... a. a. O. S. 382

2 Zivilrechtliche Haftung

414 Rechtsprobleme im ärztlichen Bereich sind über Jahre hinweg vorwiegend unter strafrechtlichen Aspekten erörtert worden. In den letzten Jahren gewinnt der zivilrechtliche Ersatz eingetretener Schäden zunehmend an Bedeutung. Die zivilrechtliche Haftung[1] trifft in aller Regel die Notärzte und das nichtärztliche Personal wirtschaftlich nicht direkt, weil gegen derartige Ersatzansprüche in aller Regel Versicherungsschutz besteht, der teilweise auch vom Arbeitgeber gewährt wird.

415 Dies mag eine Erklärung für eine gewisse Zurückhaltung bei der Erörterung zivilrechtlicher Probleme sein. Gerade für den Notarzt- und Rettungsdienst ist jedoch wegen seiner auf höchst unterschiedlichen Rechtsgrundlagen beruhenden Organisation und des Zusammenwirkens verschiedener Träger die Klärung zivilrechtlicher Haftungsprobleme von erheblicher praktischer Bedeutung. Die Frage, wer für Schäden haftet, sollte daher bereits vor Abschluß von Vereinbarungen über die Zusammenarbeit geprüft werden.

2.1 Die Sorgfaltspflichtverletzung[2]

416 § 276 BGB, der die Sorgfaltsanforderungen bei der vertraglichen Haftung regelt, bestimmt lapidar, der Schuldner habe in der Regel Vorsatz und Fahrlässigkeit zu vertreten. Fahrlässig handle, wer die im Verkehr erforderliche Sorgfalt außer acht lasse (§ 276 Abs. 1 Satz 2 BGB). Da regelmäßig eine vorsätzliche Schädigung des Patienten ausscheidet, beschränken sich die folgenden Ausführungen auf die Rechtslage bei Fahrlässigkeit.

2.1.1 Sorgfalt des unmittelbar Handelnden

417 Das Zivilrecht stellt, wie § 276 Abs. 1 Satz 2 BGB zeigt, anders als das Strafrecht, bei der Beurteilung fahrlässigen Handelns einen objektiven Maßstab auf. Danach kommt es auf die im Verkehr erforderliche Sorgfalt und nicht darauf an, zu welcher Sorgfalt der Handelnde in der konkreten Situation seinen individuellen Fähigkeiten entsprechend in der Lage war. Die erforderliche Sorgfalt bemißt sich im Zivilrecht danach, welche Sorgfalt ein gewissenhafter Angehöriger einer bestimmten Berufsgruppe unter den gegebenen Umständen anwenden würde. Dieser objektive, be-

---

1 Vgl. hierzu D. Giessen, a. a. O. S. 345 ff. m. w. N. a. d. Rechtsprechung. Vgl. hierzu speziell unter dem Gesichtspunkt der Haftung für Aufklärungsmängel: B.-R. Kern, A. Laufs, a. a. O. S. 149 m. w. N.

2 Vgl. hierzu W. Weissauer, Die Haftung für Sorgfaltsmängel, a. a. O. S. 4 ff.

rufsbezogene Sorgfaltsmaßstab schafft für den einzelnen Angehörigen einer bestimmten Berufsgruppe einen Freiraum. Beachtet er die Sorgfaltsregeln seiner Berufsgruppe, so kann er im Normalfall davon ausgehen, sich frei entfalten zu können, ohne Schadenersatzansprüche wegen seines Handelns befürchten zu müssen. Für die Vertragspartner schafft diese Konkretisierung der Sorgfaltspflicht nach dem Verhalten bestimmter Berufsgruppen die Möglichkeit, sich darauf verlassen zu können, daß jeder über die für die Erfüllung seiner Verpflichtungen notwendigen Fähigkeiten verfügt.[3] Der berufsgruppenspezifische Sorgfaltsmaßstab umfaßt Abstufungen innerhalb der jeweiligen Berufsgruppe, so insbesondere zwischen Fachärzten und Allgemeinärzten.

2.1.2 Organisationspflichten

418 Neben Sorgfaltspflichten des unmittelbar Handelnden, der als Arzt z. B. die Kunstregeln zu beachten hat, gibt es sekundäre Sorgfaltspflichten. Fehler bei der Organisation des Betriebes, bei der Delegation von Aufgaben und bei der Organisation der Zusammenarbeit der Mitarbeiter können ebenso wie Fehler des unmittelbar Handelnden Behandlungsschäden verursachen. Diese Organisationspflichten gewinnen um so mehr an Bedeutung, je mehr die Arbeitsteilung fortschreitet. Im organisierten Rettungswesen ist die Organisation des Betriebsablaufs insbesondere noch dadurch kompliziert, daß oft Mitarbeiter mehrerer Rechtsträger bei der Durchführung der Rettungseinsätze zusammenwirken.

2.1.2.1 Delegation von Aufgaben

419 Die Rettungsdienstgesetze und die Feuerwehrgesetze eröffnen in unterschiedlichem Umfang für den Träger des Rettungsdienstes die Möglichkeit, die Durchführung des Rettungsdienstes auf hierzu breite und fähige Organisationen ganz oder teilweise zu delegieren.[4] Für den Notarztdienst als Teil des Sicherstellungsauftrages fehlt zwar eine gesetzliche Regelung, doch bestehen auch gegen eine Delegation der Organisation des Notarztdienstes durch die kassenärztliche Vereinigung auf hierzu fähige und bereite Organisationen, (z. B. auf Träger des Rettungsdienstes, Hilfsorganisationen, Krankenhausträger oder freie Notarztteams) keine Bedenken, solange die ordnungsgemäße Erfüllung des Sicherstellungsauftrages nicht in Frage gestellt wird.[5]

420 Beschränken sich die Träger des Rettungsdienstes und die kassenärztliche Vereinigung auf die Organisation der jeweiligen Dienste und delegieren ihre Durchführung auf hierzu bereite und fähige Organisationen, so obliegt ihnen die Prüfung, ob die herangezogenen Organisationen zur Durchführung des Dienstes in der Lage sind.

So ist im Rettungsdienst z. B. zu prüfen, ob die herangezogene Organisation mit

3 Vgl. hierzu E. Deutsch, a. a. O. § 18 IV, 2 m. w. N.; H.-D. Lippert, Sorgfaltspflicht ... a. a. O. S. 99 m. w. N.

4 Vgl. oben Teil 1, Kap. 3, Abschn. 3.2

5 Vgl. oben Teil 1, Kap. 3, Abschn. 4 m. w. N. Zum Organisationsverschulden vgl. G. Hassold, a. a. O. S. 583 m. w. N.

dem vorhandenen Personal, Fahrzeugen und Geräten zur Durchführung des Dienstes im geforderten Umfang in der Lage ist, ob das Personal über die entsprechende Qualifikation verfügt und ob die vorhandenen Fahrzeuge und Geräte den jeweils bestehenden Vorschriften entsprechen. Bestehen keine generellen Rechtsvorschriften, so muß der Delegierende unter Beachtung der von der Organisation zu übernehmenden Aufgabe nach pflichtgemäßem Ermessen über die Befähigung zur Durchführung des Dienstes entscheiden.
Gleiches gilt für die kassenärztliche Vereinigung bei der Entscheidung über eine Ermächtigung, wobei sie v. a. unter Bedarfsgesichtspunkten zu prüfen hat, ob durch die Ermächtigung die notärztliche Versorgung im entsprechenden Bereich sichergestellt wird.

421 Die delegierenden Organisationen können sich aber nicht mit der einmaligen Prüfung der Qualifikation zufrieden geben. Sie müssen sich von Zeit zu Zeit stichprobenweise davon überzeugen, ob die Anforderungen noch erfüllt werden. Hinweise auf Mängel müssen sie auf ihren Wahrheitsgehalt überprüfen, bei ihrer Kontrolltätigkeit entsprechende Schwerpunkte setzen und auf Abhilfe dringen.[6] Im Extremfall müßte ein über die Zusammenarbeit geschlossener Vertrag gekündigt werden, oder der Delegierende müßte die übertragene Aufgabe wieder an sich ziehen.

422 Verletzen die Delegierenden ihre Organisationspflicht und haben diese Organisationsmängel Behandlungsschäden zur Folge, so haften sie dem Geschädigten zwar nicht aus Vertrag, weil es an vertraglichen Beziehungen mit dem Notfallpatienten fehlt,[7] wohl aber aus unerlaubter Handlung. Hat der Geschädigte den Nachweis geführt, daß die Ursache der Schädigung im Herrschaftsbereich des Organisators liegt, so hat dieser zu beweisen, daß er seinen Herrschaftsbereich zur Erfüllung der Aufgaben zweckmäßig und sachgerecht organisiert hat. Nur außergewöhnliche Geschehensabläufe vermögen den Organisator zu entlasten. Die Beweislast kehrt sich also um.[8]

423 Für das Organisationsverschulden trifft den Organisierenden die Eigenverantwortung. Dem Geschädigten gegenüber kann er sich nicht etwa darauf berufen, die Betriebsorganisation einer weiteren sorgfältig ausgewählten Organisation übertragen zu haben.[9] Wegen der in wesentlichen Bereichen gleich gelagerten Problematik bestehen keine grundsätzlichen Bedenken dagegen, die Erkenntnisse der Rechtsprechung zum dezentralisierten Entlastungsbeweis für den Bereich der Industriebetriebe im Grundsatz auch auf das Rettungswesen zu übertragen. Im Rahmen der Prüfung des Verschuldens kann den Besonderheiten im Rettungswesen in ausreichendem Maß Rechnung getragen und einer Überspannung der Sorgfaltspflicht bei der Organisation der Dienste entgegengewirkt werden.

6 Vgl. hierzu Th. Soergel-Zeuner, a. a. O. § 831 Rdn. 45 m. w. N.; zum folgenden J. Schmidt-Salzer, a. a. O. S. 147 ff. m. w. N.; BGHZ 51, 104 (Hühnerpest); BGH NJW 1968, 247 (Schubstrebe); für den Notfall im Krankenhaus: BGH VersR 1971, 251 (254). Zu den Problemen mit medizinischen Geräten vgl. W. Weissauer, a. a. O. S. 396 ff. m. w. N.

7 So H.-D. Lippert, Haftungsrechtliche Fragen ... a. a. O. S. 119; ders., Sorgfaltspflicht ... a. a. O. S. 104

8 Zur Beweislastumkehr: J. Schmidt-Salzer, a. a. O. S. 165 m. w. N.; D. Giessen, a. a. O. S. 352

9 So J. Schmidt-Salzer, a. a. O. S. 148; BGH NJW 1968, 247 (248) (Schubstrebe)

2.1.2.2 Arbeitsteilung und Vertrauensgrundsatz

424 Die Anwendbarkeit des Vertrauensgrundsatzes auf die Zusammenarbeit von Rettungs- und Notarztdienst ist bereits oben prinzipiell bejaht worden.[10] Für den Bereich der zivilrechtlichen Haftung bedarf diese Aussage aber noch der Differenzierung und Präzisierung.

Horizontale Arbeitsteilung[11]

425 Der Rettungsdienst wird entsprechend den gesetzlichen Vorschriften überwiegend durch Hilfsorganisationen und Feuerwehren, der Notarztdienst durch angestellte oder beamtete Krankenhausärzte und/oder niedergelassene Ärzte durchgeführt. Daß diese Trennung nicht zwingend ist, zeigt das Beispiel der Bundeswehrkrankenhäuser, die sowohl Rettungs- als auch Notarztdienst mit eigenem Personal durchführen.

426 Von der horizontalen Arbeitsteilung, wie sie in Krankenhäusern zwischen den einzelnen selbständigen Fachgebieten zu finden ist, unterscheiden sich Rettungs- und Notarztdienst insoweit, als nicht von einer generellen Gleichberechtigung beider Bereiche gesprochen werden kann. So zeichnet sich z. B. der Bereich der medizinischen Versorgung, in welchem Notarzt und nichtärztliches Personal der Hilfsorganisationen und der Feuerwehr am Notfallort und auf dem Transport zusammenarbeiten, durch einen hierarchischen Aufbau mit einer Weisungsbefugnis des Notarztes aus.

427 Von einer Gleichrangigkeit von Rettungs- und Notarztdienst bei der Kooperation kann nur im technisch-organisatorischen Bereich gesprochen werden. Dieser jeweilige Bereich ist von der Eigenverantwortung der jeweiligen Organisation und strikter Arbeitsteilung zwischen den beteiligten Organisationen gekennzeichnet. Nur in diesem Bereich findet daher der Vertrauensgrundsatz[12] uneingeschränkt Anwendung. Auf das organisierte Rettungswesen übertragen bedeutet er, daß sich im Bereich gleichrangiger Aufgabenerfüllung jede Organisation darauf verlassen darf, daß die andere ihren Verantwortungsbereich ordnungsgemäß wahrnimmt. Eine wechselseitige Überprüfung der Leistungen ist jedenfalls so lange nicht erforderlich, als Qualifikations- und Sorgfaltsmängel nicht erkennbar werden.

428 Die den Rettungsdienst durchführenden Organisationen können sich darauf verlassen, daß der eingesetzte Notarzt die hierfür erforderlichen Kenntnisse und Fähigkeiten besitzt. Der Notarzt bzw. sein Arbeitgeber/Dienstherr darf sich darauf verlassen, daß Hilfsorganisationen und Feuerwehr bei der Bereitstellung der Hilfsmittel und des Rettungsdienstpersonals die jeweils für ihren Bereich geltenden

---

10 Vgl. oben Teil 2, Kap. 2, Abschn. 8.5 m. w. N.; Vgl. hierzu W. Weissauer, Arbeitsteilung in: ... Anästh. u. Intensivmed. 23 (1982) 359; BGH NJW 1980, 649, 650; Vgl. hierzu auch D. Wilhelm, a. a. O. S. 45

11 Zur Arbeitsteilung: D. Giessen, a. a. O. S. 351 m. w. N.; H.-D. Lippert, Rechtsprobleme, a. a. O. S. 2091

12 Grundlegend hierzu: W. Weissauer, Arbeitsteilung und Abgrenzung ... a. a. O. S. 239 (255); ders., Rechtliche Verantwortung des leitenden Anästhesisten, a. a. O. S. 395 jeweils m. w. N.; ders., Anästh. u. Intensivmed. 23 (1982) 359

Sorgfaltsregeln (Gesetze, Verordnungen, Rettungsdienstpläne, Dienstanweisungen, Stellenschlüssel, Empfehlungen von Fachgesellschaften)[13] beachten. Verstöße gegen diese, die Sorgfaltspflicht v.a. im organisatorischen Bereich konkretisierenden Vorschriften stellen regelmäßig Sorgfaltspflichtverletzungen dar, sofern im Einzelfall keine andere Wertung angebracht ist und können eine Schadenersatzpflicht nach sich ziehen.

429 Vor allem darf sich der Träger des Notarztdienstes, aber auch der Notarzt selbst, darauf verlassen, daß verkehrssichere, ordnungsgemäß gewartete, hygienisch einwandfreie, der DIN entsprechende Fahrzeuge zum Einsatz kommen. Ferner, daß funktionstaugliche, entsprechend den Vorschriften des Herstellers gewartete Geräte einsatzbereit zur Verfügung stehen und die erforderlichen Medikamente greifbar sind.[14]

430 Schließlich kann der Notarzt darauf vertrauen, daß nichtärztliches Personal der Hilfsorganisationen bzw. Feuerwehren über die Qualifikation eines Rettungssanitäters bzw. Rettungshelfers verfügt und mit der Funktionsweise der eingesetzten Gerätschaften und Fahrzeuge vertraut ist.[15]

431 Für Sorgfaltspflichtverletzungen in ihrem Bereich hat jede Organisation selbst einzustehen. Haftet einem zu Schaden gekommenen Notfallpatienten ein anderer Rechtsträger, so hat ihn die letztlich verantwortliche Organisation von diesen Ansprüchen freizustellen (z.B. der Krankenhausträger die Hilfsorganisation und umgekehrt).

Vertikale Arbeitsteilung

432 Sowohl bei Feuerwehr und Hilfsorganisationen als auch bei den Krankenhausträgern (sofern sie den Notarzt stellen) tritt das Problem der vertikalen Arbeitsteilung auf. Sie ist durch ein hierarchisches System mit delegierten Aufgabenbereichen gekennzeichnet. Werden Tätigkeiten im Rettungs- und Notarztdienst auf nachgeordnete Ärzte bzw. nachgeordnetes nichtärztliches Personal der Hilfsorganisationen delegiert, so trifft ausgenommen die Haftung aus Vertrag den unmittelbar Handelnden die Verantwortung für sein Tun. Daneben trifft aber auch den Delegierenden die Verantwortung dafür, daß nur Tätigkeiten übertragen werden, denen der unmittelbar Handelnde in persönlicher und fachlicher Hinsicht gewachsen ist.[16] Der

13 Vgl. hierzu H.-D. Lippert, Sorgfaltspflicht ... a.a.O. S.99ff.; ders., Wer haftet ... a.a.O. S.1475. Für den anästhesiologischen Bereich: Empfehlungen der DGAI zur Sicherheit medizinisch-technischer Geräte beim Einsatz in der Anästhesiologie, Anästh. u. Intensivmed. 20 (1979) 303. F.W. Ahnefeld, a.a.O. S.298. Aber auch z.B. Vereinbarungen einzelner Fachgebiete vgl. Vereinbarung zw. d. BDA und der BDC über die Zusammenarbeit bei der operativen Patientenversorgung, abgedr. in MedR 1983, 21

14 Zur Verantwortung für Fahrzeuge, Geräte und Medikamente vgl. P. Sefrin, Die ärztliche Verantwortung ... a.a.O. S.31; H.-D. Lippert, Sorgfaltspflicht ... a.a.O. S.99ff. m.w.N.; ders., Wer haftet ... a.a.O. S.1475

15 Vgl. speziell für das Funktionieren eines Narkosegerätes: BGH NJW 1978, 584 m.w.N.; OLG Hamm, VersR 1980, 585

16 Vgl. hierzu W. Weissauer, Rechtliche Grundlagen der Arbeitsteilung, a.a.O. S.25; H.W. Opderbecke, W. Weissauer, Die Verantwortung des leitenden Anästhesisten ... a..a.O. S.218

Delegierende darf sich darauf verlassen, daß der Mitarbeiter, der sich einer bestimmten berufsqualifizierenden Prüfung unterzogen hat, diejenigen Kenntnisse besitzt, die er in der Prüfung nachzuweisen hatte.[17]

433 Hat sich ein Mitarbeiter durch Vorkenntnisse und lange Zusammenarbeit als zuverlässig erwiesen, so muß sich der Delegierende gleichwohl von seinen Fähigkeiten von Zeit zu Zeit stichprobenweise überzeugen. Bei der Delegation von Tätigkeiten tritt für den Delegierenden an die Stelle der unmittelbaren Pflicht zum Handeln die Pflicht, den Mitarbeiter in geeigneter Weise zu überwachen. Einer abgestuften Delegation von Tätigkeiten korrespondiert so ein System abgestufter Überwachungspflichten und Weisungsrechte des Delegierenden gegenüber seinen Mitarbeitern.[18]

2.2 Haftung aus Vertrag

434 Die zivilrechtliche Haftung für Schäden des Notfallpatienten, die auf schuldhaften Fehlleistungen beruhen, kann auf mehrere Anspruchsgrundlagen gestützt werden, deren Voraussetzungen nebeneinander erfüllt werden können. Eine der möglichen Anspruchsgrundlagen ist der zwischen dem Notfallpatienten und einer Hilfsorganisation und/oder Krankenhausträger aber auch dem Notarzt selbst, abgeschlossene Vertrag.[19]

435 Dieser Vertrag kommt mit dem ansprechbaren Notfallpatienten durch ausdrückliche Erklärung, ansonsten stillschweigend durch Inanspruchnahme der Behandlung bzw. des Transportes ggf. auch durch Abschluß durch einen gesetzlichen Vertreter des Patienten zustande. Mit einem bewußtlosen Patienten kommt ein gesetzliches Schuldverhältnis zustande, das nach den Regeln der Geschäftsführung ohne Auftrag zu beurteilen ist (vgl. u. 2.3).

436 Für das Rettungswesen ist die Aufgliederung in Rettungs- und Notarztdienst charakteristisch. Neben der ärztlichen Leistung, die dem Notfallpatienten zuteil wird, tritt die typische Leistung des Rettungsdienstes, der Transport des Notfallpatienten. Beide Leistungen können jeweils für sich weitgehend getrennt erbracht werden. Das besondere Verdienst der im organisierten Rettungswesen tätigen Organisationen liegt darin, diese Leistungen durch eine Kooperation von Rettungs- und Notarztdienst sinnvoll koordiniert zu haben.

---

17 Vgl. hierzu W. Weissauer, Rechtliche Grundlagen der Arbeitsteilung ... a.a.O. S.25; H.W. Opderbecke, W. Weissauer, Die Verantwortung des leitenden Anästhesisten ..., a.a.O. S.219 jeweils m.w.N.

18 Vgl. hierzu Th. Soergel-Zeuner, a.a.O. § 831 Rdn. 45 m.w.N.; H.-D. Lippert, Sorgfaltspflicht... a.a.O. S.104 m.w.N.

19 Vgl. hierzu grundlegend H.-D. Lippert, Haftungsrechtliche Fragen ... a.a.O. S.119 m.w.N. in Anm. 3; vgl. zum Arztvertrag allgemein: K. Luig, a.a.O. S.225ff. m.w.N.; H.-J. Bunte, a.a.O. S.279ff. m.w.N.

2.2.1 Rechtsbeziehungen Arzt – Patient im „totalen“ und im „gespaltenen“ Rettungsvertrag

437 Liegen Rettungs- und Notarztdienst in einer Hand, so führt ein Träger beide Dienste mit eigenem ärztlichem und nichtärztlichem Personal durch. Er schließt mit dem ansprechbaren und seiner Sinne mächtigen Notfallpatienten zumeist stillschweigend aber auch ausdrücklich einen „totalen“ Rettungsvertrag.[20] Dies ist immer dann möglich, wenn ein Kreis oder eine kreisfreie Stadt den Rettungsdienst mit der Feuerwehr und als Träger des Krankenhauses den Notarztdienst mit seinen eigenen Ärzten durchführt. Diese Konstellation findet sich v.a. in Nordrhein-Westfalen, Schleswig-Holstein, den Stadtstaaten und Niedersachsen.

438 Gleiches gilt, sofern Bundeswehrkrankenhäuser faktisch oder vertraglich die Durchführung von Rettungs- und Notarztdienst in einem Rettungsdienstbereich übernehmen und beide Dienste mit eigenem ärztlichem und nichtärztlichem Personal durchführen.

439 Der Abschluß von Kooperationsvereinbarungen zwischen Trägern des Rettungs- und des Notarztdienstes, ggf. zwischen den diese Dienste durchführenden Organisationen, kann ebenfalls dazu führen, daß mit den Notfallpatienten „totale“ Rettungsverträge geschlossen werden.

440 So ist denkbar, daß der Träger eines Krankenhauses als Träger des Notarztdienstes zwar mit einer oder mehreren Hilfsorganisationen kooperiert, im Außenverhältnis aber nur der Krankenhausträger als Vertragspartner auftritt. Auch Kooperationsverträge mit Teams niedergelassener Ärzte können zu demselben Ergebnis führen.

441 Schließlich können Hilfsorganisationen durch Vereinbarungen mit den Rettungszweckverbänden auch die notärztliche Versorgung sicherstellen, indem sie eigene Notärzte anstellen. Versehen niedergelassene Ärzte oder Krankenhausärzte in Nebentätigkeit den Notarztdienst aufgrund von Absprachen mit den Hilfsorganisationen als deren Mitglieder, so kann sowohl ein „totaler“ als auch ein „gespaltener“ Rettungsvertrag geschlossen werden. Welche Form zum Tragen kommt, hängt vom Willen der Notärzte und vom Inhalt der getroffenen Absprachen ab.

442 Werden Vertragspflichten verletzt, so haftet dem Notfallpatienten der Vertragspartner, also die Gebietskörperschaft, der Krankenhausträger, oder auch eine Hilfsorganisation, je nachdem, welches der gesetzlichen oder vertraglichen Modelle vorliegt. Beim „totalen“ Rettungsvertrag haftet der jeweilige Vertragspartner für schuldhafte Pflichtverletzungen seiner Rettungssanitäter und Notärzte. Sie sind als Erfüllungsgehilfen in die Erfüllung der vertraglichen Pflichten eingeschaltet (§§ 276, 278 BGB).[21]

---

20 Vgl. zur Terminologie H.-D. Lippert, Rechtsprobleme ... a.a.O. S. 2089
21 Vgl. hierzu J. Daniels, a.a.O. S. 305 m.w.N.; H.P. Westermann, a.a.O. S. 579 m.w.N.

443 Überträgt der Notarzt, der als angestellter oder beamteter Arzt im Krankenhaus tätig ist, dem Rettungssanitäter Aufgaben, obschon er selbst Erfüllungsgehilfe ist, so ist davon auszugehen, daß der Krankenhausträger, auch wenn er auf die Auswahl des Rettungssanitäters keinen Einfluß ausüben kann, mit der Substitution einverstanden sein wird.[22]

444 Will sich der Notfallpatient nicht in das Krankenhaus einliefern lassen, welches der Notarzt stellt, so wird zwar kein Rettungsvertrag wohl aber ein Behandlungsvertrag über die ambulante Behandlung am Notfallort und auf dem Transport in das gewünschte Krankenhaus geschlossen.

445 Kein Rettungsvertrag wird mit demjenigen Notfallpatienten geschlossen, der die Behandlung durch den Notarzt verweigert. Ebenfalls keinen Rettungsvertrag mit dem Notfallpatienten schließt ein Notarzt, den ein erstbehandelnder Arzt zur Beratung oder zur Mitbehandlung zuzieht. Dieser Fall dürfte in der Praxis nicht sehr häufig vorkommen. Denkbar ist er immerhin.

446 Der „totale" Rettungsvertrag, ein gemischter Vertrag, umfaßt einmal die ärztliche Behandlung des Notfallpatienten am Notfallort. Insoweit ist der Vertrag nach h. M. Dienstvertrag,[23] dessen Abwicklung sich nach §§ 611 ff. BGB richtet. Diese Qualifikation der ärztlichen Leistung im Notarztdienst entspricht am ehesten den beiderseitigen berechtigten Interessen der Vertragsparteien. Der Notarzt ist zu sorgfältiger ärztlicher Behandlung verpflichtet. Einen bestimmten Erfolg kann er nicht garantieren.

447 Der „totale" Rettungsvertrag enthält aber auch Elemente des Werkvertrages, soweit er auf Beförderung des Notfallpatienten von der Notfallstelle (z. B. in ein Krankenhaus) gerichtet ist.[24] Seine Abwicklung richtet sich in diesem Bereich nach den Vorschriften der §§ 631 ff. BGB.

448 Werden Rettungs- und Notarztdienst von unterschiedlichen Organisationen selbständig durchgeführt, so schließen diese mit dem ansprechbaren Notfallpatienten jeweils getrennte Verträge über den Transport und die ärztliche Leistung. Jede der Organisationen haftet bei der Erfüllung ihrer Vertragspflicht für eigenes Verschulden und das Verschulden ihrer Erfüllungsgehilfen.

2.2.1.1 Patient – niedergelassener Arzt, Krankenhausarzt in Nebentätigkeit

449 Ist die ambulante notärztliche Versorgung Teil des kassenärztlichen Sicherstellungsauftrages, so ist die kassenärztliche Vereinigung im Einvernehmen mit der Ärztekammer verpflichtet, für die Organisation und Durchführung des Notarztdienstes

22 So O. Palandt – H. Heinrichs, a. a. O. § 278 Anm. 3 b m. w. N. aus der Rechtsprechung; W. Erman – R. Battes, a. a. O. § 278 Rdn. 32 m. w. N.

23 H. M. so z. B. A. Laufs, a. a. O. Rdn. 20 m. w. N.; O. Palandt – H. Putzo, a. a. O. Einf. vor § 611 Anm. 2 m. w. N.; W. Erman – G. Küchenhoff, a. a. O. vor § 611 Rdn. 57; R. Geigel – R. Geigel, a. a. O. S. 1099 m. w. N.; Münchener Kommentar – Söllner, a. a. O. § 611 Rdn. 44 m. w. N.

24 So O. Palandt – H. Thomas, a. a. O. Einf. vor § 631 Anm. 5 m. w. N.; W. Erman – H. H. Seiler, a. a. O. vor § 631 Rdn. 31 m. w. N.; Münchener Kommentar – Soergel, a. a. O. § 631 Rdn. 59

als spezielle Ausgestaltung des ärztlichen Notfall- und Bereitschaftsdienstes zu sorgen.

450 Die Durchführung des Notarztdienstes wird die kassenärztliche Vereinigung auf hierzu bereite und fähige Kassenärzte übertragen, ggf. Krankenhäuser oder angestellte bzw. beamtete Krankenhausärzte ermächtigen.

451 Für den niedergelassenen Kassenarzt regelt sich seine Teilnahme und seine Rechtsstellung, die er dabei innehat, nach den Bestimmungen des Kassenarztrechtes. Angestellte bzw. ermächtigte Krankenhausärzte treten durch die Ermächtigung in kein Arbeitsverhältnis zur kassenärztlichen Vereinigung. Sie erbringen ebenso wie der Kassenarzt ihre notärztliche Leistung als Freiberufler und bleiben dies trotz Einbindung in das Rettungswesen. Indiz hierfür ist, daß der Notarzt mit der KV abrechnet oder die Behandlungskosten dem Privatpatienten in Rechnung stellt. Vertragliche Beziehungen entstehen nur zwischen dem Notarzt und dem Notfallpatienten. Ebensowenig wie die Rettungszweckverbände bezüglich der Leistungen im Rettungsdienst, die aufgrund der Aufgabenübertragung Hilfsorganisationen erbringen, wird die kassenärztliche Vereinigung Vertragspartner für die notärztliche Versorgung des Notfallpatienten.[25]

452 Wird der Notfallpatient in ein Krankenhaus eingeliefert, so enden die Pflichten der Hilfsorganisationen wie des Notarztes mit der Krankenhausaufnahme (vgl. den Rahmenvertrag der kassenärztlichen Vereinigung Bayerns und der Krankenkassen sowie der Hilfsorganisationen zur Regelung des Einsatzes von Ärzten im Notarztwagen im Anhang 10.1).

2.2.1.2 Patient – Krankenhausarzt im Rahmen der Dienstaufgaben

453 Haben Krankenhäuser die Durchführung des Notarztdienstes übernommen, so schließt der willensfähige Patient mit dem Krankenhausträger einen Vertrag über die ambulante ärztliche Leistung. Wird der Notfallpatient stationär in das Krankenhaus aufgenommen, welches den Notarzt stellt, so kommt in der Regel ein neuer Vertrag zustande, der als totaler oder gespaltener Krankenhausaufnahmevertrag mit Wahlleistung Arzt ausgestattet sein kann.[26] Wird der Notfallpatient in ein anderes Krankenhaus eingeliefert als in das, welches den Notarzt stellt, so enden dessen Pflichten an der Krankenhauspforte. Über die sich anschließende ambulante oder stationäre Behandlung wird mit dem aufnehmendem Krankenhaus ein neuer Vertrag geschlossen.

---

25 In diesem Sinn: H.-D. Lippert, Haftungsrechtliche Fragen, a. a. O. S. 119; Wie hier: W. Weissauer, H.-D. Lippert in: P. Sefrin ... a. a. O. S. 15 f. m. w. N.; ders., Die Rechtsstellung ... a. a. O. S. 6

26 So schon H.-D. Lippert in: Handbuch, S. 11 m. w. N.; ders., Durchführung ... a. a. O. S. 518 m. w. N. Zu den möglichen Vertragsgestaltungen: H.-J. Musielak, a. a. O. S. 87 m. w. N.; W. Uhlenbruck, a. a. O. S. 431 m. w. N.; Münchener Kommentar – Söllner, a. a. O. § 611 Rdn. 70 m. w. N.

2.2.2 Rechtsbeziehungen Notarzt – Organisationen

2.2.2.1 Arzt – Träger des Rettungsdienstes

454 Während der Notarzt in der soeben geschilderten Einbindung in das organisierte Rettungswesen in einem Arbeitsverhältnis zum Krankenhausträger steht, ist dies nicht der Fall, sofern sich niedergelassene angestellte bzw. beamtete Ärzte allein als Notarztteams dem Rettungszweckverband gegenüber auf freiwilliger Basis zur Durchführung des Notarztdienstes verpflichten. Diese Vereinbarung ist ihrer Natur nach auf kürzere oder längere Dauer angelegt und unterliegt in ihrer rechtlichen Abwicklung den Vorschriften über den Dienstvertrag.

455 Daß der Notarzt bzw. das Notarztteam sich dem Rettungszweckverband gegenüber verpflichtet, sich zu bestimmter Zeit an einer bestimmten Stelle zum Dienst bereit zu halten, ist in der Natur des Dienstes begründet und kein Indiz für eine persönliche Abhängigkeit des Arztes gegenüber dem Träger des Rettungsdienstes. Im Regelfall wird ein unabhängiges Dienstverhältnis[27] bestehen, das dem Status des niedergelassenen oder in Nebentätigkeit mitwirkenden Arztes als Freiberufler entspricht und der Notarzt wird seine Leistung selbst mit der KV abrechnen bzw. dem Privatpatienten in Rechnung stellen.

456 Vertragspartner des Notfallpatienten hinsichtlich der notärztlichen Versorgung wird der freiberuflich tätige Notarzt. Verletzt er seine Pflichten aus dem Behandlungsvertrag, so haftet er dem Notfallpatienten unmittelbar.

2.2.2.2 Arzt – Hilfsorganisationen

457 Verpflichten sich niedergelassene Ärzte, in Nebentätigkeit arbeitende Krankenhausärzte und freie Notarztteams auf freiwilliger Basis zur Durchführung des Notarztdienstes in Zusammenarbeit mit einer Hilfsorganisation und ihrem Personal, so spricht, solange nicht ein echtes Arbeitsverhältnis begründet werden soll, die Vermutung dafür, daß der Notarzt auch hier als Freiberufler tätig wird und nicht als Erfüllungsgehilfe der Hilfsorganisation. Auch wenn der Notarzt den Dienst zur Erfüllung seiner Mitgliedschaftspflichten gegenüber der Hilfsorganisation leistet, spricht nichts dagegen, ihn im Außenverhältnis als Freiberufler zu qualifizieren, falls er für seine ärztliche Leistung selbst liquidiert. Die Verpflichtung des Notarztes gegenüber der Hilfsorganisation zur Dienstleistung kommt Koordinierungsfunktion zu, so daß es beim Abschluß eines „gespaltenen" Rettungsvertrages mit dem Notfallpatienten verbleibt.[28]

2.2.3 Haftung für den Erfüllungsgehilfen

458 Anders als beim „totalen" Rettungsvertrag kann es beim „gespaltenen" Rettungsvertrag im Einzelfall schwierig sein, die Tätigkeit des Rettungssanitäters haftungsrechtlich zuzuordnen.

---

27 Vgl. zum Begriff: W. Erman – G. Küchenhoff, a. a. O. vor § 611 Rdn. 57 m. w. N. aus Rechtsprechung und Literatur. Vgl. hierzu auch H.-D. Lippert, Die Rechtsstellung . . . a. a. O. S. 6

28 Vgl. hierzu H.-D. Lippert, Die Rechtsstellung . . . a. a. O. S. 6

459 Wie beim „gespaltenen“ Krankenhausaufnahmevertrag,[29] wo es um die Haftung des liquidationsberechtigten leitenden Arztes bzw. des Belegarztes oder des Krankenhausträgers für Fehlleistungen des nachgeordneten ärztlichen Dienstes und des Assistenzpersonals geht, muß auch beim „gespaltenen“ Rettungsvertrag die Tätigkeit des Rettungssänitäters, einem bestimmten Haftungsbereich zugeordnet werden. Wie beim „gespaltenen“ Krankenhausaufnahmevertrag bestimmt sich beim „gespaltenen“ Rettungsvertrag die Zuordnung der Haftung für den Erfüllungsgehilfen nach Pflichtkreisen. Dabei ist es im Ergebnis ohne Bedeutung, daß der Rettungssanitäter weder zum Krankenhausträger, der die Durchführung des Notarztdienstes übernommen hat, noch zum Notarzt rechtlich in einem Abhängigkeitsverhältnis steht. Für den Erfüllungsgehilfen ist dies, anders als beim Verrichtungsgehilfen, nicht Haftungsvoraussetzung.[30]

460 Während für den „gespaltenen“ Krankenhausaufnahmevertrag eine Trennung der Haftung für den nachgeordneten ärztlichen Dienst und das Pflegepersonal nach den jeweiligen Pflichtenkreisen von Krankenhaus und Beleg- und/oder Chefarzt angenommen und lediglich im Überschneidungsfall eine gesamtschuldnerische Haftung von Beleg- bzw. Chefarzt und Krankenhausträger bejaht wird,[31] muß im organisierten Rettungswesen der Schnitt anders gelegt werden.

461 Versorgt der Rettungssanitäter am Notfallort oder auf dem Transport den Patienten allein und erleidet der Notfallpatient dabei eine Schädigung, so haftet aus Vertrag allein die Hilfsorganisation.

462 Assistiert dagegen der Rettungssanitäter dem Notarzt, so ist eine Aufteilung der Verantwortung nach Pflichtenkreisen nicht mehr möglich, weil Notarzt und Rettungssanitäter eine einheitliche unteilbare Leistung erbringen (§ 431 BGB). Eine gesamtschuldnerische Haftung[32] von Krankenhausträger bzw. niedergelassenem Notarzt und Hilfsorganisation erscheint angemessen. Denkbar ist beim niedergelassenen bzw. beim Krankenhausarzt in Nebentätigkeit aber auch eine alleinige Außenhaftung des Notarztes mit einem internen Ausgleichsanspruch gegenüber der Hilfsorganisation.

463 Ist abweichendes nicht vereinbart, so sind Gesamtschuldner nach § 426 Abs. 1 BGB im Regelfall zu gleichen Teilen zur Ersatzleistung verpflichtet. Es empfiehlt sich in den Vereinbarungen über die Zusammenarbeit von Notarzt- und Rettungsdienst eine Klausel über die interne Schadensteilung entsprechend dem jeweiligen Verschulden

---

29 Vgl. hierzu J. Daniels, a. a. O. S. 305 m. w. N.; H. Kleinewefers, W. Wilts, a. a. O. S. 201 m. w. N.; diess., Vertragliche Haftung ... a. a. O. S. 332 m. w. N. So im Ergebnis: W. Weissauer, Der Arzt im Notfalleinsatz, a. a. O. S. 1011

30 So O. Palandt – H. Heinrichs, a. a. O. § 278 Anm. 3 a, m. w. N. aus Schrifttum und Rechtsprechung; W. Erman – R. Battes, a. a. O. § 278 Rdn. 20 m. w. N.

31 Vgl. hierzu J. Daniels, a. a. O. S. 305 einerseits und die wesentlich umfassendere Annahme einer gesamtschuldnerischen Haftung bei H. Kleinewefers, W. Wilts, Vertragliche Haftung ... a. a. O. S. 332 andererseits

32 So J. Daniels, a. a. O. S. 307. Wie hier im Grundsatz auch H.-D. Lippert, Durchführung ... a. a.O. S. 519; ders., Problematik ... a. a. O. S. 1945; H. P. Westermann, a. a. O. S. 583 m. w. N.

aufzunehmen, auch wenn die Rechtsprechung in der Praxis bereits so verfährt und die subsidiäre Schadenzuweisung nach Kopfteilen als abbedungen ansieht.[33]

2.3 Haftung aus Geschäftsführung ohne Auftrag

464 Ist der Notfallpatient nicht willensfähig oder nicht bei Bewußtsein und die zu seiner Vertretung berechtigten Personen (z. B. Eltern, Vormund, Pfleger) nicht erreichbar, so kommt mangels wirksamer Willenserklärung ein auf Behandlung gerichteter Vertrag mit dem Notarzt, dem Krankenhausträger oder der Hilfsorganisation nicht zustande. Gleichwohl bleiben Notärzte und Rettungssanitäter aus ihrer Garantenstellung aber auch aus § 323 c StGB zur Hilfeleistung verpflichtet.

465 Nach allgemeiner Meinung gelten in diesem Fall die Regeln über die sog. berechtigte Geschäftsführung ohne Auftrag. Danach kann derjenige, der das Geschäft eines anderen besorgt, ohne von ihm dazu beauftragt worden zu sein oder sonst hierzu eine Berechtigung zu haben, von ihm Ersatz seiner Aufwendungen verlangen, wenn die Übernahme der Geschäftsführung seinem wirklichen oder mutmaßlichen Willen oder seinem Interesse entspricht, §§ 677, 683 BGB.

466 Im organisierten Rettungswesen dürfte die notfallmäßige Primärversorgung regelmäßig dem wirklichen oder mutmaßlichen Willen und dem Interesse des Notfallpatienten entsprechen, so daß zwischen dem Handelnden und dem Notfallpatienten ein gesetzliches Schuldverhältnis entsteht, welches nach den Regeln der Geschäftsführung ohne Auftrag abzuwickeln ist.[34]

467 Auch bei der Geschäftsführung ohne Auftrag muß der Geschäftsführer nach § 276 BGB die im Verkehr erforderliche Sorgfalt walten lassen. Weil es sich bei der berechtigten Geschäftsführung ohne Auftrag im Fall der Gefahr um eine Ausnahmesituation handelt, begrenzt das Gesetz die Haftung auf Vorsatz und grobe Fahrlässigkeit (§ 680 BGB). Der Rettungssanitäter der Hilfsorganisation und der niedergelassene Notarzt können vom Notfallpatienten unmittelbar in Anspruch genommen werden. Dies gilt auch für den als Arzt eines öffentlichen Krankenhauses eingesetzten Notarzt und die Rettungssanitäter von Feuer- und Bundeswehr. Die Primärhaftung des Trägers nach § 17 Abs. 4 StHG ist mit der Aufhebung des StHG entfallen.

468 Da § 680 BGB nur den spontanen Helfer begünstigen will,[35] wird man im Hinblick

33 So auch E. Deutsch, a. a. O. § 21 VII, 1 m. w. N.

34 Vgl. hierzu A. Laufs, a. a. O. Rdn. 34 m. w. N.; D. Medicus, Schuldverhältnisse, S. 164 m. w. N.; O. Palandt – H. Thomas, a. a. O. § 683 Anm. 4 m. w. N.; R. Geigel – R. Geigel, a. a. O. S. 1106 passim; die Problematik wird von den meisten Autoren nur passim und nur bezüglich der Aufnahme im Krankenhaus bzw. dem Vergütungsanspruch des behandelnden Arztes gesehen. H. G. Isele in: A. Mergen Bd. III S. 15. Vgl. auch G. Burck, a. a. O. S. 615; A. Hübner, H. Drost, a. a. O. S. 6 m. w. N.; K. Luig, a. a. O. S. 227

35 Wie hier: G. Burck, a. a. O. S. 615 m. w. N. aus dem Schrifttum in Fn. 18; K. Luig, a. a. O. S. 227. C. Wollschläger, a. a. O. S. 283 lehnt die Anwendung des § 680 auf professionelle Nothelfer überhaupt ab

darauf, daß Notarzt und Rettungssanitäter die Rettungsaufgabe als qualifizierte Hilfeleistung zumeist berufsmäßig übernehmen, an die Begrenzung auf die grob fahrlässige Schadensverursachung einen strengen Maßstab anzuwenden haben.

2.4 Haftung aus unerlaubter Handlung

469 Schließlich kann der geschädigte Notfallpatient seine Schadensersatzansprüche auf unerlaubte Handlung nach § 823 Abs. 1 und/oder Abs. 2 BGB in Verbindung mit einem Schutzgesetz stützen. Diese Anspruchsgrundlage ist neben der Vertragsverletzung v. a. deshalb von Bedeutung, weil nur bei ihrem Vorliegen der Notfallpatient ein Schmerzensgeld und die Angehörigen des verstorbenen Patienten Unterhalt fordern können (§§ 844, 847 BGB). Voraussetzung ist eine tatbestandsmäßige, rechtswidrige und schuldhafte Körperverletzung bzw. Gesundheitsbeschädigung, aus der dem Notfallpatienten ein Schaden erwächst.

470 Die Widerrechtlichkeit der Behandlung kann sich einmal aus der fehlenden Einwilligung des Patienten oder daraus ergeben, daß der bewußtlose Patient gegen den früher geäußerten oder gegen seinen mutmaßlichen Willen behandelt wird.[36] Ferner können Diagnose- und Therapiefehler, meist in Form von Verstößen gegen anerkannte Regeln der ärztlichen Kunst, die Rechtswidrigkeit begründen, weil nur der ordnungsgemäß durchgeführte Eingriff von der Einwilligung gedeckt ist. Das Verschulden wird im Zivilrecht, wie bereits ausgeführt, objektiv bemessen. Die Anforderungen an die zu beachtende Sorgfalt richten sich danach, was ein sorgfältiger Notarzt bzw. Rettungssanitäter in vergleichbarer Lage getan hätte bzw. tun würde. Da stets auf die konkreten Umstände abzustellen ist, unter denen die Leistung zu erbringen ist, kann im Notfall nicht dieselbe Sorgfalt verlangt werden wie im Normalfall.[37]

2.4.1 Aufklärung und Einwilligung

471 Wie bereits oben bei der strafrechtlichen Verantwortlichkeit dargelegt, geht die Rechtsprechung[38] davon aus, daß auch der lege artis indizierte und ausgeführte Heileingriff den Tatbestand der Körperverletzung erfüllt. Der Heileingriff ist aber rechtmäßig, wenn der Patient in Kenntnis der für seine Entscheidung wesentlichen Umstände einwilligt. Dazu bedarf es unter normalen Verhältnissen der Aufklärung des Patienten.

472 In Notsituationen, in denen nur ein sofortiges Eingreifen den Patienten retten oder vor schweren Schäden bewahren kann, braucht der Arzt jedoch mit der Aufklärung nicht viel Umstände zu machen; denn dem Patienten, der gerettet werden will, bleibt hier keine echte Wahl. Ihm die Wahlmöglichkeit aufzuzeigen, ist aber der eigentliche Sinn der

36 So Münchener Kommentar – Mertens, § 823 Rdn. 370 m. w. N. statt aller
37 So W. Weissauer, Der Arzt im Notfalleinsatz, a. a. O. S. 1011
38 Vgl. hierzu die oben unter 36 angeführten Nachweise, aber auch H. Putzo, a. a. O. S. 28 f.; vgl. hierzu und zum Meinungsstand: Münchener Kommentar – Mertens, a. a. O. § 823 Rdn. 370 ff. m. w. N.

Aufklärung.[39] Der Patient entscheidet kraft seines Selbstbestimmungsrechtes ob und von wem er sich behandeln läßt. Verweigert er die Einwilligung, so muß der Arzt seinen Willen respektieren. Ist der Patient bewußtlos oder sonst nicht entscheidungsfähig, so ist bei eiligen Maßnahmen von seiner mutmaßlichen Einwilligung auszugehen, soweit nicht die Entscheidung Personensorgeberechtigter, wie etwa die der Eltern (für noch nicht einwilligungsfähige Kinder) herbeigeführt werden kann, oder die Aussage nahestehender Personen Anhaltspunkte für den mutmaßlichen Willen liefern. Der Arzt darf, soweit ihm Gegenteiliges nicht bekannt wird, davon ausgehen, daß der bewußtlose Notfallpatient gerettet werden will.

473 Bei Notfallpatienten nach Selbstmordversuch mag dies zweifelhaft sein; die Rechtsprechung[40] geht aber davon aus, daß unsere Rechtsordnung den Selbstmord mißbilligt. Der einem Rettungsversuch entgegenstehende Wille des Selbstmörders ist grundsätzlich unbeachtlich. Der Arzt macht sich wegen unterlassener Hilfeleistung oder – je nach dem Erfolg – als „Garant" wegen eines Tötungsdeliktes strafbar, wenn er den Willen des Lebensmüden respektiert und ihn den Tod finden läßt. Daß hierin eine gewisse Inkonsequenz zu der sonst vertretenen Auffassung liegt, der Wille des Patienten sei, auch wenn er unvernünftig erscheine, zu beachten, ist nicht zu verkennen.

474 Diese Antinomie wird dadurch abgeschwächt, daß eine Hilfspflicht erst dann anzunehmen ist, wenn der Selbstmörder die Herrschaft über den von ihm veranlaßten Geschehensablauf verloren hat (Verlust der „Tatherrschaft"). So kommt Laufs zum Ergebnis, der Zwangseingriff als Ausnahme von der Regel rechtfertige sich letztlich durch die Geeignetheit der ärztlichen Maßnahme, einen Menschen in höchster Leibes- und Lebensgefahr mit relativ einfachen Mitteln zu retten.[41]
Für Bockelmann[42] ist dieser Widerspruch dagegen ein Beweis dafür, daß der ärztliche Heileingriff eben doch keine Körperverletzung sei.

475 Notarzt und Rettungssanitäter haben der Rechtsprechung des Bundesgerichtshofes Rechnung zu tragen. Einzuräumen ist, daß der Versuch der Selbsttötung oft den Charakter eines verzweifelten Appells hat, mit dem der Suizidant auf seine Notlage hinzuweisen versucht. Sein Entschluß muß also keineswegs unwiderruflich sein.

476 Wünscht der *Patient* die Einweisung in ein bestimmtes Krankenhaus und resultiert daraus ein gefährlich längerer Transport, so muß ihn der Notarzt auf das erhöhte Risiko hinweisen und ihm erklären, daß er die Verantwortung dafür nicht überneh-

---

39 Vgl. zur Aufklärung: W. Weissauer, Rechtliche Grundlagen der Aufklärung, a. a. O. S. 231 ff.; A. Eser, a. a. O. S. 211 ff.; H. Putzo, a. a. O. S. 36 f.; A. Laufs, a. a. O. Rdn. 64 ff., um nur einige Autoren aus dem fast unübersehbaren Schrifttum zu nennen. Vgl. die Nachweise aus der Rechtsprechung bei W. Dunz, a. a. O. S. 36 ff.; D. Giessen, a. a. O. S. 456 ff., 391 ff. m. w. N. B.-R. Kern, A. Laufs, a. a. O. S. 24 ff. m. w. N.

40 Seit BGH St 2, 150; 6, 147. Vgl. neuestens zum Umfang der Aufklärungspflicht beim Unfallopfer BGH VersR 1982, 771; A. Schönke, H. Schröder, P. Cramer, a. a. O. § 323 c Rdn. 7; diess., A. Eser, a. a. O. vor § 211 Rdn. 39 jew. m. w. N.

41 A. Laufs, a. a. O. Rdn. 55 m. w. N. aus Schrifttum und Rechtsprechung; Münchener Kommentar – Mertens, a. a. O. § 823 Rdn. 453

42 P. Bockelmann, a. a. O. S. 66, 80, m. w. N. aus Schrifttum und Rechtsprechung

men könne. Bleibt der Patient oder ein Personensorgeberechtigter bei seinem Verlangen, so ist sein Wille beachtlich, sofern nicht übergeordnete allgemeine Gesichtspunkte wie etwa der Abruf des Notarztes zu einem anderen Notfallort oder eine übermäßige zeitliche Inanspruchnahme des Personals und der Rettungsmittel durch die Verlängerung des Transportweges entgegenstehen.

2.4.2 Haftung für Verrichtungsgehilfen

477 Nach § 831 BGB haftet auch derjenige, der einen anderen zu einer Verrichtung bestellt (Geschäftsherr), für den Schaden, den dieser in Ausführung der Verrichtung einem Dritten widerrechtlich zufügt. Dabei genügt dessen pflichtwidriges Handeln; ein schuldhaftes Handeln des Verrichtungsgehilfen ist nicht Voraussetzung der Haftung des Geschäftsherrn.

478 Anders als bei der Haftung aus Vertrag für den Erfüllungsgehilfen (§§ 276, 278 BGB) haftet der Geschäftsherr, also z. B. der Krankenhausträger oder die Hilfsorganisation, nach § 831 BGB für vermutetes eigenes Verschulden bei der Auswahl oder Anleitung des Verrichtungsgehilfen. Das in § 831 BGB vorausgesetzte Abhängigkeitsverhältnis des Verrichtungsgehilfen zum Geschäftsherrn ergibt sich i. allg. aus der arbeitsrechtlichen Abhängigkeit des Angestellten von seinem Arbeitgeber, selbst wenn er, wie z. B. der Notarzt, höhere Dienste verrichtet.

479 Der niedergelassene Arzt oder der Krankenhausarzt, der den Notarztdienst in Nebentätigkeit versieht, ist kein Verrichtungsgehilfe der Hilfsorganisation. Rettungssanitäter sind in der Regel als Verrichtungsgehilfen der Hilfsorganisation anzusehen.

480 Der Haftung gegenüber dem Geschädigten aus § 831 BGB kann sich z. B. die Hilfsorganisation dadurch entziehen, daß sie den Entlastungsbeweis führt. Weist sie nach, den Verrichtungsgehilfen sorgfältig ausgesucht, angeleitet und überwacht zu haben, so entfällt eine Haftung. Der Entlastungsbeweis kann bereits durch den Nachweis langjähriger, ordnungsgemäßer Pflichterfüllung erbracht werden.[43]

481 Der Entlastungsbeweis schlägt in der Praxis häufig zum Nachteil des Patienten aus. Rechtsprechung und Schrittum sind wegen der damit verbundenen möglichen Härten bereits frühzeitig auf die Organhaftung ausgewichen. Nach §§ 31, 89 BGB haften juristische Personen, ohne die Möglichkeit sich durch Entlastungsbeweis von der Haftung zu befreien, für unerlaubte Handlungen, die ihr Vorstand oder andere verfassungsmäßig bestellte Organe in Ausführung der ihnen zustehenden Verrichtungen einem Dritten zufügen.[44]

---

43 Vgl. hierzu grundsätzlich D. Medicus, a. a. O. § 30 III–IV; R. Geigel – R. Geigel, a. a. O. S. 545; G. Burck, a. a. O. S. 614 m. w. N.

44 Vgl. hierzu J. Daniels, a. a. O. S. 306; H. P. Westermann, a. a. O. S. 579; R. Geigel – R. Geigel, a. a. O. S. 547 ff.; D. Medicus, a. a. O. § 30; O. Palandt – H. Thomas, a. a. O. § 831 Anm. 2; A. Laufs, a. a. O. Rdn. 182; A. Hübner, H. Drost, a. a. O. S. 18 m. w. N. aus der Rechtsprechung

482 Die Gerichte wenden § 31 BGB ausdehnend an. Da es der juristischen Person nicht freistehe, selbst darüber zu entscheiden, für wen sie ohne Entlastungsmöglichkeit haften will, könne es nicht darauf ankommen, ob die Stellung des „Vertreters" in der Satzung der Körperschaft vorgesehen ist und ob der Betreffende über rechtsgeschäftliche Vertretungsmacht verfügt. „Vielmehr genügt es, daß dem Vertreter durch die allgemeine Betriebsregelung und Handhabung bedeutsame wesensmäßige Funktionen der juristischen Person zur selbständigen, eigenverantwortlichen Erfüllung zugewiesen sind, er also die juristische Person auf diese Weise repräsentiert".[45]

483 Damit hat der Bundesgerichtshof seine bisherige Rechtsprechung aufgegeben wonach § 31 BGB nur auf einen mit umfassenden Befugnissen ausgestatteten ärztlichen Direktor anzuwenden ist.[46] § 31 BGB soll nunmehr auch für den Chefarzt einer mehr oder weniger selbständigen Fachabteilung gelten, auch wenn dieser nicht das Amt des ärztlichen Direktors bekleidet. Seine leitende, beaufsichtigende, ausbildende und beurteilende Tätigkeit verleihe ihm eine vorstandsmäßige Position. Der Anstaltsträger habe daher für Pflichtverstöße dieses Chefarztes nach § 31 BGB einzustehen. Die Exkulpationsmöglichkeit des § 831 BGB sei ihm versagt.[47]

484 Auf die Hilfsorganisationen bezogen bedeutet dies: Sind die Hilfsorganisationen, wie häufig, Gesamtvereine,[48] bei denen nur die Organisationsstufen auf Bundes- und Landesebene rechtsfähige Vereine bilden, die Orts- bzw. Kreisverbände dagegen unselbständige Untergliederungen, so kommt den jeweiligen Vorständen der Orts- bzw. Kreisverbände für ihren Bereich vorstandsähnliche Stellung zu.[49]
Der Hilfsorganisation ist daher der dezentralisierte Entlastungsbeweis[50] versagt, wie er größeren, stark arbeitsteilig tätigen Unternehmen der Privatwirtschaft von der Rechtsprechung in begrenztem Umfang zugestanden wird. Für die Vorstände ihrer Orts- bzw. Kreisverbände kann sich die Hilfsorganisation nicht exkulpieren.

2.4.3 Haftung für Übernahmeverschulden

485 Pflichtwidrig handelt derjenige, der eine Aufgabe übernimmt, der er von seiner Aus- und Vorbildung her nicht gewachsen ist. Ist dies für ihn erkennbar, trifft ihn auch ein Verschulden.

486 Auch hier ist der Fall spontaner Hilfeleistung durch einen zufälligen zur Hilfeleistung fähigen Passanten von der organisierten Hilfe im Rahmen der Teilnahme am organisierten Rettungswesen zu unterscheiden.[51]
Wer als Arzt oder Rettungssanitäter am Rettungsdienst teilnimmt, ohne die für die-

45 BGH NJW 1972, 334
46 So noch BGHZ 4, 138 (152)
47 BGH VersR 1980, 768; A. Laufs, a. a. O. Rdn. 182ff., 183; J. Daniels, a. a. O. S. 308.
48 Vgl. zum Begriff: B. Reichert, F. Dannecker, C. Kühr, a. a. O. Rdn. 1264ff. m. w. N. aus Rechtsprechung und Literatur
49 Wie hier für das Krankenhaus bereits H.-D. Lippert in: Handbuch S. 18 m. w. N.
50 Zum Begriff: O. Palandt – H. Thomas, a. a. O. § 831 Anm. 6b m. w. N.
51 Vgl. hierzu W. Weisauer, Der Arzt im Notfalleinsatz, S. 1011 f.

sen Dienst erforderlichen Kenntnisse, Fähigkeiten und Erfahrungen zu besitzen, handelt bereits dadurch fahrlässig, daß er sich für einen derartigen Dienst zur Verfügung stellt, obwohl er seine Qualifikationsmängel erkennen konnte. Ist diese schuldhafte Überschätzung der eigenen Fähigkeiten ursächlich für eine Schädigung des Notfallpatienten, so haften Notarzt und Rettungssanitäter dem Notfallpatienten.[52]

487 Dem Notfallpatienten kann darüberhinaus auch der Rechtsträger haften, der Notärzte oder Rettungssanitäter einsetzt, die dieser Aufgabe nicht gewachsen sind.[53]

488 Der Notarzt, der Rettungssanitäter, aber auch die für die Organisation zuständigen Institutionen können sich, wenn und solange andere besser qualifizierte Kräfte nicht zur Verfügung stehen, darauf berufen, in einer Notsituation das ihnen Mögliche getan zu haben. Mit zunehmendem Ausbau des Rettungswesens und der Aus- und Fortbildung von Ärzten und Rettungssanitätern wird sich dieser Einwand aber immer weniger als stichhaltig erweisen. Sind erst einmal gewisse Standards, wie dies z. B. die 520-h-Ausbildung des Bund-Länder-Ausschusses „Rettungswesen" allgemein anerkannt und durchgesetzt, so stellt sich ein Verhalten, das diesen Standards nicht genügt, im Regelfall als Sorgfaltspflichtverletzung sowohl der Organisierenden als auch der Ausführenden dar, die eine Schadenersatzpflicht nach sich ziehen kann.[54]

2.5 Gefährdungshaftung

489 Neben den Ansprüchen aus Verschuldenshaftung können dem geschädigten Notfallpatienten ggf. auch Ansprüche aus Tatbeständen der Gefährdungshaftung zustehen. Anspruchsgegner ist in diesem Fall der nach den entsprechenden gesetzlichen Vorschriften zum Schadenersatz Verpflichtete. Im Rettungsdienst kann dies der Halter des Notarztwagens und/oder dessen Fahrer sein, im Luftrettungsdienst der Halter des Luftfahrzeuges.

2.5.1 Straßenverkehrsgesetz

490 Erleidet der Patient beim Transport mit dem Notarztwagen in das Krankenhaus einen Schaden, so sind verschuldensunabhängige Ansprüche nach dem Straßenverkehrsgesetz zu prüfen.

491 Voraussetzung für Ansprüche des beförderten Notfallpatienten gegen den Halter[55] und/oder Fahrer des Notarztwagens aus Gefährdungshaftung ist, daß die Beförde-

52 So im Ergebnis auch W. Wilts, H. Kleinewefers in: A. Mergen, Bd. III, S. 34

53 Vgl. hierzu W. Weissauer, Der Arzt im ... S. 1012. vgl. oben 2.1.2.1

54 Vgl. zum Organisationsverschulden insbesondere im Krankenhaus: H.-D. Lippert, Sorgfaltspflicht ... S. 99 ff. Zum Organisationsverschulden bei ärztlicher Teamarbeit: H. P. Westermann, a. a. O. S. 582 m. w. N.

55 Vgl. hierzu H. Jagusch, a. a. O. § 7 StVG, Rdn. 14 m. w. N.; H. Becker, a. a. O. S. 3; R. Geigel – R. Geigel, a. a. O. S. 691, jeweils m. w. N.

rung entgeltlich ausgeführt wird, § 8a StVG. Da der Begriff „Entgeltlichkeit" weit auszulegen ist[56] und für den Notarztwageneinsatz regelmäßig Entgelte (wenn auch meist nicht beim betroffenen Patienten selbst) erhoben werden, wird eine entgeltliche und geschäftsmäßige Personenbeförderung nach § 8a StVG gegeben sein. Die Geschäftsmäßigkeit entfällt nicht dadurch, daß die Beförderung, durch eine Körperschaft oder Anstalt des öffentlichen Rechtes betrieben wird. Das unter dem alten Recht ergangene, bei Geigel[57] zitierte Urteil des BGH, wonach ein Sanitätskraftwagen des Bayerischen Roten Kreuzes kein öffentliches Verkehrsmittel sei, auch nicht dem öffentlichen Verkehr diene und überdies bei der Abrechnung der Fahrt nach dem Kostendeckungsprinzip verfahren werde, es mithin an der Entgeltlichkeit fehle, dürfte unter § 8a StVG nicht mehr anwendbar sein, weil danach die Beförderung nicht mehr öffentlich sein muß.

492 Damit ist regelmäßig die Haftung des Halters des Notarztwagens gegeben. In ihrem Umfang richtet sie sich nach § 7 StVG, so daß die Ersatzpflicht u. a. bei Vorliegen eines unabwendbaren Ereignisses im Sinne von § 7 Abs. 2 StVG ausgeschlossen ist. Zum Schadenersatz verpflichtet ist der Halter, also derjenige, der das Fahrzeug auf eigene Rechnung in Gebrauch und darüber die Verfügungsgewalt hat.[58]

493 Neben die Haftung des Fahrzeughalters tritt nach § 18 StVG diejenige des Fahrers des Notarztwagens, sofern ihm nicht der Nachweis gelingt, daß ihn an dem Schadensereignis kein Verschulden trifft (vermutetes Verschulden). Gelingt ihm dies, so kommt der weitgehenden, auch für ihn geltenden Haftung nach § 16 StVG nur noch geringe Bedeutung zu.[59]

494 § 23 Personenbeförderungsgesetz stellt nach allgemeiner Meinung keine besondere Anspruchsgrundlage dar, aus welcher der Geschädigte Schadenersatzansprüche geltend machen kann. Er setzt die anderen Anspruchsgrundlagen voraus und regelt lediglich eine Beschränkung der Haftung für Sachschäden.[60]

2.5.2 Luftverkehrsgesetz[61]

495 Kein Fall der Gefährdungshaftung ist die Haftung für Schäden aus dem Lufttransport aufgrund des Beförderungsvertrages. Der Luftfrachtführer, der zumeist zugleich der Luftfahrzeughalter ist, haftet dem transportierten Notfallpatienten bei Schädigung im Rahmen des Beförderungsvertrages[62] aus vermutetem Verschulden. Mit dem ansprechbaren Notfallpatienten wird regelmäßig ein Vertrag über den Lufttransport geschlossen. Ist der Patient bewußtlos oder nicht willensfähig, so schließt derjenige, der das Luftfahrzeug zum Transport anfordert als Geschäftsfüh-

56 Vgl. hierzu H. Becker, a. a. O. S. 43 ff.
57 Vgl. hierzu R. Geigel – R. Geigel, a. a. O. S. 730; BGH VRS 13, 18
58 Vgl. hierzu im einzelnen H. Jagusch, a. a. O. § 18 StVG m. w. N. sowie zu § 16 StVG; R. Geigel – R. Geigel, a. a. O. S. 736 m. w. N.
59 Vgl. R. Geigel – R. Geigel, a. a. O. S. 736
60 Vgl. H. Bidinger, a. a. O. § 23
61 Zur Haftung nach dem LuftVG allgemein: W. Schwenk, a. a. O. S. 190
62 Die Gefährdungshaftung des § 33 LuftVG gilt nur im Verhältnis zu Außenstehenden

rer ohne Auftrag einen Beförderungs(Werk)vertrag mit dem Luftfrachtführer zugunsten des Patienten ab.

496 Die Verschuldensvermutung des § 45 LuftVG kann der Luftfrachtführer widerlegen, indem er nachweist, daß er und die von ihm herangezogenen Personen die erforderlichen Maßnahmen zur Verhinderung des Schadens getroffen haben.[63] Unter den Begriff der „Leute“ im Sinne von § 45 LuftVG fallen im Rettungseinsatz neben dem/den Piloten ärztliches wie nichtärztliches Personal, welches den Patienten begleitet und dessen sich der Luftfrachtführer zur Erfüllung seines Beförderungsvertrages bedient. Für diesen Personenkreis fehlt eine dem § 18 StVG entsprechende Vorschrift. Diese Personen haften daher nach den allgemeinen Vorschriften des BGB, allerdings nach § 46 LuftVG summenmäßig beschränkt, solange sie den Schaden nicht vorsätzlich oder grob fahrlässig herbeigeführt haben (§ 48 Abs. 1 S. 2 LuftVG).[64]

497 Kommt kein Beförderungsvertrag zustande, so richtet sich die Haftung des Luftfrachtführers nach den allgemeinen Regeln des BGB, § 48 Abs. 2 S. 2 LuftVG.

498 Nimmt die Bundeswehr mit Hubschraubern des SAR-Dienstes am Luftrettungsdienst teil, so haftet die Bundesrepublik als Halter und Luftfrachtführer des Rettungshubschraubers dem geschädigten Notfallpatienten nach §§ 54, 44, 46–48 LuftVG. Eine unmittelbare Haftung des eingesetzten Personals dem Notfallpatienten gegenüber, ist in §§ 54, 48 Abs. 1 LuftVG vorgesehen.

2.6 Staatshaftung

499 Nach h. M. in Schrifttum und Rechtsprechung ist das Benutzungsverhältnis des Patienten zum Krankenhaus – von einigen wenigen hier nicht einschlägigen Ausnahmen abgesehen – nach zivilrechtlichen Grundsätzen zu beurteilen und abzuwickeln.[65] Gleiches gilt für Bundeswehrkrankenhäuser, zumindest soweit sie Zivilpatienten behandeln und soweit sie mit ihren Ärzten, die zugleich Sanitätsoffiziere sind, am Notarztdienst teilnehmen. Auch bei der Behandlung von Notfallpatienten ist daher kein Raum für eine Haftung nach Staatshaftungsgrundsätzen.

500 Auch die Durchführung des Rettungsdienstes durch die Hilfsorganisationen unterliegt den Regeln des Zivilrechts. Es besteht keine Notwendigkeit, sie etwa als „beliehene Unternehmer“ anzusehen, ihr Handeln als hoheitliches zu qualifizie-

63 Vgl. hierzu W. Schwenk, a. a. O. S. 190; R. Geigel – R. Geigel, a. a. O. S. 1223 m. w. N.

64 Vgl. R. Geigel – R. Geigel, a. a. O. S. 1229 f.; W. Schwenk, a. a. O. S. 190

65 Grundlegend für die Rechtsprechung: BGHZ 2, 94; 4, 138; B. Bender, a. a. O. Rdn. 451 f.; G. Burck, a. a. O. S. 614; J. Daniels, a. a. O. S. 307; R. Geigel – R. Geigel, a. a. O. S. 1103; W. Erman – B. Drees, a. a. O. § 839 Rdn. 23; A. Laufs, a. a. O. Rdn. 178 ff; O. Palandt – H. Thomas, a. a. O. § 839 Anm. 2 c, cc; E. Eyermann-L. Fröhler, a. a. O. § 40 Rdn. 54 m. w. N. H.-D. Lippert, Persönliche Haftung ... a. a. O. S. 340; Zur Regelung nach dem zwischenzeitlich aufgehobenen StHG: A. Schäfer, H.-J. Bonk, a. a. O. § 17 Rdn. 1 ff. 29 m. w. N.; H.-D. Lippert, a. a. O. S. 647; W. Weissauer, G. Hirsch, a. a. O. S. 167; S. Schloßhauer-Selbach, a. a. O. S. 1305 ff. m. w. N.

ren und die Haftung für eingetretene Schäden nach Staatshaftungsrecht abzuwikkeln.[66]

501 Eine Ausnahme macht die Rechtssprechung für die Feuerwehr, sofern sie im Rettungsdienst tätig wird. Ist die Verpflichtung am Rettungsdienst teilzunehmen der Feuerwehr gesetzlich auferlegt, so sei diese Aufgabe der sonstigen Rettung von Menschen aus Lebensgefahr als gleichrangig anzusehen und daher wie diese dem hoheitlich wahrgenommenen Aufgabenkreis zuzurechnen.[67]
Die Berufsfeuerwehren werden demnach, wenn sie kraft Gesetzes in Berlin, Bremen und Hamburg[68] den Rettungsdienst durchführen, hoheitlich tätig. Vom Personal der Feuerwehr verschuldete Schäden sind nach Staatshaftungsgrundsätzen zu ersetzen. Die Anstellungskörperschaft hat nach Art. 34 GG i. V. m. § 839 BGB dem Unfallpatienten Schadenersatz zu leisten. Ist die Rettungsleitstelle, wie in Rheinland-Pfalz z. B. eine staatliche Stelle und entstehen durch ihre Tätigkeit den Hilfsorganisationen Schäden, so sind diese ebenfalls nach Staatshaftungsrecht abzuwikkeln.

502 Soweit ein Schadenersatzanspruch auf Tatbestände der Gefährdungshaftung gestützt wird, bringt die Schadensabwicklung nach Staatshaftungsrecht keine Besonderheiten gegenüber dem fiskalischen Bereich der Staatstätigkeit. Nur tritt für den Staat z. B. als Halter des Rettungswagen keine Versicherung ein, weil sich dieser als Selbstversicherer versteht.[69]

2.7 Beweisfragen

503 Im Zivilprozeß wird das Obsiegen oder Unterliegen von Beweisregeln maßgeblich beeinflußt. Zur Abschätzung der Chancen im Prozeß ist daher die Kenntnis der wichtigsten Beweislastregeln von Bedeutung.[70]

504 Grundsätzlich trägt derjenige, der die zur Anspruchsbegründung erforderlichen Tatsachen vorzutragen hat, für sie auch die Beweislast. Dies bedeutet: Gelingt es dem Kläger nicht, die zur Begründung des Schadenersatzanspruches erforderlichen Tatsachen zu beweisen, so geht dies zu seinen Lasten. Der Richter muß in diesem Fall die Klage abweisen, wenn diese Tatsachen nicht mit einer Sicherheit, die vernünftige Zweifel ausschließt, zu seiner Überzeugung feststehen.

---

66 So schon H.-D. Lippert in: Handbuch S. 22 m. w. N.; Offengelassen bei H. H. Rupp, Der Rettungsdienst als öffentliche Aufgabe, in: 4. Rettungskongreß des DRK, Wiesbaden 25.–28. 4. 1978, Schriftenreihe Nr. 55 S. 110 ff.

67 So z. B. BGHZ 37, 337; OLG Oldenburg NJW 1973, 1199 m. w. N., m. abl. Anm. v. Butz, NJW 1973, 1803; kritisch hierzu: B. Bender, a. a. O. Rdn. 456 ff.

68 Vgl. Texte im Anhang

69 Vgl. hierzu B. Bender, a. a. O. S. 175 Fn. 522

70 Vgl. die Darstellung bei A. Laufs, a. a. O. Rdn. 187 ff. m. w. N. aus Rechtsprechung und Schrifttum; W. Uhlenbruck, Beweisfragen . . . a. a. O. S. 1057 m. w. N.; Münchener Kommentar – Mertens, a. a. O. § 823 Rdn. 410 ff. m. w. N.; Vgl. hierzu auch W. Dunz, a. a. O. S. 50 ff. m. w. N. Vgl. hierzu neuestens D. Giessen, a. a. O. S. 448 ff. m. w. N. aus Schrifttum und Rechtsprechung

505 Behauptet der Notfallpatient, ihm stehe wegen Mängeln bei der Versorgung am Notfallort oder während des Transportes ein Schadenersatzanspruch aus dem totalen oder gespaltenen Rettungsvertrag und/oder aus unerlaubter Handlung zu, so hat er diejenigen Tatsachen vorzutragen, an die das bürgerliche Recht die Entstehung des Anspruches knüpft. Er muß also darlegen und beweisen, daß dem Notarzt (oder dem Rettungssanitäter) ein schuldhafter Behandlungsfehler unterlaufen ist und daß dieser Fehler ursächlich für den Schaden war, dessen Ersatz er fordert.[71]

506 Diese Beweislastverteilung kann gerade im Arzthaftungsprozeß zur Beweisnot des Klägers führen. Gleichwohl lehnt die Rechtsprechung eine allgemeine Beweislastumkehr ab und auch das Bundesverfassungsgericht ist einer allgemeinen Beweislastumkehr im Arzthaftpflichtprozeß entgegengetreten.[72] Unter dem Postulat der „Waffengleichheit für Arzt und Patient" räumt sie diesem jedoch Beweiserleichterungen ein. Seine Beweisnot wird durch den Anscheinsbeweis gemildert. Behauptet er einen Behandlungsfehler, der nach medizinischer Erfahrung typischerweise zu einer Schädigung führt, wie er sie durch die Notfallbehandlung erlitten hat, so hat der Kläger nur diese Fehlleistung und den Schaden zu beweisen, nicht aber deren Ursächlichkeit für den Schaden. Ebenso kann, ausgehend von einem Schaden, der nach medizinischer Erfahrung typischerweise auf einer Fehlleistung beruht, auf den ärztlichen Behandlungsfehler geschlossen werden.[73]

507 Es obliegt dann dem Beklagten, die ernsthafte Möglichkeit eines atypischen Geschehensverlaufes etwa aufgrund anatomischer oder physiologischer Anomalien darzulegen und zu beweisen, um die ursprüngliche Verteilung der Beweislast wieder herzustellen.

508 Darüber hinaus kann zugunsten des Klägers eine Umkehr der Beweislast eintreten. Dazu kommt es, wenn feststeht, daß der Beklagte eine Berufspflicht zum Schutze des Klägers vor Gefahren für Körper und Gesundheit gröblich verletzt hat und diese Pflichtwidrigkeit geeignet war, einen Schaden von der eingetretenen Art herbeizuführen.[74] Hier obliegt es dem Beklagten darzutun, daß sein Verstoß den Schaden nicht verursacht hat.

509 Eine Umkehr der Beweislast wird auch angenommen, wenn der Beklagte die Beweisführung des Klägers schuldhaft vereitelt oder erschwert,[75] etwa durch Vernichtung von Beweismitteln in Kenntnis ihres Beweiswertes. Von zunehmender Bedeutung sind weiter für die Beweislastumkehr Mängel in der Dokumentation. Im Dammschnitturteil[76] hat der Bundesgerichtshof die Verpflichtung des Arztes be-

71 Zu den Kausalitätsproblemen vgl. G. Hirsch, W. Weissauer, a.a.O. S. 41
72 BVerfG NJW 1979, 1925 m.w.N. Vgl. hierzu und zum folgenden D. Giessen, a.a.O. S. 450ff. m.w.N.
73 So auch Münchener Kommentar – Mertens, a.a.O. § 823 Rdn. 413 m.w.N.; Vgl. hierzu auch BGH, MedR 1983, 107
74 Vgl. BGHZ 61, 118; A. Laufs, a.a.O. Rdn. 190; D. Giessen, a.a.O. S. 453f. BGH MedR 1983, 107, 144
75 Vgl. H.-J. Musielak, a.a.O. S. 87 m.w.N.; BGH NJW 1975, 2245; BGH NJW 1978, 1424; BGH VersR 1970, 544; Münchener Kommentar – Mertens, a.a.O. § 823 Rdn. 417
76 NJW 1978, 1681. Vgl. hierzu auch D. Giessen, a.a.O. S. 454f. BGH MedR 1983, 144

jaht, im Prozeß anhand der Krankengeschichte, soweit dies aufgrund ordnungsgemäßer Aufzeichnungen über den Behandlungsverlauf möglich ist, darzulegen und zu beweisen, daß die Behandlung kunstgerecht war. Fehlen Aufzeichnungen dort, wo sie bei einer ordnungsgemäßen Dokumentation der ärztlichen Behandlung zu erwarten sind und wird dadurch dem Kläger die Beweisführung erschwert, so geht dies zu Lasten des Arztes. Häufig wird wie auch sonst im Behandlungsfehlerprozeß eine völlige Aufklärung des Sachverhaltes durch das Gericht nur unter Hinzuziehung von Sachverständigen möglich sein.[77]

510 Steht fest, daß eine Schädigung auf dem Versagen medizinischer Geräte beruht, so muß der Beklagte, also der Arzt oder der Krankenhausträger beweisen, daß sie ordnungsgemäß gewartet und gepflegt waren und daß ihre Funktionsfähigkeit geprüft wurde.[78]

511 Für das organisierte Rettungswesen lassen der hohe Grad von Arbeitsteilung und die teilweise für den Notfallpatienten verwirrenden und unüberschaubaren Kooperationsformen den Schluß zu, daß eine Beweislastumkehr auch wegen organisatorischer Fehler und Mängel in Betracht kommen kann, die bei der Durchführung von Notarzt- und Rettungsdienst auftreten.[79]

2.8 Versicherungsschutz

2.8.1 Notarzt

512 Wird der Notarzt auf Schadenersatz in Anspruch genommen, so tritt regelmäßig seine Haftpflichtversicherung für den Schaden ein. Beim niedergelassenen Arzt ergeben sich durch die Teilnahme am Rettungsdienst hier keine Besonderheiten. Der angestellte Arzt sollte beachten: Ist die Teilnahme entsprechend den tarifvertraglichen Vereinbarungen Dienstaufgabe, so ändert sich an der abhängigen Tätigkeit des Arztes durch den Einsatz als Notarzt nichts. Hat der Krankenhausträger, wie dies allgemein üblich ist, für die Tätigkeit seiner Angestellten eine Haftpflichtversicherung abgeschlossen, umfaßt sie auch seine Tätigkeit als Notarzt im Rahmen der Dienstaufgaben.

513 Krankenhäuser in staatlicher Trägerschaft, also v. a. die Universitätskliniken, schließen jedoch unter Hinweis auf haushaltsrechtliche Vorschriften zugunsten ihres Personales regelmäßig keine Versicherungen ab. Sie betrachten sich als Selbstversiche-

77 Vgl. hierzu H. Franzki, a. a. O. S. 103 ff. m. w. N.
78 So Münchener Kommentar – Mertens, a. a. O. § 823 Rdn. 402, 416, zur Verantwortlichkeit für Geräte; speziell für das Funktionieren eines Narkosegerätes: BGH NJW 1978, 584 m. w. N. Vgl. hierzu auch H.-D. Lippert, Sorgfaltspflicht, a. a. O. S. 102 f. und die Empfehlung der DGAI zur Sicherung medizinisch-technischer Geräte beim Einsatz in der Anästhesie, Anästh. u. Intensivmed. 20 (1979) 305; F. W. Ahnefeld, a. a. O. S. 298; Empfehlungen der DGAI zur Sicherung medizinisch-technischer Geräte beim Einsatz in der Anästhesie, hier: Inhalationsnarkosegeräte, Anästh. u. Intensivmed. 20 (1979) 307. Vgl. hierzu D. Giessen, a. a. O. S. 455 m. w. N.
79 BGH NJW 1978, 584; OLG Hamm, VersR 1980, 585

rer. Hier muß der angestellte oder beamtete Krankenhausarzt selbst für entsprechenden Versicherungsschutz auch für den Fall des Rückgriffes seines Arbeitgebers sorgen.[80]

514 In jedem Fall empfiehlt es sich, vor Aufnahme der Tätigkeit als Notarzt eine eindeutige Klärung der versicherungsrechtlichen Situation herbeizuführen. Das gleiche gilt für den Arzt, der die Leitung des Notarztdienstes übernimmt oder der als leitender Arzt einer Abteilung eines Krankenhauses, Ärzte zum Notarztdienst bereitstellt.

2.8.2 Rettungssanitäter

515 Auch der Rettungssanitäter sollte prüfen, ob die Organisation oder der Rechtsträger, in deren Diensten er steht, ihn gegen die Inanspruchnahme durch geschädigte Notfallpatienten ausreichend versichert hat, andernfalls sollte er eine eigene Haftpflichtversicherung abschließen, die seine unmittelbare Haftung gegenüber dem Patienten sowie den Rückgriff der Hilfsorganisationen gegen ihn abdeckt.

---

80 Vgl. hierzu neuestens: P. Zimmermann, a. a. O. S. 84 f.; H.-D. Lippert, Persönliche Haftung ... a. a. O. S. 340 m. w. N.

3 Ersatzansprüche am Rettungseinsatz Unbeteiligter

3.1 Ansprüche aus unerlaubter Handlung

516 Es ist denkbar, daß durch den Rettungseinsatz unbeteiligte Dritte, z. B. durch eine Kollision mit dem Rettungsfahrzeug einer Hilfsorganisation Schaden erleiden, der vom Fahrer verursacht worden ist. Liegt ein Verschulden des Fahrers vor, so haftet er dem Geschädigten nach § 823 Abs. 1 und ggf. § 823 Abs. 2 BGB i. V. m. dem entsprechenden Schutzgesetz, etwa § 223 StGB. Daneben kommt eine Haftung der Hilfsorganisation nach § 831 BGB in Betracht. Kann die Hilfsorganisation den Nachweis sorgfältiger Auswahl und Überwachung ihres Fahrers führen, so entfällt ihre Haftung. Schäden, die von Fahrzeugen der Feuerwehr und der Bundeswehr verursacht worden sind, sind nach dem StVG und Staatshaftungsgrundsätzen abzuwickeln.

3.2 Ansprüche aus Gefährdungshaftung

517 Für die Abwicklung von Schadensfällen im Straßen- und Luftverkehr kommt den verschuldensunabhängigen Anspruchsgrundlagen des Straßenverkehrs- und Luftverkehrsgesetzes besondere Bedeutung zu. Der durch den Einsatz geschädigte Dritte kann gegen den Fahrer der Hilfsorganisation nach § 18 StVG und gegen den Halter des Einsatzfahrzeuges nach § 7 StVG vorgehen. Erleidet er durch einen Unfall im Luftrettungsdienst einen Schaden, so kann er seinen Ersatzanspruch auf § 33 LuftVG stützen.

4 Die Schadensabwicklung der beteiligten Organisationen untereinander

518 Erleidet ein Notfallpatient bei einem Notfalleinsatz einen Schaden, so stellt sich bei der arbeitsteiligen Durchführung der Dienste die Frage, welche Organisation dem Geschädigten (also nach außen) haftet und wie dieser Fremdschaden im Verhältnis der beteiligten Organisationen intern abzuwickeln ist. Die teilweise komplizierte Organisationsstruktur von Rettungs- und Notarztdienst legt es nahe, daß sich die Beteiligten vor Eintritt eines Schadensfalles Gedanken machen, wie für diesen Fall in den Kooperationsvereinbarungen Vorsorge getroffen werden kann.

4.1 Fremdschadensabwicklung der beteiligten Organisationen

4.1.1 „Totaler" Rettungsvertrag

519 Unkompliziert sind nur die Organisationsformen, bei denen ein totaler Rettungsvertrag geschlossen wird und der Vertragspartner des Notfallpatienten sowohl den Notarzt – als auch den Rettungsdienst mit seinem eigenen Personal durchführt. Dies ist z. B. bei der Durchführung der Dienste durch die Bundeswehr oder durch Feuerwehr und trägereigene Krankenhäuser der Fall. Hier entfällt eine Schadensteilung. Der Dienstherr kann bei vorsätzlichem oder fahrlässigem Handeln unmittelbar bei seinem Bediensteten Rückgriff nehmen.

520 Eine Sonderstellung des Krankenhausträgers kann sich dann ergeben, wenn er, vertraglich vereinbart, nach außen hin als Vertragspartner des Notfallpatienten hinsichtlich Notarzt- und Rettungsdienst auftritt, intern die Zusammenarbeit aber auf einer Kooperation mit einer oder mehreren Hilfsorganisationen beruht. Hier empfiehlt sich der Abschluß einer Vereinbarung über die interne Schadensabwicklung.

4.1.2 „Gespaltener" Rettungsvertrag

521 Werden Träger des Notarztdienstes und Hilfsorganisationen dem Notfallpatienten gegenüber aufgrund selbständiger und voneinander unabhängiger Verträge tätig, so kann eine interne Schadensteilung notwendig werden, wenn ein Träger nach außen allein für die Fehlleistung des anderen Partners einzustehen hat, z. B. für Fehler des Rettungssanitäters der als Erfüllungsgehilfe des Notarztes tätig geworden ist, oder, sofern einer der Partner als einer von mehreren Gesamtschuldnern Schadenersatz geleistet hat. Die interne Schadensteilung kommt bei vertraglichen und deliktischen Ansprüchen aber auch bei Verletzung der Pflichten aus Geschäftsführung ohne Auftrag in Betracht.

Bei der internen Schadensteilung ist auf das Maß des Verschuldens abzustellen, das sich die Beteiligten zurechnen lassen müssen. Eine Schadensteilung nach Kopfteilen, wie § 426 BGB sie subsidiär vorsieht, wird nur in Ausnahmefällen eintreten.

522 Vereinfacht werden könnte der interne Schadensausgleich durch die Vereinbarung[1] der Beteiligten, daß im Falle beiderseitiger Fehlleistungen, die ursächlich oder mit ursächlich für den eingetretenen Schaden waren, dieser hälftig geteilt und damit auf eine genauere Prüfung des Maßes des Verschuldens verzichtet wird.

4.2 Eigenschadensabwicklung der beteiligten Organisationen

523 Eigenschäden können den an der Durchführung von Rettungs- und Notarztdienst beteiligten Organisationen durch den Partner der Kooperation in zweifacher Weise entstehen. Durch Unachtsamkeit des Notarztes können Geräte der Hilfsorganisation beschädigt werden. Schädigt Personal der einen Organisation Mitarbeiter der anderen, so kann dieser durch die Verpflichtung zur Lohnfortzahlung ein Schaden entstehen.

524 Wurden diese Schäden schuldhaft verursacht, so liegt hierin eine Verletzung des Kooperationsvertrages, die nach den Grundsätzen der positiven Vertragsverletzung abzuwickeln ist. Die Vertragspartner haften sich gegenseitig für das Verschulden ihres Personals als Erfüllungsgehilfen. Neben die Ansprüche aus dem Kooperationsvertrag treten, sofern die tatbestandsmäßigen Voraussetzungen bei der Beschädigung von Geräten vorliegen, Ansprüche aus unerlaubter Handlung (§ 823 Abs. 1, Abs. 2 BGB in Verbindung mit dem jeweiligen Schutzgesetz). Bei Krankenhausträgern, die zugleich Träger des Notarztdienstes sind, ist zu beachten, daß sie nach § 831 BGB ggf. auch nach §§ 31, 89 BGB für die eingesetzten Notärzte, aber auch für den Arzt haften, der für die Organisation und Leitung des Notarztdienstes verantwortlich ist.

525 Zur Vereinfachung der Schadensabwicklung könnte vereinbart werden, daß sich die beteiligten Organisationen für Eigenschäden gegenseitig Schadenersatz nur in dem Umfang leisten, wie sie selbst gegenüber dem Schädiger Schadensersatz im Wege des Rückgriffs geltend machen können. Dies bedeutet in der Praxis, daß nur für vorsätzliches oder grob fahrlässiges Handeln im Verhältnis zueinander gehaftet würde. Bei den Hilfsorganisationen wie den Krankenhausträgern ist der mögliche Rückgriff wegen gefahrengeneigter Tätigkeit regelmäßig auf vorsätzlich oder grob fahrlässig verursachte Schäden beschränkt. Bei den Feuerwehren und bei Sanitätspersonal der Bundeswehr ergibt sich diese Beschränkung aus dem BBG bzw. den Beamtengesetzen der Länder.
Für diese Ansprüche müßten die Partner der Kooperationsvereinbarung einen Freistellungsanspruch des jeweiligen Personals begründen.

1 Vgl. hierzu die Haftungsregelungen in den vertraglichen Vereinbarungen im Anhang

4.3 Schadenersatzansprüche der Bediensteten der beteiligten Organisationen gegeneinander

526 Schädigt sich Personal der Partner der Kooperationsvereinbarung im Einsatz gegenseitig, so gilt folgendes:

4.3.1 Das Haftungsprivileg des § 636 RVO für Angestellte

527 Schädigen sich Angestellte desselben Betriebes und erleidet der Geschädigte hierdurch einen Betriebsunfall, so bestimmen die §§ 636, 637 RVO, daß alle Ansprüche aus Personalschäden, seien sie öffentlich-rechtlicher oder privater Natur, auch aus Gefährdungshaftung, sowohl gegen den Unternehmer (Dienstherr) als auch die Arbeitskollegen desselben Dienstherren, ausgeschlossen sind.[2] Dies gilt insbesondere auch für Schmerzensgeldansprüche.[3]

528 Gemäß § 637 Abs. 2 und 3 RVO gilt dieser Ausschluß entsprechend auch für Bedienstete die bei der Feuerwehr tätig sind und für Bedienstete in Unternehmen zur Hilfeleistung in Notfällen nach § 539 Abs. 1 Nr. 8 RVO.

4.3.2 Die Rechtslage bei Beamten

529 Ähnlich ist die Rechtslage bei Beamten. Hat ein Beamter die Dienstunfähigkeit oder den Tod eines anderen Beamten in Ausübung seines Dienstes verursacht, so liegt ein eigener Schaden des Dienstherrn darin, daß er an den Verletzten bzw. dessen Hinterbliebene Bezüge zahlen muß, ohne für die entsprechende Zeit seine Dienstleistung zu erhalten. Nach § 87 a BBG bzw. den entsprechenden Vorschriften der Beamtengesetze der Länder gehen die dem Beamten zustehenden Schadenersatzansprüche gegen den Schädiger auf den Dienstherrn über und können von diesem auch gegenüber dem seinen Kollegen schädigenden Beamten innerhalb bestimmter Grenzen im Wege des Regresses (vgl. § 78 BBG sowie die entsprechenden Vorschriften der Beamtengesetze der Länder) geltend gemacht werden.

530 Wie bei Angestellten gilt auch für Beamte, daß sie bzw. ihre Hinterbliebenen, gegen den schädigenden Beamten und den Dienstherrn unmittelbar keine weitergehenden Schadenersatzansprüche geltend machen können, die über die ihnen aufgrund der Beamtengesetze zustehenden Ansprüche hinausgehen. Dies bestimmt § 46 Abs. 2 BeamtenVG, der insoweit auf das Gesetz über die erweiterte Zulassung von Schadenersatzansprüchen bei Dienst- und Arbeitsunfällen vom 7. Dezember 1943 (RGBl. I S. 674) Bezug nimmt.

531 Für Angestellte wie Beamte gelten von dieser Regelung 2 Ausnahmen:
Schadenersatz kann dann verlangt werden, wenn der Dienstunfall vorsätzlich vom Schädiger herbeigeführt worden oder bei der Teilnahme am allgemeinen Verkehr

---

2 Vgl. hierzu R. Geigel – R. Geigel, a. a. O. S. 1309 m. w. N. aus Schrifttum und Rechtsprechung
3 BVerfG NJW 1973, 502

eingetreten ist (§§ 636 Abs. 1 RVO, 46 Abs. 2 BeamtenVG, § 1 Abs. 1 ErweiterungsG vom 7.12. 1943).[4]

532 Schädigen sich, was bei den komplizierten Organisationsformen von Notarzt- und Rettungsdienst vorkommen kann, Beamte unterschiedlicher Dienstherren oder ein Beamter eines Dienstherrn einen Angestellten eines anderen Dienstherrn, so ist der Rückgriff gegen den Schaden stiftenden Bediensteten der schadenersatzpflichtigen Verwaltung durch § 4 Abs. 1 ErweiterungsG ausgeschlossen.[5]

533 Zum selben Ergebnis käme man auch bei Angestellten, sofern man die bei der Durchführung von Notarzt- und Rettungsdienst kooperierenden Unternehmen im Verhältnis zueinander als sog. „weitere Unternehmer" i. S. v. § 636 Abs. 2 RVO ansähe oder die Durchführung dieser Dienste als Gemeinschaftsaufgabe der sie durchführenden Organisationen auffaßte. Auch dies hätte zur Folge, daß sie wegen Personenschäden, die ihre in ihrem Bereich tätigen Arbeitnehmer bei der Durchführung des Rettungs- bzw. Notarztdienstes durch Fehlverhalten der Arbeitnehmer des anderen Arbeitgebers erleiden, gegeneinander keine Schadenersatzansprüche erwerben.

534 Gleiches gilt für den Fall des Zusammenwirkens einer oder mehrerer Hilfsorganisationen mit einem Krankenhausträger, welcher die Ärzte für den Notarztdienst stellt. Das Zusammenwirken ist wohl als Gemeinschaftsarbeit zu qualifizieren, oder die beteiligten Organisationen sind im Verhältnis zueinander jeweils als „weitere Unternehmer" im Sinne von § 636 Abs. 2 RVO anzusehen.[6]
Führen Notarztteams, zusammen mit einer oder mehreren Hilfsorganisationen aufgrund entsprechender Vereinbarungen den Notarztdienst durch, so ist das Team Unternehmer im Sinne von § 636 RVO und fällt nicht unter § 539 Abs. 1 Nr. 8 RVO.

4.3.3 Ersatzansprüche ehrenamtlich tätiger Mitglieder der Hilfsorganisationen gegeneinander

535 Ehrenamtlich tätige Rettungshelfer und Rettungssanitäter stehen zur Hilfsorganisation in keinem Arbeitsverhältnis.[7] §§ 636, 637 RVO, die im Arbeitsverhältnis Schadenersatzansprüche der Arbeitnehmer gegeneinander ausschließen, gelten für ehrenamtliches Personal der Hilfsorganisationen nicht.

536 Für die Hilfsorganisationen und die Feuerwehren, deren Tätigkeit in besonderem Maße der Gemeinschaft nützlich, aber auch in ungewöhnlich starkem Maße unfallgefährdet ist, hat das Gesetz in § 637 Abs. 2 und 3 RVO Sondervorschriften aufgenommen, so daß der ehrenamtlich tätige Personenkreis über § 637 Abs. 2 und/oder

4 Vgl. hierzu ausführlich: R. Geigel – R. Geigel, a. a. O. S. 1243 ff. und 1305 jeweils mit ausführlichen Nachweisen aus Schrifttum und Rechtsprechung

5 So R. Geigel – R. Geigel, a. a. O. S. 1248 m. w. N.

6 Vgl. hierzu R. Geigel – R. Geigel, a. a. O. S. 1326 m. w. N. So auch H.-D. Lippert in: Handbuch, S. 7 m. w. N.

7 Vgl. hierzu H.-D. Lippert, Verantwortlichkeit ... a. a. O. S. 553; BAG AP Nr. 15 zu § 5 ArbGG; B. Reichert, F. Dannecker, C. Kühr, a. a. O. Rdn. 764 m. w. N.

3 RVO ebenfalls in den Genuß der Haftungsbeschränkung nach §§ 636ff. RVO kommt.[8]

4.3.4 Ersatz von Sachschäden

537 Im Gegensatz zu Körperschäden wird die Geltendmachung dienstlich erlittener Sachschäden durch § 636 RVO nicht ausgeschlossen.

8 Zum Vereinsunfall und seinen Folgen: K. Riedmaier, a. a. O. S. 981 m. w. N.; B. Reichert, F. Dannecker, C. Kühr, a. a. O. Rdn. 766 m. w. N.

5 Der Rückgriff

538 Leistet ein Dienstherr, Arbeitgeber, eine Berufsgenossenschaft dem Geschädigten Schadenersatz, so stellt sich die Frage, ob und inwieweit hierfür beim Schädiger Rückgriff genommen werden kann.

5.1 Rückgriff und gefahrgeneigte Tätigkeit

539 Die Möglichkeit des Arbeitgebers, den geleisteten Ersatz auf den oder die Verursacher überzuwälzen, ergibt sich aus dem Arbeitsvertrag. Aus dem Arbeitsvertrag ist der Arbeitnehmer verpflichtet, seine Arbeitsleistung ordentlich zu erbringen. Schädigt er seinen Arbeitgeber mittelbar, indem er einem Patienten schuldhaft einen Schaden zufügt, für den der Arbeitgeber einzustehen hat, so verletzt er seine Pflichten aus dem Arbeitsvertrag. Diese Vertragsverletzung verpflichtet ihn seinerseits zum Schadenersatz gegenüber dem Arbeitgeber.

540 Die strikte Anwendung der Haftung nach dem Bürgerlichen Gesetzbuch wurde im Arbeitsrecht aber als unbillig empfunden, weil der Arbeitnehmer für jede Unachtsamkeit vollen Schadenersatz zu leisten hätte. Rechtsprechung und Schrifttum entwickelten daher zur Begrenzung dieser Haftung den Begriff der „schadens-(oder gefahr)geneigten Tätigkeit".

541 Als gefahrgeneigte Tätigkeit „ist eine Tätigkeit anzusehen, bei deren Ausübung auch dem sorgfältigsten Arbeitnehmer gelegentlich Fehler unterlaufen können, die zwar für sich betrachtet jedesmal vermeidbar wären, also fahrlässig herbeigeführt worden sind, mit denen aber angesichts menschlicher Unzulänglichkeit zu rechnen ist"[1] oder wenn die Gefahr besteht, daß der durch das Versehen verursachte Schaden sehr groß ist und außer Verhältnis zum Einkommen des Arbeitnehmers steht. Wann jedoch eine Arbeit schadensgeneigt ist, läßt sich nicht generell, sondern nur unter Beachtung aller Umstände des Einzelfalles beurteilen. Es gibt keine „schadensgeneigte Tätigkeit" an sich.[2]

542 So ist die medizinische Tätigkeit an sich keine gefahrgeneigte Tätigkeit.[3] Bestimmte

---

1 So ständige Rechtsprechung des BAG seit BAGE 5,1 ff.; vgl. hierzu G. Schaub, a. a. O. S. 221 m. w. N.; G. Burck, a. a. O. S. 613; A. Söllner, a. a. O. S. 216; W. Zöllner, a. a. O. § 19 II, 3 b. Vgl. hierzu H.-D. Lippert, Rechtsprobleme ... a. a. O., S. 2093; Zur ärztlichen Tätigkeit als gefahrengeneigter Tätigkeit vgl. M. Heinze, a. a. O. S. 6 ff. m. w. N.

2 G. Schaub, a. a. O. S. 221

3 Wohl anderer Ansicht H. P. Westermann, a. a. O. S. 577 (579); A. Laufs, a. a. O. Rdn. 186; H. Narr, a. a. O. Rdn. 901 ff.; G. Burck, a. a. O. S. 613; W. Uhlenbruck, a. a. O. S. 2187; VG Köln DÄBl. 52 (1964) 2771. In diesem Sinne auch M. Heinze, a. a. O. S. 6 ff.

Umstände, wie Zeit, Ort, Einsatzumstände und Arbeitsbedingungen am Einsatzort vermögen jedoch eine andere Qualifikation zuzulassen. Zur Tätigkeit des Personals im Rettungswesen gehört es insbesondere, unter Zeitdruck ohne großes diagnostisches Instrumentarium Entscheidungen zu treffen, die für das Leben des Notfallpatienten von weitreichender Bedeutung sein können.

543 Diese Umstände bringen es mit sich, daß auch erfahrenem und sorgfältigem Personal im Rettungswesen Fehler unterlaufen können.[4] Aus dieser unbestreitbaren Erkenntnis heraus erscheint es unbillig, dem Personal im Rettungswesen auch für Schäden, die ihm bei Durchführung dieser gefahrgeneigten Tätigkeit unterlaufen, das Risiko aufzubürden, dem Arbeitgeber gegenüber auf vollen Schadenersatz haften zu müssen, obwohl die Tätigkeit dem typisch vom Arbeitgeber zu tragenden Betriebsrisiko zuzurechnen ist.[5]

544 Die Anwendung der Grundsätze über gefahrgeneigte Tätigkeit führt hinsichtlich der Haftung gegenüber dem Arbeitgeber dazu, daß der Arbeitnehmer bei leichter Fahrlässigkeit nicht haftet.

545 Schäden, die bei gefahrgeneigter Tätigkeit entstehen, waren bisher bei normaler Schuld (mittlerer Fahrlässigkeit) zwischen Arbeitnehmer und Arbeitgeber unter Beachtung aller Umstände des Einzelfalles aufzuteilen.[6] Nach neuer Rechtsprechung des BAG ist eine derartige Differenzierung nicht mehr notwendig, weil Schäden, die vom Arbeitnehmer weder vorsätzlich noch grob fahrlässig verursacht wurden, dem Betriebsrisiko des Arbeitgebers zuzurechnen und von diesem zu tragen sind.[7]

546 Nur im Fall grob fahrlässiger oder vorsätzlicher Verursachung kann der Arbeitnehmer auch bei gefahrgeneigter Tätigkeit voll zum Schadenersatz herangezogen werden.[8] Liegt die Gefahrenursache in der gefahrgeneigten Tätigkeit und ist sie daher nicht der Sphäre des Arbeitnehmers zuzurechnen, so soll nach höchstrichterlicher Rechtsprechung die Beweislastregelung des § 282 BGB keine Anwendung finden.[9] Dem Arbeitgeber obliegt damit die Beweislast für das Verschulden des in Anspruch genommenen Arbeitnehmers.

---

4 Vgl. hierzu die Kritische Untersuchung von P. Sefrin, K. Skrobek, a. a. O. S. 666

5 BAG NJW 1959, 1003; BAGE 5, 1 ff. So im Ergebnis G. Burck, a. a. O. S. 618 ff.; Vgl. auch R. Geigel – R. Geigel, a. a. O. S. 379 m. w. N.

6 So die Terminologie in BAGE 19, 53

7 So BAG NJW 1983, 1693 m. w. N.

8 So BAGE 7, 181; 7, 390; 18, 81 ff.; W. Erman – G. Küchenhoff, a. a. O. § 611 Rdn. 155. Vgl. auch H.-D. Lippert, Persönliche Haftung ... a. a. O. S. 340 ff.; ders., Zur Haftpflicht ... a. a. O. S. 942

9 Vgl. BAG DB 1968, 1227; BGH NJW 1973, 2021; W. Erman – R. Battes, a. a. O. § 276 Rdn. 70; G. Schaub, a. a. O. § 52 VI

5.2 Der Freistellungsanspruch[10]

547 Wird der Arbeitnehmer vom Geschädigten unmittelbar aus unerlaubter Handlung in Anspruch genommen, so haftet er diesem direkt. Stellt sich die vom Arbeitnehmer vorgenommene Maßnahme, die zur Schädigung des Patienten geführt hat, als gefahrgeneigte Tätigkeit dar, so steht ihm gegen seinen Arbeitgeber ein Anspruch auf Freistellung vom Ersatzanspruch des geschädigten Patienten zu. Bei leichter Fahrlässigkeit ist der Arbeitnehmer völlig, bei mittlerer Fahrlässigkeit anteilmäßig freizustellen. Nur bei grober Fahrlässigkeit oder Vorsatz entfällt der Freistellungsanspruch.

5.3 Der Rückgriff des Krankenhausträgers

548 Für Notärzte in Krankenhäusern gilt das soeben in Teil 3, Kap. 5 Abschn. 1 und Abschn. 2 ausgeführte unmittelbar.
Im Fall des Rückgriffs ist ein Ersatzanspruch des Arbeitgebers/bzw. Dienstherrn nur bei grober Fahrlässigkeit und Vorsatz möglich. Dies folgte bisher aus Protokollnotiz Nr. 4 zu Nr. 3 Abs. 2 SR 2c BAT.[11]
Mehrere Schädiger sind dem Arbeitgeber als Gesamtschuldner nach § 421 BGB verpflichtet.[12] Intern ist der Schaden zwischen ihnen nach dem Grad des jeweiligen Verschuldens aufzuteilen.

5.4 Der Rückgriff der Hilfsorganisationen

549 Beim Rückgriff und Freistellungsanspruch der Hilfsorganisationen gegenüber ihrem Personal muß zwischen haupt- und ehrenamtlichem Personal unterschieden werden.

5.4.1 Gegenüber hauptamtlichen Rettungssanitätern

550 Hauptamtliche Rettungssanitäter sind Arbeitnehmer der Hilfsorganisationen und zumeist ihre Vereinsmitglieder. Soweit Vorschriften des Arbeitsrechts den Schutz des Arbeitnehmers bezwecken, gehen sie den Vorschriften des Vereinsrechts vor. Die Hilfsorganisation kann daher als Arbeitgeber Rückgriff bei ihren Rettungssanitätern nur unter Beachtung der Grundsätze über gefahrgeneigte Tätigkeit nehmen und muß sie im Fall unmittelbarer Inanspruchnahme durch den Geschädigten entsprechend diesen Grundsätzen von Ersatzansprüchen freistellen.[13]

---

10 Vgl. hierzu BAG AP Nr. 37 zu § 611 BGB „Haftung des Arbeitnehmers", sowie G. Schaub, a. a. O. S. 222; W. Zöllner, a. a. O. § 19, 4; H.-D. Lippert, Zur Haftungspflicht, a. a. O. S. 344; ders., Rechtsprobleme, a. a. O. S. 2096; M. Heinze, a. a. O. S. 6 ff.

11 Vgl. hierzu H.-D. Lippert, Persönliche Haftung, a. a. O. S. 340 ff.; ders., Zur Haftpflicht. . . . a. a. O. S. 942 m. w. N. Münchener Kommentar-Söllner, a. a. O. § 611 Rdn. 422 m. w. N. Vgl. nunmehr BAG NJW 1983, 1693

12 Vgl. W. Erman – G. Küchenhoff, a. a. O. § 611 Rdn. 169 m. w. N.

13 Vgl. hierzu H.-D. Lippert, Die Verantwortlichkeit, a. a. O. S. 554 m. w. N.

5.4.2 Gegenüber ehrenamtlichen Helfern

551 Die Tätigkeit der Hilfsorganisationen unterscheidet sich von anderen Vereinen dadurch, daß ein wesentlicher Teil der Vereinsarbeit in der Hilfeleistung für Dritte besteht. Für die Vereinsmitglieder, insbesondere die ehrenamtlichen Rettungssanitäter, besteht jederzeit Gefahr, durch kleine Fehlleistungen außerordentlich hohe Schäden zu verursachen, die den Verein belasten. Bei den ehrenamtlichen Rettungssanitätern und Rettungshelfern steht die Vereinsmitgliedschaft im Vordergrund.[14] Mit der Teilnahme am Rettungsdienst erfüllen sie ihre mitgliedschaftliche Pflicht aus der Vereinssatzung. Hierdurch ergibt sich kein Arbeitsverhältnis, auch kein arbeitnehmerähnliches Verhältnis.[15] Die zugunsten des Arbeitnehmers entwikkelten Schutzvorschriften finden keine Anwendung. Es bleibt bei der Haftung nach bürgerlichrechtlichen Grundsätzen.

552 Schädigt ein Mitglied rechtswidrig und schuldhaft Einrichtungen des Vereines, so muß es den hieraus entstandenen Schaden aus dem Gesichtspunkt einer unerlaubten Handlung nach § 823 Abs. 1 BGB ersetzen, es sei denn, Vereinssatzung oder das Vereinsherkommen regelten dies abweichend.

553 Schädigt ein Vereinsmitglied einen Notfallpatienten, so haftet diesem der Verein ggf. aus Vertrag oder aus § 831 BGB. Daneben kann der Notfallpatient das handelnde Vereinsmitglied selbst aus unerlaubter Handlung unmittelbar in Anspruch nehmen.

554 Ersetzt der Verein den entstandenen Schaden, so kann er beim Mitglied Rückgriff nehmen, wenn dieses seine Pflichten aus der Mitgliedschaft schuldhaft verletzt hat. Ob der Verein Rückgriff nimmt, hängt wiederum vom Satzungsinhalt und vom Vereinsherkommen ab.

555 Wird das Mitglied vom Geschädigten unmittelbar in Anspruch genommen, so hängt es ebenfalls von Satzung und Vereinsherkommen ab, ob das Mitglied gegen den Verein einen Freistellungsanspruch hat.

556 Ehrenamtliches Personal der Hilfsorganisationen leistet zwar dieselbe Arbeit wie hauptamtliches, ist aber im Schadensfall darauf angewiesen, daß die Satzung eine Haftungserleichterung vorsieht. Diese Ungleichbehandlung könnte durch eine entsprechende Anwendung der Grundsätze über gefahrgeneigte Tätigkeit auch auf ehrenamtliches Personal der Hilfsorganisationen beseitigt werden.[16]

557 Der einfachste und sicherste Weg ist für alle Beteiligten, das Risiko aus der ehrenamtlichen Tätigkeit zu versichern. Offenbar gehen die Hilfsorganisationen diesen Weg.

---

14 Vgl. hierzu H.-D. Lippert, Die Verantwortlichkeit, a. a. O. S. 553

15 BAG AP Nr. 1, 5 zu § 5 ArbGG. In diesen Entscheidungen war die Zuständigkeit des Arbeitsgerichts umstritten

16 So H.-D. Lippert, Die Verantwortlichkeit ... a. a. O. S. 554

5.5 Der Rückgriff der Berufsgenossenschaften

558 Haben Personen, deren Ersatzpflicht nach §§ 636, 637 RVO beschränkt ist, einen Arbeitsunfall vorsätzlich oder grob fahrlässig herbeigeführt, so haften sie allen Trägern der Sozialversicherung für die infolge des Arbeitsunfalls an den Verletzten erbrachten Leistungen (§ 640 RVO).

559 Verstoßen Mitglieder der Berufsgenossenschaften gegen deren Unfallverhütungsvorschriften bzw. achten sie nicht auf Ihre Einhaltung und hat dies einen Unfall zur Folge (wenn etwa beim Luftrettungsdienst entgegen den Vorschriften keine schwer entflammbare Kleidung oder unzweckmäßiges Schuhwerk getragen wurde und es hierdurch zu Verbrennungen oder Fußverletzungen gekommen ist), so spricht die Vermutung dafür, daß die Nichtbefolgung der Unfallverhütungsvorschriften ursächlich für den eingetretenen Unfall geworden ist.[17] Der Unternehmer muß diese Vermutung entkräften. Auch wenn die Nichtbeachtung von Unfallverhütungsvorschriften für sich allein noch nicht den Vorwurf grober Fahrlässigkeit begründet, so kann sie sich aus den weiteren Umständen des Einzelfalls durchaus ergeben, so z. B. aus einer mehrfachen Beanstandung des Verstoßes durch die Berufsgenossenschaft.[18] Bei Leiharbeits- wie auch bei Gemeinschaftsverhältnissen und Arbeitsgemeinschaften sind alle beteiligten Unternehmer dem Regreß nach § 640 RVO unterworfen.[19] Mehrere Verpflichtete haften, sofern die Voraussetzungen hierfür vorliegen, als Gesamtschuldner.

5.6 Rückgriff und Personalvertretungsrecht

560 Nach dem Bundespersonalvertretungsgesetz und den Landespersonalvertretungsgesetzen unterliegt die Geltendmachung von Schadenersatzansprüchen gegen Beamte der Mitbestimmung durch den Personalrat. Nach § 76 Abs. 2 Nr. 9 BPersVG setzt dies einen Antrag des Beschäftigten voraus. Nach § 79 Abs. 3 Nr. 2 LPVG Baden-Württemberg unterliegt dagegen die Geltendmachung von Schadenersatzansprüchen uneingeschränkt der Mitbestimmung durch den Personalrat.

561 Da über § 14 BAT für Schadenersatzleistungen der Angestellten die für Beamte geltenden Vorschriften Anwendung finden, unterliegt auch der Regreß gegenüber Angestellten der Mitbestimmung durch den Personalrat.[20]
Wird der Personalrat nicht beteiligt, so ist die getroffene Maßnahme unwirksam.[21]

---

17 BGH VersR 1961, 160
18 So OLG Stuttgart, VersR 1973, 1062
19 R. Geigel – R. Geigel, a. a. O. S. 1350; BGH NJW 1973, 1497
20 R. Dietz, R. Richardi, a. a. O. § 76 Rdn. 155 ff. m. w. N.
21 Vgl. R. Dietz, R. Richardi, a. a. O. § 69 Rdn. 97 m. w. N.

6 Literatur

Ahnefeld, F. W.: Die Sicherheit medizinisch-technischer Geräte und Anlagen, Anästh. u. Intensivmed. 20 (1979) 289.

Bockelmann, P.: Operativer Eingriff und Einwilligung des Verletzten, JZ 1962, 525.

Bunte, H.-J.: Gedanken zum Krankenhausvertrag - de lege lata - de lege ferenda, JZ 1982, 279.

Burck, G.: Die Haftung für Behandlungsfehler der Ärzte an Universitätskliniken unter dem Blickpunkt gefahrgeneigter Arbeit, VersR 1968, 613.

Carstensen, G., Schreiber, H.-L.: Arbeitsteilung und Verantwortung, in: H. Jung, H. W. Schreiber, Arzt und Patient zwischen Recht und Therapie, 1981, 167.

Daniels, J.: Probleme des Haftungssystems bei der stationären Krankenbehandlung, NJW 1972, 305.

Engisch, K.: Ärztliche Eingriffe zu Heilzwecken und Einwilligung, ZStW 58, 1.

Eser, A.: Aufklärung und Einwilligung bei Intensivtherapie, Anästh. u. Intensivmed. 20 (1979) 211.

Giessen, D.: Arzthaftungsrecht im Umbruch, JZ 1982, (I) 345, (II) 391, (III) 448.

Franzki, H.: Der Arzt als Sachverständiger vor Gericht, in: H. W. Opderbecke, W. Weissauer, Forensische Probleme in der Anästhesiologie 1982, S. 103f.

Hassold, G.: Die Lehre von Organisationsverschulden, JuS 1982, 583.

Heinze, M.: Zur Qualifikation der ärztlichen Tätigkeit als „gefahrgeneigter" Tätigkeit, MedR 1983, 6.

Hirsch, G.: Rechtslage bei selbständigen medizinischen Behandlungen durch das Rettungsdienstpersonal, Leben retten 1978, 1/6.

Hirsch, G., Weissauer, W.: Kausalitätsprobleme beim Aufklärungsmangel, MedR 1983, 41.

Isele, H. G.: Grundsätzliches zur Haftpflicht des Arztes, in: Mergen Bd. III S. 15.

Kleinewefers, H., Wilts, W.: Vertragliche Schadenersatzansprüche bei gespaltenem Arzt-Krankenhaus-Vertrag, VersR 1964, 201.

Kleinewefers, H., Wilts, W.: Die vertragliche Haftung beim gespaltenen Arzt-Krankenhaus-Vertrag, NJW 1965, 332 (zit.: vertragliche Haftung).

Kleiber, M.: Versuch der unterlassenen Hilfeleistung am untauglichen Objekt? - Zum Tatbestandsmerkmal „Erforderlichkeit" ärztlicher Hilfe unter Berücksichtigung des Todeszeitpunktes, Anästh. u. Intensivtherap. Notfallmedizin 16 (1981) 350.

Lanz, R.: Katastrophenhilfe geht uns alle an!, Notfallmedizin 8 (1982) 9.

Lippert, H.-D.: Durchführung des Rettungsdienstes, Notfallmedizin 5 (1979) 516.

Lippert, H.-D.: Arbeitsrechtliche, versicherungsrechtliche und haftungsrechtliche Fragen bei der Durchführung des Rettungsdienstes, in: Handbuch B. 7.4, (zit.: in: Handbuch).

Lippert, H.-D.: Haftungsrechtliche Fragen bei der Durchführung des Rettungsdienstes, Anästh. u. Intensivmed. 21 (1980) 119.

Lippert, H.-D.: Problematik beim Rettungsdienst - Arbeits- versicherungs- und haftpflichtrechtliche Fragen DMW 103 (1978) 1944.

Lippert, H.-D.: Rechtsprobleme bei der Durchführung von Notarzt- + Rettungsdienst, NJW 1982, 2089.

Lippert, H.-D.: Die Garantenstellung des Rettungssanitäters, Notfallmedizin 8 (1982) 1571.

Lippert, H.-D.: Die Verantwortlichkeit ehrenamtlicher Rettungssanitäter gegenüber den Hilfsorganisationen, Notfallmedizin 6 (1980) 553.

Lippert, H.-D.: Sorgfaltspflicht, Organisation und die Beherrschung von Notfällen im Krankenhaus, in: Vollmar, A., Müller, F. G., Kalff, G., Notfallsituationen im Krankenhaus, 1980, 99.

Lippert, H.-D.: Persönliche Haftung und Versicherung ärztlichen und nichtärztlichen Personals, Notfallmedizin 7 (1981) 340.

Lippert, H.-D.: Zur Notkompetenz des Rettungssanitäters, Notfallmedizin 7 (1981) 207.

Lippert, H.-D.: Wer haftet wofür im Rettungswesen?, Notfallmedizin 7 (1981) 1475.

Lippert, H.-D.: Zur Haftpflicht und Versicherung des Notarztes, Notfallmedizin 7 (1981) 942.

Lippert, H.-D.: Juristische Aspekte der Reanimation, in: Reanimation - Aspekte der modernen Wiederbelebung, Hrsg. P. Sefrin, 1982, S. 107.

Lippert, H.-D.: Was bringt das neue Staatshaftungsgesetz, Notfallmedizin 8 (1982) 647.

Lippert, H.-D.: Die Rechtsstellung des Rettungssanitäters im Katastropheneinsatz und im Einsatz mit mehreren Verletzten, Der Rettungssanitäter 1982, 381.

Lippert, H.-D.: Die Rechtsstellung des niedergelassenen Arztes im Rettungs- und Notarztdienst, MedR 1983, 167.

Lippert, H.-D.: Wie lange reanimieren?, Notfallmedizin 8 (1982) 998.
Luig, K.: Der Arztvertrag, in: Vertragsschuldverhältnisse, 1974.
Musielak, H.-J.: Haftung für Narkoseschäden JuS 1977, 87.
Narr, H.: Gesetzliche Grundlagen des Katastrophenschutzes in: Katastrophenmedizin, Schriftenreihe der Bezirksärztekammer Südwürttemberg, Bd. 1 S. 7 ff.
Narr, H.: Katastrophenschutz: wie sehen die gesetzlichen Grundlagen wirklich aus, Notfallmedizin 8 (1982) 19.
Opderbecke, H. W., Weissauer, W.: Die Verantwortung des leitenden Anästhesisten und die Delegierung von Aufgaben an ärztliche und nichtärztliche Mitarbeiter, Anästh. Inf. 13 (1974) 216.
Riedmaier, K.: Der Vereinsunfall in versicherungs- und haftungsrechtlicher Sicht, VersR 1979, 981.
Schloßhauer-Selbach, S.: Staatshaftung und Arzthaftung, NJW 1982, 1305.
Sefrin, P.: Die ärztliche Verantwortung für Geräte, Medikamente und Hygiene im Rettungsdienst, Leben retten 1980, 4/31.
Sefrin, P., Skrobek, K.: Qualifikation des Notarztes, DMW 105 (1980) 666.
Schwenk, W.: Haftung und Versicherungspflicht im Luftverkehr, BB 1968, 190.
Stordeur, K.: Zivil- und Katastrophenschutz – noch viel zu tun, Bay ÄBl. 1982, 194.
Stratenwerth, G.: Arbeitsteilung und ärztliche Sorgfaltspflicht, Festschrift f. Eb. Schmidt 1961, 383.
Uhlenbruck, W.: Typische Formen des Krankenhausaufnahmevertrages, NJW 1964, 431.
Ulsenheimer, K.: Die strafrechtliche Haftung des Anästhesisten, in: H. W. Opderbecke, W. Weissauer, Forensische Probleme in der Anästhesiologie, 1981, S. 41 ff.
Ulsenheimer, K.: Beweisfragen im ärztlichen Haftungsprozeß, NJW 1965, 1057.
Ulsenheimer, K.: Die vertragliche Haftung von Krankenhaus und Arzt für fremdes Verschulden, NJW 1964, 2187.
Weissauer, W.: Arbeitsteilung und Abgrenzung der Verantwortung zwischen Anästhesist und Operateur, Der Anästhesist 11 (1962) 239.
Weissauer, W.: Rechtliche Verantwortung des leitenden Anästhesisten, Der Anästhesist 13 (1964) 384.
Weissauer, W.: Rechtliche Grundlagen der Arbeitsteilung, Anästh. Inf. 17 (1976) 25.
Weissauer, W.: Rechtliche Grundlagen der Aufklärung, Anästh. u. Intensivmed. 19 (1978) 231.
Weissauer, W.: Die Haftung für Sorgfaltsmängel, Anästh. u. Intensivmed. 20 (1979) 4.
Weissauer, W.: Der Anästhesist als gerichtlicher Sachverständiger, Anästh. u. Intensivmed. 23 (1982) 248.
Weissauer, W.: Die interdisziplinäre Arbeitsteilung und der Vertrauensgrundsatz in der Rechtsprechung des BGH, Anästh. u. Intensivmed. 21 (1980) 97.
Weissauer, W.: Arbeitsteilung in der Medizin aus rechtlicher Sicht, Anästh. u. Intensivmed. 23 (1982) 359.
Weissauer, W.: Der Arzt im Notfalleinsatz, Bay. Ärzteblatt 1979, 1011.
Weissauer, W.: Sicherheit medizinisch-technischer Geräte aus rechtlicher Sicht, Anästh. u. Intensivmed. 22 (1981) 396.
Weissauer, W., Hirsch, G.: Arzthaftung und Staathaftung in Krankenhäusern öffentlicher Träger, Anästh. u. Intensivmed. 23 (1982) 167.
Weissauer, W., Lippert, H.-D.: Die Rechtsstellung des Notarztes im organisierten Rettungswesen, in: Notfalltherapie im Rettungsdienst, Hrsg. P. Sefrin, 2. überarb. und erw. Auflage 1981 S. 6 ff.
Westermann, H. P.: Zivilrechtliche Verantwortlichkeit bei ärztlicher Teamarbeit, NJW 1974, 577.
Wilhelm, D.: Probleme der medizinischen Arbeitsteilung aus strafrechtlicher Sicht, MedR 1983, 45.
Wilts, W., Kleinewefers, H.: Die zivilrechtliche Haftung des Arztes, in: Mergen Bd. III S. 34.
Wollschläger, C.: Die Geschäftsführung ohne Auftrag, Theorie und Rechtsprechung.
Zierl, O.: Strafrechtsschutzversicherung für die Mitglieder des Berufsverbandes Deutscher Anästhesisten, Anästh. u. Intensivmed. 22 (1981) 3.
Zimmermann, P.: Haftung gegenüber dem Patienten. Die Haftpflicht und deren Versicherung in den Universitätskliniken und den Landeskrankenhäusern als Sachkosten der Krankenhausträger nach der Bundespflegesatzverordnung, Mitteilungen des Hochschullehrerverbandes 1979, 84.

Teil 4

Sonderfragen

1 Schweigepflicht und Zeugnisverweigerungsrecht

562 Ärztliche Hilfe bei Notfalleinsätzen ist nicht selten in aller Öffentlichkeit zu leisten. Gleichwohl hat auch der Notfallpatient ein Recht auf den Schutz seiner Intimsphäre und auf Achtung seines Persönlichkeitsrechts. Die ärztliche Schweigepflicht gilt in vollem Umfang auch für die notärztliche Behandlung.[1]

1.1 Notarzt

563 Der Notarzt hat, unabhängig von der Organisationsform von Notarzt- und Rettungsdienst, über Tatsachen zu schweigen, die ihm im Rahmen seiner Berufsausübung zur Kenntnis kommen. Diese Pflicht des Arztes zur Verschwiegenheit hat standesrechtliche Grundlagen in den ärztlichen Berufsordnungen und erlangt schon damit rechtliche Relevanz. Ihre Verletzung kann im Rahmen einer besonderen Berufsgerichtsbarkeit geahndet werden.

564 Die ärztliche Schweigepflicht steht weiter unter der strafrechtlichen Sanktion des § 203 StGB und wird schließlich auch zum Inhalt des Behandlungsvertrages zwischen dem Notfallpatienten und dem Notarzt bzw. dem Träger des Krankenhauses, welches den Notarzt stellt.[2]
Ihre Einhaltung dem bewußtlosen Patienten gegenüber ist eine Nebenpflicht des Notarztes, wenn er als Geschäftsführer ohne Auftrag den Notfallpatienten ärztlich versorgt.

565 Nach dem Tod des Notfallpatienten hat der Notarzt die Schweigepflicht einzuhalten. Dies bestimmt § 203 Abs. 3 StGB wonach der unbefugte Bruch der Schweigepflicht nach dem Tod des Patienten strafbar ist.
Das der ärztlichen Schweigepflicht korrespondierende ärztliche Schweigerecht ist prozessual abgesichert. Dem zum Schweigen verpflichtete Arzt wird im Straf- wie im Zivilprozeß aber auch im Verwaltungsgerichtsprozeß ein Zeugnisverweigerungsrecht eingeräumt.[3] Von ihm hat er solange Gebrauch zu machen, bis ihn der Patient

---

1 Literatur und Rechtsprechung zur ärztlichen Schweigepflicht sind so umfangreich, daß hier nur grundlegende Abhandlungen aufgeführt werden können. A. Schönke, H. Schröder, Th. Lenckner, a.a.O. § 203 m.w.N.; K. Müller in: A. Mergen Bd. II S. 63ff. m.w.N.; A. Laufs, a.a.O. Rdn. 31 m.w.N.; P. Bockelmann, a.a.O. S. 34 m.w.N.; M. Kohlhaas, a.a.O. S. 4ff. m.w.N.; H.-D. Lippert, Zur Schweigepflicht ... a.a.O. S. 1207; ders., Schweigepflicht ... a.a.O. S. 738

2 Vgl. hierzu auch K. Müller in: A. Mergen Bd. III S. 64ff. m.w.N.; H.-D. Lippert, Schweigepflicht ... a.a.O. S. 738

3 Vgl. hierzu § 53 StPO, § 383 ZPO, § 98 VwGO i. V. m. § 383 ZPO; zur Beschlagnahme ärztliche Unterlagen: § 97 StPO

von der Schweigepflicht entbunden hat. Ausnahmsweise kann den Arzt aufgrund ausdrücklicher gesetzlicher Vorschrift eine Offenbarungspflicht treffen, jedoch rechtfertigt das Interesse an einer Strafverfolgung eines Notfallpatienten grundsätzlich nicht die Verletzung der Schweigepflicht.[4] Es kann freilich Ausnahmen geben, wo nach genauer Güterabwägung zwischen der Einhaltung der Schweigepflicht und ihrer Verletzung die Offenbarung gerechtfertigt ist, etwa wenn das Ausbleiben einer Strafverfolgung oder ihre Beeinträchtigung nachhaltige Rückwirkungen auf das Rechtsbewußtsein der Allgemeinheit zur Folge hätte. Gleiches kann für Auskünfte über persönliche Daten und Angaben zur Verletzungsart und -umfang gelten, die von der Polizei benötigt werden. Auch in diesem Fall ist zunächst zu versuchen, den Notfallpatienten zur Einwilligung in die Offenbarung zu bewegen.[5]

566 Festzuhalten ist, daß der Notarzt als Arzt helfend tätig zu werden hat. Er ist also weder Helfer der Strafverfolgungsbehörden, noch braucht er sich in diese Rolle drängen zu lassen.[6]

567 Offenbarungspflichten finden sich in § 69 Bundesseuchengesetze, § 12 Geschlechtskrankheitengesetz, in § 16 Personenstandsgesetz, in den Bestattungsgesetzen der Länder, in § 1543 RVO und in § 138 StGB, der die Nichtanzeige drohender besonders schwerer Verbrechen mit Strafe bedroht, sowie neuestens das Verkehrsunfallstatistikgesetz.[7]

568 Um die Schweigepflicht umfassend abzusichern, sind die Unterlagen des Arztes, in denen sich Aufzeichnungen über Tatsachen befinden, die ihm anläßlich der Behandlung bekanntgeworden sind, auch gegen eine gerichtliche Beschlagnahme im Strafverfahren gegen den Patienten oder gegen Dritte geschützt (§ 97 Abs. 1 StPO), allerdings nur, solange sie sich in Gewahrsam des zur Verschwiegenheit Verpflichteten und seiner Gehilfen befinden.[8]

569 Geheimnisse im Sinne von § 203 StGB sind Tatsachen, die nur einem beschränkten Personenkreis bekannt sind, und an deren Geheimhaltung der Geheimnisträger (der Notfallpatient) ein von seinem Standpunkt aus begründetes Interesse hat.[9] Allein der Umstand, daß bei einem Unfall eine Vielzahl von Passanten an der Notfallstelle anwesend ist und Kenntnis von der Verletzung des Notfallpatienten erlangt, schließt die Geheimhaltungspflicht des Notarztes nicht aus.[10] Auf den Umfang der geheim zu haltenden Tatsache kommt es dabei nicht an.

---

4 So A. Schönke, H. Schröder, Th. Lenckner, a. a. O. § 203 Rdn. 32
5 Wie hier H.-D. Lippert, Zur Schweigepflicht ... a. a. O. S. 1207; LG Köln NJW 1959, 1598
6 So H.-D. Lippert, Blutentnahme ... a. a. O. S. 612; vgl. LG Köln NJW 1959, 1598
7 Gesetz zur Durchführung einer Straßenverkehrsunfallstatistik (Straßenverkehrsunfallstatistikgesetz – StVUnfallStatG) vom 22. 12. 1982 (BGBl I S. 2069)
8 Zur freiwilligen Herausgabe vgl. K. Ulsenheimer, a. a. O. S. 51
9 Vgl. hierzu A. Schönke, H. Schröder, Th. Lenckner, a. a. O. § 203 Rdn. 5 m. w. N.; P. Bockelmann, a. a. O. S. 35 f.
10 So A. Schönke, H. Schröder, Th. Lenckner, a. a. O. § 203 Rdn. 6; P. Bockelmann, a. a. O. S. 36 f.

1.2 Rettungssanitäter

570 Der Schutz, den der Gesetzgeber im Strafrecht und Strafprozeßrecht dem Patientengeheimnis einräumt, wäre unvollkommen, v.a. aber leicht auszuhöhlen, wäre nicht Sorge dafür getragen, daß er bei arbeitsteiligem Tätigwerden auch auf Gehilfen des zur Verschwiegenheit Verpflichteten ausgedehnt wird. So fallen unter § 203 Abs. 1 Angehörige von Heilberufen, die für die Berufsausübung oder die Führung der Berufsbezeichnung eine staatlich geregelte Ausbildung benötigen. Dies sind insbesondere Hebammen, Krankenpfleger, Masseure, Krankengymnasten, medizinisch-technische Assistenten und Wochenpflegerinnen.

571 § 203 Abs. 3 StGB stellt die berufsmäßigen Gehilfen den zur Verschwiegenheit verpflichteten Personen gleich. § 53 a StPO räumt ihnen im Strafprozeß, § 383 Abs. 1 Nr. 6 ZPO im Zivilprozeß ein Zeugnisverweigerungsrecht ein. Zu den berufsmäßig tätigen Gehilfen zählen auch Helfer des Arztes, wie z. B. Sprechstundenhilfen und in seiner Praxis mithelfende Familienangehörige.[11]

572 Mangels einer gesetzlichen Regelung des Berufsbildes des Rettungssanitäters und wegen Fehlens einer staatlichen Prüfung ist der Rettungssanitäter zwar nicht Angehöriger eines Heilhilfsberufes im Sinne von § 203 Abs. 1 Nr. 1, jedoch fällt er, auch wenn er ehrenamtlich als Rettungssanitäter tätig ist, unter die Helfer des Arztes und unterliegt damit der Schweigepflicht. Dabei kommt es auch nicht darauf an, ob der Rettungssanitäter in einem Arbeitsverhältnis oder in einer arbeitnehmerähnlichen Rechtsbeziehung zum Arzt steht. „Berufsmäßig" im Sinne von § 203 Abs. 3 bedeutet nämlich nicht, daß der Rettungssanitäter seinen Lebensunterhalt mit dieser Tätigkeit verdient. Wird er im Zusammenwirken mit dem Notarzt tätig und erlangt er anläßlich dieser Tätigkeit Kenntnis von Tatsachen und persönlichen Angaben des Patienten, so hat er hierüber ebenso zu schweigen wie der Notarzt. Da es für die Begründung der Schweigepflicht nur auf die Beziehung seiner Tätigkeit zu der des Schweigepflichtigen ankommt, ist für den Begriff des Gehilfen auch nicht erforderlich, daß er von dem Schweigepflichtigen weisungsabhängig ist.[12]

573 Wird der Rettungssanitäter in Ausübung seiner Notkompetenz tätig und ergreift er Maßnahmen, die er unter normalen Umständen nur auf Anweisung oder unter Anleitung des Arztes durchführen darf oder bei denen er sonst dem Notarzt nur assistierend zur Seite steht, so bleibt er bei einer zweckorientierten Auslegung der einschlägigen Rechtsvorschriften dennoch Gehilfe des Arztes.

574 Macht der Rettungssanitäter, welcher zur Notfallstelle kommt, von seiner Notkompetenz keinen Gebrauch und transportiert den Notfallpatienten lediglich zum

---

11 So A. Schönke, H. Schröder, Th. Lenckner, a. a. O. § 203 Rdn. 64; H. Narr, a. a. O. Rdn. 755 m. w. N.; M. Kohlhaas, a. a. O. S. 8 f.

12 Wie hier: A. Schönke, H. Schröder, Th. Lenckner, a. a. O. § 203 Rdn. 64 m. w. N.; M. Kohlhaas, a. a. O. S. 8 f.

nächsten Arzt, so ist er Helfer desjenigen Arztes, zu welchem er den Notfallpatienten transportiert.[13]

575 Wollte man die Gehilfeneigenschaft des Rettungssanitäters in diesen Fällen bestreiten, weil der Arzt, von dessen Tätigkeit sich die Schweigepflicht des Rettungssanitäters sonst ableitet, nicht tätig geworden ist, so entstünde eine Lücke. Dem Rettungssanitäter wäre nicht nur keine Schweigepflicht auferlegt, sondern ihm wäre auch das Schweigerecht über die ihm durch seine Tätigkeit bekanntgewordenen Tatsachen zu versagen. Kohlhaas hat das Problem am Personenkreis der Krankenkraftfahrer untersucht mit dem Ergebnis, daß sie der Schweigepflicht unterliegen und ihnen ein Schweigerecht in Form eines Zeugnisverweigerungsrechtes zusteht. „Wer berufsmäßig Krankenwagen privilegierter Art führt, ist insoweit eine ärztliche Hilfsperson, mag er auch nicht wissen, wen er holt und zu wem er ihn hinbringt".[14]

1.3 Sonstiges Personal im Rettungsdienst

576 Kann die Schweigepflicht und das Schweigerecht für den Rettungssanitäter und für die anderen Helfer, die unmittelbar am Notfalleinsatz beteiligt sind, als gesichert gelten, so verbleibt im Rettungsdienst doch Personal, bei dem dies zweifelhaft sein könnte. Hier ist v. a. an das Personal in Rettungsleitstellen zu denken.

577 Zwar unterliegt das Leitstellenpersonal, einerlei, ob es in einem Arbeitsverhältnis zu einer Hilfsorganisation steht oder im öffentlichen Dienst beschäftigt ist, einer arbeitsvertraglichen oder dienstrechtlichen Verschwiegenheitspflicht. Sie begründet im Falle ihres Bruches arbeitsrechtliche oder disziplinarische Ahndungsmöglichkeiten, steht jedoch weder unter der Strafsanktion des § 203 StGB noch begründet sie ein prozessuales Schweigerecht.

578 Auch hier ergäbe sich, wie beim Rettungssanitäter, die Möglichkeit, unter Ausschaltung der zur Verschwiegenheit verpflichteten Personen, denen im Prozeß ein Schweigerecht zusteht, über das Leitstellenpersonal Auskünfte zu erhalten, die ohne Entbindung des Schweigepflichtigen und der ihm Gleichgestellten nicht zu erlangen wäre.

579 Es ist jedoch nicht zu verkennen, daß eine hochgradige Arbeitsteilung den Kreis der Personen, die mit geheimhaltungsbedürftigen Tatsachen aus der Sphäre des Patienten in Berührung kommt, immer mehr erweitert, mögen dabei auch die ihnen bekannt werdenden Tatsachen hierdurch spezieller und damit, für sich gesehen, für Außenstehende immer weniger aussagekräftig werden. Da ein organisiertes Rettungswesen, das Rettungs- und Notarztdienst in sich vereinigt, nur mittels eines

13 Wie hier: M. Kohlhaas, Rotes Kreuz ... a. a. O. S. 666

14 So M. Kohlhaas, Rotes Kreuz ... a. a. O. S. 666; ders., Schweigepflicht ... a. a. O. S. 1502; ders., a. a. O. S. 8; so auch schon H. Kleinewefers, W. Wilts, a. a. O. S. 431 passim; wie hier: H.-D. Lippert, Schweigepflicht ... a. a. O. S. 738; enger wohl K. Lackner, a. a. O. § 203 Anm. 2c; a. A. P. Bokkelmann, a. a. O. S. 34, 44 Fn. 17; H. Narr, a. a. O. Rdn. 755 für den Krankenkraftfahrer (Rettungshelfer)

wirksamen Nachrichtenwesens effektiv arbeiten kann, führt auch hier die Arbeitsteilung dazu, daß ein Personenkreis, der dem Notarzt unmittelbar nicht assistiert und den dieser gar nicht zu kennen braucht, Patientengeheimnisse erfährt. Da der Notarzt seine Aufgabe ohne das Leitstellenpersonal nicht, jedenfalls nicht so effektiv, erfüllen könnte, müssen alle in diesem komplexen System arbeitsteilig Mitwirkenden, denen mittelbar oder unmittelbar Patientengeheimnisse bekanntwerden, als berufsmäßige Gehilfen des Notarztes gelten. Das Leitstellenpersonal ist daher ebenfalls nach § 203 Abs. 3 StGB zur Verschwiegenheit verpflichtet und kann sich im Prozeß auf ein Schweigerecht berufen.

1.4 Zivilrechtliche Folgen einer Verletzung der Schweigepflicht

580 Neben strafrechtlichen Sanktionen kann die Verletzung der Schweigepflicht auch zivilrechtliche Schadenersatzansprüche nach sich ziehen.
Die ärztliche Schweigepflicht ist Inhalt des Behandlungsvertrages. Ihre schuldhafte Verletzung ist Vertragsverletzung und verpflichtet zum Schadenersatz.

581 Der Partner des Rettungsvertrages, also je nach seiner näheren Ausgestaltung als „totaler" oder „gespaltener" Rettungsvertrag – der Krankenhausträger bzw. der Notarzt selbst und die Hilfsorganisation, haben dafür Sorge zu tragen, daß die Verschwiegenheitspflicht eingehalten wird. Für eine Verletzung der Schweigepflicht haften die Vertragspartner aus eigenem Verschulden nach § 276 BGB. Dem Rettungsvertrag kann durch Auslegung nicht nur die Pflicht des Krankenhausträgers, bzw. des Notarztes und der Hilfsorganisation entnommen werden, selbst eine Schweigepflichtverletzung zu unterlassen, sondern auch dafür zu sorgen, daß ein umgrenzter Kreis Dritter, ohne den der Schuldner seine Verpflichtung nicht allein erfüllen kann, die Schweigepflichtverletzung unterläßt. Somit haftet der Vertragspartner auch für alles Personal, dem er die Möglichkeit einer Zuwiderhandlung willentlich eröffnet oder dessen Kenntniserlangung er im Rahmen des normalen geordneten Betriebsablaufes in Kauf nimmt.[15]

582 In Betracht kommt in diesen Fällen auch die Anwendung des § 278 BGB und damit die Haftung des Vertragspartners für seine Erfüllungsgehilfen. Dem in Anspruch genommenen Vertragspartner soll dabei der Beweis obliegen, daß ihn an der Schlechterfüllung des Rettungsvertrages kein Verschulden trifft.[16]

583 Ist der Notfallpatient bewußtlos, so daß kein Behandlungs- und kein Transportvertrag geschlossen werden kann, so gehört die Schweigepflicht und ihre Einhaltung zu den Nebenpflichten des Geschäftsführers ohne Auftrag.

---

15 So H. Kleinewefers, W. Wilts, Schadenersatzansprüche ... a. a. O. S. 2345 m. w. N.
16 W. Uhlenbruck, a. a. O. S. 2187 m. w. N.; vgl. hierzu die Entgegnung von H. Kleinewefers, W. Wilts, a. a. O. S. 332 m. w. N.

2 Dokumentation und Datenschutz

584 Notfalleinsätze werden in vielfältiger Weise und aus vielerlei Gründen dokumentiert. Zu Abrechnungszwecken, aus wissenschaftlichem Interesse, aber auch zur Weiterbehandlung des Notfallpatienten im Krankenhaus werden u. a. seine persönlichen Daten, Art, Umfang, Dauer und Umstände des Einsatzes, Diagnose und Therapie aufgezeichnet. Im Gespräch ist sogar ein bundeseinheitlicher Dokumentationsbogen, der eine zentrale Auswertung einsatzrelevanter Daten ermöglichen soll.[1]

Dem Interesse der Organisationen des Rettungswesens an den Einzeldaten zur dienstlichen und wissenschaftlichen Auswertung stehen die Interessen des Notfallpatienten gegenüber, daß die ärztliche Schweigepflicht und das Datengeheimnis gewahrt und die erhobenen Daten gegen den Eingriff Unbefugter geschützt sind.

2.1 Dokumentation im Rettungswesen

585 Die organisatorische Aufgliederung des Rettungswesens in Rettungs- und Notarztdienst hat Auswirkungen auch bei der Dokumentation der Notfalleinsätze. Hilfsorganisationen und Feuerwehren benötigen die persönlichen Daten des Notfallpatienten sowie Aufzeichnung über Art, Dauer und zurückgelegte Entfernung aus dem Dokumentationsbogen zur Abrechnung der Notfalleinsätze, und auch zu statistischen Zwecken. Die Aufzeichnungen des Notarztes über Diagnose und Therapie sind für die weitere Behandlung des Notfallpatienten im Krankenhaus von Bedeutung. Sie sind ärztliche Aufzeichnungen. Als ärztliche Aufzeichnungen unterliegt der Inhalt des Dokumentationsbogens insoweit der ärztlichen Schweigepflicht und die unbefugte Offenbarung strafrechtlicher Ahndung nach § 203 StGB. Gegen Beschlagnahme sind sie nach § 97 StPO geschützt.[2]

586 Die Sicherstellung der ärztlichen Schweigepflicht und des Datengeheimnisses sollte zu einer kritischen Überprüfung der derzeit verwendeten Formulare anregen und ihre inhaltliche Erweiterung durch Aufnahme immer neuer Sparten Einhalt gebieten.

---

1 Vgl. hierzu insbesondere den Entwurf eines bundeseinheitlichen Dokumentationsbogens, der auf dem 4. Rettungskongreß erarbeitet wurde und bei B. Gorgass, F. W. Ahnefeld, a. a. O. S. 224 abgedruckt ist. Vgl. auch den Klinikübergabebogen auf S. 222. Zum ganzen: H.-D. Lippert, Schweigepflicht . . . a. a. O. S. 738

2 Zur ärztlichen Dokumentationspflicht vgl. A. Laufs, a. a. O. Rdn. 31 ff.; H. Narr, a. a. O. Rdn. 935 m. w. N., sowie oben Teil 4, Kap. 1.; Münchener Kommentar-Mertens, a. a. O. § 823 Rdn. 417

587 Der auf dem 4. Rettungskongreß des Deutschen Roten Kreuzes entwickelte Dokumentationsbogen (Tabelle 1 u. 2) sieht im Entwurf derzeit so aus:

Tabelle 1. Bundeseinheitlicher Dokumentationsbogen (Entwurf) – Rettungsdienst[3]

1. *Adresse* des Patienten mit Daten über Kostenträger, Datum des Einsatztages und Einsatznummer	2. *Art des Einsatzes* Primäreinsatz ☐ Sekundäreinsatz dringlich ☐ Sekundäreinsatz nicht dringlich ☐ Sonstiger Einsatz ☐ (Blut-, Organ-, Personen- und Materialtransport) Patiententransport ☐ Leerfahrt ☐
3. Rettungsfahrzeug KTW ☐ RTW ☐ NAW ☐ RTH ☐ Sonstige ☐ Bei kombiniertem Einsatz mehrfach ankreuzen	4. *Einsatzort* 1. Einsatzort am Sitz der Rettungswache ☐ Einsatzort außerhalb des Stationierungsortes der Rettungswache ☐ 2. Einsatzort außerhalb geschlossener Ortschaften auf: Autobahn ☐ Bundesstraße ☐ Landstraße ☐ Kreisstraße ☐ sonstige ☐ 3. Einsatzort innerhalb geschlossener Ortschaften in: Innenstadt ☐ städtischer Randbezirk ☐ ländlicher Bezirk, kleine Ortschaft ☐

5. *Einsatzzeiten/Kilometer*	Zeit	Kilometer
Eingang Notrufmeldung	☐	
Abfahrt Stationierungsort	☐	
Ankunft Einsatzort	☐	☐
Abfahrt Einsatzort	☐	☐
Ankunft Transportziel	☐	
Abfahrt Transportziel	☐	
Ende des Einsatzes (Ankunft am Stationsort/Weiterleitung zum nächsten Einsatz)	☐	☐
Einsatzdauer	☐	Gesamt-km ☐

6. *Einsatzanlaß*	
Akute Erkrankung	☐
Verkehrsunfall	☐
Betriebsunfall	☐
Haushaltsunfall/Freizeitunfall	☐
Sportunfall	☐
Selbsttötungsversuch/kriminelles Delikt	☐
Sonstiger Einsatzanlaß	☐

3 Abgedruckt bei B. Gorgaß, F. W. Ahnefeld, a. a. O. S. 224 ff.

Tabelle 1. (Fortsetzung)

7. *Befunde am Notfallort*

Bewußtseinszustand		*Atmung*	
Unauffällig	□	unauffällig	□
Benommen, abnorme Reaktion	□	mechanische Verlegung der Atemwege	□
Bewußtlos mit Schutzreflexen	□	behindert durch Thoraxverletzung	□
Bewußtlos, ohne Schutzreflexe	□	behindert durch pulmonale Erkrankung	□
Pupillen weit und lichtstarr	□	zentrale Atemstörung	□
		Atemstillstand	□
Herz/Kreislauf			
Unauffällig	□		
Schock	□		
Hypertonie	□		
Rhythmusstörung	□		
Störung der Herztätigkeit	□		
Kreislaufstillstand	□		
Verletzungen/Brüche		*Krankheiten*	
Schädel/Hirn	□	Herz-Kreislauf-System	□
Thorax	□	Respirationstrakt	□
Abdomen	□	Abdomen	□
Gefäße	□	Stoffwechselerkrankungen	□
Nerven	□	Infektionskrankheit	□
Wirbelsäule	□	Vergiftung	□
Becken	□	Nervensystem/Gemütsleiden	□
Obere Extremitäten	□	gynäkologische Erkrankung	□
Untere Extremitäten	□	neonatologische Erkrankung	□
Weichteile	□		
Andere Schädigungen			
Stromunfall	□		
Ertrinken	□		
Verbrennung	□		
Erstickung	□		
Sonstige	□		

8. *Maßnahmen*

Atmung		*Herz-Kreislauf*	
Keine	□	Schockbekämpfung	□
Freimachen, Freihalten der Atemwege	□	Infusion	□
O_2-Gabe	□	EKG Kontrolle	□
Beatmung	□	Herzmassage	□
Intubation	□	Defibrillation	□
Chirurgische Maßnahmen		*Sonstige Maßnahmen*	
Keine	□	Magenspülung	□
Verband	□	Narkose	□
Ruhigstellung	□		
Blutstillstand	□		
Noteingriff	□		

Tabelle 1. (Fortsetzung)

9. Medikamentengabe			
Medikamente mit Wirkung auf die Atmung	□		
Medikamente mit Wirkung auf das Herz-Kreislaufsystem	□		
Schmerzmittel	□		
Beruhigungsmittel	□		
Pufferlösung	□		
Sonstige	□		
10. Einsatzbewertung	RS		NA
Nicht- oder nur Leichtverletzte oder Erkrankte			0 □
	I	□	1 □
			2 □
Schwere Erkrankungen oder Verletzungen ohne akute			3 □
Lebensgefahr	II	□	4 □
Akut lebensbedrohte Notfallpatienten	III	□	5 □
Tödliche Verletzungen und Erkrankungen	IV	□	6 □
			7 □
11. Zustand des Patienten bei Klinikeinlieferung			
Gebessert	□		
Gleichbleibend	□		
Verschlechtert	□		
Tod auf dem Transport	□		

Tabelle 2. Einsatzbewertung

	Bewertungsstufe	
	RS[a]	NA[a]
Nicht- oder nur Leichtverletzte oder Erkrankte		
Kein krankhafter Befund, keine Verletzungen		0
Nicht akutbehandlungsbedürftige Erkrankungen, z. B. flüchtige Hypotonie; geringfügige Verletzungen, z. B. Prellung, Schürfung	I	1
Mäßig schwere Verletzungen, z. B. Finger-, Zehenbrüche, Distorsionen; keine notärztlichen Maßnahmen erforderlich aber klinische Diagnose und ggf. Therapie, z. B. Verdachtsdiagnose stenokardischer Anfall		2
Schwere Erkrankungen oder Verletzungen ohne akute Lebensgefahr		
Schwere, nicht lebensgefährliche Erkrankung; notärztliche Maßnahmen erforderlich, z. B. leichter Asthmaanfall; schwere aber nicht gefährliche Verletzungen, Schädelprellungen, Schädel-Hirn-Trauma, einfach Brüche, Bandrisse, drohender Schock usw.		3
Keine akute Lebensgefahr; Entwicklung einer Vitalgefährdung aber nicht ausschließbar, z. B. Verdacht auf Herzinfarkt; schwere allein nicht gefährliche Verletzungen mehrerer Körperteile, z. B. Schädel-Hirn-Trauma, ausgedehnte Frakturen, Verbrennungen 3. Grades usw.	II	4
Akut lebensbedrohte Notfallpatienten		
Herzinfarkt mit Rhythmusstörungen, Lungenödem, komatöse Zustände, schwere gefährliche Verletzungen vorwiegend einen Körperteil betreffend, z. B. intrakranielle Blutungen, ausgedehnte komplizierte Trümmerbrüche, Beckenbrüche, Rippenserienbrüche, Querschnittlähmung, mechanische Verlegung der Atemwege, arterielle Schnittverletzungen usw.	III	5
Akuter Atem- und/oder Kreislaufstillstand, schwere Verletzungen mehrerer Körperteile, z. B. schwerste Atemstörungen bei Hirnkontusionen, Thoraxquetschungen und mehrfache Brüche, Bauchverletzungen und mehrere Brüche, Verbrennungen über 30% der Körperoberfläche, Herz- und Kreislaufstillstand usw.		6

Tabelle 2. (Fortsetzung)

Tödliche Verletzungen und Erkrankungen		
Tod am Notfallort, auch nach Reanimationsversuch	IV	7

[a] RS: Bewertung durch Rettungssanitäter NA: differenziertere Bewertung durch Notärzte.

2.2 Datenschutz im Rettungswesen

588 Gesetzliche Grundlagen des Datengeheimnisses sind das Bundesdatenschutzgesetz (BDSG) und/oder die jeweiligen Landesdatenschutzgesetze (LDSG). Bundesdatenschutzgesetz und Landesdatenschutzgesetze schützen personenbezogene Daten, die von Behörden, sonstigen öffentlichen Stellen oder von natürlichen und juristischen Personen, Gesellschaften oder anderen privaten Personenvereinigungen für eigene oder geschäftsmäßig für fremde Zwecke in Dateien gespeichert, geändert oder gelöscht oder aus Dateien übermittelt werden, § 1 Abs. 2 BDSG (ähnlich z. B. § 1 Abs. 2 LDSG Baden-Württemberg).

589 Zentralbegriff des Datenschutzrechtes ist der Begriff der Datei, § 2 Abs. 3 Nr. 3 BDSG. Nach der gesetzlichen Definition ist eine Datei jede Sammlung von Daten, die nach bestimmten Merkmalen erfaßt und geordnet sowie nach anderen bestimmten Merkmalen umgeordnet und ausgewertet werden kann, ungeachtet der dabei angewendeten Verfahren. Keine Dateien sind Akten und Aktensammlungen,[4] es sei denn, sie könnten automatisch umgeordnet oder ausgewertet werden.

590 Speichern Hilfsorganisationen die in dem Musterentwurf eines Dokumentationsbogens oder in ähnlichen Bogen enthaltenen personenbezogenen und medizinischen Daten, so könnte fraglich sein, ob die Vorschriften der Datenschutzgesetze wegen des Vorrangs des Berufsgeheimnisses überhaupt Anwendung finden.

591 Die an der Notfallstelle erhobenen Daten sind medizinische Befunde. Sie sind vom Notarzt erhoben worden. Der Rettungssanitäter als ärztlicher Gehilfe hat von ihnen (wie der Notarzt auch) in Ausübung seines Berufes Kenntnis erlangt. Nach § 45 Satz 3 BDSG bleibt die Pflicht zur Wahrung des ärztlichen Geheimnisses durch das Bundesdatenschutzgesetz unberührt. Aus der Subsidiarität des Datenschutzrechtes gegenüber Vorschriften, die denselben, ähnlichen oder umfassenderen Schutz gewähren, folgt, daß das Berufsgeheimnis vorrangig zu achten ist.[5] Eine Weitergabe nicht anonymisierter Daten durch die Hilfsorganisation (oder das aufnehmende Krankenhaus) etwa zu wissenschaftlichen Zwecken, ist nur mit Einwilligung des Notfallpatienten zulässig. Dies gilt auch, sofern Notarzt und Rettungssanitäter (bei Feuerwehr und Bundeswehr) Angestellte bzw. Beamte desselben Dienstherrn sind.

---

4 Zur Frage, ob Krankenhausunterlagen den Vorschriften des Bundesdatenschutzgesetzes unterfallen: A. Hollmann, a. a. O. S. 65 m. w. N.; O. P. Schaefer, a. a. O. S. 2427, die das verneinen

5 Vgl. hierzu S. Simitis, in: S. Simitis, U. Dammann, O. Mallmann, H.-J. Reh, a. a. O. § 45 Rdn. 27 f.

Solange der Notfallpatient den Notarzt nicht von der Schweigepflicht entbunden hat, dürfen weder er noch der Rettungssanitäter identifizierende medizinische Daten etwa zu wissenschaftlicher Auswertung weitergeben.[6] Die Ausnahme gilt nur für diejenigen Daten, aufgrund deren die Einsätze abgerechnet werden. Es ist jedoch davon auszugehen, daß personenbezogene Daten, die einem Berufsgeheimnis oder einer Schweigepflicht unterliegen, dadurch allein nicht gegen die spezifischen, mit ihrer Sammlung in Dateien und ihrer Verarbeitung und Weitergabe zusammenhängenden Gefahren geschützt sind.[7]

592 Hilfsorganisationen, zumeist eingetragene Vereine oder selbständige oder unselbständige Untergliederungen von Vereinen unterfallen als juristische Personen des privaten Rechtes oder als andere Personenvereinigungen des privaten Rechts den Vorschriften des Bundesdatenschutzgesetzes, sofern sie personenbezogene Daten für eigene Zwecke in Dateien speichern, verändern, löschen oder aus Dateien übermitteln (§§ 1 Abs. 2 Nr. 2, 22 BDSG). Damit gilt für sie das gesamte Bundesdatenschutzgesetz, ausgenommen der 2. Abschnitt des Gesetzes, welcher die Datenverarbeitung der Behörden und sonstigen öffentlichen Stellen regelt.

2.2.1 Datenschutz und „gespaltener" Rettungsvertrag

593 Nach § 23 BDSG ist die Speicherung personenbezogener Daten im Rahmen der Zweckbestimmung des Vertragsverhältnisses oder vertragsähnlichen Vertrauensverhältnisses mit dem Betroffenen zulässig, oder soweit es zur Wahrung berechtigter Interessen der speichernden Stelle erforderlich ist und keine schutzwürdigen Belange des Betroffenen beeinträchtigt werden.[8]

594 Beim gespaltenen Rettungsvertrag wird mit der Hilfsorganisation ein Vertrag über den qualifizierten Transport des Notfallpatienten geschlossen. Die Zweckbestimmung dieses Vertrages oder des vertragsähnlichen Verhältnisses (bei Geschäftsführung ohne Auftrag) rechtfertigt z. B. die Feststellung der Angaben zur Person und des Leistungsträgers zu Abrechnungszwecken, wohl auch des Materialverbrauches und die anschließende Speicherung dieser Daten. Ob der Vertragszweck des mit der Hilfsorganisation geschlossenen Transportvertrages jede Speicherung ärztlicher Befunde, v. a. zu statistischen Zwecken oder zur wissenschaftlichen Auswertung rechtfertigt, ist zumindest zweifelhaft, zumal sie meistens nicht von den Rettungssanitätern, sondern vom Notarzt erhoben worden sind.

595 Zur Speicherung auch dieser Daten bei den Hilfsorganisationen bedarf es der Einwilligung des Notfallpatienten. Dieses Erfordernis scheint in mehrfacher Weise gerechtfertigt. Wer sich als Notfallpatient behandeln läßt, willigt in die Behandlung selbst und in die Erhebung der hierzu notwendigen Daten einschließlich der zur

---

6 Wie hier: H.-D. Lippert, Schweigepflicht ... a. a. O. S. 738 f.

7 So auch B. Ziegler-Jung, Anwendung ... a. a. O. S. 133 m. w. N.; dies. Datenschutz ... a. a. O. S. 193 für eine ergänzende Anwendung der LDSG

8 Vgl. die Einzelheiten bei S. Simitis, in: S. Simitis, U. Dammann, O. Mallmann, H.-J. Reh, a. a. O. § 23 Rdn. 1 ff.

Abrechnung der erbrachten Leistungen erforderlichen (zumindest stillschweigend) ein. Kann er – etwa wegen Bewußtlosigkeit – nicht einwilligen, so dürfte es in seinem mutmaßlichen Interesse liegen, daß so verfahren wird. Da medizinische Befunde am Notfallpatienten häufig in Eile erhoben werden und sich Hypothesen über die Erkrankungsursache im Verlauf der weiteren Behandlung als völlig falsch erweisen können, hat der Betroffene sogar ein überwiegendes Interesse daran, daß diese falsch gewordenen Daten nicht verwendet werden, zu welchem Zweck auch immer. Berichtigung, Löschung oder Sperrung kann aber nur verlangen, wer überhaupt um die Erhebung der Daten weiß.

596 Medizinische Befunde, die für eine sich an die Notfallbehandlung und den Transport ins Krankenhaus anschließende Krankenhausbehandlung notwendig sind, gehören nicht in Dateien der Hilfsorganisationen, sondern in einen Klinikübergabebogen.

597 Sind die medizinischen Daten erhoben und bei der Hilfsorganisation gespeichert, so werden sie zumeist auf Landesebene zentral erfaßt und sei es nur zur Ermittlung und Festlegung landeseinheitlicher Tarife. Beim DRK werden die Daten sogar an ein auf Bundesebene etabliertes hauseigenes Forschungsinstitut weitergegeben.

598 Es ist fraglich, ob diese Weitergabe der gespeicherten medizinischen Daten mit § 24 BDSG in Einklang steht. Er schützt unter den gleichen Voraussetzungen, unter denen § 23 BDSG das Speichern von Daten schützt, deren Übermittlung an Dritte im Sinne von § 2 Abs. 3 Nr. 2 BDSG.[9]

599 Ebenso wie das Speichern nach § 23 BDSG dürfte auch die Übermittlung der gespeicherten medizinischen Daten an Dritte vom Vertragszweck nicht gedeckt und daher ohne Einwilligung des Patienten unzulässig sein. § 24 BDSG schützt aber weitergehend die von einer zur Verschwiegenheit verpflichteten Person in Ausübung ihrer Berufspflicht übermittelten Daten gegen eine weitere Übermittlung. Diese Daten müssen an derjenigen Stelle verbleiben, an die sie z. B. der Rettungssanitäter oder der Notarzt übermittelt hat, es sei denn, die Weitergabe wäre gesetzlich vorgesehen oder vorgeschrieben. Da sowohl Notarzt als auch Rettungssanitäter der Schweigepflicht im Sinne von § 203 StGB unterliegen, haben sie die medizinischen Daten mit der Ablieferung des Dokumentationsbogens bei der Hilfsorganisation weitergegeben, so daß eine weitere Übermittlung der medizinischen Daten gesetzlich ausgeschlossen ist. § 24 Abs. 1 Satz 1 BDSG ist zum Schutz des Betroffenen weit auszulegen.[10]

600 Folge der hier vertretenen Auffassung ist, daß nur die Einwilligung des Patienten die Hilfsorganisation zur Übermittlung der Daten berechtigt, und daß dem Betroffenen ein Auskunftsanspruch unter den Voraussetzungen des § 26 BDSG sowie ein

---

9 Vgl. zum Begriff des „Dritten“: S. Simitis, in: S. Simitis, U. Dammann, O. Mallmann, H.-J. Reh, a. a. O. § 2 Rdn. 152 m. w. N., § 24 Rdn. 1 ff.

10 Vgl. hierzu S. Simitis, in: S. Simitis, U. Dammann, O. Mallmann, H.-J. Reh, a. a. O. § 24 Rdn. 47 ff.

Anspruch auf Berichtigung, Löschung und Sperrung unrichtiger Daten nach den Voraussetzungen des § 27 BDSG zusteht.

601 Diese datenschutzrechtlichen Überlegungen sollten dazu führen, den Entwurf des Dokumentationsbogens nochmals auf seinen Inhalt zu überprüfen. Durch Erstellung eines entsprechenden Durchschreibformulars sollte sich erreichen lassen, daß sowohl ein Klinikübergabebogen mit den medizinischen Daten gefertigt wird als auch einer oder mehrere Durchschläge die nur Daten enthalten, die zur Abrechnung des Einsatzes durch die Hilfsorganisationen benötigt werden.

602 Werden dem Krankenhaus, welches den Notarzt stellt, zur Abrechnung des Einsatzes (sofern diese Abrechnung nicht von den Hilfsorganisationen selbst vorgenommen wird) oder zur Weiterbehandlung Originale oder Durchschriften des Dokumentationsbogens unmittelbar übergeben, so ist § 24 BDSG nicht anwendbar, solange die medizinischen Daten nicht in eine Datei aufgenommen wurden.[11]

2.2.2 Datenschutz und „totaler" Rettungsvertrag

603 Wird mit dem Krankenhausträger ein totaler Rettungsvertrag geschlossen, so gilt, wie beim gespaltenen Rettungsvertrag, daß die von Rettungssanitäter und Arzt erhobenen medizinischen Befunde der ärztlichen Schweigepflicht unterliegen und nur mit Einwilligung des Patienten weitergegeben werden dürfen. In die Verwendung der persönlichen Angaben zu Abrechnungszwecken wird der Patient regelmäßig ausdrücklich oder stillschweigend einwilligen.

604 Werden die Daten des Dokumentationsbogens gespeichert, so ist ihre Übermittlung, anders als bei den Hilfsorganisationen, nur nach § 10 BDSG bzw. den entsprechenden Vorschriften der Landesdatenschutzgesetze zulässig. Die Übermittlung an eine andere öffentliche Stelle ist aber zusätzlich davon abhängig, daß diese Stelle die Daten, die vom Notarzt übermittelt werden, zu demselben Zweck benötigt wie dieser.

605 Führt eine Stadt oder ein Landkreis den Rettungsdienst mit seiner Feuerwehr, den Notarztdienst mit seinen Krankenhausärzten durch, so gilt das soeben ausgeführte ebenfalls. Da die Feuerwehr die medizinischen Daten nicht zu Abrechnungszwekken benötigt, ist bereits das Speichern aber auch die Weitergabe dieser Daten, sofern sie gespeichert worden sind, unzulässig, vgl. etwa § 10 bw LDSG. Die Weitergabe medizinischer Daten zur statistischen oder wissenschaftlichen Auswertung ist von der Einwilligung des Notfallpatienten abhängig. Ob ihre wissenschaftliche Verwendung bei Anonymisierung ohne Einwilligung des Patienten zulässig ist, ist derzeit noch umstritten. Sie ist dann zulässig, wenn mit an Sicherheit grenzender Wahrscheinlichkeit eine Identifikation des einzelnen Notfallpatienten ausgeschlossen ist.

11 Vgl. hierzu S. Simitis, in: S. Simitis, U. Dammann, O. Mallmann, H.-J. Reh, a. a. O. § 24 Rdn. 51

3 Notarzt und Strafverfolgung[1]

606 Der Einsatz des Notarztes im Rahmen des organisierten Rettungswesens bringt es mit sich, daß er zu Notfallpatienten gerufen werden kann, die Opfer oder Täter einer strafbaren Handlung sind. Selbst wenn der Notarzt nur noch den Tod des Patienten feststellen kann, wird er mit den Beamten der Polizei oder auch mit Vertretern der Staatsanwaltschaft in Kontakt kommen. Nicht auszuschließen ist, daß er vor Gericht als Zeuge oder sachverständiger Zeuge geladen wird.

607 Die Pole des durch die unterschiedlichen Aufgaben entstehenden Spannungsfeldes sind dabei klar erkennbar. Der Pflicht des Notarztes zur medizinischen Versorgung des Notfallpatienten und seine Verpflichtung, über die ihm dabei bekannt gewordenen Umstände zu schweigen (vgl. oben Teil 4, Kap. 1) steht die Aufgabe der staatlichen Strafverfolgungsorgane gegenüber, strafbare Handlungen rasch und vollständig aufzuklären, wobei sachverständige Auskünfte, die vom Notarzt gegeben werden, die Aufklärungsarbeit erleichtern können.

608 An dieser Stelle kann nicht auf alle möglichen Konflikte eingegangen werden. Es sollen dem Notarzt aber Anhaltspunkte für die Prüfung gegeben werden, ob er zu einer bestimmten Maßnahme verpflichtet ist, also notfalls durch Zwang zu ihrer Vornahme veranlaßt werden kann oder nicht. Dabei soll davon ausgegangen werden, daß der Notarzt, sofern er den Ermittlungsbehörden ohne Verletzung seines eigentlichen Dienstauftrages und für ihn zwingender Rechtsvorschriften behilflich sein kann, dies auch tut.
Folgende besonders häufige Fallkonstellationen sollen näherer Betrachtung unterzogen werden.

3.1 Rettungswesen und Anzeigepflicht

609 Notarzt und Rettungssanitäter unterliegen der Schweigepflicht und dürfen ohne Einwilligung des Betroffenen keine Erkenntnisse an Strafverfolgungsbehörden weitergeben, es sei denn, es besteht eine gesetzliche Offenbarungspflicht.[2] Als strafrechtlich relevant kommt § 138 StGB (mit den Ausnahmen, die § 139 StGB zuläßt) in Betracht. Die danach bestehende Anzeigepflicht setzt voraus, daß Notarzt und Rettungssanitäter bei ihrem Einsatz Kenntnis von einer im Stadium der Planung befindlichen in § 138 StGB ausdrücklich genannten schweren Straftat Kenntnis erlangen.

---

1 Vgl. hierzu H.-D. Lippert, Rechte und Pflichten ... a. a. O. S. 91 ff.

2 Vgl. hierzu: A. Schönke, H. Schröder, Th. Lenckner, a. a. O. § 203 Rdn. 22, insbesondere 32 m. w. N.

610 Darüber hinaus kann auch eine pflichtgemäße Güterabwägung zwischen der Verletzung der Schweigepflicht und der Offenbarung eines für die Strafverfolgung oder sonstige öffentliche Interessen wichtigen Umstandes seine Offenbarung rechtfertigen.

611 Geben die Verletzungen des Notfallpatienten Anhaltspunkte für das Vorliegen strafbarer Handlungen, deren Offenbarung für die Aufklärung des Tatherganges von Bedeutung sein kann, verweigert aber der Notfallpatient die Einwilligung zur Weitergabe derartiger Tatsachen, so gibt es weder für den Notarzt noch den Rettungssanitäter Raum für eine Güterabwägung. Die Weigerung muß respektiert werden.

612 Aus dem Schweigen des Notarztes läßt sich in der Regel strafrechtlich nicht der Vorwurf der Strafvereitelung nach § 258 StGB begründen. Der Arzt kommt nur seiner ärztlichen Aufgabe nach.[3] Auch der Vorwurf der Begünstigung kann hierin regelmäßig nicht gesehen werden, weil es für die Verwirklichung der Begünstigung (§ 257 StGB) im Regelfall am Vorsatz fehlen wird.

3.2 Der Notarzt als Sachverständiger und als sachverständiger Zeuge

613 Kommt der Notfallpatient wegen einer Verletzung durch die strafbare Handlung als Zeuge in Betracht, so kann nach § 81 c StPO seine Untersuchung auf Spuren und Folgen der Straftat gerichtlich angeordnet werden, soweit sie ihm bei Würdigung aller Umstände zugemutet werden kann. Der Notarzt, der diese Untersuchung durchführt, ist Sachverständiger. Er hat über die ärztlichen Feststellungen auszusagen, die er in dieser Eigenschaft im Auftrag des Gerichts trifft.

614 Wird der Notarzt dagegen über Feststellungen anläßlich der notärztlichen Versorgung des Patienten befragt, die mit dem Gutachtenauftrag nicht zusammenhängen, so ist er insoweit sachverständiger Zeuge und unterliegt der Schweigepflicht. Er darf die Aussage dazu, innerhalb der in Teil 4, Kap. 3, Abschn. 1 aufgezeigten Grenzen, verweigern, wenn er Tatsachen offenbaren müßte, die er bei der Behandlung des Patienten erfahren hat.

3.3 Notarzt und Blutentnahme

615 Oft ist bei Verkehrsunfällen alkoholbedingte Fahruntauglichkeit die Ursache oder eine Mitursache. Der Richter, bei Eilbedürftigkeit auch die Staatsanwaltschaft und die Polizei können die Blutentnahme beim Beschuldigten nach § 81 a StPO anordnen und den Notarzt um die Entnahme einer Blutprobe ersuchen.

616 Aus der Funktion des Notarztes, dessen klar umrissene Aufgabe darin besteht, Not-

---

3 Wie hier: A. Schönke, H. Schröder, W. Stree, a. a. O. § 258 Rdn. 21 m. w. N.

fallpatienten aus Lebensgefahr zu retten und ihre Transportfähigkeit herzustellen, kann eine Verpflichtung, diesem Ersuchen nachzukommen, nicht hergeleitet werden. Eine solche Verpflichtung kann sich aber aus anderen Umständen ergeben, etwa aus der Zuweisung der Blutentnahme im Auftrage von Polizei oder Staatsanwaltschaft zu den Dienstaufgaben des Krankenhausarztes. Ob die Pflicht, Blut gemäß § 81 a StPO zu entnehmen, jedem Arzt im öffentlichen Dienst zur Dienstaufgabe erklärt und daher als solche von ihm gefordert werden kann, erscheint zweifelhaft. Die herrschende Meinung bejaht dies, macht aber in denjenigen Fällen Ausnahmen, in denen auch sonst ein Zeugnisverweigerungsrecht begründet wäre.[4] Diese Frage stellt sich dann nicht, wenn der Arzt vom Gericht als Sachverständiger bestellt wird, und er dieser Anordnung, unabhängig vom Bestehen einer Dienstpflicht, nachzukommen hat (vgl. §§ 72 ff. StPO).

617 Zu den Dienstaufgaben angestellter Krankenhausärzte gehört die Teilnahme am Notarztdienst (vgl. 45. Änderungstarifvertrag zum BAT). Ist dem als Notarzt eingesetzten Krankenhausarzt die Blutentnahme zur Dienstaufgabe gemacht und wird er von Polizeibeamten um die Entnahme einer Blutprobe beim alkoholisierten Notfallpatienten ersucht, so ist er zur Blutentnahme nicht verpflichtet, wenn er diesem Ersuchen etwa deshalb nicht nachkommen kann, weil er zu einem anderen Notfallort gerufen wird. Kommt er der Aufforderung aus diesem Grunde nicht nach, so handelt er in rechtfertigender Pflichtenkollision.[5]

618 Eine andere Frage ist, ob der Notarzt, der eine Alkoholisierung des Notfallpatienten feststellt, von sich aus für die Zwecke eines künftigen Strafverfahrens eine Blutprobe entnehmen darf.[6] Dies ist schon deshalb zu verneinen, weil die Blutentnahme bei Beschuldigten wie bei Zeugen (§§ 81 a, 81 c StPO) der richterlichen Anordnung oder der Anordnung der Staatsanwaltschaft und ihrer Hilfsbeamten bedarf. Ärzte, auch Notärzte, werden auch dann nicht zu Ermittlungsbeamten mit solchen Anordnungsbefugnissen, wenn sie dienstlich zur Blutentnahme verpflichtet sind. Sie handeln dann nicht selbständig, sondern leisten auf Ersuchen der Strafverfolgungsbehörden Amtshilfe.

619 Die Bestimmung der StPO, daß Eingriffe in die körperliche Integrität, z. B. eine Blutentnahme, von fachkundigen Personen vorgenommen werden sollen, soll sicherstellen, daß dem Beschuldigten trotz des Interesses des Staates an einer Strafverfolgung kein gesundheitlicher Schaden aus der Verfolgungsmaßnahme entsteht. Auch hieraus ergibt sich keine Befugnis zu Untersuchungshandlungen auf eigene Initiative des Arztes.

620 Da der Notarzt zu selbständigen Ermittlungen weder verpflichtet noch befugt ist,

---

4 Vgl. hierzu allgemein K. Händel, a. a. O. S. 193 ff. m. w. N. Für die Zuweisung zu den Dienstaufgaben vgl. z. B. Erlaß des Innen-, des Justiz-, Kultus- und des Ministeriums für Arbeit, Gesundheit und Sozialordnung Baden-Württemberg, vom 19. 4. 1978, Nr. 6. Wenig einleuchtend das darin enthaltene „Amtsarztprivileg“, hierzu in der Regel nicht herangezogen zu werden

5 Vgl. hierzu auch H.-D. Lippert, Probleme ... a. a. O. S. 1338

6 Vgl. hierzu H.-D. Lippert, Blutentnahme ... a. a. O. S. 612 m. w. N.

macht er sich nicht wegen Begünstigung (§ 257 StGB) oder Strafvereitelung (§ 258 StGB) strafbar, wenn er nicht von sich aus die Spuren strafbarer Handlungen sichert. Willigt der Patient in den Eingriff nicht ein und fehlt eine Anordnung des Richters oder der Strafverfolgungsbehörden, so macht sich der Arzt einer Körperverletzung schuldig, es sei denn, ihm stünde ein Rechtfertigungsgrund zur Seite.

621 Eine Verletzung der Schweigepflicht kann vorliegen, wenn der Notarzt von sich aus den Strafverfolgungsbehörden ein Geheimnis offenbart hat, welches ihm anläßlich der Behandlung des Notfallpatienten bekannt geworden ist.

3.4 Notarzt und unnatürliche Todesursache

622 Ist der Notfallpatient beim Eintreffen des Notarztes ohne Atmung und Kreislauf, fehlen aber die sicheren Anzeichen des Todes, so muß sich der Notarzt unter dem Aspekt der ihm obliegenden Hilfeleistungspflicht in jedem Fall zunächst davon überzeugen, ob Wiederbelebungsmaßnahmen am Notfallpatienten aussichtslos sind. In Zweifelsfällen muß er sie einleiten und sie solange weiterführen, bis sie ergebnislos abgebrochen werden können,[7] weil der Tod des Notfallpatienten eingetreten ist.
Dagegen wäre es verfehlt, wenn der Notarzt zu toten Patienten gerufen würde, um die Leichenschau vorzunehmen.[8]

623 Davon zu unterscheiden ist die Frage, ob der Notarzt berechtigt und verpflichtet ist, bei Patienten, die vor oder während der Notfallversorgung sterben, die ärztliche Leichenschau vorzunehmen und die Todesbescheinigung auszustellen. Maßgeblich ist dafür das Landesrecht. So macht z. B. § 20 Bestattungsgesetz Baden-Württemberg die Leichenschau zur Pflicht jedes niedergelassenen Arztes sowie der Krankenhausärzte für Todesfälle in der Anstalt. Der niedergelassene Notarzt ist danach auf Verlangen zur Leichenschau verpflichtet. Der als Krankenhausarzt eingesetzte Notarzt ist hierzu nach dem Wortlaut des Gesetzes zwar nicht verpflichtet, man wird ihn aber bei sinnorientierter Auslegung funktional einem niedergelassenen Arzt gleichstellen können, so daß auch er auf Aufforderung zur Leichenschau verpflichtet ist.[9] Die Rettungsdienstgesetze enthalten hierfür keine Spezialregelung.

624 Besteht danach eine Verpflichtung, so kann er die Vornahme der Leichenschau gleichwohl ablehnen, wenn er zu einem weiteren Einsatz gerufen wird.[10] Er hat in diesem Fall unverzüglich dafür zu sorgen, daß die Leichenschau durch einen anderen Arzt vorgenommen wird (vgl. so z. B. § 8 Bestattungsverordnung Baden-Württemberg).

---

7 Vgl. hierzu H.-D. Lippert, Juristische Aspekte ... in: Reanimation – Aspekte der modernen Wiederbelebung, Hrsg. P. Sefrin 1982, S. 107

8 Vgl. hierzu H.-D. Lippert, Rechte und Pflichten ... a. a. O. S. 91 m. w. N.

9 Vgl. hierzu H.-D. Lippert, Rechte und Pflichten ... a. a. O. S. 91 m. w. N.

10 Vgl. hierzu H. Narr, a. a. O. Rdn. 936 ff. m. w. N.; W. Schwerd, a. a. O. S. 189 ff.; wie hier: H.-D. Lippert, Rechte und Pflichten ... a. a. O. S. 91 (95)

625 Der Notarzt, der die Leichenschau durchführt, muß sich, so § 8 Abs. 3 Bestattungsverordnung Baden-Württemberg, durch Untersuchung der Leiche Gewißheit über den Eintritt des Todes verschaffen, sowie Todeszeitpunkt, Todesursache und Todesart möglichst genau feststellen. Wegen der ungünstigen äußeren Umstände, die am Notfallort eine gründliche Untersuchung erschweren können, ist hier besondere Vorsicht geboten. Nicht selten verbergen sich hinter angeblichen Unfällen, v. a. im häuslichen Bereich, strafbare Handlungen. Es werden immer wieder Fälle bekannt, in denen Ärzte bei der Leichenschau den natürlichen Tod bescheinigt haben, obwohl offensichtlich schwere Verletzungen auf eine Straftat oder einen Unfall hinweisen.[11]

626 Ergeben sich Anhaltspunkte für einen unnatürlichen Tod, so hat der Arzt die Polizeibehörde zu verständigen und dafür zu sorgen, daß bis zu derem Eintreffen an der Leiche keine Veränderungen vorgenommen werden.
Häufig ergibt die nachfolgende Obduktion, daß die vom Arzt ursprünglich festgestellte mit der tatsächlichen Todesursache nicht übereinstimmt.

627 Lassen Leichenschau und/oder polizeiliche Ermittlungen Zweifel daran bestehen, ob ein natürlicher oder ein unnatürlicher Tod[12] vorliegt, so sollte der Notarzt vermerken, daß die Todesursache nicht geklärt werden kann. Dies wird zur gerichtlichen Sektion führen und möglicherweise den Verdacht erhärten oder zerstreuen. Leider sehen die gebräuchlichen Todesbescheinigungen nur in einigen Ländern (z. B. Bayern) die Möglichkeit vor, im Formular selbst zu vermerken, die Todesursache habe durch die Leichenschau nicht geklärt werden können. Zumeist besteht nur die Möglichkeit, das Vorliegen eines natürlichen oder eines unnatürlichen Todes zu bescheinigen.

628 Auch wenn der Notarzt gesetzlich zur Vornahme der Leichenschau verpflichtet ist, sprechen praktische Bedenken dagegen, ihn hierzu im Regelfall heranzuziehen. Mit der Ausstellung des Leichenschauscheines bestätigt der Notarzt, sichere Zeichen des Todes wahrgenommen zu haben (vgl. § 3 Abs. 1 bayerische Bestattungsverordnung, § 22 Abs. 2 baden-württembergisches Bestattungsgesetz). Bei Unfallopfern im Straßenverkehr, nach vergeblicher Reanimation oder bei Versterben des Patienten vor Eintreffen des Notarztes, kann dieser zumeist nur feststellen, daß der Tod des Patienten eingetreten ist. Sichere Todeszeichen, Leichenflecken, Totenstarre, Autolyse, wird der Notarzt häufig erst nach einer längeren Wartezeit feststellen können. Erkundigungen über die Todesursache und die näheren Umstände, Vorerkrankungen usw. kann der Notarzt nur in den seltensten Fällen einholen. Dies und der Umstand, daß es Aufgabe des Notarztes ist, Notfallpatienten medizinische Hilfe zukommen zu lassen, sollte dazu führen, den Notarzt nur dann zur Leichenschau aufzufordern, wenn er sie auch lege artis durchführen kann.[13]

---

11 Vgl. hierzu W. Schwerd, a. a. O. S. 192, der die Fehlerquote mit 60% angibt. Zur Todesfeststellung vgl. E. Schulz in: P. Sefrin, a. a. O. S. 377 ff.; H. J. Mallach, H. Narr, Notfallarzt, a. a. O. S. 1561

12 Vgl. W. Schwerd, in: H. W. Opderbecke, W. Weissauer, Forensische Probleme ... a. a. O. S. 123, der auf das Fehlen einer Definition des Begriffes „natürlicher Tod" hinweist

13 P. Sefrin, E. Schulz, H.-D. Lippert, a. a. O. S. 693

4 Probleme des Arzneimittelrechts

629 Ein, im Schrifttum zu Rettungs- und Notarztdienst wenig beachteter Aspekt, der sehr wesentlich von der Organisation dieser Dienste abhängt, ist die Vorsorge für die medikamentöse Behandlung des Notfallpatienten. Beim Umgang mit den in der Notfallmedizin verwendeten Medikamenten müssen die Bestimmungen des Arzneimittelgesetzes (AMG)[1] und des Betäubungsmittelgesetzes (BtMG)[2] beachtet werden. Verstöße gegen diese Gesetze können wegen der in ihnen enthaltenen, oft nicht genügend bekannten Strafbestimmungen zu strafrechtlicher Ahndung führen. Derartige Verstöße lassen sich bei entsprechenden organisatorischen Vorkehrungen vermeiden.

4.1 Arzneimittelgesetz

630 Wegen der Gefahren eines unkontrollierten Handels mit Arzneimitteln für die Volksgesundheit und jeden einzelnen Menschen dürfen Arzneimittel im Sinne von § 2 AMG – von Ausnahmen abgesehen – nur von Apotheken in den Verkehr gebracht werden.[3] Die meisten der im Rettungswesen zur Beseitigung der Lebensgefahr oder zur Schmerzlinderung für den Notfallpatienten verwendeten Medikamente sind apothekenpflichtige Arzneimittel. Nach § 4 Abs. 17 AMG ist Inverkehrbringen, „das Vorrätighalten zum Verkauf oder zu sonstiger Abgabe, das Feilhalten, Feilbieten und die Abgabe an andere."

631 Hinsichtlich der Notärzte ergeben sich keine grundsätzlichen Probleme, weil diese die Arzneimittel gerade nicht abgeben, um sie einem Außenstehenden zur freien Verfügung zu überlassen, sondern am Patienten anwenden und sie damit ihrem ureigensten Zweck zuführen.[4] Problematischer ist dagegen, daß die Hilfsorganisationen zur Ausstattung ihrer Fahrzeuge, um dem Notarzt die notwendigen Maßnahmen am Notfallort zu ermöglichen, apothekenpflichtige Arzneimittel, die möglicherweise zudem verschreibungspflichtig sind, in ihren Fahrzeugen halten müssen.

632 Die Zweckbestimmung des Rettungsdienstes lassen von den in § 4 Abs. 17 AMG

1 Gesetz zur Neuordnung des Arzneimittelrechts v. 24.8. 1976, in der Fassung vom 24.2. 1983 (BGBl I S. 169), auszugsweise abgedruckt im Anhang Kap. 1, Abschn. 4

2 Gesetz zur Neuordnung des Betäubungsmittelrechts v. 28.7. 1981 (BGBl. I S. 681), auszugsweise abgedruckt im Anhang Kap. 1, Abschn. 3

3 Vgl. zum Begriff des „Inverkehrbringens" E. Horn, a. a. O. S. 2329 m. w. N., Vgl. auch G. Pelchen in: G. Erbs – M. Kohlhaas, AMG, § 4 Anm. 15

4 Wie hier E. Horn, a. a. O. S. 2333 Fn. 61

zur näheren Definition des Begriffes des Inverkehrbringens genannten Alternativen, nämlich das Vorrätighalten zum Verkauf sowie das Feilhalten und Feilbieten, ausscheiden. Lediglich das Vorrätighalten zu sonstiger Abgabe und die Abgabe an andere könnte ernsthaft in Betracht kommen. Die Arzneimittel in Notarztwagen und Notarzteinsatzfahrzeugen werden indessen nicht zur „Abgabe", sondern zur unmittelbaren Anwendung am Patienten durch den Notarzt bereitgehalten. Da der Rettungssanitäter nach allgemeinem Verständnis Helfer des Arztes ist, auch wenn er auf dessen Anweisung oder unter dessen Anleitung Arzneimittel appliziert, werden auch an ihn die Arzneimittel nicht im Sinne des § 4 Abs. 17 AMG abgegeben, sondern ihrer Zweckbestimmung entsprechend verbraucht.[5]
Dies gilt ebenso, wenn der Rettungssanitäter im Rahmen seiner Notkompetenz aus seiner eigenen Entscheidung Medikamente beim Patienten appliziert, weil er hier anstelle des Arztes tätig wird.
Diese Aussage hat Gültigkeit, unabhängig davon, ob Rettungs- und Notarztdienst in einer Hand liegen oder durch Zusammenwirken von Hilfsorganisationen und Notarzt geleistet werden.

633 Eine Abgabe von Arzneimitteln durch die Hilfsorganisationen oder den Notarzt an Rettungssanitäter zum eigenen Gebrauch oder zur Weitergabe an außenstehende Dritte oder durch den Notarzt an Außenstehende kann den Straftatbestand des § 96 Nr. 11 AMG oder bei fahrlässiger Handlung den einer Ordnungswidrigkeit nach § 97 Abs. 1 Nr. 1O AMG erfüllen.[6]
Arzneimittel im Sinne des § 2 AMG können auch dadurch in Verkehr gebracht werden, daß derjenige, der Vorsorge dafür zu treffen hat, daß ein Arzneimittel nicht unbefugt in Verkehr gelangt, es aus dieser Garantenstellung heraus unterläßt, die erforderlichen Maßnahmen zu treffen, um dies zu verhindern.[7]

634 Strafrechtlich nicht unbedenklich ist auch die in der Praxis immer wieder anzutreffende Übung, daß sich Angehörige der Hilfsorganisationen nach Einsatzende die im Einsatz verbrauchten Arzneimittel durch Klinikpersonal ersetzen lassen.[8]
Anderes gilt nur, sofern das entsprechende Arzneimittel zu Einsatzzwecken im Notfall nicht auf anderem Wege oder nur unter Zeitverlust, der das Leben eines Notfallpatienten gefährden könnte, beschafft werden kann.
In diesem Fall könne sich der Handelnde auf § 34 StGB berufen und seine Handlung wäre gerechtfertigt.[9]

5 So im Ergebnis H. Roth, in: B. Gorgaß, F. W. Ahnefeld, a. a. O. S. 25
6 So Roth, a. a. O. S. 25
7 So E. Horn, a. a. O. S. 2336 m. w. N.
8 So H. Roth, a. a. O. S. 25
9 So H. Roth, a. a. O. S. 25

4.2 Betäubungsmittelgesetz

635 Im Grundsatz dieselben Probleme ergeben sich bei Arzneimitteln, die unter das Betäubungsmittelgesetz fallen. Wegen der besonderen Gesundheitsgefahren, der unter das Betäubungsmittelgesetz fallenden oder ihnen gleichgestellten Substanzen ist jedoch der Handlungsspielraum von Notarzt und Rettungssanitäter noch wesentlich beschränkter.

636 Im Gegensatz zum AMG ist nach § 29 Abs. 1 Nr. 3 BtMG schon der Besitz von Substanzen, die dem BtMG unterliegen, strafbar, sofern keine Erlaubnis nach § 3 BtMG oder ein Bezugsschein nach § 4 BtMG vorliegt. Notarztkoffer, die entsprechend den häufigsten Einsatzfällen mit Medikamenten aller Art ausgestattet sein müssen,[10] enthalten zur Schmerzlinderung Arzneimittel, die nicht dem BtMG unterliegen. Wird diese Ausrüstung verändert und werden Analgetika und Spasmolytika mit aufgenommen, so wird dabei häufig außer Acht gelassen, daß Pharmaka wie Dolantin, Novalgin, Buscopan und natürlich Morphin den Vorschriften des BtMG unterliegen und nur unter den hier genannten Voraussetzungen, in der Regel durch einen Arzt, auf Verordnung und gegen Nachweis in Verkehr gebracht werden dürfen. Ausgenommen von der Erlaubnispflicht sind nach § 4 BtMG Apotheken und ärztliche Hausapotheken. Der Besitz von Spasmolytika und Analgetika, die unter das BtMG fallen, ist für den Arzt straflos, sofern er die sonstigen Vorschriften über den Umgang mit den dem BtMG unterliegenden Substanzen einhält.

637 In der Praxis kommt es vor, daß Rettungssanitäter Eigentümer von Notarztkoffern sind, die sie nicht selbst beschafft und ausgerüstet haben. In ihnen finden sich gelegentlich Analgetika und Spasmolytika, die entgegen den Vorschriften des BtMG beschafft worden sind und deren Besitz daher unter § 29 Abs. 1 Nr. 3 BtMG fällt. Diese Rettungssanitäter machen sich allein durch den Besitz und derjenige, der sie abgegeben hat, durch die Abgabe strafbar.[11]

638 Sind Rettungs- und Notarztdienst in einer Hand vereinigt, stellt also etwa das Krankenhaus neben dem Notarzt auch die Rettungssanitäter und die Transportmittel, so wird das Krankenhaus unter den Ausnahmetatbestand des § 4 BtMG fallen und als Krankenhausapotheke keiner Erlaubnis bedürfen, wenn die Voraussetzungen im Einzelfall erfüllt sind.
Auch hier muß Vorsorge gegen eine mißbräuchliche Verwendung der dem BtMG unterliegenden Medikamente getroffen werden. Sind Rettungs- und Notarztdienst getrennt und statten die Hilfsorganisationen ihre Notarztkoffer mit Arzneimitteln aus, die unter das BtMG fallen, so bedürfen sie in der Regel einer Erlaubnis nach § 3 BtMG, auch wenn die Medikamente ausschließlich zur Anwendung am Notfallpatienten bestimmt sind. Man wird die Hilfsorganisationen auch dann nicht vom Erlaubniszwang ausnehmen können, wenn in der Hilfsorganisation ein Arzt die Verantwortung für die Einhaltung der gesetzlichen Vorschriften übernimmt. Dies ergibt sich aus dem Gesetzeszweck, den Kreis der Personen, die mit Betäubungs-

10 Vgl. hierzu B. Gorgaß, F. W. Ahnefeld, a. a. O. S. 196 f.
11 Vgl. J. Joachimski, a. a. O. § 11 Anm. 15 ff.

mitteln in Berührung kommen, nicht nur transparent zu gestalten, sondern ihn möglichst auch zahlenmäßig zu begrenzen.

639 Gangbar und mit Sinn, Zweck und Wortlaut des BtMG vereinbar scheint auch der Weg, die Erlaubnis dem Notarzt (sofern er als niedergelassener Arzt tätig ist) oder dem Träger des Krankenhauses zu erteilen, das den Notarzt zur Verfügung stellt. Das Krankenhaus wird allerdings in der Regel bereits über eine Erlaubnis verfügen, so daß letztlich nur festzulegen wäre, welcher der verantwortlichen Ärzte für die dem BtMG unterliegenden oder ihnen gleichgestellten Medikamente die Verwendungsnachweise führt. Solange und soweit sichergestellt ist, daß die Medikamente nicht zweckfremd in Verkehr gebracht werden können, dürfte gegen eine Delegation der Verantwortung für die im Notarztdienst verwendeten Medikamente auf einen für diesen Bereich verantwortlichen nachgeordneten Arzt und die Aufbewahrung an einem gesicherten Ort bei der Hilfsorganisation bzw. gesichert in den Fahrzeugen der Hilfsorganisationen keine Bedenken bestehen.[12]

5 Literatur

Bockelmann, P.: Das Strafrecht des Arztes in: A. Ponsold, Lehrbuch der gerichtlichen Medizin, 3. Aufl. 1967.

Händel, K.: Verweigerung von Blutentnahme durch Ärzte, Blutalkohol 14 (1977) 193.

Hollmann, A.: Krankenunterlagen und Datenschutz, Arztrecht 1980, 65.

Horn, E.: Das „Inverkehrbringen" als Zentralbegriff des Nebenstrafrechts, NJW 1979, 2329.

Kleinewefers, H., Wilts, W.: Schadenersatzansprüche bei Verletzung der ärztlichen Schweigepflicht, NJW 1963, 2345.

Kleinewefers, H., Wilts, W.: Die Schweigepflicht der Krankenhausleitung, NJW 1964, 428.

Kleinewefers, H., Wilts, W.: Die vertragliche Haftung bei gespaltenem Arzt-Krankenhaus-Vertrag, NJW 1965, 332.

Kohlhaas, M.: Rotes Kreuz und Schweigepflicht, NJW 1967, 666.

Kohlhaas, M.: Schweigepflicht der in der Medizin tätigen technischen Personen, NJW 1972, 1502.

Lippert, H.-D.: Blutentnahme durch den Notarzt, DMW 104 (1979) 612.

Lippert, H.-D.: Probleme bei der Anordnung der Blutentnahme nach § 81 a StPO, DMW 105 (1980) 1338.

Lippert, H.-D.: Rechte und Pflichten des Notarztes bei Strafverfolgungsmaßnahmen, Notfallmedizin 7 (1981) 91.

Lippert, H.-D.: Juristische Aspekte der Reanimation, in: Reanimation-Aspekte der modernen Wiederbelebung, Hrsg. P. Sefrin, 1982, 107.

Lippert, H.-D.: Zur Schweigepflicht des Krankenhausarztes gegenüber Polizeibehörden, Notfallmedizin 7 (1981) 1207.

Lippert, H.-D.: Schweigepflicht und Datenschutz im Rettungswesen, Notfallmedizin 7 (1981) 738.

Mallach, H. J., Narr, H.: Notfallarzt und Leichenschau, DMW 105 (1980) 1561.

Müller, K.: Schweigepflicht und Schweigerecht, in: Mergen Bd. II S. 63.

Schaefer, O. P.: Datenschutz in der ärztl. Praxis, DÄBl. 1980, 2427.

Schulz, E.: Feststellung des Todes, in: Notfalltherapie im Rettungsdienst, Hrsg. P. Sefrin, 1981, S. 371.

Schwerd, W.: Definition und Abgrenzung der Begriffe natürlicher und unnatürlicher Tod, in: H. W. Opderbecke, W. Weissauer, Hrsg., Forensische Probleme in der Anästhesiologie, S. 123 ff.

Sefrin, P., Schulz, E., Lippert, H.-D.: Tod im Rettungsdienst, Notfallmedizin 9 (1983) 693.

12 Zur Rezeptpflicht vgl. G. Pelchen, in: G. Erbs – M. Kohlhaas, a. a. O. BtM, § 3 Anm. 5 f.

Uhlenbruck, W.: Die vertragliche Haftung von Krankenhaus und Arzt für fremdes Verschulden, NJW 1964, 2187.
Ulsenheimer, K.: Die strafrechtliche Haftung des Anästhesisten, in: H. W. Opderbecke, W. Weissauer Hrsg., Forensische Probleme in der Anästhesiologie, 1981, 41.
Ziegler-Jung, B.: Anwendung des Datenschutzrechtes im Krankenhaus, DuD, 1980, 133.
Ziegler-Jung, B.: Datenschutz bei der Forschung mit Gesundheitsdaten – Probleme und Lösungswege, Datenverarbeitung im Recht 1980, 193 (zit.: Datenschutz).

Anhang

Rechtsvorschriften, Richtlinien, Vereinbarungen, Muster und Entwürfe

1 Rettungsdienstgesetze

1.0 Muster für ein Ländergesetz über den Rettungsdienst

§ 1 Aufgabe des Rettungsdienstes

(1) Aufgabe des Rettungsdienstes ist es, bei Notfallpatienten am Notfallort lebensrettende Maßnahmen durchzuführen und die Transportfähigkeit herzustellen sowie diese Personen unter Aufrechterhaltung der Transportfähigkeit und Vermeidung weiterer Schäden in ein geeignetes Krankenhaus zu verbringen. Notfallpatienten sind Personen, die sich infolge von Verletzung, Krankheit oder sonstiger Umstände in Lebensgefahr befinden oder deren Gesundheitszustand in kurzer Zeit eine wesentliche Verschlechterung besorgen läßt, sofern nicht unverzüglich medizinische Hilfe eingreift.
(2) Aufgabe des Rettungsdienstes ist es auch, kranke, verletzte oder sonstige hilfsbedürftige Personen unter sachgerechter Betreuung zu befördern, die keine Notfallpatienten sind.
(3) Notfallpatienten haben Vorrang.

§ 2

Der Rettungsdienst ist eine Auftragsangelegenheit/Angelegenheit des übertragenen Wirkungskreises/Pflichtaufgabe nach Weisung/Aufgabe zur Erledigung nach Weisung[1] der Kreise und kreisfreien Städte.

§ 3 Rettungsdienstbereich

(1) Zur Durchführung des Rettungsdienstes werden von der zuständigen Landesbehörde durch Rechtsverordnung Rettungsdienstbereiche festgesetzt.
(2) Umfaßt ein Rettungsdienstbereich das Gebiet mehrerer Kreise oder kreisfreien Städte, so haben sich diese zu einem Rettungszweckverband zusammenzuschließen, der die Aufgaben der Träger des Rettungsdienstes wahrnimmt.

§ 4 Gliederung und Einrichtungen des Rettungsdienstbereichs

In jedem Rettungsdienstbereich sind eine Rettungsleitstelle und Rettungswachen einzurichten.

§ 5 Rettungsleitstelle

(1) Der Standort der Rettungsleitstelle wird vom Träger des Rettungsdienstes mit Zustimmung der zuständigen Landesbehörde festgelegt.
(2) Die Rettungsleitstelle ist die Einsatzstelle des gesamten Rettungsdienstes in einem Rettungsdienstbereich. Sie muß ständig besetzt und erreichbar sein. Sie soll einen zentralen Krankenbettennachweis führen. Eine enge Zusammenarbeit mit den Einrichtungen der ärztlichen Selbstverwal-

---

1 Entsprechend dem jeweiligen Landesrecht unterschiedlich

tungskörperschaften für den ärztlichen Bereitschaftsdienst ist sicherzustellen. Benachbarte Rettungsleitstellen haben sich zu unterstützen.
(3) Für technische Hilfe im Rettungsdienst ist grundsätzlich die Feuerwehr anzufordern.
(4) Die Rettungsleitstelle kann die Geschäfte[2] des Rettungsdienstes führen.

§ 6 Rettungswachen

(1) Der Träger des Rettungsdienstes legt Zahl und Standorte der Rettungswachen fest.
(2) Die Rettungswache hält die mobilen Rettungsmittel, insbesondere Rettungswagen, Krankentransportwagen sowie das notwendige Personal einsatz- und abrufbereit.[3]
(3) Das Land, die Gebietskörperschaften und die Krankenhaus-Zweckverbände sind auf Vorschlag des Trägers des Rettungsdienstes verpflichtet, vor dem Neu-, Um- oder Erweiterungsbau von Krankenhäusern zu prüfen, ob feste Einrichtungen des Rettungsdienstes, insbesondere Rettungswachen, vorgesehen werden können.[4]

§ 7 Mitwirkung der Sanitätsorganisationen und Dritter

Der Träger des Rettungsdienstes kann rettungsdienstliche Aufgaben auf Sanitätsorganisationen oder private Unternehmer aufgrund von Vereinbarungen, die der Genehmigung der zuständigen Behörde bedürfen, übertragen. In dieser Vereinbarung ist insbesondere die Zusammenarbeit aller am Rettungsdienst Mitwirkenden zu regeln.

Alternativvorschlag des Bundesministers des Innern vom 15. Januar 1973:
Sanitätsorganisationen und private Unternehmer wirken im Rettungswesen mit, wenn sie hierfür geeignet sind und ihre Bereitschaft zur Mitwirkung erklären. Das Nähere regelt eine Rechtsverordnung der zuständigen obersten Landesbehörde.

§ 8 Mitwirkung der Krankenhäuser

Der Träger des Rettungsdienstes hat im Einvernehmen mit geeigneten Krankenhäusern darauf hinzuwirken,
a) daß die Aufnahme von Notfallpatienten jederzeit sichergestellt ist. Hierfür sind Notfallaufnahmebereiche festzulegen. Sonderregelungen nach dem Bundes-Seuchengesetz bleiben unberührt;
b) daß eine geregelte berufliche Fortbildung des Rettungsdienstpersonals im Krankenhaus erfolgt;
c) daß Ärzte zur Hilfeleistung im Rahmen des Rettungsdienstes, insbesondere für den Einsatz arztbesetzter Rettungswagen (Notarztwagen), zur Verfügung stehen.

§ 9 Finanzierung

(1) Dem Träger des Rettungsdienstes fallen die nichtgedeckten Kosten des Rettungsdienstes zur Last. Haben sich mehrere Träger zu einem Rettungszweckverband zusammengeschlossen, so erhebt dieser für den ungedeckten Finanzbedarf Umlagen nach dem Verhältnis der Einwohnerzahl.[5]
(2) Das Land gewährt den Trägern des Rettungsdienstes Zuschüsse.

---

2 Verwaltungsgeschäfte der Unternehmer bzw. Träger
3 Regelung der ständigen Abrufbereitschaft durch Dienstanweisung
4 Die Empfehlung wird für erforderlich gehalten, um die Rettungswachen, bei denen Notarztwagen stationiert werden sollen, möglichst im Krankenhausbereich unterbringen zu können
5 Änderung der Ermessensgrundlage ggf. entsprechend dem jeweiligen Landesrecht

§ 10 Beirat für das Rettungswesen

(1) Die zuständige oberste Landesbehörde beruft einen Beirat für das Rettungswesen. Ihm obliegt die Beratung der Landesregierung und der Träger des Rettungsdienstes, insbesondere
1. bei der Beschaffung geeigneter und einheitlicher Rettungseinrichtungen,
2. bei der Weiterbildung des Rettungsdienstpersonals sowie bei der Aus- und Weiterbildung von Laien in Erster Hilfe, insbesondere bei der Schaffung entsprechender Ausbildungs- und Forschungsstätten,
3. bei der Festsetzung von Entgelten mit den Kostenträgern,[6]
4. bei der Erstellung des Jahresberichts über die Tätigkeit der Rettungsdienste.
(2) Der Beirat tritt jährlich mindestens einmal zusammen.

§ 11[7] Aufsicht

§ 12[8] Mißbräuchliche Benutzung von Rettungsdiensteinrichtungen

§ 13 Ausführungsbestimmungen

Die zuständige Landesbehörde erläßt
1. Mustersatzung für den Rettungszweckverband,
2. Muster einer Vereinbarung gemäß § 7,
3. vorläufige Bestimmungen über die Ausbildung[9] des Rettungsdienstpersonals,[10]
4. Dienstanweisung für den Rettungsdienst,
5. Richtlinien über Anzahl und Art der Fahrzeuge und Einrichtungen des Rettungsdienstes.

---

6 Diese Formulierung ist abhängig von der Fassung des § 35 des Gesetzes über die Beförderung von Personen mit Krankenkraftwagen

7 Auf einen Formulierungsvorschlag wurde verzichtet, da zu unterschiedliche landesrechtliche Regelungen bestehen. Vorbehaltlich der bundesgesetzlichen Regelung sollte eine ausreichende Beteiligung der Gesundheitsämter an der Aufsicht sichergestellt werden. Die Beteiligung der Gesundheitsämter sollte sich insbesondere beziehen auf die Aufsicht über
1. die fachliche und gesundheitliche Eignung der Beifahrer und Fahrer,
2. die Einhaltung der Vorschriften über die Entseuchung und der Vorschriften des Bundesseuchengesetzes,
3. die Ausstattung, die Ausrüstung und den Zustand der Krankenkraftwagen.
Auch der Entwurf eines Gesetzes über die Beförderung von Personen mit Krankenkraftwagen sieht die Mitwirkung des Gesundheitsamtes bei der Aufsicht vor

8 Es erscheint zweckmäßig, einen Mißbrauchstatbestand vorzusehen, der die mißbräuchliche Benutzung von Rettungsdiensteinrichtungen als eine Ordnungswidrigkeit behandelt, wie dies bereits in anderen Landesgesetzen bei analogen Tatbeständen geschehen ist

9 § 13 Nr. 3 geht davon aus, daß der Gesetzentwurf über die Ausbildung der Rettungssanitäter noch nicht in Kraft getreten ist

10 Nur Inhalt des 14tägigen Fachlehrgangs und des 14tägigen Krankenhauspraktikums gemäß Vorschlag der AG Verkehrsmedizin eines § 15 des Gesetzes über die Beförderung von Personen mit Krankenkraftwagen

1.1 Baden-Württemberg

Gesetz über den Rettungsdienst

(Rettungsdienstgesetz – RDG)
in der Fassung vom 1. September 1983 (GBl. S. 573)

§ 1 Grundsatz

Zweck dieses Gesetzes ist die wirtschaftliche Sicherung des Rettungsdienstes, um eine bedarfsgerechte Versorgung der Bevölkerung mit leistungsfähigen Einrichtungen des Rettungsdienstes zu gewährleisten und zu sozial tragbaren Benutzungsentgelten beizutragen.

§ 2 Aufgabe des Rettungsdienstes

(1) Aufgabe des Rettungsdienstes ist es,
1. bei Notfallpatienten Maßnahmen zur Erhaltung des Lebens oder zur Vermeidung gesundheitlicher Schäden einzuleiten, sie transportfähig zu machen und unter sachgerechter Betreuung in ein für die weitere Versorgung geeignetes Krankenhaus zu befördern;
2. anderen Kranken, Verletzten oder sonst Hilfsbedürftigen nötigenfalls Erste Hilfe zu leisten und sie unter sachgerechter Betreuung zu befördern.

(2) Notfallpatienten sind Kranke oder Verletzte, die sich in Lebensgefahr befinden oder bei denen schwere gesundheitliche Schäden zu befürchten sind, wenn sie nicht umgehend medizinische Hilfe erhalten.

(3) Die Beförderung von Notfallpatienten hat Vorrang vor der Beförderung von Hilfsbedürftigen im Sinne von Absatz 1 Nr. 2.

§ 3 Trägerschaft und Durchführung des Rettungsdienstes

(1) Das Ministerium für Arbeit, Gesundheit und Sozialordnung schließt auf Landesebene mit dem Arbeiter-Samariter-Bund, dem Deutschen Roten Kreuz mit seiner Bergwacht Württemberg, der Johanniter-Unfall-Hilfe und dem Malteser-Hilfsdienst, ferner mit der Deutschen Rettungsflugwacht, der Bergwacht Schwarzwald und der Deutschen Lebensrettungsgesellschaft sowie bei Bedarf mit anderen Stellen (Leistungsträger) Vereinbarungen über die bedarfsgerechte Versorgung der Bevölkerung mit leistungsfähigen Einrichtungen des Rettungsdienstes, soweit diese hierzu bereit und in der Lage sind.

(2) Soweit die bedarfsgerechte Versorgung der Bevölkerung mit leistungsfähigen Einrichtungen des Rettungsdienstes nicht nach Absatz 1 sichergestellt ist, ist die Versorgung Pflichtaufgabe der Landkreise und Stadtkreise. Sie sind in diesem Fall Leistungsträger im Sinne des Absatzes 1 und können sich zur Erfüllung dieser Aufgabe freiwilliger Hilfsorganisationen bedienen, soweit diese dazu bereit und in der Lage sind.

(3) Das Ministerium für Arbeit, Gesundheit und Sozialordnung stellt im Einvernehmen mit dem Innenministerium und nach Anhörung der kommunalen Landesverbände fest, welche Landkreise und Stadtkreise, in denen die Durchführung des Rettungsdienstes nach Absatz 1 nicht gewährleistet ist, diese Aufgabe nach Absatz 2 wahrnehmen. Soweit durch die Übertragung der Aufgabe eine Ausgleichspflicht des Landes nach Artikel 71 Abs. 3 der Verfassung des Landes Baden-Württemberg begründet wird, schließt das Land eine Vereinbarung mit den Landkreisen und Stadtkreisen über einen angemessenen Ausgleich.

§ 4 Planung

(1) Das Ministerium für Arbeit, Gesundheit und Sozialordnung stellt in enger Zusammenarbeit mit dem Landesausschuß für den Rettungsdienst (§ 8) einen Rettungsdienstplan auf und paßt ihn der Entwicklung an.

(2) Der Rettungsdienstplan wird als Rahmenplan erstellt. Er legt die Grundzüge einer bedarfsgerechten und wirtschaftlichen Versorgung der Bevölkerung mit leistungsfähigen Einrichtungen des Rettungsdienstes fest. Das Land ist in Rettungsdienstbereiche einzuteilen. Die Standorte der Rettungshubschrauber werden bei geeigneten Krankenhäusern festgelegt.
(3) Der Bereichsausschuß für den Rettungsdienst (§ 9) erstellt auf der Grundlage des Rettungsdienstplanes für den Rettungsdienstbereich einen Plan, der den Standort der Rettungsleitstelle, Zahl und Standorte der bedarfsgerechten Rettungswachen sowie die personelle und sächliche Ausstattung dieser Einrichtungen festlegt. Dabei sind die nach § 8 Abs. 2 Satz 2 festgelegten allgemeinen Grundsätze und Maßstäbe für eine wirtschaftliche Durchführung des Rettungsdienstes zu berücksichtigen. Der Plan ist dem Landesausschuß vorzulegen.

§ 5 Rettungsleitstelle

(1) Die Rettungsleitstelle lenkt die Einsätze des Rettungsdienstes im Rettungsdienstbereich; sie koordiniert die Einsatzpläne der Rettungswachen. Die Einsätze sind grundsätzlich an die für den Rettungsdienstbereich zuständigen Leistungsträger zu vergeben.
(2) Die Rettungsleitstelle muß ständig betriebsbereit sein. Sie arbeitet mit den Krankenhäusern, den für den ärztlichen Notfalldienst zuständigen Stellen, der Polizei, der Feuerwehr und dem Katastrophenschutz sowie sonstigen im Rettungsdienst Tätigen zusammen.
(3) Die Rettungsleitstelle führt einen Nachweis über die Aufnahme- und Dienstbereitschaft der Krankenhäuser. Die Krankenhausträger sind verpflichtet, die dafür notwendigen Auskünfte zu erteilen. Das Ministerium für Arbeit, Gesundheit und Sozialordnung regelt durch Rechtsverordnung den Umfang der Auskunftspflicht und das Verfahren sowie sonstige Einzelheiten des Nachweises.

§ 6 Rettungswache

(1) Die Rettungswache hält die für den Rettungsdienst erforderlichen Rettungsmittel und das notwendige Personal einsatzbereit. Die Rettungsmittel sollen den jeweils anerkannten Regeln der Technik und dem Stand der medizinischen Wissenschaft angepaßt werden.
(2) Die Krankenhausträger sind auf Verlangen desjenigen, der den Rettungsdienst durchführt, verpflichtet, vor dem Neu- oder Erweiterungsbau von Krankenhäusern zu prüfen, ob feste Einrichtungen des Rettungsdienstes vorgesehen werden können.

§ 7 Mitwirkung von Ärzten

(1) Im Rettungsdienst wirken geeignete Ärzte mit. Die Eignungsvoraussetzungen werden durch Satzung der Landesärztekammer festgelegt. Die Krankenhausträger sind im Rahmen ihrer Leistungsfähigkeit verpflichtet, Ärzte gegen Kostenausgleich zur Verfügung zu stellen. Bei Bedarf wirken auch niedergelassene Ärzte im Rettungsdienst mit.
(2) Die Leistungsträger schließen mit den Krankenhausträgern und mit niedergelassenen Ärzten im Einvernehmen mit den Trägern der gesetzlichen Kranken- und gesetzlichen Unfallversicherung (Kostenträger), soweit sie im Bereichsausschuß vertreten sind, entsprechende Vereinbarungen ab.

§ 8 Landesausschuß für den Rettungsdienst

(1) Es wird ein Landesausschuß für den Rettungsdienst (Landesausschuß) gebildet. Ihm gehören ein Vertreter des Ministeriums für Arbeit, Gesundheit und Sozialordnung und je zehn Vertreter der Leistungsträger nach § 3 Abs. 1 sowie der Landesverbände der Kostenträger an. Bei der Zahl der Vertreter der einzelnen Leistungsträger kann ihr Leistungsanteil am Rettungsdienst berücksichtigt werden. Die Vertreter der Leistungs- und Kostenträger werden auf deren Vorschlag vom Ministerium für Arbeit, Gesundheit und Sozialordnung berufen.

(2) Dem Landesausschuß obliegt die Beratung der wesentlichen Angelegenheiten des Rettungsdienstes. Hierzu gehört insbesondere die Festlegung allgemeiner Grundsätze und Maßstäbe für eine wirtschaftliche Durchführung des Rettungsdienstes und für die Struktur der Benutzungsentgelte. Kommen allgemeine Grundsätze und Maßstäbe nach Satz 2 nicht in angemessener Zeit zustande, können sie durch Rechtsverordnung des Ministeriums für Arbeit, Gesundheit und Sozialordnung festgelegt werden.
(3) Der Landesausschuß gibt sich eine Geschäftsordnung. Den Vorsitz hat der Vertreter des Ministeriums für Arbeit, Gesundheit und Sozialordnung.

§ 9 Bereichsausschuß für den Rettungsdienst

(1) Im Rettungsdienstbereich wird ein Bereichsausschuß für den Rettungsdienst (Bereichsausschuß) gebildet. Ihm gehören eine gleiche Zahl von Vertretern der Leistungsträger und der wesentlichen Kostenträger im Rettungsdienstbereich, höchstens je sieben Vertreter, an. Die Mitglieder werden auf Vorschlag der einzelnen örtlichen Leistungs- und Kostenträger unter Berücksichtigung ihres jeweiligen Anteils an den Leistungen und dem Gesamtaufwand des Rettungsdienstes im Rettungsdienstbereich vom Landrat oder Oberbürgermeister des Stadtkreises berufen. Umfaßt der Rettungsdienstbereich mehr als einen Landkreis oder Stadtkreis, entscheiden Landräte und Oberbürgermeister gemeinsam. Kommt eine gemeinsame Entscheidung nicht zustande, entscheidet das Regierungspräsidium.
(2) Dem Bereichsausschuß obliegt neben der Aufgabe nach § 4 Abs. 3 die Beratung der Angelegenheiten des Rettungsdienstes im Rettungsdienstbereich. Auf Antrag eines Leistungs- oder Kostenträgers ist die Durchführung des Rettungsdienstes in einem Rettungsdienstbereich durch Sachverständige auf Sparsamkeit und Wirtschaftlichkeit zu überprüfen.
(3) Der Bereichsausschuß gibt sich eine Geschäftsordnung.

§ 10 Gegenseitige Unterstützung

Die in benachbarten Rettungsdienstbereichen bei der Durchführung des Rettungsdienstes Tätigen haben sich auf Anforderung der Rettungsleitstellen gegenseitig zu unterstützen, sofern dadurch die Wahrnehmung der Aufgaben im eigenen Rettungsdienstbereich nicht wesentlich beeinträchtigt wird.

§ 11 Grenzüberschreitender Rettungsdienst

Das Ministerium für Arbeit, Gesundheit und Sozialordnung trifft mit anderen Bundesländern, mit Trägern des Rettungsdienstes oder sonstigen Stellen außerhalb von Baden-Württemberg Vereinbarungen, wenn dies zur Gewährleistung einer wirksamen Durchführung des Rettungsdienstes zweckmäßig ist. Diese Befugnis kann auf nachgeordnete Behörden übertragen werden.

§ 12 Öffentliche Förderung des Rettungsdienstes*

(1) Wer den Rettungsdienst auf Grund von § 3 durchführt, erhält vom Land öffentliche Fördermittel in Höhe von 90 v. H. der förderungsfähigen Kosten. 10 v. H. der förderungsfähigen Kosten sind als Eigenleistung zu erbringen. Die öffentlichen Fördermittel können als Festbetrag oder Pauschale gewährt werden.
(2) Förderungsfähig sind die Kosten
1. der Errichtung (Neubau, Umbau, Erweiterungsbau) von Rettungsleitstellen, Rettungswachen und sonstigen baulichen Anlagen des Rettungsdienstes sowie der zu diesen Anlagen gehörenden Wirtschaftsgüter,
2. der Wiederbeschaffung der Güter des zu den baulichen Anlagen des Rettungsdienstes gehören-

---

* Diese Vorschrift tritt am 1. Januar 1984 in Kraft

den Anlagevermögens (Anlagegüter), wenn die Kosten des einzelnen Anlageguts 5000 DM ohne Umsatzsteuer übersteigen,

soweit sie bei Anwendung der Grundsätze der Sparsamkeit und Wirtschaftlichkeit gerechtfertigt sind. Nicht förderungsfähig sind die Kosten der Rettungsmittel und der zum Verbrauch bestimmten Güter.

(3) Den förderungsfähigen Kosten sind gleichgestellt die Entgelte für die Nutzung der in Absatz 2 genannten Investitionsgüter, wenn die Nutzung wirtschaftlich ist.

(4) Die Kosten des Erwerbs von Grundstücken und der Grundstückserschließung sowie ihrer Finanzierung können gefördert werden, soweit sonst die Durchführung des Rettungsdienstes gefährdet wäre.

(5) Gefördert werden nur die Investitionen, die in einem Jahresförderprogramm des Landes für den Rettungsdienst aufgenommen sind. Bei der Aufstellung des Jahresförderprogramms wird der Landesausschuß für den Rettungsdienst gehört.

§ 13 Sicherung der Zweckbindung der öffentlichen Förderung

(1) Die Fördermittel sind zurückzuerstatten, soweit der, der den Rettungsdienst durchführt, seine Aufgaben nicht mehr wahrnimmt. Soweit mit den Fördermitteln Anlagegüter angeschafft oder beschafft worden sind, mindert sich die Verpflichtung zur Erstattung der Fördermittel entsprechend der abgelaufenen regelmäßigen Nutzungsdauer der jeweils geförderten Anlagegüter. Die Verpflichtung zur Erstattung der Fördermittel besteht jedoch nur bis zur Höhe des Liquidationswertes der Anlagegüter, wenn dem, der den Rettungsdienst durchführt, aus einem von ihm nicht zu vertretenden Grund nach Gewährung der Fördermittel die Erfüllung seiner Aufgaben unmöglich wird; bei teilweiser Förderung ist die Verpflichtung entsprechend anteilig begrenzt.

(2) Im übrigen gilt § 44a Landeshaushaltsordnung entsprechend.

§ 14 Benutzungsentgelte*

(1) Für die Durchführung des Rettungsdienstes erheben die Leistungsträger Benutzungsentgelte. Sie müssen zusammen mit der Förderung nach § 12 und der dort vorgesehenen Eigenleistung die Kosten eines sparsam wirtschaftenden, bedarfsgerechten Rettungsdienstes decken. Bei Kostenüber- oder -unterdeckung ist ein angemessener Ausgleich durchzuführen. Zur Erhaltung der Liquidität der Leistungsträger sind von den Kostenträgern rechtzeitig angemessene Abschlagszahlungen zu leisten.

(2) Bei der Bemessung der Benutzungsentgelte bleiben die nach § 12 Abs. 2 und 3 förderungsfähigen Kosten sowie die Kosten nach § 12 Abs. 4 außer Betracht. Die durch den Einsatz ehrenamtlicher Kräfte ersparten Kosten für hauptamtliches Personal sind angemessen, mindestens mit einem Drittel, zu berücksichtigen. Zu den Kosten gehören auch die Abschreibungen für Sachspenden zur Durchführung des Rettungsdienstes, soweit diese bedarfsgerecht sind.

(3) Die Leistungs- und Kostenträger im Sinne von § 9 Abs. 1 Satz 2 vereinbaren für den Rettungsdienstbereich einheitliche Benutzungsentgelte. Für Einsätze des Rettungsdienstes, die als Krankenhausleistungen abgerechnet werden, können die Leistungsträger mit den Trägern der Krankenhäuser gesonderte Benutzungsentgelte vereinbaren; die Vereinbarungen bedürfen der Zustimmung der Kostenträger. Die Leistungsträger nach § 3 Abs. 1 und die Landesverbände der Kostenträger können bei den Verhandlungen unterstützend zugezogen werden. Sind innerhalb des Rettungsdienstbereiches mehrere Leistungsträger beteiligt, ist zwischen ihnen ein finanzieller Ausgleich durchzuführen. Die Beteiligten legen der Ermittlung der Kosten ein Kostenblatt zugrunde, dessen Inhalt und Form vom Landesausschuß vorgegeben wird.

(4) Kommt eine Vereinbarung über die Benutzungsentgelte nicht zustande, kann insoweit eine Schiedsstelle angerufen werden. Sie versucht, eine Einigung über den Inhalt der Vereinbarung herbeizuführen. Kommt eine Einigung nicht zustande, setzt die Schiedsstelle die Benutzungsentgelte spätestens zwei Monate nach Anrufung fest. Wird die Entscheidung der Schiedsstelle durch Erhebung einer Klage angefochten, bedarf es keiner Nachprüfung in einem Vorverfahren.

---

* Diese Vorschrift tritt am 1. Januar 1984 in Kraft

(5) Die Schiedsstelle wird vom Regierungspräsidium für dessen Bezirk gebildet und setzt sich zusammen aus drei Vertretern der Leistungsträger nach § 3 Abs. 1, drei Vertretern der Landesverbände der Kostenträger und einem von diesen einvernehmlich bestimmten unparteiischen Vorsitzenden, der die Befähigung zum Richteramt oder zum höheren Verwaltungsdienst hat. Kommt eine Einigung über den Vorsitzenden nicht zustande, wird dieser vom Regierungspräsidium bestimmt. Die Vertreter werden von den Leistungsträgern nach § 3 Abs. 1 und den Landesverbänden der Kostenträger benannt. Werden keine Vertreter benannt, beruft sie das Regierungspräsidium.
(6) Die festgesetzten Benutzungsentgelte sind für alle Benutzer verbindlich.

§ 15 Besondere Bestimmungen für den Luft-, Berg- und Wasserrettungsdienst*

(1) Die Einsätze des Luftrettungsdienstes werden ungeachtet der Grenzen der Rettungsdienstbereiche von der Rettungsleitstelle gelenkt, die in den Vereinbarungen nach § 3 Abs. 1 oder im Rettungsdienstplan dafür festgelegt ist. Das Ministerium für Arbeit, Gesundheit und Sozialordnung setzt die Standorte der Rettungshubschrauber nach Maßgabe des Rettungsdienstplanes fest. Das Nähere wird durch Vereinbarung mit dem Träger des Krankenhauses geregelt.
(2) Förderungsfähige Kosten im Sinne von § 12 sind auch die Kosten der Beschaffung der für den Rettungsdienst erforderlichen Rettungsmittel. Die Kosten der Wiederbeschaffung dieser Rettungsmittel sind nur förderungsfähig, wenn das einzelne Anlagegut den Wert von 3000 DM ohne Umsatzsteuer übersteigt.
(3) Die Benutzungsentgelte werden abweichend von § 14 Abs. 3 Satz 1 zwischen den Landesverbänden der Kostenträger mit Wirkung für ihre Mitglieder und demjenigen, der den Luft-, Berg- oder Wasserrettungsdienst durchführt, vereinbart. Abweichend von § 14 Abs. 5 wird vom Regierungspräsidium Stuttgart eine Schiedsstelle für das gesamte Land gebildet. Diese setzt sich aus je zwei Vertretern der Landesverbände der Kostenträger und zwei Vertretern der jeweils berührten Leistungsträger zusammen. Im übrigen gilt § 14.

§ 16 Besondere Bestimmungen für den Rettungsdienst in kommunaler Trägerschaft

Wird der Rettungsdienst in einem Rettungsdienstbereich nach § 3 Abs. 2 durchgeführt, gilt folgendes:

1. Im Landesausschuß erhöht sich die Zahl der Vertreter der Leistungsträger um je einen Vertreter der betroffenen kommunalen Landesverbände. Die Zahl der Vertreter der Kostenträger erhöht sich entsprechend.
2. Vorsitzender des Bereichsausschusses ist ein Vertreter des kommunalen Aufgabenträgers. Für diesen verbindliche Festlegungen des Bereichsausschusses können nur mit der Stimme des Vorsitzenden getroffen werden. Bedienen sich die Landkreise und Stadtkreise zur Erfüllung ihrer Aufgabe freiwilliger Hilfsorganisationen, so ist diesen auf der Seite der Leistungsträger eine angemessene Beteiligung einzuräumen.
3. Die Schiedsstelle nach § 14 Abs. 4 wird um einen Vertreter der betroffenen kommunalen Landesverbände und um einen weiteren Vertreter der Landesverbände der Kostenträger erweitert, wenn das Verfahren einen Rettungsdienstbereich betrifft, in dem der Rettungsdienst nach § 3 Abs. 2 durchgeführt wird.

§ 17 Technische Hilfe

(1) Soweit technische Hilfe notwendig ist, haben die bei der Durchführung des Rettungsdienstes Tätigen die Feuerwehr anzufordern.
(2) In besonderen Lagen können andere technische Hilfsorganisationen angefordert werden.

---

* Diese Vorschrift tritt am 1. Januar 1984 in Kraft

§ 18 Änderung des Feuerwehrgesetzes

(nicht abgedruckt)

§ 19 Inkrafttreten*

Dieses Gesetz tritt am 1. Juli 1975 in Kraft.

1.2 Bayern

Bayerisches Gesetz über den Rettungsdienst (BayRDG)

Vom 11. Januar 1974 (GVBl. S. 1)

Der Landtag des Freistaates Bayern hat folgendes Gesetz beschlossen, das nach Anhörung des Senats hiermit bekanntgemacht wird:

Inhaltsübersicht

Art. 1 Aufgabe des Rettungsdienstes

(1) Aufgabe des Rettungsdienstes ist es, unbeschadet bestehender Hilfspflichten,
1. das Leben von Notfallpatienten soweit an Ort und Stelle möglich zu erhalten, sie transportfähig zu machen und sie unter sachgerechter Betreuung in ein für die weitere Versorgung geeignetes Krankenhaus zu befördern;
2. Kranken, Verletzten oder Hilfsbedürftigen, die keine Notfallpatienten sind, Erste Hilfe zu leisten und sie unter sachgerechter Betreuung zu befördern.

Notfallpatienten haben Vorrang.
(2) Notfallpatienten sind Verletzte oder Erkrankte, die sich in Lebensgefahr befinden oder bei denen schwere gesundheitliche Schäden zu befürchten sind, wenn sie nicht unverzüglich medizinische Hilfe erhalten.

Art. 2 Träger des Rettungsdienstes; Rettungsdienstbereiche

(1) Der Rettungsdienst ist eine Angelegenheit des übertragenen Wirkungskreises der Landkreise und der kreisfreien Gemeinden; sie führen diese Aufgabe in Rettungsdienstbereichen durch.
(2) Das Staatsministerium des Innern setzt im Benehmen mit den beteiligten kommunalen Spitzenverbänden durch Rechtsverordnung die Rettungsdienstbereiche und den Standort ihrer Rettungs-

---

* Diese Vorschrift betrifft das Inkrafttreten des Gesetzes in der ursprünglichen Fassung vom 10. Juni 1975 (GBl. S. 379)

leitstellen so fest, daß ein schneller und wirtschaftlicher Einsatz des Rettungsdienstes sichergestellt ist.
(3) Die Landkreise und kreisfreien Gemeinden, die zu einem Rettungsdienstbereich gehören, haben innerhalb eines Jahres nach Festsetzung der Rettungsdienstbereiche einen Rettungszweckverband zu bilden. Art. 29 Abs. 1 des Gesetzes über die kommunale Zusammenarbeit ist nicht anzuwenden.
(4) Umfaßt ein Rettungsdienstbereich nur das Gebiet eines Landkreises oder einer kreisfreien Gemeinde, so finden die für den Rettungszweckverband geltenden Bestimmungen sinngemäß Anwendung.

Art. 3 Durchführung des Rettungsdienstes

(1) Der Rettungszweckverband überträgt die Durchführung des Rettungsdienstes dem Bayerischen Roten Kreuz mit Bergwacht und Wasserwacht, dem Arbeiter-Samariter-Bund, dem Malteser-Hilfsdienst, der Johanniter-Unfallhilfe, der Deutschen Lebensrettungsgesellschaft und gegebenenfalls anderen Hilfsorganisationen, soweit diese dazu bereit und in der Lage sind.
(2) Der Rettungszweckverband kann sich auch der bei seiner Bildung vorhandenen Einrichtungen der Verbandsmitglieder (z. B. des Notarztdienstes der Berufsfeuerwehren) bedienen. Im übrigen führt er den Rettungsdienst selbst oder durch seine Verbandsmitglieder durch, soweit die in Absatz 1 genannten Hilfsorganisationen dazu nicht bereit oder in der Lage sind. Er kann sich unter diesen Voraussetzungen auch der Einrichtungen Dritter bedienen.
(3) Bei der Durchführung des Rettungsdienstes ist der Grundsatz der Wirtschaftlichkeit zu beachten. Nach Abschluß der Vereinbarung gemäß Absatz 4 dürfen Einrichtungen des Rettungsdienstes (Art. 4) nur bei Bedarf neu geschaffen oder erweitert werden. Auf die Erweiterung bestehender Einrichtungen durch den Rettungszweckverband, seine Verbandsmitglieder oder Dritte ist Absatz 2 Satz 2 und 3 nicht anzuwenden.
(4) Das Rechtsverhältnis zwischen dem Rettungszweckverband und den in den Absätzen 1 und 2 Genannten wird durch öffentlich-rechtliche Vereinbarungen geregelt. Die Vereinbarungen haben insbesondere Bestimmungen über den Auf- und Ausbau des Rettungsdienstes und die Zusammenarbeit der in einem Rettungsdienstbereich Tätigen zu enthalten. Der Abschluß der Vereinbarungen, ihre Änderung und ihre Kündigung durch den Rettungszweckverband bedürfen der Genehmigung der Regierung.

Art. 4 Einrichtungen des Rettungsdienstes

In jedem Rettungsdienstbereich müssen eine Rettungsleitstelle und die notwendigen Rettungswachen mit Krankenkraftwagen (Krankentransportwagen, Rettungswagen, Notarztwagen), wo erforderlich auch mit Sonderfahrzeugen und Sondergeräten des Berg- und des Wasserrettungsdienstes, vorhanden sein.

Art. 5 Rettungsleitstelle

(1) Die Rettungsleitstelle lenkt alle Einsätze des Rettungsdienstes in ihrem Bereich. Sie führt einen Krankenbettennachweis. Sie muß ständig besetzt und erreichbar sein.
(2) Die Rettungsleitstelle arbeitet eng mit dem ärztlichen Bereitschaftsdienst zusammen.

Art. 6 Rettungswachen

(1) Der Rettungszweckverband legt Zahl und Standort der Rettungswachen so fest, daß im gesamten Rettungsdienstbereich ein ausreichender Rettungsdienst sichergestellt ist. Zum vorübergehenden Einsatz können vor allem an Verkehrsschwerpunkten und bei Großveranstaltungen mobile Rettungswachen eingerichtet werden.
(2) Die Rettungswache hält Krankenkraftwagen einsatzbereit. Die Krankenkraftwagen sollen dem

jeweiligen Stand von Medizin und Technik entsprechen. Sie müssen mindestens mit einem Fahrer und einem Rettungssanitäter oder sonst fachlich geeigneten Beifahrer besetzt sein.
(3) Der Freistaat Bayern, die kreisfreien Städte und Landkreise, die sonstigen Gebietskörperschaften und die Krankenhauszweckverbände sind auf Vorschlag eines Trägers des Rettungsdienstes verpflichtet, vor dem Neu- oder Erweiterungsbau von Krankenhäusern oder größeren Dienstgebäuden zu prüfen, ob feste Einrichtungen des Rettungsdienstes, insbesondere Rettungswachen, vorgesehen werden können.

Art. 7 Mitwirkung Dritter

(1) Die Einrichtungen des Rettungsdienstes und die Polizei können für technische Hilfe im Rettungsdienst die Feuerwehren oder sonstige technische Hilfsorganisationen anfordern.
(2) Der Rettungszweckverband hat durch Vereinbarung mit den Trägern geeigneter Krankenhäuser darauf hinzuwirken,
1. daß Ärzte zur Hilfeleistung im Rettungsdienst, insbesondere für den Einsatz auf Notarztwagen, zur Verfügung gestellt werden;
2. daß die Aufnahme von Notfallpatienten jederzeit sichergestellt ist.

(3) Die Behörden der Gesundheitsverwaltung und die ärztlichen Kreisverbände wirken im Rettungsdienst beratend mit. Sie sind vom Rettungszweckverband zu den Sitzungen der Verbandsversammlungen zu laden.

Art. 8 Gegenseitige Aushilfe

Benachbarte Rettungszweckverbände haben sich durch ihren Rettungsdienst auf Anforderung der Rettungsleitstellen gegenseitig auszuhelfen, sofern dadurch die Wahrnehmung der eigenen Aufgaben nicht wesentlich beeinträchtigt wird.

Art. 9 Kosten des Rettungsdienstes

(1) Der Staat erstattet dem, der den Rettungsdienst durchführt, die durch eigene Leistungen und Zuwendungen Dritter nicht gedeckten notwendigen Kosten
1. von Beschaffungen im Rahmen von Beschaffungsplänen des Staatsministeriums des Innern in der Zeit vom 1. Januar 1974 bis zum 31. Dezember 1978,
2. von allen nach dem 1. Januar 1978 vorgenommenen Beschaffungen notwendiger Einrichtungen des Rettungsdienstes (Art. 4), ausgenommen die Kosten der Wiederbeschaffung von Wirtschaftsgütern mit einer durchschnittlichen Nutzungsdauer von bis zu drei Jahren.

(2) Für die sonstigen Kosten des Rettungsdienstes einschließlich der Kosten des Luft-, Berg- und Wasserrettungsdienstes werden Benutzungsentgelte (Art. 10) erhoben.
(3) Soweit bei einzelnen Landesverbänden der Hilfsorganisationen oder deren Gliederungen Überschüsse auftreten, sind diese innerhalb der jeweiligen Landesverbände und zwischen Landesverbänden unter Einbeziehung derjenigen, die sonst den Rettungsdienst durchführen, auszugleichen.

Art. 10 Benutzungsentgelte

(1) Die Benutzungsentgelte werden für die Laufzeit von mindestens einem Jahr zwischen der Arbeitsgemeinschaft der bayerischen Krankenkassenverbände und dem Landesverband Bayern der gewerblichen Berufsgenossenschaften einerseits und den Landesverbänden der Hilfsorganisationen andererseits im Benehmen mit den beteiligten kommunalen Spitzenverbänden einheitlich vereinbart. Rettungszweckverbände, die durch eigene Einrichtungen oder Einrichtungen ihrer Verbandsmitglieder im Rettungsdienst mitwirken, sind am Abschluß der Vereinbarung zu beteiligen.
(2) Die Benutzungsentgelte sind so zu bemessen, daß sie auf der Grundlage einer sparsamen und wirtschaftlichen Betriebsführung und einer leistungsfähigen Organisation die nach Art. 9 Abs. 2 verbleibenden Kosten des Rettungsdienstes decken. Sie können regional gestaffelt werden.

(3) Die Vereinbarung der Benutzungsentgelte bedarf der Genehmigung des Staatsministeriums für Wirtschaft und Verkehr.
(4) Die Staatsregierung wird ermächtigt, soweit sie nicht schon kraft Bundesrechts zuständig ist, Benutzungsentgelte und Benutzungsbedingungen für den gesamten Rettungsdienst durch Rechtsverordnung festzusetzen. Bei der Festsetzung der Benutzungsentgelte berücksichtigt sie über bundesrechtliche Regelungen hinaus die Kosten der zusätzlichen, durch dieses Gesetz vorgeschriebenen Einrichtungen des Rettungsdienstes. Ist eine Vereinbarung nach Absatz 3 genehmigt worden, legt sie die Staatsregierung der Festsetzung der Benutzungsentgelte zugrunde. Die Staatsregierung kann die Ermächtigung durch Rechtsverordnung auf das Staatsministerium für Wirtschaft und Verkehr übertragen.

Art. 11 Arbeitskreis für das Rettungswesen

(1) Das Staatsministerium des Innern beruft einen Arbeitskreis für das Rettungswesen. Er hat folgende Aufgaben:
1. Er berät die Rettungszweckverbände beim Auf- und Ausbau des Rettungsdienstes;
2. er berät das Staatsministerium des Innern beim Vollzug dieses Gesetzes, insbesondere bei der Ausarbeitung der von ihm zu erlassenden Rechtsverordnungen und sonstigen Bestimmungen sowie bei der Erstellung der Pläne für die Beschaffung von Einrichtungen des Rettungsdienstes;
3. er berät das Staatsministerium für Wirtschaft und Verkehr und, soweit sie ihre Zuständigkeit nicht übertragen hat, auch die Staatsregierung bei den mit der Festsetzung der Benutzungsentgelte zusammenhängenden Fragen;
4. er wirkt beratend bei der Ausbildung des im Rettungsdienst eingesetzten Personals mit.

(2) Dem Arbeitskreis für das Rettungswesen gehören an:
Drei Vertreter des Bayerischen Roten Kreuzes,
je ein Vertreter der anderen Hilfsorganisationen,
sechs Vertreter der Arbeitsgemeinschaft der bayerischen Krankenkassenverbände,
ein Vertreter des Landesverbandes Bayern der gewerblichen Berufsgenossenschaften,
ein Vertreter der Privatkrankenkassen,
zwei Vertreter des Bayerischen Städteverbandes,
zwei Vertreter des Landkreisverbandes Bayern,
ein Vertreter der Bayerischen Krankenhausgesellschaft,
ein Vertreter der Bayerischen Landesärztekammer,
ein Vertreter der Kassenärztlichen Vereinigung Bayerns.
(3) Das Staatsministerium des Innern hat den Vorsitz des Arbeitskreises. An den Sitzungen des Arbeitskreises nehmen Vertreter des Staatsministeriums für Wirtschaft und Verkehr und für Arbeit und Sozialordnung teil. Vertreter weiterer Behörden, Organisationen und Verbände können zu den Beratungen hinzugezogen werden.
(4) Das Staatsministerium des Innern erläßt die Geschäftsordnung und führt die Geschäfte des Arbeitskreises.
(5) Die Tätigkeit im Arbeitskreis für das Rettungswesen ist für die Vertreter der Körperschaften und Verbände ehrenamtlich; sie erhalten für die Teilnahme an den Sitzungen Reisekostenvergütungen nach den für die Landesbeamten geltenden Vorschriften (Reisekostenstufe B), falls ihnen keine höhere Vergütung zusteht.

Art. 12 Besondere Bestimmungen für den Luftrettungsdienst

(1) Der organisatorische Auf- und Ausbau des Luftrettungsdienstes obliegt dem Staatsministerium des Innern. Es bestimmt den Standort der Einrichtungen des Luftrettungsdienstes. Diese werden in ihrem gesamten Einsatzbereich von der für ihren Standort zuständigen Rettungsleitstelle unbeschadet der Grenzen der Rettungsdienstbereiche eingesetzt.
(2) Für den Abschluß der Vereinbarung nach Art. 3 Abs. 4 ist der Rettungszweckverband zuständig, in dessen Bereich sich der Standort der Einrichtung befindet. Er vertritt dabei und im Vollzug der Vereinbarung die anderen im Einsatzbereich der Einrichtung gelegenen Rettungszweckverbände. Über die nach Art. 3 Abs. 4 Satz 3 notwendige Genehmigung der Vereinbarung entscheidet das

Staatsministerium des Innern. Befindet sich der Standort der Einrichtung nicht in Bayern, wird der für den Abschluß der Vereinbarung zuständige Rettungszweckverband vom Staatsministerium des Innern bestimmt.
(3) Die Benutzungsentgelte für den Luftrettungsdienst werden abweichend von Art. 10 Abs. 1 Satz 1 durch besondere Vereinbarungen zwischen der Arbeitsgemeinschaft der bayerischen Krankenkassenverbände, dem Landesverband Bayern der gewerblichen Berufsgenossenschaften und denjenigen, die den Luftrettungsdienst durchführen, festgesetzt. Im übrigen gilt Art. 10.

Art. 13 Vollzugsbestimmungen

(1) Die zur Ausführung dieses Gesetzes erforderlichen Rechts- und Verwaltungsvorschriften erläßt, soweit nicht die Staatsregierung oder das Staatsministerium für Wirtschaft und Verkehr zuständig ist, das Staatsministerium des Innern. Es kann insbesondere die Ausstattung, die personelle Besetzung und die notwendige Anzahl der Einrichtungen des Rettungsdienstes sowie den Kostenausgleich gemäß Art. 9 Abs. 3 durch Rechtsverordnung regeln. Die Rechtsverordnung kann Übergangsvorschriften für den stufenweisen Auf- und Ausbau des Rettungsdienstes enthalten.
(2) Das Staatsministerium des Innern kann durch Rechtsverordnung die Organisation und den Einsatz des Luft-, Berg- und Wasserrettungsdienstes deren Besonderheiten anpassen.
(3) Das Staatsministerium des Innern erläßt ferner eine Mustersatzung für die Rettungszweckverbände, das Muster einer Vereinbarung nach Art. 3 Abs. 4 und eine Musterdienstanweisung für den Rettungsdienst.

Art. 14 Änderung des Gesetzes über das Feuerlöschwesen

Das Gesetz Nr. 41 über das Feuerlöschwesen vom 17. Mai 1946 (BayBS I S. 353), zuletzt geändert durch Gesetz vom 25. Mai 1972 (GVBl. S. 169), wird wie folgt geändert:
In Art. 2 Abs. II wird folgender Satz 2 angefügt:
„Sie haben ferner auf Anforderung der Polizei oder der Einrichtungen des Rettungsdienstes technische Hilfe im Rettungsdienst zu leisten."

Art. 15 Inkrafttreten

Dieses Gesetz tritt am 1. Januar 1974 in Kraft.

1.3 Nordrhein-Westfalen

Gesetz über den Rettungsdienst (RettG)

Vom 26. November 1974 (GVNW. S. 1481)

Der Landtag hat das folgende Gesetz beschlossen, das hiermit verkündet wird:

§ 1 Aufgabe des Rettungsdienstes

(1) Aufgabe des Rettungsdienstes ist es, bei Notfallpatienten lebensrettende Maßnahmen am Notfallort durchzuführen und die Transportfähigkeit herzustellen sowie diese Personen unter Aufrechterhaltung der Transportfähigkeit und Vermeidung weiterer Schäden in ein geeignetes Krankenhaus zu bringen. Notfallpatienten sind Personen, die sich infolge von Verletzung, Krankheit oder sonstigen Umständen entweder in Lebensgefahr befinden oder deren Gesundheitszustand in kurzer Zeit für eine wesentliche Verschlechterung besorgen läßt, sofern nicht unverzüglich medizinische Hilfe eingreift.

(2) Weiterhin ist es Aufgabe des Rettungsdienstes, kranke, verletzte oder sonstige hilfsbedürftige Personen, die keine Notfallpatienten sind, unter sachgemäßer Betreuung zu befördern.
(3) Notfallpatienten haben Vorrang.

§ 2 Träger

(1) Träger des Rettungsdienstes sind die Kreise und kreisfreien Städte.
(2) Träger von Rettungswachen sind die Großen kreisangehörigen Städte. Die Mittleren kreisangehörigen Städte sind Träger von Rettungswachen, soweit sie auf Grund des Bedarfsplanes Aufgaben nach § 7 Abs. 1 wahrnehmen.
(3) Die Kreise und Gemeinden nehmen die Aufgaben nach diesem Gesetz als Pflichtaufgaben zur Erfüllung nach Weisung wahr.
(4) Das Gesetz über kommunale Gemeinschaftsarbeit bleibt unberührt.

§ 3 Aufsicht

Die Sonderaufsicht führen die für die allgemeine Aufsicht zuständigen Behörden. Oberste Aufsichtsbehörde ist der für das Gesundheitswesen zuständige Minister.

§ 4 Weisungsrecht

(1) Die Aufsichtsbehörden sind berechtigt, jederzeit den Leistungsstand der Rettungsdienste zu überprüfen.
(2) Die Aufsichtsbehörden können Weisungen erteilen, um die gesetzmäßige Erfüllung der Aufgaben zu sichern.
(3) Zur zweckmäßigen Erfüllung dieser Aufgaben dürfen
1. die oberste Aufsichtsbehörde allgemeine Weisungen über Zahl, Standort, Betrieb, personelle Besetzung und sächliche Ausstattung von Leitstellen und Rettungswachen sowie über Anforderungen an die fachliche Eignung des Personals,
2. die Aufsichtsbehörden allgemeine und besondere Weisungen für Unglücksfälle mit einer größeren Anzahl von Notfallpatienten, die die Leistungskraft eines einzelnen Trägers überschreiten,

erteilen.

§ 5 Einrichtungen des Rettungsdienstes

Der Träger des Rettungsdienstes errichtet und unterhält eine Leitstelle. Er sorgt für eine ausreichende Zahl von Rettungswachen.

§ 6 Leitstelle – Zentraler Krankenbettennachweis

(1) Die Leitstelle lenkt alle Einsätze des Rettungsdienstes. Sie muß ständig besetzt und erreichbar sein. Sie arbeitet mit den Krankenhäusern, den Einrichtungen der ärztlichen Selbstverwaltungskörperschaften für den Bereitschaftsdienst (Arztnotrufzentralen) sowie der Polizei, den Einrichtungen der Feuerwehren und dem Katastrophenschutz zusammen.
(2) Die Leitstellen sind auf Anforderung zur nachbarlichen Hilfe durch die ihnen zugeordneten Einrichtungen des Rettungsdienstes verpflichtet, sofern dadurch die Wahrnehmung der eigenen Aufgaben nicht wesentlich beeinträchtigt wird.
(3) Die Leitstelle hat einen Zentralen Krankenbettennachweis zu führen. In ihm werden alle erforderlichen Angaben erfaßt, insbesondere alle Betten, nach Fachabteilungen gegliedert, die von den Krankenhäusern des Gebiets des Trägers als frei gemeldet worden sind. Die Leitstelle erteilt über die freien Betten bei Bedarf Auskunft. Kann sie kein freies Bett nachweisen, ermittelt sie die bei den benachbarten Leitstellen als frei gemeldeten Betten.

(4) Der Minister für Arbeit, Gesundheit und Soziales regelt im Einvernehmen mit dem Innenminister nach Anhörung des Beirates gemäß § 10 des Gesetzes über die Organisation der automatisierten Datenverarbeitung in Nordrhein-Westfalen vom 12. Februar 1974 (GVNW. S. 66) die Anwendung automatisierter Verfahren für die Führung und Benutzung des Zentralen Krankenbettennachweises, soweit die erforderlichen technischen Voraussetzungen gegeben sind.

§ 7 Rettungswachen

(1) Die Rettungswachen halten Rettungsmittel, insbesondere Krankenkraftwagen, sowie das erforderliche Personal bereit und führen die Einsätze durch.
(2) Die Träger des Rettungsdienstes stellen Bedarfspläne auf, in denen insbesondere Zahl und Standorte der Rettungswachen sowie Zahl der benötigten Krankenkraftwagen (Rettungswagen, Krankentransportwagen und Notarztwagen) festzulegen sind. Dabei legen sie für die Rettungswachen ihres Gebiets Einsatzbereiche fest. Auf Anweisung der Leitstelle haben die Rettungswachen auch Einsätze außerhalb ihres Bereichs durchzuführen.
(3) Bei dem Neu-, Um- oder Erweiterungsbau von Krankenhäusern ist von den Trägern des Rettungsdienstes darauf hinzuwirken, daß Einrichtungen für die Stationierung von Fahrzeugen des Rettungsdienstes bei Bedarf vorgesehen werden.

§ 8 Bedarfspläne

(1) Die Träger des Rettungsdienstes stellen Bedarfspläne auf. Die Kreise stellen die Bedarfspläne im Einvernehmen mit den Großen kreisangehörigen Städten und den Mittleren kreisangehörigen Städten auf. Kommt eine Einigung nicht zustande, trifft der Regierungspräsident die notwendigen Festlegungen.
(2) In den Bedarfsplänen sind insbesondere Zahl und Standorte der Rettungswachen sowie Zahl der benötigten Krankenkraftwagen (Rettungswagen, Krankentransportwagen, Notarztwagen) festzulegen. Dabei legen die Träger des Rettungsdienstes für die Rettungswachen ihres Gebietes Einsatzbereiche fest. Auf Anweisung der Leitstelle haben die Rettungswachen auch Einsätze außerhalb ihres Bereichs durchzuführen.

§ 9 Mitwirkung freiwilliger Hilfsorganisationen und Dritter

(1) Die Träger können die Durchführung der Aufgaben nach § 7 Abs. 1 auf freiwillige Hilfsorganisationen und Dritte durch Vereinbarung übertragen, wenn und soweit die Leistungsfähigkeit gewährleistet ist. In der Vereinbarung ist auch die Zusammenarbeit mit den übrigen am Rettungsdienst Beteiligten zu regeln.
(2) Die nach Absatz 1 am Rettungsdienst Beteiligten handeln nach den Anweisungen der Träger. Diese sind berechtigt, deren Einrichtungen, soweit sie für den Rettungsdienst zur Verfügung stehen, in personeller und sächlicher Hinsicht auf Ordnungsmäßigkeit und Leistungsstand zu überprüfen.

§ 10 Zusammenarbeit mit Krankenhäusern

(1) Die Träger des Rettungsdienstes arbeiten zur Regelung der Aufnahme von Notfallpatienten mit den Krankenhäusern zusammen. Sie legen im Einvernehmen mit den Krankenhäusern Notfallaufnahmebereiche fest. Sonderregelungen bleiben unberührt.
(2) Die Träger des Rettungsdienstes wirken darauf hin, daß in geeigneten Krankenhäusern
1. eine geregelte berufliche Fortbildung des Rettungsdienstpersonals durchgeführt wird,
2. Ärzte zur Hilfeleistung im Rahmen des Rettungsdienstes, insbesondere für den Einsatz von Notarztwagen, zur Verfügung stehen.

§ 11 Landesfachbeirat für den Rettungsdienst

(1) Zur Beratung des für das Gesundheitswesen zuständigen Ministers als oberste Aufsichtsbehörde in allen Angelegenheiten des Rettungsdienstes von grundsätzlicher Bedeutung wird ein Landesfachbeirat gebildet, dessen Mitglieder der Minister beruft.
(2) Dem Landesfachbeirat sollen angehören:
1. Vertreter der kommunalen Spitzenverbände für die Träger des Rettungsdienstes,
2. Vertreter der freiwilligen Hilfsorganisationen,
3. Vertreter der Ärztekammern und der Kassenärztlichen Vereinigungen,
4. Vertreter der Krankenhausgesellschaft,
5. Vertreter der Krankenkassen und Berufsgenossenschaften,
6. Vertreter aus Wissenschaft und Technik.

Andere fachkundige Personen können zu den Sitzungen zugezogen werden.
(3) Den Vorsitz führt der für das Gesundheitswesen zuständige Minister. Er erläßt eine Geschäftsordnung.

§ 12 Kosten

(1) Die Träger haben die Kosten für die ihnen nach diesem Gesetz obliegenden Aufgaben zu tragen.
(2) Das Land trägt die Investitionskosten, die den Trägern und den nach § 9 Beteiligten in Erfüllung der Bedarfspläne entstehen, sowie die Kosten der notwendigen Wiederbeschaffung von Anlagegütern nach Maßgabe des Haushaltsplans.
(3) Das Land gewährt den Trägern Zuschüsse zu den Betriebskosten nach Maßgabe des Haushaltsplans.
(4) Der Minister für Arbeit, Gesundheit und Soziales regelt nach Anhörung des zuständigen Ausschusses des Landtags im Einvernehmen mit dem Innenminister und dem Finanzminister die Ermittlung der zuschußfähigen Betriebskosten, die Höhe der Zuschüsse und das Verfahren ihrer Festsetzung durch Rechtsverordnung.

§ 13 Allgemeine Verwaltungsvorschriften

Der für das Gesundheitswesen zuständige Minister erläßt im Einvernehmen mit den beteiligten Ministern die zur Durchführung dieses Gesetzes erforderlichen allgemeinen Verwaltungsvorschriften.

§ 14 Änderung von Vorschriften

Das Gesetz über den Feuerschutz und die Hilfeleistung bei Unglücksfällen und öffentlichen Notständen vom 25. März 1958 (GVNW. S. 101), zuletzt geändert durch Gesetz vom 16. Dezember 1969 (GVNW. 1970 S. 22), wird wie folgt geändert:
1. In § 1 Satz 1 werden die Worte „und sorgen für einen geordneten Krankentransport- und Rettungsdienst“ gestrichen.
2. In § 2 Satz 1 werden die Worte „und sichern den Krankentransport- und Rettungsdienst“ gestrichen.

§ 15 Inkrafttreten

Dieses Gesetz tritt am 1. Januar 1975 in Kraft.

1.4 Rheinland-Pfalz

Landesgesetz über den Rettungsdienst in Rheinland-Pfalz (Rettungsdienstgesetz – RettDG –)

Vom 17. Dezember 1974 (GVBl. S. 625)

Inhaltsübersicht

Der Landtag Rheinland-Pfalz hat das folgende Gesetz beschlossen:

Erster Teil
Aufgaben und Organisation des Rettungsdienstes

§ 1 Aufgaben des Rettungsdienstes

(1) Der Rettungsdienst ist eine öffentliche Aufgabe.
(2) Der Rettungsdienst hat
1. bei lebensbedrohlich Verletzten oder Erkrankten (Notfallpatienten) lebensrettende Maßnahmen durchzuführen, ihre Transportfähigkeit herzustellen und sie unter fachgerechter Betreuung in ein für die weitere Versorgung geeignetes Krankenhaus zu befördern,
2. kranken, verletzten oder sonstigen hilfsbedürftigen Personen, die keine Notfallpatienten sind, Erste Hilfe zu leisten und sie unter fachgerechter Betreuung zu befördern.

§ 2 Träger des Rettungsdienstes

(1) Träger des Rettungsdienstes sind das Land, die Landkreise und die kreisfreien Städte nach näherer Bestimmung dieses Gesetzes.

(2) Die Landkreise und kreisfreien Städte sind verpflichtet, Rettungsleitstellen und Rettungswachen zu errichten und baulich zu unterhalten, soweit diese nicht von Sanitätsorganisationen errichtet und unterhalten werden; außerdem tragen sie nach Maßgabe dieses Gesetzes zur Finanzierung des Rettungsdienstes bei. Sie erfüllen diese Aufgaben als Pflichtaufgaben der Selbstverwaltung.

§ 3 Organisation des Rettungsdienstes

(1) Zur Durchführung des Rettungsdienstes wird das Land in Rettungsdienstbereiche eingeteilt, die das Gebiet mehrerer Landkreise und kreisfreier Städte ganz oder teilweise umfassen können. Vor der Bildung von Rettungsdienstbereichen sind die berührten Landkreise und kreisfreien Städte sowie die Landesverbände der Sanitätsorganisationen zu hören.
(2) Die Rettungsdienstbereiche werden durch Rechtsverordnung festgelegt. In der Rechtsverordnung wird eine Kreisverwaltung oder Stadtverwaltung einer kreisfreien Stadt bestimmt, die für die Durchführung des Rettungsdienstes innerhalb des Rettungsdienstbereiches zuständig ist (zuständige Behörde). Gehören zu einem Rettungsdienstbereich mehrere Landkreise und kreisfreie Städte, so haben Entscheidungen der zuständigen Behörde nach § 4 Abs. 1, § 6 Abs. 4, § 10 Abs. 2 und 5 im Einvernehmen mit den berührten Landkreisen und kreisfreien Städten zu erfolgen. Kommt eine Einigung nicht zustande, so entscheidet die Bezirksregierung.
(3) In jedem Rettungsdienstbereich sind eine Rettungsleitstelle (§ 6) und die nach den örtlichen Verhältnissen erforderlichen Rettungswachen (§ 7) einzurichten. Die Standorte der Rettungsleitstellen und der ihnen zugeordneten Rettungswachen werden durch Rechtsverordnung festgelegt.
(4) Die zuständige Behörde hat im Rahmen von § 23 Abs. 2 des Krankenhausreformgesetzes darauf hinzuwirken, daß die Aufnahme von Notfallpatienten gewährleistet ist. Soweit erforderlich, sind innerhalb eines Rettungsdienstbereiches gesonderte Aufnahmebereiche festzulegen.
(5)Die Kreisverwaltungen nehmen die der zuständigen Behörde nach diesem Gesetz zugewiesenen Aufgaben als untere Behörde der allgemeinen Landesverwaltung, die Stadtverwaltungen der kreisfreien Städte als staatliche Auftragsangelegenheit wahr.
(6) Das Ministerium des Innern stellt einen auf die staatliche mittelfristige Finanzplanung abgestimmten Plan für die Beschaffung von Einrichtungen des Rettungsdienstes auf (Landesrettungsdienstplan). Der Landesrettungsdienstplan wird im Staatsanzeiger für Rheinland-Pfalz veröffentlicht.

§ 4 Mitwirkung der Sanitätsorganisationen

(1) Die zuständige Behörde überträgt die Durchführung des Rettungsdienstes den anerkannten Sanitätsorganisationen oder einer anderen bei Inkrafttreten dieses Gesetzes im Rettungsdienst tätigen Einrichtung, soweit diese in der Lage und bereit sind, einen ständigen Rettungsdienst zu gewährleisten. Die Voraussetzungen und das Verfahren der Übertragung werden durch Rechtsverordnung bestimmt.
(2) Die Übertragung erfolgt durch öffentlich-rechtlichen Vertrag mit dem Landesverband der Sanitätsorganisation. Durch den Vertrag ist insbesondere sicherzustellen, daß die erforderliche Ausstattung und die ständige Einsatzbereitschaft der Einrichtungen und die reibungslose Zusammenarbeit aller im Rettungsdienst Mitwirkenden gewährleistet sind.

§ 5 Landesbeirat für das Rettungswesen

(1) Zur Beratung und Unterstützung des Ministeriums des Innern in Fragen des Rettungswesens wird ein Landesbeirat gebildet, dem neben je einem Vertreter des Ministeriums des Innern und des Ministeriums für Soziales, Gesundheit und Sport als Mitglieder angehören:
1. je ein Vertreter des Landkreistages Rheinland-Pfalz, des Städteverbandes Rheinland-Pfalz sowie des Gemeinde- und Städtebundes Rheinland-Pfalz,
2. je ein Vertreter der Landesverbände der mit der Durchführung des Rettungsdienstes beauftragten Sanitätsorganisationen,
3. ein Vertreter der Landesärztekammer,

4. ein Vertreter der Arbeitsgemeinschaft der Kassenärztlichen Vereinigungen,
5. zwei Vertreter der Krankenkassen,
6. ein Vertreter der Privatkrankenkassen,
7. ein Vertreter der Berufsgenossenschaften,
8. ein Vertreter der Krankenhausgesellschaft.

Vertreter anderer Verbände, Körperschaften und Behörden sowie fachkundige Personen können zu den Sitzungen zugezogen werden.

(2) Der Beirat hat insbesondere folgende Aufgaben:

1. Beratung des Ministeriums des Innern beim Vollzug dieses Gesetzes, insbesondere beim Erlaß der Rechtsverordnungen nach § 3 Abs. 1 und 2, § 4 Abs. 1 und § 7 Abs. 1 Satz 2 sowie bei der Erstellung des Landesrettungsdienstplanes (§ 3 Abs. 6).
2. Beratung der Landesregierung bei der Festsetzung der Benutzungsentgelte (§ 11 Abs. 3).

(3) Die Mitglieder des Beirates und ihre Stellvertreter werden auf Vorschlag der entsendenden Stelle vom Minister des Innern auf die Dauer von fünf Jahren berufen. Die Mitglieder und ihre Stellvertreter können nach Anhörung der vorschlagenden Stelle abberufen werden. Sie sind abzuberufen, wenn sie die Funktion verlieren, die für ihre Berufung maßgebend war.

(4) Der Minister des Innern oder ein von ihm Beauftragter führt den Vorsitz. Der Beirat gibt sich eine Geschäftsordnung.

Zweiter Teil
Einrichtungen des Rettungsdienstes

§ 6 Rettungsleitstellen

(1) Die Rettungsleitstelle ist die Einsatzzentrale für den gesamten Rettungsdienst eines Rettungsdienstbereichs. Sie koordiniert die Dienstpläne der Rettungswachen und veranlaßt und lenkt den Einsatz der Rettungsmittel.

(2) Die Rettungsleitstelle muß mit den notwendigen Fernmeldeeinrichtungen ausgestattet, ständig besetzt und erreichbar sein. Sie hat insbesondere folgende Aufgaben:

1. Annahme aller Hilfeersuchen,
2. Regelung und Koordinierung der Einsätze aller mobilen Rettungsmittel in ihrem Zuständigkeitsbereich,
3. Weisungsbefugnis gegenüber den im Rettungsdienst tätigen Personen während der Einsatzbereitschaft und des Einsatzes,
4. Überwachung der Funkgespräche und Einsatzfahrten.

(3) Die Rettungsleitstelle hat sich über die Dienst- und Aufnahmebereitschaft der Krankenhäuser zu informieren und den zentralen Krankenhausbettennachweis zu führen (§§ 23 und 24 des Krankenhausreformgesetzes). Sie soll mit dem ärztlichen Notfall- und Bereitschaftsdienst der Kassenärztlichen Vereinigungen zusammenarbeiten.

(4) Die Rettungsleitstelle wird von der zuständigen Behörde eingerichtet, besetzt und unterhalten. Die zuständige Behörde soll diese Aufgabe der größten mit der Durchführung des Rettungsdienstes im Rettungsdienstbereich beauftragten Sanitätsorganisation übertragen; § 4 findet entsprechend Anwendung. Sind in einem Rettungsdienstbereich mehrere Sanitätsorganisationen tätig, so sind sie im Falle des Satzes 2 an der Besetzung der Rettungsleitstelle zu beteiligen.

(5) Benachbarte Rettungsleitstellen haben sich gegenseitig zu unterstützen, soweit dadurch die Wahrnehmung eigener Aufgaben nicht gefährdet wird.

(6) Für technische Hilfe im Rettungsdienst ist in der Regel die Feuerwehr anzufordern.

§ 7 Rettungswachen

(1) Die Rettungswachen werden von der zuständigen Behörde, im Falle des § 4 Abs. 1 von der Sanitätsorganisation eingerichtet, besetzt und unterhalten. Der Umfang der baulichen Unterbringung und der technischen Einrichtung werden durch Rechtsverordnung festgelegt.

(2) Die Anzahl der erforderlichen mobilen Rettungsmittel, wie Krankenkraftwagen (Krankentransportwagen, Rettungswagen und Notarztwagen) oder Sonderfahrzeuge, und die Stärke des hierfür

benötigten Personals für eine Rettungswache werden von der zuständigen Behörde entsprechend dem Landesrettungsdienstplan festgelegt. Die Sanitätsorganisation ist anzuhören.
(3) Die Rettungsmittel müssen dem jeweiligen Stand von Wissenschaft und Technik entsprechen.
(4) Jeder Krankenkraftwagen muß im Einsatz mit einem Fahrer und einem Beifahrer besetzt sein. Ein Notarztwagen muß zusätzlich mit einem Arzt, der in ärztlicher Erster Hilfe erfahren ist, besetzt sein. Die zuständige Behörde hat sicherzustellen, daß die erforderliche Anzahl von Ärzten zur Verfügung steht.
(5) Die Rettungswachen sollen soweit möglich und zweckmäßig bei Krankenhäusern eingerichtet werden. Die Krankenhausträger unterrichten die zuständige Behörde von geplanten Neu-, Um- oder Erweiterungsbauten. Auf Vorschlag der zuständigen Behörde sollen sie entsprechend dem Landesrettungsdienstplan und dem Landeskrankenhausplan weitere feste Einrichtungen des Rettungsdienstes (z. B. Hubschrauberlandeplätze) vorsehen, sofern hierfür ein Bedürfnis besteht.
(6) Zum vorübergehenden Einsatz an bestimmten Verkehrsschwerpunkten, bei Großveranstaltungen, zur Wasserrettung und bei sonstigen besonderen Anlässen können mobile Rettungswachen eingerichtet werden, deren Standorte durch die zuständige Behörde festzulegen sind. Die Absätze 2 bis 4 gelten entsprechend.

§ 8 Einsatz von Luftrettungsmitteln

(1) Der organisatorische Aufbau und Ausbau des Luftrettungsdienstes einschließlich der Standortbestimmung der Luftrettungsmittel obliegt dem Ministerium des Innern oder der von ihm bestimmten Behörde. Die für den Standort zuständige Rettungsleitstelle veranlaßt und lenkt die Einsätze der Luftrettungsmittel unbeschadet der Grenzen des eigenen Rettungsdienstbereiches in deren gesamtem Einsatzbereich.
(2) Für die Besatzung der Luftrettungsmittel gilt § 7 Abs. 4 Satz 2 entsprechend.

§ 9 Aufsicht über die Sanitätsorganisationen

(1) Die zuständige Behörde beaufsichtigt die mit der Durchführung des Rettungsdienstes beauftragten Sanitätsorganisationen, um sicherzustellen, daß der Rettungsdienst die ihm obliegenden Aufgaben erfüllt. Bei Aufgaben, die den Bereich der Gesundheitsverwaltung berühren, sind die Behörden der Gesundheitsverwaltung zu beteiligen.
(2) Die Aufsicht erstreckt sich auf die Rechtmäßigkeit und Zweckmäßigkeit der Durchführung des Rettungsdienstes. Die zuständige Behörde kann den Sanitätsorganisationen Weisungen erteilen.

Dritter Teil
Kosten des Rettungsdienstes

§ 10 Kostenpflicht

(1) Das Land trägt die Kosten für das Personal, die Einrichtung und die Unterhaltung der Rettungsleitstellen.
(2) Die Landkreise und kreisfreien Städte, in den Fällen des § 4 Abs. 1 die Sanitätsorganisationen, tragen die Kosten für die erstmalige Beschaffung und Ersatzbeschaffung von Einrichtungen des Rettungsdienstes nach Maßgabe des Landesrettungsdienstplanes. Das Land gewährt hierzu Zuwendungen bis zu 85 vom Hundert. Gehören einem Rettungsdienstbereich mehrere Landkreise und kreisfreie Städte an, so sind die durch Zuwendungen des Landes nicht gedeckten Kosten durch die zuständige Behörde im Verhältnis der für den Finanzausgleich maßgebenden Einwohnerzahl aufzuteilen.
(3) Die Landkreise und kreisfreien Städte tragen die Kosten für die bauliche Unterbringung und Unterhaltung der Rettungsleitstellen. In den Fällen des § 6 Abs. 4 Satz 2 gewähren sie den Sanitätsorganisationen Zuwendungen bis zu 85 vom Hundert. Absatz 2 Satz 3 gilt entsprechend.
(4) Die Landkreise und kreisfreien Städte tragen die Kosten für die bauliche Unterbringung und Unterhaltung der in ihrem Gebiet befindlichen Rettungswachen. In den Fällen des § 4 Abs. 1 gewähren sie den Sanitätsorganisationen Zuwendungen bis zu 85 vom Hundert.

(5) Den Sanitätsorganisationen werden Zuwendungen nach den Absätzen 3 und 4 nur gewährt, wenn in den Fällen des Absatzes 3 die zuständige Behörde und in den Fällen des Absatzes 4 der Kostenträger die Baumaßnahme genehmigt. Zu den Kosten für die bauliche Unterbringung werden Zuwendungen nicht gewährt, wenn die bauliche Unterbringung bereits gewährleistet ist.

§ 11 Benutzungsentgelte

(1) Die zuständigen Behörden, in den Fällen des § 4 Abs. 1 die Sanitätsorganisationen, erheben für ihre Leistungen Benutzungsentgelte. Diese sind so zu bemessen, daß sie auf der Grundlage einer sparsamen und wirtschaftlichen Betriebsführung und einer leistungsfähigen Organisation die nach § 10 Abs. 2 bis 4 verbleibenden Kosten (Betriebskosten) des Rettungsdienstes decken. In den Fällen des § 4 Abs. 1 ist den zuständigen Behörden halbjährlich eine Aufstellung über Einnahmen und Ausgaben sowie ein Leistungsbericht vorzulegen.
(2) Die Benutzungsentgelte werden auf Landesebene zwischen den Verbänden der Sozialversicherungsträger einerseits sowie den zuständigen Behörden andererseits vereinbart. In den Fällen des § 4 Abs. 1 wird die Vereinbarung mit den Landesverbänden der Sanitätsorganisationen abgeschlossen; die Vereinbarung bedarf der Genehmigung des Ministers des Innern und des Ministers für Wirtschaft und Verkehr.
(3) Kommt eine Einigung über kostendeckende Benutzungsentgelte nicht zustande, setzt die Landesregierung, soweit sie nicht schon auf Grund Bundesrechts zuständig ist, Benutzungsentgelte durch Rechtsverordnung fest. Dabei sind über die bundesrechtlichen Regelungen hinaus die Kosten der zusätzlichen, durch dieses Gesetz vorgeschriebenen Einrichtungen des Rettungsdienstes zu berücksichtigen. Die Landesregierung kann die Ermächtigung nach Satz 1 durch Rechtsverordnung auf den Minister für Wirtschaft und Verkehr übertragen.

Vierter Teil
Übergangs- und Schlußbestimmungen

§ 12 Übergangsbestimmung

Die in den Rettungswachen tätigen Personen, deren fachliche Eignung geltenden Rechtsvorschriften noch nicht entspricht, können für die Besetzung von Rettungswagen längstens bis zum 31. Dezember 1975, für die Besetzung von Krankentransportwagen längstens bis zum 31. Dezember 1976 weiter eingesetzt werden, soweit durch Bundesgesetz nichts anderes bestimmt ist.

§ 13 Durchführungsbestimmungen

(1) Die Rechtsverordnungen nach § 3 Abs. 2 und 3, § 4 Abs. 1, § 6 Abs. 4 in Verbindung mit § 4 Abs. 1 und § 7 Abs. 1 erläßt der Minister des Innern im Einvernehmen mit dem Minister für Soziales, Gesundheit und Sport.
(2) Der Minister des Innern erläßt die zur Durchführung dieses Gesetzes erforderlichen Verwaltungsvorschriften.

§ 14 Inkrafttreten

Dieses Gesetz tritt am 1. Januar 1975 in Kraft.

1.5 Saarland

Gesetz Nr. 1029 über den Rettungsdienst (RDG)
Vom 24. März 1975 (ABl. S. 545)

Der Landtag des Saarlandes hat folgendes Gesetz beschlossen, das hiermit verkündet wird:

§ 1 Aufgaben des Rettungsdienstes

(1) Aufgabe des Rettungsdienstes ist es, Notfallpatienten Erste Hilfe zu leisten, ihr Leben, soweit an Ort und Stelle möglich, zu erhalten und sie nach Herstellung und unter Aufrechterhaltung der Transportfähigkeit in ein für die weitere Versorgung geeignetes Krankenhaus zu befördern.
(2) Der Rettungsdienst kann in gleicher Weise auch den Transport von Kranken, Verletzten und Behinderten übernehmen, bei denen kein Notfall vorliegt (Krankentransport). Notfallpatienten haben den Vorrang.
(3) Notfallpatienten sind Verletzte oder Erkrankte, die sich in Lebensgefahr befinden oder bei denen schwere gesundheitliche Schäden zu befürchten sind, wenn sie nicht unverzüglich ärztliche Hilfe erhalten.

§ 2 Träger des Rettungsdienstes, Rettungsdienstbereiche

(1) Der Rettungsdienst ist eine den Landkreisen und dem Stadtverband Saarbrücken übertragene staatliche Aufgabe; sie führen diese Aufgabe in einem oder mehreren Rettungsdienstbereichen durch.
(2) Die Landkreise und der Stadtverband Saarbrücken bilden innerhalb eines Jahres nach Inkrafttreten dieses Gesetzes einen Rettungszweckverband. Ist der Zweckverband innerhalb eines Jahres nicht gebildet, so bildet ihn die zuständige Behörde und setzt die Verbandssatzung fest. Die Bestimmungen des § 12 des Gesetzes Nr. 1021 über die kommunale Gemeinschaftsarbeit vom 26. Februar 1975 (ABl. S. 491) finden keine Anwendung.

§ 3 Einrichtungen des Rettungsdienstes

(1) Im Rettungsdienstbereich müssen eine Rettungsleitstelle und die notwendigen Rettungswachen vorhanden sein sowie die erforderliche Anzahl von Krankentransportwagen, Rettungswagen und Notarztwagen (bewegliche Rettungsmittel) bereitstehen.
(2) Vor dem Neu-, Um- oder Erweiterungsbau von Krankenhäusern ist stets zu prüfen, ob sie Einrichtungen des Rettungsdienstes aufnehmen können.

§ 4 Rettungsleitstelle

(1) Die Rettungsleitstelle ist eine der Dienst- und Fachaufsicht des Ministers des Inneren unterstehende Einrichtung des Landes. Die Rettungsleitstelle lenkt die Einsätze im Rettungsdienstbereich. Sie muß ständig besetzt und erreichbar sein.
(2) Der Minister des Inneren bestimmt durch Rechtsverordnung die Anzahl der Rettungsleitstellen, die Rettungsdienstbereiche und setzt den Standort der Rettungsleitstelle so fest, daß ein schneller und wirtschaftlicher Einsatz des Rettungsdienstes sichergestellt ist.
(3) Die Rettungsleitstelle führt einen zentralen Bettennachweis und eine Übersicht über den ärztlichen Notfall- und Bereitschaftsdienst, mit dem sie eng zusammenarbeitet. Die Krankenhäuser im Rettungsdienstbereich melden der Rettungsleitstelle die Zahl der freien Betten. Die Rettungsleitstelle gibt Auskunft über die freien Betten im Rettungsdienstbereich und stationären Behandlungsmöglichkeiten in den einzelnen Krankenhäusern. Sie unterrichtet die Krankenhäuser über eine bevorstehende Belegung.

(4) Der Minister des Inneren wird ermächtigt, Anzahl und Form, Inhalt und Verfahren der von den Krankenhäusern abzugebenden Meldungen durch Rechtsverordnung zu regeln.
(5) Das Recht der Krankenhäuser, Patienten auch ohne Vermittlung der Rettungsleitstelle aufzunehmen und das Recht der Patienten auf freie Wahl des Krankenhauses bleiben unberührt.

§ 5 Rettungswachen

(1) Die Rettungswachen halten die beweglichen Rettungsmittel und das notwendige Rettungspersonal einsatz- und abrufbereit. Stationäre Rettungswachen sind, soweit möglich, in Krankenhäusern unterzubringen. Zur Deckung eines vorübergehenden Bedarfs können mobile Rettungswachen eingesetzt werden. Die beweglichen Rettungsmittel müssen den Anforderungen der modernen Medizin und Technik entsprechen und mit mindestens einem Fahrer und einem Rettungssanitäter oder sonst fachlich geeignetem Beifahrer besetzt sein.
(2) Der Rettungszweckverband legt Zahl und Standorte der Rettungswachen so fest, daß ein ausreichender Rettungsdienst sichergestellt ist.

§ 6 Ärztliche Hilfe; Technische Unfallhilfe

(1) Der Rettungszweckverband trifft durch Vereinbarungen mit den Krankenhausträgern Vorsorge, daß in ihren Krankenhäusern Ärzte für Einsätze im Rettungsdienst abrufbereit sind.
(2) Für technische Unfallhilfe im Rettungsdienst ist grundsätzlich die Feuerwehr anzufordern.

§ 7 Durchführung des Rettungsdienstes

(1) Der Rettungszweckverband überträgt die Durchführung des Rettungsdienstes, soweit sie nicht schon durch dieses Gesetz geregelt ist (§ 4 Abs. 1 Satz 1), aufgrund von Vereinbarungen den Hilfsorganisationen, Gemeinden oder sonstigen Dritten (mit der Durchführung des Rettungsdienstes Beauftragten), sofern diese dazu bereit und in der Lage sind. Er kann sich auch der bei seiner Bildung vorhandenen Einrichtungen seiner Mitglieder bedienen.
(2) Der Rettungszweckverband kann bei Bedarf neue Einrichtungen des Rettungsdienstes schaffen oder sich aufgrund von Vereinbarungen der Einrichtungen Dritter bedienen, soweit die mit der Durchführung des Rettungsdienstes Beauftragten hierzu nicht bereit oder in der Lage sind.
(3) Vereinbarungen nach Absatz 1 und 2 bedürfen der Genehmigung des Ministers des Inneren. In ihnen ist insbesondere die Zusammenarbeit aller im Rettungsdienst Tätigen zu regeln.

§ 8 Beförderungsentgelte und Kostentragung

(1) Die mit der Durchführung des Rettungsdienstes Beauftragten erheben für die Einsätze des Rettungsdienstes Beförderungsentgelte. Diese sind so zu bemessen, daß sie die Kosten eines sparsam wirtschaftenden und leistungsfähigen Rettungsdienstes decken. Zu diesen Kosten gehören nicht die Aufwendungen nach Absatz 2 bis 4.
(2) Die Kosten für die Rettungsleitstelle (§ 3 Abs. 1 erster Halbsatz) trägt das Land. Dazu gehören die Aufwendungen für die Betriebsräume und die Einrichtung sowie die Betriebskosten einschließlich der Instandhaltungs- und Instandsetzungskosten.
(3) Die Kosten für die Einrichtung stationärer Rettungswachen (§ 3 Abs. 1 erster Halbsatz), die in der Rechtsverordnung des Ministers des Inneren nach § 10 Abs. 1 als notwendig anerkannt sind, trägt das Land gemeinschaftlich mit dem Rettungszweckverband, soweit diese Kosten nicht durch eigene Leistungen der mit der Durchführung des Rettungsdienstes Beauftragten oder durch Zuwendungen Dritter gedeckt werden können. Von dem für die verbleibenden Kosten jährlich aufzuwendenden Betrag übernehmen das Land und der Rettungszweckverband je 50 vom Hundert.
(4) Die Kosten für die erstmalige Beschaffung und die Ersatzbeschaffung beweglicher Rettungsmittel (§ 3 Abs. 1 zweiter Halbsatz), die in der Rechtsverordnung des Ministers des Inneren nach § 10 Abs. 1 als notwendig anerkannt sind, trägt das Land gemeinschaftlich mit dem Rettungszweckver-

band und den mit der Durchführung des Rettungsdienstes Beauftragten, soweit sie nicht durch die Zuwendungen Dritter gedeckt werden können. Von dem für die verbleibenden Kosten jährlich aufzuwendenden Betrag übernimmt das Land 50 vom Hundert, der Rettungszweckverband 30 vom Hundert und der mit der Durchführung des Rettungsdienstes Beauftragte, der das Rettungsmittel einsetzt, 20 vom Hundert.

(5) Soweit sie nicht schon kraft Bundesrecht zuständig ist, wird die Landesregierung ermächtigt, Beförderungsentgelte und Beförderungsbedingungen durch Rechtsverordnung festzusetzen. Bei der Festsetzung hat sie über die bundesrechtlichen Regelungen hinaus die Kosten der durch dieses Gesetz vorgeschriebenen zusätzlichen Einrichtungen des Rettungsdienstes zu berücksichtigen. Die Landesregierung kann die Ermächtigung durch Rechtsverordnung auf den Minister für Wirtschaft, Verkehr und Landwirtschaft übertragen.

(6) Sofern Einigungsverhandlungen noch nicht geführt worden sind, fordert die Landesregierung vor ihrer Entscheidung die betroffenen Sozialleistungsträger, den Rettungszweckverband und die mit der Durchführung des Rettungsdienstes Beauftragten auf, eine Einigung über die Beförderungsentgelte herbeizuführen; das Ergebnis ist bei der Festsetzung zu berücksichtigen. Kommt eine Einigung innerhalb von vier Wochen nach der Aufforderung nicht zustande, werden die Beförderungsentgelte nach Anhörung der Beteiligten festgesetzt.

(7) Der Rettungszweckverband wirkt auf Vereinbarungen zwischen den Krankenhausträgern und den mit der Durchführung des Rettungsdienstes Beauftragten über die Beschäftigung des in den Krankenhäusern untergebrachten Rettungspersonals während der einsatzfreien Zeit hin.

(8) Die mit der Durchführung des Rettungsdienstes Beauftragten sind zur Führung eines geordneten Rechnungswesens verpflichtet. Dieses muß jederzeit die Feststellung der Kosten und Erlöse ermöglichen. Zu diesem Zwecke haben sie an jedem Jahresende der Landesregierung und dem Rettungszweckverband eine Aufstellung ihrer Ausgaben und Einnahmen für den Rettungsdienst und Krankentransport vorzulegen.

§ 9 Beirat für das Rettungswesen

(1) Der Minister der Inneren beruft einen Beirat für das Rettungswesen. Dem Beirat obliegt die Beratung

a) des Rettungszweckverbandes beim Auf- und Ausbau des Rettungsdienstes und bei der Beschaffung geeigneter und einheitlicher Einrichtungen des Rettungsdienstes,
b) der Hilfsorganisationen bei der Aus- und Fortbildung des im Rettungsdienst zum Einsatz kommenden Personals,
c) des Ministers des Inneren beim Erlaß der Rechtsverordnung nach § 10 Abs. 1 und
d) der Landesregierung bei der Festsetzung der Beförderungsentgelte.

(2) Dem Beirat für das Rettungswesen gehören an je ein Vertreter

a) des Ministers für Familie, Gesundheit und Sozialordnung,
b) des Ministers des Innern,
c) des Ministers für Wirtschaft, Verkehr und Landwirtschaft,
d) des Ministers der Finanzen,
e) der Staatlichen Gesundheitsämter,
f) der Ärztekammer des Saarlandes,
g) der im Rettungsdienst tätigen Hilfsorganisationen,
h) des Saarländischen Städte- und Gemeindetages,
i) des Landkreistages Saarland,
j) der Allgemeinen Ortskrankenkasse für das Saarland
k) des Verbandes der Angestellten-Krankenkassen e. V. – Landesausschuß Saarland –,
l) des Verbandes der privaten Krankenversicherung e. V. – Bezirksausschuß Saarland –,
m) der Berufsgenossenschaften,
n) der Bundesknappschaft,
o) des Gemeindeunfallversicherungsverbandes,
p) der Kassenärztlichen Vereinigung Saarland,
q) des Deutschen Gewerkschaftsbundes Landesbezirk Saar,
r) der Vereinigung der Arbeitgeberverbände des Saarlandes und
s) der Saarländischen Krankenhausgesellschaft.

Die Berufung der unter Buchstaben f) bis s) genannten Mitglieder erfolgt durch den Minister des Inneren auf Vorschlag der nach Gesetz oder Satzung zuständigen Organe.

(3) Zu den Beratungen des Beirates können Vertreter weiterer Behörden, Anstalten oder Vereinigungen sowie andere fachkundige Personen hinzugezogen werden.

(4) Die Mitglieder des Beirates üben ihre Tätigkeit ehrenamtlich für die Dauer von fünf Jahren aus. Mitglieder, deren Zugehörigkeit zu den von ihnen vertretenen Körperschaften, Anstalten und Vereinigungen vorzeitig endet, scheiden aus. Für die restliche Zeit wird ein neues Mitglied berufen.

(5) Der Minister des Inneren hat den Vorsitz im Beirat. Er erläßt die Geschäftsordnung und führt die laufenden Geschäfte des Beirates.

§ 10 Ermächtigungen

(1) Der Minister des Inneren erläßt nach Anhörung des Beirates für das Rettungswesen durch Rechtsverordnung nähere Vorschriften, insbesondere über

1. die Durchführung des stufenweisen Auf- und Ausbaues des Rettungsdienstes,
2. die Art und Anzahl der im Rettungsdienst notwendigen beweglichen Rettungsmittel (§ 3 Abs. 1),
3. das notwendige Personal und die notwendige Einrichtung der Rettungsleitstelle und der Rettungswachen.

(2) Der Minister des Inneren erläßt nach Anhörung des Beirates für das Rettungswesen allgemeine Verwaltungsvorschriften zur Ausführung dieses Gesetzes und der nach Absatz 1 erlassenen Rechtsverordnungen, insbesondere

1. eine Mustersatzung für den Rettungszweckverband,
2. ein Muster einer Vereinbarung nach § 7,
3. eine Musterdienstanweisung für den Rettungsdienst,
4. eine Geschäftsordnung für den Beirat für das Rettungswesen.

§ 11 Inkrafttreten

Dieses Gesetz tritt am 1. Januar 1976 in Kraft.

1.6 Schleswig-Holstein

Rettungsdienstgesetz (RDG)

Vom 24. März 1975 (GVOBl. S. 41)

§ 1 Aufgabe

(1) Der Rettungsdienst hat die Aufgabe,

1. lebensbedrohlich Verletzten oder Erkrankten (Notfallpatienten) jederzeit Erste Hilfe zu leisten und sie unter fachgerechter Betreuung in ein für die weitere Versorgung geeignetes Krankenhaus zu bringen und
2. Kranke, Verletzte oder Behinderte, die keine Notfallpatienten sind, fachgerecht zu befördern und ihnen, soweit notwendig, Erste Hilfe zu leisten.

Die Betreuung von Notfallpatienten hat Vorrang.

(2) Die den Rettungsdienst durchführende Stelle hat medizinische Hilfe zu vermitteln, wenn sie dringend erforderlich erscheint und die durchführende Stelle unmittelbar oder mittelbar, insbesondere durch die Polizei, darum ersucht wird.

§ 2 Träger

(1) Die Aufgaben des Rettungsdienstes erfüllen die Kreise und kreisfreien Städte für ihr Gebiet (Rettungsdienstbereich) in eigener Verantwortung.
(2) Die Kreise und kreisfreien Städte können die Durchführung des Rettungsdienstes für den Rettungsdienstbereich Hilfsorganisationen oder juristischen Personen des öffentlichen Rechts ohne Gebietshoheit übertragen, wenn diese bereit sind, diese Aufgaben in eigener Finanzverantwortung zu erfüllen, und ihre Leistungsfähigkeit nachgewiesen ist. Die Übertragung ist durch öffentlich-rechtlichen Vertrag zu regeln.

§ 3 Organisation

(1) Die Träger des Rettungsdienstes haben in ihrem Rettungsdienstbereich Rettungswachen in ausreichender Zahl als Stützpunkt einsatzbereiter und für die Beförderung von Notfallpatienten und Kranken geeigneter Kraftwagen einzurichten und deren Einsatzbereiche festzulegen. Die Auswahl der Standorte soll die gleichmäßige Versorgung des Rettungsdienstbereichs gewährleisten und die Standorte der Rettungswachen benachbarter Rettungsdienste berücksichtigen. Die Ausstattung der Rettungswachen mit Personal und Material und die Zahl der Krankenkraftwagen müssen die Einsatzbereitschaft des Rettungsdienstes und eine fachgerechte Betreuung der Notfallpatienten sicherstellen.
(2) In jedem Rettungsdienstbereich hat eine Rettungsleitstelle alle Einsätze der Rettungswachen zu lenken. Im Bedarfsfall hat sie die Hilfe der Polizei, der Feuerwehr und anderer zur Unterstützung des Rettungsdienstes geeigneter Einrichtungen anzufordern.
(3) Die Träger des Rettungsdienstes können andere geeignete Einrichtungen, insbesondere Ärztenotdienst und Krankenhäuser, mit ihrer Zustimmung zur ständigen Mitwirkung im Rettungsdienst heranziehen. Diese sind dann insoweit Bestandteil von Einrichtungen des Rettungsdienstes.
(4) Der Sozialminister wird ermächtigt, durch Verordnung
1. die Grundsätze der Organisation und des Betriebes des Rettungsdienstes,
2. die fernmeldetechnische Ausstattung von Rettungswachen, Rettungsleitstellen und der Krankenkraftwagen sowie die medizinisch-technische Ausstattung der Krankenkraftwagen,
3. die personelle Besetzung der Krankenkraftwagen,
4. die erforderliche fachliche Eignung des Personals des Rettungsdienstes und
5. angemessene Zeiträume, in denen diese Anforderungen zu erfüllen sind, zu bestimmen.

§ 4 Durchführung

Die Träger des Rettungsdienstes haben die Einrichtung und den Betrieb des Rettungsdienstes zu regeln, insbesondere
1. die den Rettungsdienst nach § 2 Abs. 1 und 2 durchführenden Stellen,
2. den Sitz der Rettungsleitstelle,
3. die Standorte der Rettungswachen mit ihren Einzugsbereichen,
4. die Verteilung der Rettungsmittel, insbesondere der Rettungswagen auf die Rettungswachen, und
5. die Grundsätze des Zusammenwirkens der Einrichtungen des Rettungsdienstes mit anderen beteiligten Behörden und Organisationen.

§ 5 Finanzierung

(1) Die laufenden Kosten des Rettungsdienstes tragen die Kreise und kreisfreien Städte. Sie erheben Gebühren nach dem Kommunalabgabengesetz.
(2) Das Land gewährt im Rahmen verfügbarer Haushaltsmittel Zuwendungen zu den Kosten der notwendigen lang- und mittelfristigen Investitionen sowie der anerkannten Ersatzinvestitionen.

§ 6 Rettungsdienst, Katastrophenschutz und Brandschutz

Die Einrichtungen des Rettungsdienstes können auch für Zwecke des Katastrophenschutzes und des Brandschutzes verwendet werden.

§ 7 Beirat für den Rettungsdienst

(1) Bei dem Sozialminister wird ein Beirat für den Rettungsdienst gebildet, dessen Mitglieder der Sozialminister beruft.
(2) Der Beirat hat insbesondere folgende Aufgaben:
1. Er berät die Träger des Rettungsdienstes beim Auf- und Ausbau des Rettungsdienstes,
2. er berät den Sozialminister in grundsätzlichen Fragen des Rettungswesens, insbesondere bei der Ausarbeitung der zur Ausführung dieses Gesetzes zu erlassenden Verordnungen, und
3. er wirkt beratend bei der Ausbildung des im Rettungsdienst eingesetzten Personals mit.
(3) Dem Beirat sollen angehören:
1. fünf Vertreter der kommunalen Landesverbände,
2. vier Vertreter der im Rettungsdienst in Schleswig-Holstein tätigen Hilfsorganisationen,
3. ein Vertreter der Ärztekammer Schleswig-Holstein,
4. ein Vertreter der Kassenärztlichen Vereinigung Schleswig-Holstein,
5. ein Vertreter der Krankenhausgesellschaft Schleswig-Holstein,
6. ein Vertreter der Bundeswehr,
7. je ein Vertreter der Träger der gesetzlichen und privaten Krankenversicherung und
8. ein Vertreter der gesetzlichen Unfallversicherung.
Vertreter anderer Verbände, Körperschaften und Behörden sowie fachkundige Personen können zu den Sitzungen hinzugezogen werden.
(4) Den Vorsitz führt der Sozialminister. Er erläßt eine Geschäftsordnung.

§ 8 Aufhebung von Vorschriften

Das Gesetz über die Beförderung von Kranken vom 7. Juli 1965 (GVOBl. S. 47) wird aufgehoben.

§ 9 Inkrafttreten

Dieses Gesetz tritt am 1. April 1975 in Kraft.

Landesverordnung zur Durchführung des Rettungsdienstgesetzes vom 2. Juni 1978 GS Schl.-H. II, Gl Nr. 2120-3-1

(GVOBl. S. 172)

Aufgrund des § 3 Abs. 4 des Rettungsdienstgesetzes vom 24. März 1975 (GVOBl. S. 44) wird verordnet:

§ 1 Rettungsdienstbereich

(1) Der Rettungsdienstbereich (§ 2 Abs. 1 des Rettungsdienstgesetzes) ist in Einsatzbereiche einzuteilen. In jedem Einsatzbereich ist eine Rettungswache einzurichten. Ihr Standort soll ein zentraler Ort oder Stadtrandkern sein. Ihr Standort ist so zu bestimmen, daß jeder mögliche Notfallort in der Regel nicht mehr als 15 Minuten Fahrzeit von der Rettungswache entfernt ist.
(2) Der Träger des Rettungsdienstes kann einer Rettungswache für ihren Einsatzbereich ganz oder teilweise Aufgaben der Rettungsleitstelle (§ 3 Abs. 2 des Rettungsdienstgesetzes) übertragen, wenn dies zur Erhöhung der Wirksamkeit des Rettungsdienstes zweckmäßig ist.

§ 2 Zusammenarbeit

Träger und Einrichtung des Rettungsdienstes benachbarter Rettungsdienstbereiche haben sich bei der Durchführung des Rettungsdienstes zu unterstützen. Die Träger des Rettungsdienstes müssen vereinbaren, daß die Rettungsmittel eines Trägers im Randgebiet des benachbarten Trägers ständig eingesetzt werden.

§ 3 Betrieb der Rettungsleitstelle

(1) Die Rettungsleitstelle hat insbesondere
1. alle Einsatzaufträge und Hilfeersuchen entgegenzunehmen,
2. die Einsätze aller Einrichtungen des Rettungsdienstes zu regeln und zu koordinieren,
3. dem Krankenhaus, das die vom Rettungsdienst betreuten Patienten aufnehmen soll, die für die Vorbereitung der Versorgung notwendigen Angaben zu übermitteln und
4. bei Hilfeersuchen, die keinen Einsatz von Einrichtungen des Rettungsdienstes erfordern, medizinische Hilfe zu vermitteln, wenn sie dringend erforderlich erscheint.

(2) Die Rettungsleitstelle hat zusammenzuarbeiten mit
1. den für die Versorgung besonderer Notfälle geeigneten Einrichtungen und Diensten, insbesondere mit
   a) Krankenhäusern,
   b) ärztlichen Not- und Bereitschaftsdiensten sowie Apothekenbereitschaftsdiensten,
   c) Hebammen,
   d) Behandlungs- und Beratungszentren für Vergiftungen, Verbrennungen und andere medizinische Notfälle,
   e) Blutspendezentralen,
   f) Einrichtungen, die Druckkammern betreiben,
2. der Polizei,
3. den Feuerwehren,
4. den Hilfsorganisationen, technischen und sonstigen Hilfsdiensten,
5. überregional tätigen Einrichtungen des Rettungsdienstes.

(3) Die nach Absatz 1 Nr. 2 zu treffenden Maßnahmen sind erst dann einzuleiten, wenn anzunehmen ist, daß die Vermittlung medizinischer Hilfe zur Bewältigung des Hilfeersuchens nicht ausreichen wird oder nicht rechtzeitig möglich ist.

§ 4 Betrieb der Rettungswachen

(1) Die Rettungswachen sollen Krankenkraftwagen nur mit Zustimmung der Rettungsleitstelle einsetzen. Beginn und Ende der Einsätze sind der Rettungsleitstelle zu melden. Über die Einsätze sind Fahrtenbücher zu führen.

(2) Die Rettungswachen haben Ausfälle von Personal und andere besondere Vorkommnisse, insbesondere eigene Unfälle, unverzüglich der Rettungsleitstelle zu melden.

§ 5 Fernmeldemittel

(1) Die Rettungsleitstelle muß mit Funk- und Fernsprecheinrichtungen so ausgestattet sein, daß sie mit allen Einrichtungen des Rettungsdienstes einschließlich aller benachbarten Rettungsleitstellen und für den Einzelfall mit den Polizeidienststellen, den Feuerwehren und den Einheiten und Einrichtungen des Katastrophenschutzes im Rettungsdienstbereich Verbindung aufnehmen und halten kann.

(2) Absatz 1 gilt entsprechend für die Rettungswachen und Krankenkraftwagen, soweit dies zur Durchführung ihrer Aufgaben erforderlich ist.

§ 6 Krankenkraftwagen

(1) Die Ausstattung der Rettungswachen mit Krankenkraftwagen richtet sich nach der Größe der Einsatzbereiche (§ 1) und dem örtlichen Bedarf.
(2) Krankenkraftwagen sind für den Notfalleinsatz und den Krankentransport geeignete Kraftfahrzeuge. Rettungswagen sind zum Herstellen und Aufrechterhalten der Transportfähigkeit von Notfallpatienten vor und während der Beförderung bestimmte Krankenkraftwagen. Krankentransportwagen sind grundsätzlich für die Beförderung von Nicht-Notfallpatienten bestimmte Krankenkraftwagen. Die medizinisch-technische Ausrüstung der Krankenkraftwagen muß unter Berücksichtigung der anerkannten Regeln der medizinischen Wissenschaft und Technik für den Einsatzzweck ausreichend sein und eine fachgerechte Betreuung und einen fachgerechten Transport ermöglichen.
(3) Sofern ein Notarztdienst eingerichtet worden ist, sollen Rettungswagen so ausgestattet sein, daß sie auch als Notarztwagen eingesetzt werden können. Rettungswagen, die ständig mit einem Notarzt besetzt sind, sind als Notarztwagen zu kennzeichnen.
(4) Die Krankenkraftwagen müssen mit zwei für die Tätigkeit auf Krankenkraftwagen geeigneten Personen besetzt sein.

§ 7 Fachliche Eignung des Personals des Rettungsdienstes

(1) Das Personal der Rettungsleitstelle soll die Voraussetzungen nach Absatz 2 erfüllen und ausreichende Erfahrung im Rettungsdienst haben.
(2) Als Personal der Krankenkraftwagen darf nur eingesetzt werden, wer nachweist, daß er
1. innerhalb der beiden dem Inkrafttreten dieser Verordnung (§ 8 Abs. 1) vorangegangenen Jahre nicht nur gelegentlich im Rettungsdienst tätig gewesen ist oder im Zeitpunkt des Inkrafttretens dieser Verordnung (§ 8 Abs. 1) eine Ausbildung als Rettungssanitäter oder Transportsanitäter abgeschlossen hat, die nicht den in Nummer 2 genannten Erfordernissen entspricht, oder nach Inkrafttreten dieser Verordnung (§ 8 Abs. 1) eine solche vorher begonnene Ausbildung abschließt sowie
   a) an einer von den Hilfsorganisationen oder den Feuerwehren durchgeführten Ausbildung in der Notfallrettung von 150 Stunden teilgenommen und
   b) die Sonderprüfung für Rettungssanitäter bestanden hat oder
2. vor Inkrafttreten dieser Verordnung (§ 8 Abs. 1) die Ausbildung als Rettungssanitäter oder Transportsanitäter von mindestens 180 Stunden theoretischem Unterricht mit praktischen Übungen auf dem Gebiet der Versorgung und Betreuung von Notfallpatienten unter besonderer Berücksichtigung der Wiederbelebung erfolgreich abgeschlossen hat oder
3. nach Inkrafttreten dieser Verordnung (§ 8 Abs. 1) eine Ausbildung für den Rettungsdienst von mindestens 500 Stunden theoretischem Unterricht einschließlich praktischer Übungen auf dem Gebiete der Versorgung und Betreuung von Notfallpatienten unter besonderer Berücksichtigung der Wiederbelebung in einer Rettungswache und in einem Krankenhaus abgeleistet sowie eine staatliche Prüfung bestanden hat. Beamte der Berufsfeuerwehren legen die Prüfung als Teil der Laufbahnprüfung ab.

(3) Als Nachweis im Sinne von Absatz 2 gilt auch
1. die Erlaubnis zur Führung der Berufsbezeichnung „Krankenschwester" oder „Krankenpfleger", „Kinderkrankenschwester" oder „Kinderkrankenpfleger", oder
2. das Zeugnis über den bestandenen Zweiten Abschnitt der Ärztlichen Prüfung

sowie eine Bescheinigung, mit der die Teilnahme an einer Ausbildung für den Rettungsdienst von 150 Stunden theoretischem Unterricht mit praktischen Übungen auf dem Gebiete der Versorgung und Betreuung von Notfallpatienten unter besonderer Berücksichtigung der Wiederbelebung nachgewiesen wird.

§ 8 Inkrafttreten

(1) Diese Verordnung tritt am Tage nach ihrer Verkündung in Kraft.
(2) Die Anforderungen nach § 1 Abs. 1 und den §§ 3 bis 5 und 7 müssen innerhalb von 5 Jahren nach Inkrafttreten dieser Verordnung erfüllt sein.

1.7 Hessen

Vereinbarung über den Ausbau und die Durchführung des Krankentransport- und Rettungsdienstes in Hessen

In der Erkenntnis, daß das Ziel des Ausbaues eines optimal funktionierenden und wirtschaftlich tragbaren Krankentransport- und Rettungsdienstes und dessen Durchführung in der gemeinsamen Verantwortung der Landesregierung, der Sanitätsorganisationen Arbeiter-Samariter-Bund, Deutsches Rotes Kreuz, Johanniter-Unfall-Hilfe, Malteser-Hilfsdienst, der Deutschen Lebens-Rettungs-Gesellschaft und der Gemeinden, Landkreise und kreisfreien Städte in Hessen liegt, schließen
das Land Hessen, vertreten durch den Sozialminister,
der Arbeiter-Samariter-Bund Deutschland – Landesorganisation Hessen – für die ASB-Ortsverbände in Hessen,
das Deutsche Rote Kreuz – Landesverband Hessen – für die DRK-Kreisverbände in Hessen,
die Johanniter-Unfall-Hilfe e. V. Bonn für ihre Organisationen in Hessen,
der Malteser-Hilfsdienst e. V. Köln für seine Organisationen in Hessen,
die Deutsche Lebens-Rettungs-Gesellschaft – Landesverband Hessen e. V. – für seine Organisationen in Hessen,
der Hessische Landkreistag für die von ihm vertretenen Landkreise,
der Hessische Städtetag für die ihm angeschlossenen Städte und Gemeinden,
der Hessische Städte- und Gemeindebund für die von ihm vertretenen Städte und Gemeinden
folgende Vereinbarung:

1. Die weitere Gestaltung des Krankentransport- und Rettungswesens ist eine öffentliche Aufgabe, deren Erfüllung die bewährte Mitarbeit der anerkannten Sanitätsorganisationen als Träger des Krankentransport- und Rettungsdienstes voraussetzt. Eine gesetzliche Regelung des Rettungsdienstes in Hessen wird nicht angestrebt, weil der weitere Ausbau und die reibungslose Durchführung des Krankentransport- und Rettungsdienstes bei ausreichender finanzieller Unterstützung der Träger des Rettungsdienstes durch die öffentliche Hand in Fortführung der begonnenen Anstrengungen möglich sind und eine Vereinbarung der gleichberechtigten Partner für diese Aufgabe ihrer Interessenlage eher gerecht wird.
2. Rettungsdienstplan
   Die Träger des Krankentransport- und Rettungsdienstes berücksichtigen bei ihren Organisationsentscheidungen die einvernehmlich zustande gekommenen Beschlüsse der Landesplanungskommission für den Krankentransport und die Ergebnisse der Gebietsreform in Hessen. Den taktischen Erfordernissen sowie dem Notruf- und Alarmierungsnetz entsprechend sind mit den Feuerwehren gemeinsame Leitstellen für den Brand- und Katastrophenschutz sowie Rettungsdienst einschließlich Krankentransport anzustreben. Im Benehmen mit den Trägern des Krankentransport- und Rettungsdienstes stellt der Sozialminister in Übereinstimmung mit dem Innenminister einen Rettungsdienstplan auf, in dem die zentralen Organisationsfragen (Grenzen der Rettungsdienstbereiche, zentrale Leitstellen – unter Berücksichtigung des Notruf- und Alarmierungsverfahrens –) festgelegt werden.
3. Kostendeckung
   Das Land, die Gemeinden und die Sanitätsorganisationen sind der Auffassung, daß die Träger des Krankentransport- und Rettungsdienstes ihren Aufgaben nur gerecht werden können, wenn die notwendigen Aufwendungen für den Betrieb und für die Unterhaltung durch kostendeckende Beförderungsentgelte ausgeglichen werden, soweit sie durch die in dieser Vereinbarung und in ihren Anlagen festgelegten Zuschüsse der öffentlichen Hand nicht gedeckt sind. Dazu ist es erforderlich, daß zwischen den Trägern des Krankentransport- und Rettungsdienstes und den Kostenträgern nach betriebswirtschaftlicher Kalkulation Beförderungsentgelte vereinbart werden. Ab 1978 wird das Land seine finanzielle Mitverantwortung für den Ausbau und die Durchführung des Krankentransport- und Rettungswesens durch Landeszuwendungen tragen, wie es in der anliegenden Aufstellung, die Bestandteil dieser Vereinbarung wird, dargestellt ist. Im übrigen tragen die Gemeinden, Landkreise, kreisfreien Städte, die Sanitätsorganisationen und die Deutsche Lebens-Rettungs-Gesellschaft die Kosten, wie dies in den Ziffern II und III der o. a. Aufstellung dargestellt ist.

4. Ausbildung
   Zur ständigen Qualifizierung und Fortbildung des im Krankentransport- und Rettungsdienst notwendigen Personals wird das vom Sozialminister veranstaltete zentrale Grundausbildungsprogramm für den Krankentransport- und Rettungsdienst in der jeweils geltenden Fassung für alle Sanitätsorganisationen auf Kosten des Landes fortgeführt. Im Interesse einer bundeseinheitlichen Ausbildungsregelung soll dieses Programm ggf. den Vorstellungen der dazu berufenen Fachgremien auf der Bundes/Länderebene angepaßt werden. Das Ziel, möglichst bald eine eigene Sanitätsschule, die von allen Sanitätsorganisationen gemeinsam getragen und verwaltet wird, einzurichten, bleibt bestehen.
5. Landesbeirat
   Zur Beratung des für das Gesundheitswesen zuständigen Ministers als oberste Aufsichtsbehörde in allen Angelegenheiten des Krankentransport- und Rettungsdienstes von grundsätzlicher Bedeutung wird ein Landesbeirat gebildet, der aus neun Personen (vier Vertreter der Sanitätsorganisationen, ein Vertreter der Lebens-Rettungs-Gesellschaft, drei Vertreter der kommunalen Spitzenverbände und ein Vertreter der Krankenkassen) besteht. Jedes Mitglied kann sich vertreten lassen. Die Mitglieder und deren Stellvertreter werden durch den Sozialminister auf Vorschlag der jeweiligen Organisation berufen. Je ein Vertreter des Sozialministers und des Innenministers nehmen an allen Sitzungen teil. Der Landesbeirat gibt sich eine Geschäftsordnung.

Wiesbaden, den 10. Februar 1978

Anlage zu Nr. 3 der Vereinbarung über den Ausbau und die Durchführung des Krankentransport- und Rettungsdienstes in Hessen

I. Kostenübernahme und Zuschüsse aus Landesmitteln

1. Das Land übernimmt ab 1978 jeweils im Rahmen der zur Verfügung stehenden Haushaltsmittel die Kosten für
   a) die Ausbildung des im Krankentransport- und Rettungsdienst tätigen haupt- und ehrenamtlichen Personals einschließlich der Zivildienstleistenden, soweit deren Ausbildungskosten nicht vom Bund gedeckt sind, im Rahmen der vom Sozialminister festgelegten Ausbildungsprogramme. Für Verdienstausfall des haupt- und ehrenamtlichen Personals werden nur Zuschüsse gezahlt,
   b) die Ausbildung des in der Berg-, Wasser- und Luftrettung tätigen Personals im Rahmen der vom Sozialminister festgelegten Ausbildungsprogramme. Für Verdienstausfall des haupt- und ehrenamtlichen Personals werden nur Zuschüsse gezahlt,
   c) zunächst je eine Personalstelle (BAT VIb) der zentralen Rettungsleitstellen, soweit sie vom Sozialminister und vom Minister des Innern für erforderlich gehalten werden. Soweit in größeren Leitstellen mehr Personal als im Landesdurchschnitt (4,6 Mann/Leitstelle) benötigt wird, zahlt das Land 21% der erhöhten Personalkosten nach vorheriger Zustimmung zum Stellenplan zusätzlich,
   d) die Luftrettung, soweit deren Kosten nicht durch Gebühreneinnahmen gedeckt und gemäß den Vereinbarungen mit den am Luftrettungsdienst Beteiligten nicht von Dritten zu tragen sind,
   e) die Durchschaltungs-Postgebühren für Leitungen von Leitstellen zu zentralen Rettungsleitstellen in der jeweils anfallenden Höhe,
   f) die Wartung der landeseigenen Sprechfunkgeräte und der landeseigenen Taschenmeldeempfänger.
2. Das Land gewährt ab 1978 Zuschüsse im Rahmen der zur Verfügung stehenden Haushaltsmittel für
   a) den Verdienstausfall der gemäß 1 a) und 1 b) Auszubildenden,
   b) die notwendige Erst- und Wiederbeschaffung von Rettungsmitteln.

II. Kostenübernahme aus Mitteln der Gemeinden, Landkreise und kreisfreien Städte

1. Die Gemeinden, Landkreise und kreisfreien Städte und die übrigen am Krankentransport- und Rettungsdienst Beteiligten übernehmen zusammen je 2 Personalstellen (BAT VIb) der zentralen

Rettungsleitstellen. Soweit in größeren Leitstellen mehr Personal als im Landesdurchschnitt (4,6 Mann/Leitstelle) benötigt wird, zahlen sie zusätzlich 42% der Kosten für den Mehrbedarf an Personal - nach vorheriger Zustimmung zum Stellenplan.

2. Die Gemeinden, Landkreise und kreisfreien Städte zahlen im Rahmen der zur Verfügung stehenden Haushaltsmittel Zuschüsse für die Berg- und Wasserrettung in ihrem jeweiligen Bereich (außer für Ausbildungskosten, die das Land trägt).

III. Kostenübernahme durch die Sanitätsorganisationen

Die Sanitätsorganisationen und die Deutsche Lebens-Rettungs-Gesellschaft tragen die Kosten für den Krankentransport- und Rettungsdienst, soweit diese nicht durch die unter I. und II. genannten Erstattungen und Zuschüsse gedeckt sind.

1.8 Niedersachsen

Richtlinien für den Rettungsdienst in Niedersachsen

Nds. Ministerialblatt Nr. 43 v. 31. 10. 1974

Allgemeines

1. Der Rettungsdienst im Sinne dieser Richtlinien schließt den Krankentransportdienst ein. Er soll in einem Gebiet in der Regel nur einheitlich von einem Träger wahrgenommen werden. Wird der Rettungsdienst von mehreren Trägern wahrgenommen, so koordiniert die zuständige Behörde (Nr. 3) den Einsatz.

Aufgabe des Rettungsdienstes:

2. Aufgabe des Rettungsdienstes ist es, unbeschadet bestehender Hilfspflichten,
   - das Leben von Notfallpatienten soweit an Ort und Stelle möglich zu erhalten, sie transportfähig zu machen und sie unter sachgerechter Betreuung in ein für die weitere Versorgung geeignetes Krankenhaus zu befördern;
   - Kranken, Verletzten oder Hilfsbedürftigen, die keine Notfallpatienten sind, Erste Hilfe zu leisten und sie unter sachgerechter Betreuung zu befördern.

   Notfallpatienten haben Vorrang.

   Notfallpatienten sind Verletzte oder Erkrankte, die sich in Lebensgefahr befinden oder bei denen schwere gesundheitliche Schäden zu befürchten sind, wenn sie nicht unverzüglich medizinische Hilfe erhalten.
3. Der Rettungsdienst soll künftig eine Angelegenheit der Landkreise und der kreisfreien Städte sein. Die Durchführung kann einer öffentlichen Einrichtung oder auf Grund einer Vereinbarung einer Hilfsorganisation übertragen werden.
4. Das Gebiet eines Landkreises (einer kreisfreien Stadt) soll einen Rettungsdienstbereich bilden. Für jeden Rettungsdienstbereich ist möglichst eine Rettungsleitstelle einzurichten. Die Einrichtung einer gemeinsamen Rettungsleitstelle für zwei Rettungsdienstbereiche ist zulässig.
5. Die Rettungsleitstelle nimmt direkt an sie gerichtete Anforderungen oder über Notrufabfragestellen der Polizei eingehende Notfallmeldungen entgegen, leitet und koordiniert den Einsatz der Krankenkraftwagen und stellt die Zusammenarbeit mit anderen beteiligten Stellen sicher.
6. Der Rettungsleitstelle sollen Rettungswachen zugeordnet werden. Die Rettungswachen sind möglichst so zu stationieren, daß jeder Punkt des Einsatzbereiches nach einer Fahrzeit von längstens 10 Minuten erreicht werden kann.

In der Regel ist mindestens ein Krankenkraftwagen für je 12000 Einwohner erforderlich.

Ausstattung:

7. Als Krankenkraftwagen sollen nur genormte Krankentransportwagen (KTW) nach DIN 75080 Bl. 1 und 3 und Rettungswagen (RTW) nach DIN 75080 Bl. 1 und 2 verwendet werden.
   Der Anteil der RTW soll mindestens 40 v. H. betragen.
   Alle Krankenkraftwagen sind mit Sprechfunk auszurüsten.
8. Rettungsleitstellen und Rettungswachen sollen so ausreichend mit Fernsprech- und Sprechfunkanlagen ausgestattet sein, daß sie stets erreichbar sind und ihre Einsatz- und Koordinierungsaufgaben jederzeit erfüllen können. Die Ausstattung im einzelnen und die Mitbenutzung der Einrichtungen des K-Schutzes und der Feuerwehr soll sich nach den örtlichen Verhältnissen richten.

Personal:

9. Die Rettungsleitstelle soll ständig besetzt sein. Rettungswachen werden nach dem voraussichtlichen Bedarf besetzt.
   Die bisherigen Erfahrungen und die örtlichen und zeitlichen Besonderheiten sollen dabei berücksichtigt werden.
10. Die Krankenkraftwagen sollen im Einsatz mit Fahrer und Beifahrer besetzt sein. Beide sollen mindestens eine Ausbildung in Erster Hilfe (20 Doppelstunden) haben. Der Beifahrer soll ferner eine umfassende Zusatzausbildung haben und ein Praktikum in einem Krankenhaus nachweisen. Einzelheiten werden in vorläufigen Ausbildungsrichtlinien geregelt.

Finanzierung:

11. Die Landkreise und kreisfreien Städte sollen sicherstellen, daß die Beförderungsentgelte (-gebühren) die personellen und materiellen Betriebskosten decken.

2 Feuerwehrgesetze (Auszüge)

2.1 Berlin

Gesetz über den Brandschutz und die Hilfeleistungen bei Notlagen (Feuerwehrgesetz-FwG) i.d.F. vom 26. September 1975 (GVBl S. 2523)

I. Abschnitt

Aufgabenbereich der Feuerwehr

§ 1

...

...

(4) Aufgaben des Rettungsdienstes können neben der Feuerwehr auch geeignete private Organisationen wahrnehmen; Aufgaben des Unfallrettungsdienstes jedoch nur insoweit, als ihnen diese besonders übertragen werden.

2.2 Bremen

Gesetz über den Feuerschutz im Lande Bremen vom 18. Juli 1950 (GBl. S. 81) i.d.F. v. 8.9. 1970 GVBl S. 94

I. Aufgaben des Feuerschutzes

§ 1

(1) Die Abwehr von Gefahren, die der Allgemeinheit oder dem einzelnen durch Schadenfeuer drohen, und die Hilfeleistung bei anderen öffentlichen Notständen, wie Hochwasserkatastrophen und Eisenbahnunfällen, ist Aufgabe des Feuerschutzes.
(2) Zur Durchführung dieser Aufgaben ist ein einsatzbereiter Feuerlöschdienst, Krankentransport und Rettungsdienst einzurichten sowie eine wirkungsvolle Brandschadenverhütung durchzuführen.

VI. Schlußvorschriften

§ 24

Der Senat erläßt die zur Durchführung des Gesetzes erforderlichen Rechts- und Verwaltungsvorschriften.

...

Verordnung zur Durchführung des Gesetzes über den Feuerschutz im Lande Bremen vom 1. Februar 1952 (GBl. S. 5) (Auszug)

I. Aufgaben der Feuerwehren

§ 1

Die Feuerwehren haben neben der Brandbekämpfung die Aufgabe, Menschen und Tiere aus Notlagen zu befreien sowie bei öffentlichen Notständen, wie Wasser-, Gasausströmungen, Überschwemmungen, Verkehrsunfällen, Explosionen, Gebäudeeinstürzen und dergleichen, die erforderliche Hilfe zu leisten.
...
...

§ 5

(1) Der Krankentransport- und Rettungsdienst ist eine Pflichtaufgabe des Feuerschutzes in dem gleichen Umfange wie der Feuerlöschdienst; er ist von der Berufsfeuerwehr zur Abwehr von Gefahren einzurichten, die aus den in § 1 genannten Notständen drohen.
(2) Einen darüber hinausgehenden Krankentransportdienst einzurichten, ist Angelegenheit der freien gemeindlichen Entschließung.
...
...

2.3 Hamburg

Feuerwehrgesetz vom 15. Mai 1972 (GVBl. S. 87) i. d. F. v. 9. 12. 1974 (GBl S. 381)
...
...

§ 17

Rettungsdienst
(1) Die zuständige Behörde hat einen jederzeit erreichbaren Rettungsdienst einzurichten und zu betreiben.
(2) Aufgabe des Rettungsdienstes ist es
a) lebensbedrohlich Verletzten oder Erkrankten (Notfallpatienten) Erste Hilfe zu leisten, bedrohtes Leben, soweit unter den gegebenen Verhältnissen möglich, zu erhalten und Notfallpatienten ärztlicher Versorgung zuzuführen, insbesondere in ein Krankenhaus zu befördern,
b) Kranke oder Verletzte zu befördern, die keine Notfallpatienten sind. Notfallpatienten haben Vorrang.
(3) Die zuständige Behörde kann geeignete Organisationen mit Aufgaben des Rettungsdienstes betrauen. Eignung und Leistungsstand dieser Organisationen können jederzeit überprüft werden.
...
...

3 Betäubungsmittelrecht

Gesetz zur Neuordnung des Betäubungsmittelrechts vom 28. Juli 1981 (BGBl I S. 681) (Auszug)

§ 3 Erlaubnis zum Verkehr mit Betäubungsmitteln

(1) Einer Erlaubnis des Bundesgesundheitsamtes bedarf, wer
1. Betäubungsmittel anbauen, herstellen, mit ihnen Handel treiben, sie, ohne mit ihnen Handel zu treiben, einführen, ausführen, abgeben, veräußern, sonst in den Verkehr bringen, erwerben oder
2. ausgenommene Zubereitungen (§ 2 Abs. 1 Nr. 3) herstellen

will.

(2) Eine Erlaubnis für die in Anlage I bezeichneten Betäubungsmittel kann das Bundesgesundheitsamt nur ausnahmsweise zu wissenschaftlichen oder anderen im öffentlichen Interesse liegenden Zwecken erteilen.

§ 4 Ausnahmen von der Erlaubnispflicht

(1) Einer Erlaubnis nach § 3 Abs. 1 bedarf nicht, wer
1. im Rahmen des Betriebs einer öffentlichen Apotheke oder einer Krankenhausapotheke (Apotheke)
   a) in Anlage II oder III bezeichnete Betäubungsmittel oder dort ausgenommene Zubereitungen herstellt,
   b) in Anlage II oder III bezeichnete Betäubungsmittel erwirbt,
   c) in Anlage III bezeichnete Betäubungsmittel auf Grund ärztlicher, zahnärztlicher oder tierärztlicher Verschreibung abgibt oder
   d) in Anlage II oder III bezeichnete Betäubungsmittel an Inhaber einer Erlaubnis zum Erwerb dieser Betäubungsmittel zurückgibt oder an den Nachfolger im Betrieb der Apotheke abgibt,
2. im Rahmen des Betriebs einer tierärztlichen Hausapotheke
   a) in Anlage II oder III bezeichnete Betäubungsmittel oder dort ausgenommene Zubereitungen herstellt,
   b) in Anlage II oder III bezeichnete Betäubungsmittel erwirbt,
   c) in Anlage III bezeichnete Betäubungsmittel für ein von ihm behandeltes Tier abgibt oder
   d) in Anlage II oder III bezeichnete Betäubungsmittel an Inhaber einer Erlaubnis zum Erwerb dieser Betäubungsmittel zurückgibt oder an den Nachfolger im Betrieb der tierärztlichen Hausapotheke abgibt,
3. in Anlage III bezeichnete Betäubungsmittel
   a) auf Grund ärztlicher, zahnärztlicher oder tierärztlicher Verschreibung oder
   b) zur Anwendung an einem Tier von einer Person, die dieses Tier behandelt und eine tierärztliche Hausapotheke betreibt,

   erwirbt,
4. in Anlage III bezeichnete Betäubungsmittel
   a) als Arzt, Zahnarzt oder Tierarzt im Rahmen des grenzüberschreitenden Dienstleistungsverkehrs oder
   b) auf Grund ärztlicher, zahnärztlicher oder tierärztlicher Verschreibung erworben hat und sie als Reisebedarf

   ausführt oder einführt oder
5. gewerbsmäßig
   a) an der Beförderung von Betäubungsmitteln zwischen befugten Teilnehmern am Betäubungsmittelverkehr beteiligt ist oder die Lagerung und Aufbewahrung von Betäubungsmitteln im Zusammenhang mit einer solchen Beförderung oder für einen befugten Teilnehmer am Betäubungsmittelverkehr übernimmt oder

b) die Versendung von Betäubungsmitteln zwischen befugten Teilnehmern am Betäubungsmittelverkehr durch andere besorgt oder vermittelt.

(2) Einer Erlaubnis nach § 3 bedürfen nicht Bundes- und Landesbehörden für den Bereich ihrer dienstlichen Tätigkeit sowie die von ihnen mit der Untersuchung von Betäubungsmitteln beauftragten Behörden.

(3) Wer nach Absatz 1 Nr. 1 und 2 keiner Erlaubnis bedarf und am Betäubungsmittelverkehr teilnehmen will, hat dies dem Bundesgesundheitsamt zuvor anzuzeigen. Die Anzeige muß enthalten:

1. den Namen und die Anschriften des Anzeigenden sowie der Apotheke oder der tierärztlichen Hausapotheke,
2. das Ausstellungsdatum und die ausstellende Behörde der apothekenrechtlichen Erlaubnis oder der Approbation als Tierarzt und
3. das Datum des Beginns der Teilnahme am Betäubungsmittelverkehr.

Das Bundesgesundheitsamt unterrichtet die zuständige oberste Landesbehörde unverzüglich über den Inhalt der Anzeigen, soweit sie tierärztliche Hausapotheken betreffen.

§ 29 Straftaten

(1) Mit Freiheitsstrafe bis zu vier Jahren oder mit Geldstrafe wird bestraft, wer

1. Betäubungsmittel ohne Erlaubnis nach § 3 Abs. 1 Nr. 1 anbaut, herstellt, mit ihnen Handel treibt, sie, ohne Handel zu treiben, einführt, ausführt, veräußert, abgibt, sonst in den Verkehr bringt, erwirbt oder sich in sonstiger Weise verschafft,
2. eine ausgenommene Zubereitung (§ 2 Abs. 1 Nr. 3) ohne Erlaubnis nach § 3 Abs. 1 Nr. 2 herstellt,
3. Betäubungsmittel besitzt, ohne sie auf Grund einer Erlaubnis nach § 3 Abs. 1 erlangt zu haben,
4. Geldmittel oder andere Vermögenswerte für einen anderen zum unerlaubten Handeltreiben mit Betäubungsmitteln oder zu deren unerlaubter Herstellung bereitstellt,
5. entgegen § 11 Abs. 1 Satz 3 Betäubungsmittel durchführt,
6. entgegen § 13 Abs. 1 Betäubungsmittel
   a) verschreibt,
   b) verabreicht oder zum unmittelbaren Verbrauch überläßt,
7. entgegen § 13 Abs. 2 Betäubungsmittel in einer Apotheke oder tierärztlichen Hausapotheke abgibt,
8. entgegen § 14 Abs. 5 für Betäubungsmittel wirbt,
9. unrichtige oder unvollständige Angaben macht, um für sich oder einen anderen oder für ein Tier die Verschreibung eines Betäubungsmittels zu erlangen,
10. eine Gelegenheit zum unbefugten Verbrauch, Erwerb oder zur unbefugten Abgabe von Betäubungsmitteln öffentlich oder eigennützig mitteilt, eine solche Gelegenheit einem anderen verschafft oder gewährt oder ihn zum unbefugten Verbrauch von Betäubungsmitteln verleitet oder
11. einer Rechtsverordnung nach § 11 Abs. 2 Satz 2 Nr. 1 oder § 13 Abs. 3 Satz 2 Nr. 1 oder 3 zuwiderhandelt, soweit sie für einen bestimmten Tatbestand auf diese Strafvorschrift verweist.

(2) In den Fällen des Absatzes 1 Nr. 1, 2, 5 und 6 Buchstabe b ist der Versuch strafbar.

(3) In besonders schweren Fällen ist die Strafe Freiheitsstrafe nicht unter einem Jahr. Ein besonders schwerer Fall liegt in der Regel vor, wenn der Täter

1. in den Fällen des Absatzes 1 Nr. 1, 4, 5, 6 oder 10 gewerbsmäßig handelt,
2. durch eine der in Absatz 1 Nr. 1, 6 oder 7 bezeichneten Handlungen die Gesundheit mehrerer Menschen gefährdet,
3. als Person über 21 Jahre Betäubungsmittel an eine Person unter 18 Jahre abgibt, verabreicht oder zum unmittelbaren Verbrauch überläßt oder
4. mit Betäubungsmitteln in nicht geringer Menge Handel treibt, sie in nicht geringer Menge besitzt oder abgibt.

(4) Handelt der Täter in den Fällen des Absatzes 1 Nr. 1, 2, 5, 6 Buchstabe b oder Nr. 10 fahrlässig, so ist die Strafe Freiheitsstrafe bis zu einem Jahr oder Geldstrafe.

(5) Das Gericht kann von einer Bestrafung nach den Absätzen 1, 2 und 4 absehen, wenn der Täter die Betäubungsmittel lediglich zum Eigenverbrauch in geringer Menge anbaut, herstellt, einführt, ausführt, durchführt, erwirbt, sich in sonstiger Weise verschafft oder besitzt.

(6) Die Vorschriften des Absatzes 1 Nr. 1 sind, soweit sie das Handeltreiben, Abgeben oder Veräußern betreffen, auch anzuwenden, wenn sich die Handlung auf Stoffe oder Zubereitungen bezieht, die nicht Betäubungsmittel sind, aber als solche ausgegeben werden.

4 Arzneimittelrecht

Gesetz zur Neuordnung des Arzneimittelrechts vom 24. August 1976 i. d. F. v. 24. 2. 1983 (BGBl. I S. 169) (Auszug)

§ 1 Zweck des Gesetzes

Es ist der Zweck dieses Gesetzes, im Interesse einer ordnungsgemäßen Arzneimittelversorgung von Mensch und Tier für die Sicherheit im Verkehr mit Arzneimitteln, insbesondere für die Qualität, Wirksamkeit und Unbedenklichkeit der Arzneimittel nach Maßgabe der folgenden Vorschriften zu sorgen.

§ 2 Arzneimittelbegriff

(1) Arzneimittel sind Stoffe und Zubereitungen aus Stoffen, die dazu bestimmt sind, durch Anwendung am oder im menschlichen oder tierischen Körper

1. Krankheiten, Leiden, Körperschäden oder krankhafte Beschwerden zu heilen, zu lindern, zu verhüten oder zu erkennen,
2. die Beschaffenheit, den Zustand oder die Funktionen des Körpers oder seelische Zustände erkennen zu lassen,
3. vom menschlichen oder tierischen Körper erzeugte Wirkstoffe oder Körperflüssigkeiten zu ersetzen,
4. Krankheitserreger, Parasiten oder körperfremde Stoffe abzuwehren, zu beseitigen oder unschädlich zu machen oder
5. die Beschaffenheit, den Zustand oder die Funktion des Körpers oder seelische Zustände zu beeinflussen.

(2) Als Arzneimittel gelten

1. Gegenstände, die ein Arzneimittel nach Absatz 1 enthalten oder auf die ein Arzneimittel nach Absatz 1 aufgebracht ist und die dazu bestimmt sind, dauernd oder vorübergehend mit dem menschlichen oder tierischen Körper in Berührung gebracht zu werden,
2. Gegenstände, die ohne Gegenstände nach Nummer 1 zu sein, dazu bestimmt sind, zu den in Absatz 1 Nr. 2 oder 5 bezeichneten Zwecken in den menschlichen oder tierischen Körper dauernd oder vorübergehend eingebracht zu werden, ausgenommen ärztliche, zahn- oder tierärztliche Instrumente,
3. Verbandstoffe und chirurgisches Nahtmaterial, soweit sie nicht Gegenstände der Nummer 1 oder 2 sind,
4. Stoffe und Zubereitungen aus Stoffen, die, auch im Zusammenwirken mit anderen Stoffen oder Zubereitungen aus Stoffen, dazu bestimmt sind, ohne am oder im menschlichen oder tierischen Körper angewendet zu werden,
   a) die Beschaffenheit, den Zustand oder die Funktionen des Körpers erkennen zu lassen oder der Erkennung von Krankheitserregern zu dienen,
   b) Krankheitserreger oder Parasiten zu bekämpfen, ausgenommen solche, die dazu bestimmt sind, der Bekämpfung von Mikroorganismen einschließlich Viren bei Bedarfsgegenständen im Sinne des § 5 Abs. 1 Nr. 1 des Lebensmittel- und Bedarfsgegenständegesetzes zu dienen.

(3) Arzneimittel sind nicht

1. Lebensmittel im Sinne des § 1 des Lebensmittel- und Bedarfsgegenständegesetzes,
2. Tabakerzeugnisse im Sinne des § 3 des Lebensmittel- und Bedarfsgegenständegesetzes,
3. kosmetische Mittel im Sinne des § 4 des Lebensmittel- und Bedarfsgegenständegesetzes,
4. Stoffe oder Zubereitungen aus Stoffen, die ausschließlich dazu bestimmt sind, äußerlich am Tier zur Reinigung oder Pflege oder zur Beeinflussung des Aussehens oder des Körpergeruchs angewendet zu werden, soweit ihnen keine Stoffe oder Zubereitungen aus Stoffen zugesetzt sind, die vom Verkehr außerhalb der Apotheke ausgeschlossen sind,

5. Gegenstände zur Körperpflege im Sinne des § 5 Abs. 1 Nr. 4 des Lebensmittel- und Bedarfsgegenständegesetzes,
6. Futtermittel, Zusatzstoffe und Vormischungen im Sinne des § 2 Abs. 1 Nr. 1 bis 3 des Futtermittelgesetzes.

(4) Solange ein Mittel nach diesem Gesetz als Arzneimittel zugelassen oder registriert oder durch Rechtsverordnung von der Zulassung oder Registrierung freigestellt ist, gilt es als Arzneimittel. Hat die zuständige Bundesoberbehörde die Zulassung oder Registrierung eines Mittels mit der Begründung abgelehnt, daß es sich um kein Arzneimittel handelt, so gilt es nicht als Arzneimittel.

§ 4 Sonstige Begriffsbestimmungen

(1) Fertigarzneimittel sind Arzneimittel, die im voraus hergestellt und in einer zur Abgabe an den Verbraucher bestimmten Packung in den Verkehr gebracht werden.
(2) Blutzubereitungen sind Arzneimittel, die aus Blut gewonnene Blut-, Plasma- oder Serumkonserven, Blutbestandteile oder Zubereitungen aus Blutbestandteilen sind oder enthalten.
(3) Sera sind Arzneimittel im Sinne des § 2 Abs. 1, die aus Blut, Organen, Organteilen oder Organsekreten gesunder, kranker, krank gewesener oder immunisatorisch vorbehandelter Lebewesen gewonnen werden, spezifische Antikörper enthalten und die dazu bestimmt sind, wegen dieser Antikörper angewendet zu werden. Sera gelten nicht als Blutzubereitungen im Sinne des Absatzes 2.
(4) Impfstoffe sind Arzneimittel im Sinne des § 2 Abs. 1, die Antigene enthalten und die dazu bestimmt sind, bei Mensch oder Tier zur Erzeugung von spezifischen Abwehr- und Schutzstoffen angewendet zu werden.
(5) Testallergene sind Arzneimittel im Sinne des § 2 Abs. 1, die Antigene oder Halbantigene enthalten und die dazu bestimmt sind, bei Mensch oder Tier zur Erkennung von spezifischen Abwehr- oder Schutzstoffen angewendet zu werden.
(6) Testsera sind Arzneimittel im Sinne des § 2 Abs. 2 Nr. 4 Buchstabe a, die aus Blut, Organen, Organteilen oder Organsekreten gesunder, kranker, krank gewesener oder immunisatorisch vorbehandelter Lebewesen gewonnen werden, spezifische Antikörper enthalten und die dazu bestimmt sind, wegen dieser Antikörper verwendet zu werden, sowie die dazu gehörenden Kontrollsera.
(7) Testantigene sind Arzneimittel im Sinne des § 2 Abs. 2 Nr. 4 Buchstabe a, die Antigene oder Halbantigene enthalten und die dazu bestimmt sind, als solche verwendet zu werden.
(8) Radioaktive Arzneimittel sind Arzneimittel, die radioaktive Stoffe enthalten und ionisierende Strahlen spontan aussenden und die dazu bestimmt sind, wegen dieser Eigenschaften angewendet zu werden.
(9) Verbandstoffe sind Gegenstände, die dazu bestimmt sind, oberflächengeschädigte Körperteile zu bedecken oder deren Körperflüssigkeiten aufzusaugen.
(10) Fütterungsarzneimittel sind Arzneimittel in verfütterungsfertiger Form, die aus Arzneimittel-Vormischungen und Mischfuttermitteln hergestellt werden und die dazu bestimmt sind, zur Anwendung bei Tieren in den Verkehr gebracht zu werden.
(11) Arzneimittel-Vormischungen sind Arzneimittel, die dazu bestimmt sind, zur Herstellung von Fütterungsarzneimitteln verwendet zu werden.
(12) Wartezeit ist die Zeit, innerhalb der bei bestimmungsgemäßer Anwendung von Arzneimitteln bei Tieren mit Rückständen nach Art und Menge gesundheitlich nicht unbedenklicher Stoffe in den Lebensmitteln gerechnet werden muß, die von den behandelten Tieren gewonnen werden, einschließlich einer angemessenen Sicherheitsspanne.
(13) Nebenwirkungen sind die beim bestimmungsgemäßen Gebrauch eines Arzneimittels auftretenden unerwünschten Begleiterscheinungen.
(14) Herstellen ist das Gewinnen, das Anfertigen, das Zubereiten, das Be- oder Verarbeiten, das Umfüllen einschließlich Abfüllen, das Abpacken und das Kennzeichnen.
(15) Qualität ist die Beschaffenheit eines Arzneimittels, die nach Identität, Gehalt, Reinheit, sonstigen chemischen, physikalischen, biologischen Eigenschaften oder durch das Herstellungsverfahren bestimmt wird.
(16) Eine Charge ist die jeweils in einem einheitlichen Herstellungsgang erzeugte Menge eines Arzneimittels.
(17) Inverkehrbringen ist das Vorrätighalten zum Verkauf oder zu sonstiger Abgabe, das Feilhalten, das Feilbieten und die Abgabe an andere.

(18) Pharmazeutischer Unternehmer ist, wer Arzneimittel unter seinem Namen in den Verkehr bringt.

§ 95 Strafvorschriften

(1) Mit Freiheitsstrafe bis zu zwei Jahren oder mit Geldstrafe wird bestraft, wer
1. entgegen § 5, auch in Verbindung mit § 73 Abs. 4, Arzneimittel, bei denen begründeter Verdacht auf schädliche Wirkungen besteht, in den Verkehr bringt,
2. einer Rechtsverordnung nach § 6, die das Inverkehrbringen von Arzneimitteln untersagt, zuwiderhandelt, soweit sie für einen bestimmten Tatbestand auf diese Strafvorschrift verweist,
3. entgegen § 7 Abs. 1 radioaktive Arzneimittel oder Arzneimittel, bei deren Herstellung ionisierende Strahlen verwendet worden sind, in den Verkehr bringt,
4. Arzneimittel, die nur auf Verschreibung an Verbraucher abgegeben werden dürfen, entgegen § 43 Abs. 1 im Einzelhandel außerhalb einer Apotheke in den Verkehr bringt oder entgegen § 43 Abs. 2 oder 3 abgibt,
5. Arzneimittel, die nur auf Verschreibung an Verbraucher abgegeben werden dürfen, entgegen § 47 Abs. 1 an andere als dort bezeichnete Personen oder Stellen oder entgegen § 47 Abs. 1 a abgibt oder entgegen § 47 Abs. 2 Satz 1 bezieht,
6. Arzneimittel, die zur Anwendung bei Tieren bestimmt sind, die der Gewinnung von Lebensmitteln dienen, und nur auf Verschreibung an Verbraucher abgegeben werden dürfen, entgegen § 48 Abs. 1 oder entgegen § 49 Abs. 1 in Verbindung mit einer Rechtsverordnung nach § 49 Abs. 4 ohne Vorlage der erforderlichen Verschreibung abgibt,
7. Fütterungsarzneimittel entgegen § 56 Abs. 1 ohne die erforderliche Verschreibung an Tierhalter abgibt,
8. entgegen § 56 a Abs. 1 Arzneimittel, die nur auf Verschreibung an Verbraucher abgegeben werden dürfen, verschreibt, abgibt oder anwendet oder
9. Arzneimittel, die nur auf Verschreibung an Verbraucher abgegeben werden dürfen, entgegen § 57 Abs. 1 erwirbt.

(2) Der Versuch ist strafbar.

(3) In besonders schweren Fällen ist die Strafe Freiheitsstrafe von einem Jahr bis zu zehn Jahren Ein besonders schwerer Fall liegt in der Regel vor, wenn der Täter durch eine der in Absatz 1 bezeichneten Handlungen
1. die Gesundheit einer großen Zahl von Menschen gefährdet,
2. einen anderen in die Gefahr des Todes oder einer schweren Schädigung an Körper oder Gesundheit bringt oder
3. aus grobem Eigennutz für sich oder einen anderen Vermögensvorteile großen Ausmaßes erlangt.

(4) Handelt der Täter in den Fällen des Absatzes 1 fahrlässig, so ist die Strafe Freiheitsstrafe bis zu einem Jahr oder Geldstrafe.

§ 96 Strafvorschriften

Mit Freiheitsstrafe bis zu einem Jahr oder mit Geldstrafe wird bestraft, wer
1. einer Rechtsverordnung nach § 6, die die Verwendung bestimmter Stoffe, Zubereitungen aus Stoffen oder Gegenständen bei der Herstellung von Arzneimitteln vorschreibt, beschränkt oder verbietet, zuwiderhandelt, soweit sie für einen bestimmten Tatbestand auf diese Strafvorschrift verweist,
2. entgegen § 8 Abs. 1 Nr. 1, auch in Verbindung mit § 73 Abs. 4, Arzneimittel herstellt oder in den Verkehr bringt, die in ihrer Qualität nicht unerheblich von den anerkannten pharmazeutischen Regeln abweichen,
3. entgegen § 8 Abs. 1 Nr. 2, auch in Verbindung mit § 73 Abs. 4, Arzneimittel herstellt oder in den Verkehr bringt, die mit irreführender Bezeichnung, Angabe oder Aufmachung versehen sind.
4. Arzneimittel im Sinne des § 2 Abs. 1 oder Abs. 2 Nr. 1, Testsera, Testantigene oder chirurgisches Nahtmaterial entgegen § 13 Abs. 1 ohne Erlaubnis herstellt oder ohne die nach § 72 Abs. 1 erforderliche Erlaubnis oder ohne die nach § 72 Abs. 2 erforderliche Bestätigung oder Bescheinigung aus Ländern, die nicht Mitgliedstaaten der Europäischen Gemeinschaften sind, in den Geltungsbereich dieses Gesetzes verbringt,

5. entgegen § 21 Abs. 1 Fertigarzneimittel oder Arzneimittel, die zur Anwendung bei Tieren bestimmt sind, oder in einer Rechtsverordnung nach § 35 Abs. 1 Nr. 2 oder § 60 Abs. 3 bezeichnete Arzneimittel ohne Zulassung in den Verkehr bringt,
6. bei Stellung eines Antrags auf Zulassung oder Registrierung eine nach § 22 Abs. 1 Nr. 3, 5 bis 9, 12, 14 oder 15, § 23 Abs. 2 Satz 2 oder 3, auch in Verbindung mit § 38 Abs. 2, erforderliche Angabe nicht vollständig oder nicht richtig macht oder eine nach § 22 Abs. 2 oder 3, § 23 Abs. 1, Abs. 2 Satz 2 oder 3, Abs. 3, auch in Verbindung mit § 38 Abs. 2, erforderliche Unterlage nicht vollständig oder mit nicht richtigem Inhalt vorlegt,
7. entgegen § 30 Abs. 4 Satz 1 Nr. 1, auch in Verbindung mit einer Rechtsverordnung nach § 35 Abs. 1 Nr. 2, ein Arzneimittel in den Verkehr bringt,
8. entgegen § 32 Abs. 1 Satz 1, auch in Verbindung mit einer Rechtsverordnung nach § 35 Abs. 1 Nr. 3, eine Charge ohne Freigabe in den Verkehr bringt,
9. entgegen § 38 Abs. 1 Satz 1 Fertigarzneimittel als homöopathische Arzneimittel ohne Registrierung in den Verkehr bringt,
10. entgegen einer Vorschrift des § 40 Abs. 1, Nr. 1, 2, 3, 4, 5 oder 8, Abs. 4 oder des § 41 Nr. 1, jeweils auch in Verbindung mit § 73 Abs. 4, die klinische Prüfung eines Arzneimittels durchführt,
11. entgegen § 48 Abs. 1 oder entgegen § 49 Abs. 1 in Verbindung mit einer Rechtsverordnung nach § 49 Abs. 4, jeweils auch in Verbindung mit § 73 Abs. 4, ohne Vorlage der erforderlichen Verschreibung Arzneimittel abgibt, wenn die Tat nicht in § 95 Abs. 1 Nr. 6 mit Strafe bedroht ist,
12. entgegen § 59 Abs. 2 Lebensmittel gewinnt, bei denen mit Rückständen der angewendeten Arzneimittel oder ihrer Umwandlungsprodukte zu rechnen ist,
13. entgegen § 59 a Abs. 1 oder 2 Stoffe oder Zubereitungen aus Stoffen erwirbt, anbietet, lagert, verpackt, mit sich führt oder in den Verkehr bringt oder
14. ein zum Gebrauch bei Menschen bestimmtes Arzneimittel in den Verkehr bringt, obwohl die nach § 94 erforderliche Haftpflichtversicherung oder Freistellungs- oder Gewährleistungsverpflichtung nicht oder nicht mehr besteht.

§ 97 Bußgeldvorschriften

(1) Ordnungswidrig handelt, wer eine der in § 96 bezeichneten Handlungen fahrlässig begeht.
(2) Ordnungswidrig handelt auch, wer vorsätzlich oder fahrlässig
1. entgegen § 8 Abs. 2, auch in Verbindung mit § 73 Abs. 4, Arzneimittel in den Verkehr bringt, deren Verfalldatum abgelaufen ist,
2. entgegen § 9 Abs. 1 Arzneimittel, die nicht den Namen oder die Firma des pharmazeutischen Unternehmers tragen, in den Verkehr bringt,
3. entgegen § 9 Abs. 2 Arzneimittel in den Verkehr bringt, ohne seinen Sitz im Geltungsbereich dieses Gesetzes zu haben,
4. entgegen § 10, auch in Verbindung mit einer Rechtsverordnung nach § 12 Abs. 1 Nr. 1, Arzneimittel ohne die vorgeschriebene Kennzeichnung in den Verkehr bringt,
5. entgegen § 11, auch in Verbindung mit einer Rechtsverordnung nach § 12 Abs. 1 Nr. 1, Arzneimittel ohne die vorgeschriebene Packungsbeilage in den Verkehr bringt,
6. einer vollziehbaren Anordnung nach § 18 Abs. 2 zuwiderhandelt,
7. eine Anzeige nach den §§ 20, 29 Abs. 1 oder § 67 Abs. 1, 2 oder 3 nicht, nicht richtig, nicht vollständig oder nicht rechtzeitig erstattet,
8. entgegen § 30 Abs. 4 Satz 1 Nr. 2 oder § 73 Abs. 1 Arzneimittel in den Geltungsbereich dieses Gesetzes verbringt,
9. entgegen einer Vorschrift des § 40 Abs. 1 Nr. 6 oder 7, auch in Verbindung mit § 73 Abs. 4, eine klinische Prüfung eines Arzneimittels durchführt,
10. Arzneimittel, die ohne Verschreibung an Verbraucher abgegeben werden dürfen, entgegen § 43 Abs. 1 im Einzelhandel außerhalb einer Apotheke in den Verkehr bringt oder entgegen § 43 Abs. 2 oder 3 abgibt,
11. entgegen § 43 Abs. 5 Satz 1 zur Anwendung bei Tieren bestimmte Arzneimittel, die für den Verkehr außerhalb der Apotheken nicht freigegeben sind, in nicht vorschriftsmäßiger Weise abgibt,
12. Arzneimittel, die ohne Verschreibung an Verbraucher abgegeben werden dürfen, entgegen § 47 Abs. 1 an andere als dort bezeichnete Personen oder Stellen oder entgegen § 47 Abs. 1 a abgibt oder entgegen § 47 Abs. 2 Satz 1 bezieht,

13. die in § 47 Abs. 3 Satz 2 vorgeschriebenen Nachweise nicht oder nicht richtig führt, oder der zuständigen Behörde auf Verlangen nicht vorlegt,
14. entgegen § 50 Abs. 1 Einzelhandel mit Arzneimitteln betreibt,
15. entgegen § 51 Abs. 1 Arzneimittel im Reisegewerbe feilbietet oder Bestellungen darauf aufsucht,
16. entgegen § 52 Abs. 1 Arzneimittel im Wege der Selbstbedienung in den Verkehr bringt,
17. zur Abgabe an den Verbraucher im Geltungsbereich dieses Gesetzes bestimmte Arzneimittel in den Verkehr bringt, die den für sie oder den für die in ihnen enthaltenen Stoffe
    a) geltenden pharmazeutischen Regeln des Arzneibuches über Identität, Gehalt, Reinheit oder
    b) sonstigen im Arzneibuch beschriebenen chemischen, physikalischen oder morphologischen Eigenschaften

    nicht entsprechen, soweit die Rechtsverordnung nach § 55 Abs. 2 für einen bestimmten Tatbestand auf diese Bußgeldvorschrift verweist,
18. entgegen § 56 Abs. 2 Satz 1, Abs. 3 oder 4 Satz 1 oder 2 Fütterungsarzneimittel herstellt,
19. Fütterungsarzneimittel nicht nach § 56 Abs. 4 Satz 3 kennzeichnet,
20. entgegen § 56 Abs. 5 ein Fütterungsarzneimittel herstellt oder herstellen läßt,
21. entgegen § 56 a Abs. 1 Arzneimittel, die ohne Verschreibung an Verbraucher abgegeben werden dürfen, verschreibt, abgibt oder anwendet,
22. Arzneimittel, die ohne Verschreibung an Verbraucher abgegeben werden dürfen, entgegen § 57 Abs. 1 erwirbt,
23. entgegen § 58 Abs. 1 Arzneimittel bei Tieren anwendet, die der Gewinnung von Lebensmitteln dienen,
24. einer Aufzeichnungs- oder Vorlagepflicht nach § 59 Abs. 3 zuwiderhandelt,
25. einer vollziehbaren Anordnung nach § 64 Abs. 4 Nr. 4 zuwiderhandelt,
26. einer Duldungs- oder Mitwirkungspflicht nach § 66 zuwiderhandelt,
27. entgegen einer vollziehbaren Anordnung nach § 74 Abs. 1 Satz 2 Nr. 3 eine Sendung nicht vorführt,
28. entgegen § 75 Abs. 1 Satz 1 eine Person als Pharmaberater beauftragt,
29. entgegen § 75 Abs. 1 Satz 2 eine Tätigkeit als Pharmaberater ausübt,
30. einer Aufzeichnungs-, Mitteilungs- oder Nachweispflicht nach § 76 zuwiderhandelt,
31. einer Rechtsverordnung nach § 7 Abs. 2 Satz 2 § 12 Abs. 1 Nr. 3, § 54 Abs. 1, § 56 a Abs. 3, § 57 Abs. 2, § 58 Abs. 2 oder § 74 Abs. 2 zuwiderhandelt, soweit sie für einen bestimmten Tatbestand auf diese Bußgeldvorschrift verweist.

(3) Die Ordnungswidrigkeit kann mit einer Geldbuße bis zu fünfzigtausend Deutsche Mark geahndet werden.

5 Datenschutzrecht

Gesetz zum Schutz vor Mißbrauch personenbezogener Daten bei der Datenverarbeitung (Bundesdatenschutzgesetz BDSG) v. 27. Januar 1977 (BGBl I S. 201) (Auszug)

§ 1 Aufgabe und Gegenstand des Datenschutzes

(1) Aufgabe des Datenschutzes ist es, durch den Schutz personenbezogener Daten vor Mißbrauch bei ihrer Speicherung, Übermittlung, Veränderung und Löschung (Datenverarbeitung) der Beeinträchtigung schutzwürdiger Belange der Betroffenen entgegenzuwirken.
(2) Dieses Gesetz schützt personenbezogene Daten, die
1. von Behörden oder sonstigen öffentlichen Stellen (§ 7),
2. von natürlichen oder juristischen Personen, Gesellschaften oder anderen Personenvereinigungen des privaten Rechts für eigene Zwecke (§ 22),
3. von natürlichen oder juristischen Personen, Gesellschaften oder anderen Personenvereinigungen des privaten Rechts geschäftsmäßig für fremde Zwecke (§ 31)

in Dateien gespeichert, verändert, gelöscht oder aus Dateien übermittelt werden. Für personenbezogene Daten, die nicht zur Übermittlung an Dritte bestimmt sind und in nicht automatisierten Verfahren verarbeitet werden, gilt von den Vorschriften dieses Gesetzes nur § 6.
(3) Dieses Gesetz schützt personenbezogene Daten nicht, die durch Unternehmen oder Hilfsunternehmen der Presse, des Rundfunks oder des Films ausschließlich zu eigenen publizistischen Zwekken verarbeitet werden; § 6 Abs. 1 bleibt unberührt.

§ 2 Begriffsbestimmungen

(1) Im Sinne dieses Gesetzes sind personenbezogene Daten Einzelangaben über persönliche oder sachliche Verhältnisse einer bestimmten oder bestimmbaren natürlichen Person (Betroffener).
(2) Im Sinne dieses Gesetzes ist
1. Speichern (Speicherung) das Erfassen, Aufnehmen oder Aufbewahren von Daten auf einem Datenträger zum Zwecke ihrer weiteren Verwendung,
2. Übermitteln (Übermittlung) das Bekanntgeben gespeicherter oder durch Datenverarbeitung unmittelbar gewonnener Daten an Dritte in der Weise, daß die Daten durch die speichernde Stelle weitergegeben oder zur Einsichtnahme, namentlich zum Abruf bereitgehalten werden,
3. Verändern (Veränderung) das inhaltliche Umgestalten gespeicherter Daten,
4. Löschen (Löschung) das Unkenntlichmachen gespeicherter Daten,

ungeachtet der dabei angewendeten Verfahren.
(3) Im Sinne dieses Gesetzes ist
1. speichernde Stelle jede der in § 1 Abs. 2 Satz 1 genannten Personen oder Stellen, die Daten für sich selbst speichert oder durch andere speichern läßt,
2. Dritter jede Person oder Stelle außerhalb der speichernden Stelle, ausgenommen der Betroffene oder diejenigen Personen und Stellen, die in den Fällen der Nummer 1 im Geltungsbereich dieses Gesetzes im Auftrag tätig werden,
3. eine Datei eine gleichartig aufgebaute Sammlung von Daten, die nach bestimmten Merkmalen erfaßt und geordnet, nach anderen bestimmten Merkmalen umgeordnet und ausgewertet werden kann, ungeachtet der dabei angewendeten Verfahren; nicht hierzu gehören Akten und Aktensammlungen, es sei denn, daß sie durch automatisierte Verfahren umgeordnet und ausgewertet werden können.

§ 10 Datenübermittlung innerhalb des öffentlichen Bereichs

(1) Die Übermittlung personenbezogener Daten an Behörden und sonstige öffentliche Stellen ist zulässig, wenn sie zur rechtmäßigen Erfüllung der in der Zuständigkeit der übermittelnden Stelle oder des Empfängers liegenden Aufgaben erforderlich ist. Unterliegen die personenbezogenen Daten einem Berufs- oder besonderen Amtsgeheimnis (§ 45 Satz 2 Nr. 1, Satz 3) und sind sie der übermittelnden Stelle von der zur Verschwiegenheit verpflichteten Person in Ausübung ihrer Berufs- oder Amtspflicht übermittelt worden, ist für die Zulässigkeit der Übermittlung ferner erforderlich, daß der Empfänger die Daten zur Erfüllung des gleichen Zweckes benötigt, zu dem sie die übermittelnde Stelle erhalten hat.
(2) Die Übermittlung personenbezogener Daten an Stellen der öffentlich-rechtlichen Religionsgesellschaften ist in entsprechender Anwendung der Vorschriften über die Datenübermittlung an Behörden und sonstige öffentliche Stellen zulässig, sofern sichergestellt ist, daß bei dem Empfänger ausreichende Datenschutzmaßnahmen getroffen werden.

§ 22 Anwendungsbereich

(1) Die Vorschriften dieses Abschnittes gelten für natürliche und juristische Personen, Gesellschaften und andere Personenvereinigungen des privaten Rechts, soweit sie geschützte personenbezogene Daten als Hilfsmittel für die Erfüllung ihrer Geschäftszwecke oder Ziele verarbeiten. Sie gelten mit Ausnahme der §§ 28 bis 30 nach Maßgabe von Satz 1 auch für öffentlich-rechtliche Unternehmen, die am Wettbewerb teilnehmen, soweit sie die Voraussetzungen von § 7 Abs. 1 Satz 1 oder § 7 Abs. 2 Satz 1 Nr. 1 erfüllen.
(2) Die Vorschriften dieses Abschnittes gelten für die in Absatz 1 genannten Personen, Gesellschaften und anderen Personenvereinigungen auch insoweit, als personenbezogene Daten in deren Auftrag durch andere Personen oder Stellen verarbeitet werden. In diesen Fällen ist der Auftragnehmer unter besonderer Berücksichtigung der Eignung der von ihm getroffenen technischen und organisatorischen Maßnahmen (§ 6 Abs. 1) sorgfältig auszuwählen.
(3) Die Vorschriften dieses Abschnittes gelten nicht für die in Absatz 1 genannten Personen, Gesellschaften und anderen Personenvereinigungen, die Aufgaben der öffentlichen Verwaltung wahrnehmen.

§ 23 Datenspeicherung

Das Speichern personenbezogener Daten ist zulässig im Rahmen der Zweckbestimmung eines Vertragsverhältnisses oder vertragsähnlichen Vertrauensverhältnisses mit dem Betroffenen oder soweit es zur Wahrung berechtigter Interessen der speichernden Stelle erforderlich ist und kein Grund zur Annahme besteht, daß dadurch schutzwürdige Belange des Betroffenen beeinträchtigt werden. Abweichend von Satz 1 ist das Speichern in nicht automatisierten Verfahren zulässig, soweit die Daten unmittelbar aus allgemein zugänglichen Quellen entnommen sind.

§ 24 Datenübermittlung

(1) Die Übermittlung personenbezogener Daten ist zulässig im Rahmen der Zweckbestimmung eines Vertragsverhältnisses oder vertragsähnlichen Vertrauensverhältnisses mit dem Betroffenen oder soweit es zur Wahrung berechtigter Interessen der übermittelnden Stelle oder eines Dritten oder der Allgemeinheit erforderlich ist und dadurch schutzwürdige Belange des Betroffenen nicht beeinträchtigt werden. Personenbezogene Daten, die einem Berufs- oder besonderen Amtsgeheimnis (§ 45 Satz 2 Nr. 1, Satz 3) unterliegen und die von der zur Verschwiegenheit verpflichteten Person in Ausübung ihrer Berufs- oder Amtspflicht übermittelt worden sind, dürfen vom Empfänger nicht mehr weitergegeben werden.
(2) Abweichend von Absatz 1 ist die Übermittlung von listenmäßig oder sonst zusammengefaßten Daten über Angehörige einer Personengruppe zulässig, wenn sie sich auf
1. Namen,

2. Titel, akademische Grade,
3. Geburtsdatum,
4. Beruf, Branchen- oder Geschäftsbezeichnung,
5. Anschrift,
6. Rufnummer

beschränkt und kein Grund zu der Annahme besteht, daß dadurch schutzwürdige Belange des Betroffenen beeinträchtigt werden. Zur Angabe der Zugehörigkeit des Betroffenen zu einer Personengruppe dürfen andere als die im vorstehenden Satz genannten Daten nicht übermittelt werden.

§ 25 Datenveränderung

Das Verändern personenbezogener Daten ist zulässig im Rahmen der Zweckbestimmung eines Vertragsverhältnisses oder vertragsähnlichen Vertrauensverhältnisses mit dem Betroffenen oder soweit es zur Wahrung berechtigter Interessen der speichernden Stelle erforderlich ist und kein Grund zur Annahme besteht, daß dadurch schutzwürdige Belange des Betroffenen beeinträchtigt werden.

§ 26 Auskunft an den Betroffenen

(1) Werden erstmals zur Person des Betroffenen Daten gespeichert, ist er darüber zu benachrichtigen, es sei denn, daß er auf andere Weise Kenntnis von der Speicherung erlangt hat.
(2) Der Betroffene kann Auskunft über die zu seiner Person gespeicherten Daten verlangen. Werden die Daten automatisch verarbeitet, kann der Betroffene Auskunft auch über die Personen und Stellen verlangen, an die seine Daten regelmäßig übermittelt werden. Er soll die Art der personenbezogenen Daten, über die Auskunft erteilt werden soll, näher bezeichnen. Die Auskunft wird schriftlich erteilt, soweit nicht wegen besonderer Umstände eine andere Form der Auskunftserteilung angemessen ist.
(3) Für die Auskunft kann ein Entgelt verlangt werden, das über die durch die Auskunftserteilung entstandenen direkt zurechenbaren Kosten nicht hinausgehen darf. Ein Entgelt kann in den Fällen nicht verlangt werden, in denen durch besondere Umstände die Annahme gerechtfertigt wird, daß personenbezogene Daten unrichtig oder unzulässig gespeichert werden, oder in denen die Auskunft ergeben hat, daß die personenbezogenen Daten zu berichtigen oder unter der Voraussetzung des § 27 Abs. 3 Satz 2 erster Halbsatz zu löschen sind.
(4) Die Absätze 1 und 2 gelten nicht, soweit

1. das Bekanntwerden personenbezogener Daten die Geschäftszwecke oder Ziele der speichernden Stelle erheblich gefährden würde und berechtigte Interessen des Betroffenen nicht entgegenstehen,
2. die zuständige öffentliche Stelle gegenüber der speichernden Stelle festgestellt hat, daß das Bekanntwerden der personenbezogenen Daten die öffentliche Sicherheit oder Ordnung gefährden oder sonst dem Wohle des Bundes oder eines Landes Nachteile bereiten würde,
3. die personenbezogenen Daten nach einer Rechtsvorschrift oder ihrem Wesen nach, namentlich wegen der überwiegenden berechtigten Interessen einer dritten Person, geheimgehalten werden müssen,
4. die personenbezogenen Daten unmittelbar aus allgemein zugänglichen Quellen entnommen sind,
5. die personenbezogenen Daten deshalb nach § 27 Abs. 2 Satz 2 gesperrt sind, weil sie auf Grund gesetzlicher, satzungsmäßiger oder vertraglicher Aufbewahrungsvorschriften nicht nach § 27 Abs. 3 Satz 1 gelöscht werden dürfen.

§ 27 Berichtigung, Sperrung und Löschung von Daten

(1) Personenbezogene Daten sind zu berichtigen, wenn sie unrichtig sind.
(2) Personenbezogene Daten sind zu sperren, wenn ihre Richtigkeit vom Betroffenen bestritten wird und sich weder die Richtigkeit noch die Unrichtigkeit feststellen läßt. Sie sind ferner zu sperren, wenn ihre Kenntnis für die Erfüllung des Zweckes der Speicherung nicht mehr erforderlich ist.

Die Vorschriften über das Verfahren und die Rechtsfolgen der Sperrung in § 14 Abs. 2 Satz 3 gelten entsprechend.
(3) Personenbezogene Daten können gelöscht werden, wenn ihre Kenntnis für die Erfüllung des Zweckes der Speicherung nicht mehr erforderlich ist und kein Grund zur Annahme besteht, daß durch die Löschung schutzwürdige Belange des Betroffenen beeinträchtigt werden. Sie sind zu löschen, wenn ihre Speicherung unzulässig war oder wenn es in den Fällen des Absatzes 2 Satz 2 der Betroffene verlangt. Daten über gesundheitliche Verhältnisse, strafbare Handlungen, Ordnungswidrigkeiten sowie religiöse oder politische Anschauungen sind zu löschen, wenn ihre Richtigkeit von der speichernden Stelle nicht bewiesen werden kann.

§ 45 Weitergeltende Vorschriften

Soweit besondere Rechtsvorschriften des Bundes auf in Dateien gespeicherte personenbezogene Daten anzuwenden sind, gehen sie den Vorschriften dieses Gesetzes vor. Zu den vorrangigen Vorschriften gehören namentlich:

1. Vorschriften über die Geheimhaltung von dienstlich oder sonst in Ausübung des Berufs erworbenen Kenntnissen, z. B. § 12 des Gesetzes über die Statistik für Bundeszwecke vom 3. September 1953 (BGBl. I S. 1314), zuletzt geändert durch Gesetz vom 2. März 1974 (BGBl. I S. 469), § 30 der Abgabenordnung, § 9 des Gesetzes über das Kreditwesen in der Fassung der Bekanntmachung vom 3. Mai 1976 (BGBl. I S. 1121), §§ 5 und 6 des Gesetzes über das Postwesen, §§ 10 und 11 des Fernmeldeanlagengesetzes;
2. Vorschriften über das Zeugnis- oder Auskunftsverweigerungsrecht aus persönlichen oder berufsbedingten Gründen in Gerichts- und Verwaltungsverfahren, z. B. §§ 52 bis 55 der Strafprozeßordnung, §§ 383 und 384 der Zivilprozeßordnung, §§ 102 und 105 der Abgabenordnung;
3. Vorschriften über die Verpflichtung, die Beschränkung oder das Verbot der Speicherung, Übermittlung oder Veröffentlichung von Einzelangaben über Personen, z. B. § 161 der Strafprozeßordnung, §§ 20 und 22 des Arbeitsförderungsgesetzes vom 25. Juni 1969 (BGBl. I S. 582), zuletzt geändert durch Gesetz vom 16. März 1976 (BGBl. I S. 581), § 49 des Bundeszentralregistergesetzes;
4. Vorschriften über die Beschränkung der Einsicht in Unterlagen durch Dritte, z. B. § 61 Abs. 2 und 3 des Personenstandsgesetzes, § 36 des Gesetzes über das Verwaltungsverfahren der Kriegsopferversorgung in der Fassung der Bekanntmachung vom 6. Mai 1976 (BGBl. I S. 1169);
5. Vorschriften über die Einsicht des Beamten oder Arbeitnehmers in seine Personalunterlagen, z. B. § 90 des Bundesbeamtengesetzes, § 83 des Betriebsverfassungsgesetzes;
6. Vorschriften über die Auskunftspflicht von Behörden an Bürger über die zu ihrer Person gespeicherten Daten, z. B. § 1325 der Reichsversicherungsordnung, § 104 des Angestelltenversicherungsgesetzes, § 108 h des Reichsknappschaftsgesetzes;
7. Die Verpflichtung zur Wahrung der in § 203 Abs. 1 des Strafgesetzbuches genannten Berufsgeheimnisse, z. B. des ärztlichen Geheimnisses, bleibt unberührt.

6 Sonstige Auszüge aus Gesetzen

6.1 Grundgesetz

Art. 1. [Schutz der Menschenwürde]

(1) Die Würde des Menschen ist unantastbar. Sie zu achten und zu schützen ist Verpflichtung aller staatlichen Gewalt.
(2) Das Deutsche Volk bekennt sich darum zu unverletzlichen und unveräußerlichen Menschenrechten als Grundlage jeder menschlichen Gemeinschaft, des Friedens und der Gerechtigkeit in der Welt.
(3) Die nachfolgenden Grundrechte binden Gesetzgebung, vollziehende Gewalt und Rechtsprechung als unmittelbar geltendes Recht.

Art. 2. [Freiheitsrechte]

(1) Jeder hat das Recht auf die freie Entfaltung seiner Persönlichkeit, soweit er nicht die Rechte anderer verletzt und nicht gegen die verfassungsmäßige Ordnung oder das Sittengesetz verstößt.
(2) Jeder hat das Recht auf Leben und körperliche Unversehrtheit. Die Freiheit der Person ist unverletzlich. In diese Rechte darf nur auf Grund eines Gesetzes eingegriffen werden.

Art. 3. [Gleichheit vor dem Gesetz]

(1) Alle Menschen sind vor dem Gesetz gleich.
(2) Männer und Frauen sind gleichberechtigt.
(3) Niemand darf wegen seines Geschlechtes, seiner Abstammung, seiner Rasse, seiner Sprache, seiner Heimat und Herkunft, seines Glaubens, seiner religiösen oder politischen Anschauungen benachteiligt oder bevorzugt werden.

Art. 4. [Glaubens- und Bekenntnisfreiheit]

(1) Die Freiheit des Glaubens, des Gewissens und die Freiheit des religiösen und weltanschaulichen Bekenntnisses sind unverletzlich.
(2) Die ungestörte Religionsausübung wird gewährleistet.
(3) Niemand darf gegen sein Gewissen zum Kriegsdienst mit der Waffe gezwungen werden. Das Nähere regelt ein Bundesgesetz.

Art. 5. [Meinungs- und Pressefreiheit; Freiheit der Kunst und der Wissenschaft]

(1) Jeder hat das Recht, seine Meinung in Wort, Schrift und Bild frei zu äußern und zu verbreiten und sich aus allgemein zugänglichen Quellen ungehindert zu unterrichten. Die Pressefreiheit und die Freiheit der Berichterstattung durch Rundfunk und Film werden gewährleistet. Eine Zensur findet nicht statt.
(2) Diese Rechte finden ihre Schranken in den Vorschriften der allgemeinen Gesetze, den gesetzlichen Bestimmungen zum Schutze der Jugend und in dem Recht der persönlichen Ehre.

(3) Kunst und Wissenschaft, Forschung und Lehre sind frei. Die Freiheit der Lehre entbindet nicht von der Treue zur Verfassung.

Art. 34. [Haftung bei Amtspflichtverletzungen]

Verletzt jemand in Ausübung eines ihm anvertrauten öffentlichen Amtes die ihm einem Dritten gegenüber obliegende Amtspflicht, so trifft die Verantwortlichkeit grundsätzlich den Staat oder die Körperschaft, in deren Dienst er steht. Bei Vorsatz oder grober Fahrlässigkeit bleibt der Rückgriff vorbehalten. Für den Anspruch auf Schadensersatz und für den Rückgriff darf der ordentliche Rechtsweg nicht ausgeschlossen werden.

6.2 Bürgerliches Gesetzbuch

§ 31. [Haftung des Vereins für Organe]

Der Verein ist für den Schaden verantwortlich, den der Vorstand, ein Mitglied des Vorstandes oder ein anderer verfassungsmäßig berufener Vertreter durch eine in Ausführung der ihm zustehenden Verrichtungen begangene, zum Schadensersatze verpflichtende Handlung einem Dritten zufügt.

§ 89. [Haftung für Organe; Konkurs]

(1) Die Vorschrift des § 31 findet auf den Fiskus sowie auf die Körperschaften, Stiftungen und Anstalten des öffentlichen Rechtes entsprechende Anwendung.
(2) Das gleiche gilt, soweit bei Körperschaften, Stiftungen und Anstalten des öffentlichen Rechtes der Konkurs zulässig ist, von der Vorschrift des § 42 Abs. 2.

§ 241. [Wesen des Schuldverhältnisses]

Kraft des Schuldverhältnisses ist der Gläubiger berechtigt, von dem Schuldner eine Leistung zu fordern. Die Leistung kann auch in einem Unterlassen bestehen.

§ 276. [Haftung für eigenes Verschulden]

(1) Der Schuldner hat, sofern nicht ein anderes bestimmt ist, Vorsatz und Fahrlässigkeit zu vertreten. Fahrlässig handelt, wer die im Verkehr erforderliche Sorgfalt außer acht läßt. Die Vorschriften der §§ 827, 828 finden Anwendung.
(2) Die Haftung wegen Vorsatzes kann dem Schuldner nicht im voraus erlassen werden.

§ 278. [Verschulden des Erfüllungsgehilfen]

Der Schuldner hat ein Verschulden seines gesetzlichen Vertreters und der Personen, deren er sich zur Erfüllung seiner Verbindlichkeit bedient, in gleichem Umfange zu vertreten wie eigenes Verschulden. Die Vorschrift des § 276 Abs. 2 findet keine Anwendung.

§ 282. [Beweislast bei Unmöglichkeit]

Ist streitig, ob die Unmöglichkeit der Leistung die Folge eines von dem Schuldner zu vertretenden Umstandes ist, so trifft die Beweislast den Schuldner.

§ 421. [Gesamtschuldner]

Schulden mehrere eine Leistung in der Weise, daß jeder die ganze Leistung zu bewirken verpflichtet, der Gläubiger aber die Leistung nur einmal zu fordern berechtigt ist (Gesamtschuldner), so kann der Gläubiger die Leistung nach seinem Belieben von jedem der Schuldner ganz oder zu einem Teile fordern. Bis zur Bewirkung der ganzen Leistung bleiben sämtliche Schuldner verpflichtet.

§ 426. [Ausgleichungspflicht der Gesamtschuldner]

(1) Die Gesamtschuldner sind im Verhältnisse zueinander zu gleichen Anteilen verpflichtet, soweit nicht ein anderes bestimmt ist. Kann von einem Gesamtschuldner der auf ihn entfallende Beitrag nicht erlangt werden, so ist der Ausfall von den übrigen zur Ausgleichung verpflichteten Schuldnern zu tragen.
(2) Soweit ein Gesamtschuldner den Gläubiger befriedigt und von den übrigen Schuldnern Ausgleichung verlangen kann, geht die Forderung des Gläubigers gegen die übrigen Schuldner auf ihn über. Der Übergang kann nicht zum Nachteile des Gläubigers geltend gemacht werden.

§ 611. [Wesen des Dienstvertrags]

(1) Durch den Dienstvertrag wird derjenige, welcher Dienste zusagt, zur Leistung der versprochenen Dienste, der andere Teil zur Gewährung der vereinbarten Vergütung verpflichtet.
(2) Gegenstand des Dienstvertrags können Dienste jeder Art sein.

§ 613. [Höchstpersönliche Verpflichtung und Berechtigung]

Der zur Dienstleistung Verpflichtete hat die Dienste im Zweifel in Person zu leisten. Der Anspruch auf die Dienste ist im Zweifel nicht übertragbar.

§ 631. [Wesen des Werkvertrags]

(1) Durch den Werkvertrag wird der Unternehmer zur Herstellung des versprochenen Werkes, der Besteller zur Entrichtung der vereinbarten Vergütung verpflichtet.
(2) Gegenstand des Werkvertrags kann sowohl die Herstellung oder Veränderung einer Sache als ein anderer durch Arbeit oder Dienstleistung herbeizuführender Erfolg sein.

§ 677. [Pflichten des Geschäftsführers]

Wer ein Geschäft für einen anderen besorgt, ohne von ihm beauftragt oder ihm gegenüber sonst dazu berechtigt zu sein, hat das Geschäft so zu führen, wie das Interesse des Geschäftsherrn mit Rücksicht auf dessen wirklichen oder mutmaßlichen Willen es erfordert.

§ 680. [Geschäftsführung zur Gefahrenabwehr]

Bezweckt die Geschäftsführung die Abwendung einer dem Geschäftsherrn drohenden dringenden Gefahr, so hat der Geschäftsführer nur Vorsatz und grobe Fahrlässigkeit zu vertreten.

§ 823. [Schadensersatzpflicht]

(1) Wer vorsätzlich oder fahrlässig das Leben, den Körper, die Gesundheit, die Freiheit, das Eigentum oder ein sonstiges Recht eines anderen widerrechtlich verletzt, ist dem anderen zum Ersatze des daraus entstehenden Schadens verpflichtet.
(2) Die gleiche Verpflichtung trifft denjenigen, welcher gegen ein den Schutz eines anderen bezwekkendes Gesetz verstößt. Ist nach dem Inhalte des Gesetzes ein Verstoß gegen dieses auch ohne Verschulden möglich, so tritt die Ersatzpflicht nur im Falle des Verschuldens ein.

§ 830. [Mittäter und Beteiligte]

(1) Haben mehrere durch eine gemeinschaftlich begangene unerlaubte Handlung einen Schaden verursacht, so ist jeder für den Schaden verantwortlich. Das gleiche gilt, wenn sich nicht ermitteln läßt, wer von mehreren Beteiligten den Schaden durch seine Handlung verursacht hat.
(2) Anstifter und Gehilfen stehen Mittätern gleich.

§ 831. [Haftung für den Verrichtungsgehilfen]

(1) Wer einen anderen zu einer Verrichtung bestellt, ist zum Ersatze des Schadens verpflichtet, den der andere in Ausführung der Verrichtung einem Dritten widerrechtlich zufügt. Die Ersatzpflicht tritt nicht ein, wenn der Geschäftsherr bei der Auswahl der bestellten Person und, sofern er Vorrichtungen oder Gerätschaften zu beschaffen oder die Ausführung der Verrichtung zu leiten hat, bei der Beschaffung oder der Leitung die im Verkehr erforderliche Sorgfalt beobachtet oder wenn der Schaden auch bei Anwendung dieser Sorgfalt entstanden sein würde.
(2) Die gleiche Verantwortlichkeit trifft denjenigen, welcher für den Geschäftsherrn die Besorgung eines der im Absatz 1 Satz 2 bezeichneten Geschäfte durch Vertrag übernimmt.

§ 839. [Haftung bei Amtspflichtverletzung]

(1) [1]Verletzt ein Beamter vorsätzlich oder fahrlässig die ihm einem Dritten gegenüber obliegende Amtspflicht, so hat er dem Dritten den daraus entstehenden Schaden zu ersetzten. [2]Fällt dem Beamten nur Fahrlässigkeit zur Last, so kann er nur dann in Anspruch genommen werden, wenn der Verletzte nicht auf andere Weise Ersatz zu erlangen vermag.
(2) [1]Verletzt ein Beamter bei dem Urteil in einer Rechtssache seine Amtspflicht, so ist er für den daraus entstehenden Schaden nur dann verantwortlich, wenn die Pflichtverletzung in einer Straftat besteht. [2]Auf eine pflichtwidrige Verweigerung oder Verzögerung der Ausübung des Amtes findet diese Vorschrift keine Anwendung
(3) Die Ersatzpflicht tritt nicht ein, wenn der Verletzte vorsätzlich oder fahrlässig unterlassen hat, den Schaden durch Gebrauch eines Rechtsmittels abzuwenden.

§ 840. [Haftung mehrerer]

(1) Sind für den aus einer unerlaubten Handlung entstehenden Schaden mehrere nebeneinander verantwortlich, so haften sie als Gesamtschuldner.
(2) Ist neben demjenigen, welcher nach den §§ 831, 832 zum Ersatze des von einem anderen verursachten Schadens verpflichtet ist, auch der andere für den Schaden verantwortlich, so ist in ihrem Verhältnisse zueinander der andere allein, im Falle des § 829 der Aufsichtspflichtige allein verpflichtet.
(3) Ist neben demjenigen, welcher nach den §§ 833 bis 838 zum Ersatze des Schadens verpflichtet ist, ein Dritter für den Schaden verantwortlich, so ist in ihrem Verhältnisse zueinander der Dritte allein verpflichtet.

§ 847. [Schmerzensgeld]

(1) Im Falle der Verletzung des Körpers oder der Gesundheit sowie im Falle der Freiheitsentziehung kann der Verletzte auch wegen des Schadens, der nicht Vermögensschaden ist, eine billige Entschädigung in Geld verlangen. Der Anspruch ist nicht übertragbar und geht nicht auf die Erben über, es sei denn, daß er durch Vertrag anerkannt oder daß er rechtshängig geworden ist.

6.3 Strafgesetzbuch

§ 13 [Begehen durch Unterlassen]

(1) Wer es unterläßt, einen Erfolg abzuwenden, der zum Tatbestand eines Strafgesetzes gehört, ist nach diesem Gesetz nur dann strafbar, wenn er rechtlich dafür einzustehen hat, daß der Erfolg nicht eintritt, und wenn das Unterlassen der Verwirklichung des gesetzlichen Tatbestandes durch ein Tun entspricht.
(2) Die Strafe kann nach § 49 Abs. 1 gemildert werden.

§ 34 [Rechtfertigender Notstand]

Wer in einer gegenwärtigen, nicht anders abwendbaren Gefahr für Leben, Leib, Freiheit, Ehre, Eigentum oder ein anderes Rechtsgut eine Tat begeht, um die Gefahr von sich oder einem anderen abzuwenden, handelt nicht rechtswidrig, wenn bei Abwägung der widerstreitenden Interessen, namentlich der betroffenen Rechtsgüter und des Grades der ihnen drohenden Gefahren, das geschützte Interesse das beeinträchtigte wesentlich überwiegt. Dies gilt jedoch nur, soweit die Tat ein angemessenes Mittel ist, die Gefahr abzuwenden.

§ 138 [Nichtanzeige geplanter Straftaten]

(1) Wer von dem Vorhaben oder der Ausführung
1. einer Vorbereitung eines Angriffskrieges (§ 80),
2. eines Hochverrats in den Fällen der §§ 81 bis 83 Abs. 1,
3. eines Landesverrats oder einer Gefährdung der äußeren Sicherheit in den Fällen der §§ 94 bis 96, 97 a oder 100,
4. einer Geld- oder Wertpapierfälschung in den Fällen der §§ 146, 151 oder 152,
5. eines Menschenhandels in den Fällen des § 181 Nr. 2,
6. eines Mordes, Totschlags oder Völkermordes (§§ 211, 212, 220 a),
7. einer Straftat gegen die persönliche Freiheit in den Fällen der §§ 234, 234 a, 239 a oder 239 b,
8. eines Raubes oder einer räuberischen Erpressung (§§ 249 bis 251, 255) oder
9. einer gemeingefährlichen Straftat in den Fällen der §§ 306 bis 308, 310 b Abs. 1 bis 3, des § 311 Abs. 1 bis 3, des § 311 a Abs. 1 bis 3, der §§ 311 b, 312, 313, 315 Abs. 3, des § 315 b Abs. 3, der §§ 316 a, 316 c oder 324

zu einer Zeit, zu der die Ausführung oder der Erfolg noch abgewendet werden kann, glaubhaft erfährt und es unterläßt, der Behörde oder dem Bedrohten rechtzeitig Anzeige zu machen, wird mit Freiheitsstrafe bis zu fünf Jahren oder mit Geldstrafe bestraft.
(2) Wer die Anzeige leichtfertig unterläßt, obwohl er von dem verbrecherischen Vorhaben glaubhaft erfahren hat, wird mit Freiheitsstrafe bis zu einem Jahr oder mit Geldstrafe bestraft.

§ 139 [Straflosigkeit der Nichtanzeige geplanter Straftaten]

(1) Ist in den Fällen des § 138 die Tat nicht versucht worden, so kann von Strafe abgesehen werden.
(2) Ein Geistlicher ist nicht verpflichtet anzuzeigen, was ihm in seiner Eigenschaft als Seelsorger anvertraut worden ist.

(3) Wer eine Anzeige unterläßt, die er gegen einen Angehörigen erstatten müßte, ist straffrei, wenn er sich ernsthaft bemüht hat, ihn von der Tat abzuhalten oder den Erfolg abzuwenden, es sei denn, daß es sich um einen Mord oder Totschlag (§§ 211, 212) oder einen Völkermord in den Fällen des § 220a Abs. 1 Nr. 1 handelt. Unter denselben Voraussetzungen ist ein Rechtsanwalt, Verteidiger oder Arzt nicht verpflichtet anzuzeigen, was ihm in dieser Eigenschaft anvertraut worden ist.
(4) Straffrei ist, wer die Ausführung oder den Erfolg der Tat anders als durch Anzeige abwendet. Unterbleibt die Ausführung oder der Erfolg der Tat ohne Zutun des zur Anzeige Verpflichteten, so genügt zu seiner Straflosigkeit sein ernsthaftes Bemühen, den Erfolg abzuwenden.

§ 203 [Verletzung von Privatgeheimnissen]

(1) Wer unbefugt ein fremdes Geheimnis, namentlich ein zum persönlichen Lebensbereich gehörendes Geheimnis oder ein Betriebs- oder Geschäftsgeheimnis, offenbart, das ihm als
1. Arzt, Zahnarzt, Tierarzt, Apotheker oder Angehörigen eines anderen Heilberufs, der für die Berufsausübung oder die Führung der Berufsbezeichnung eine staatlich geregelte Ausbildung erfordert,
2. Berufspsychologen mit staatlich anerkannter wissenschaftlicher Abschlußprüfung,
3. Rechtsanwalt, Patentanwalt, Notar, Verteidiger in einem gesetzlich geordneten Verfahren, Wirtschaftsprüfer, vereidigtem Buchprüfer, Steuerberater, Steuerbevollmächtigten oder Organ oder Mitglied eines Organs einer Wirtschaftsprüfungs-, Buchprüfungs- oder Steuerberatungsgesellschaft,
4. Ehe-, Erziehungs- oder Jugendberater sowie Berater für Suchtfragen in einer Beratungstelle, die von einer Behörde oder Körperschaft, Anstalt oder Stiftung des öffentlichen Rechts anerkannt ist,
4a. Mitglied oder Beauftragten einer ermächtigten Beratungsstelle nach § 218 c,
5. staatlich anerkanntem Sozialarbeiter oder staatlich anerkanntem Sozialpädagogen oder
6. Angehörigen eines Unternehmens der privaten Kranken-, Unfall- oder Lebensversicherung oder einer privatärztlichen Verrechnungsstelle

anvertraut worden oder sonst bekanntgeworden ist, wird mit Freiheitsstrafe bis zu einem Jahr oder mit Geldstrafe bestraft.
(2) Ebenso wird bestraft, wer unbefugt ein fremdes Geheimnis, namentlich ein zum persönlichen Lebensbereich gehörendes Geheimnis oder ein Betriebs- oder Geschäftsgeheimnis, offenbart, das ihm als
1. Amtsträger,
2. für den öffentlichen Dienst besonders Verpflichteten,
3. Person, die Aufgaben oder Befugnisse nach dem Personalvertretungsrecht wahrnimmt,
4. Mitglied eines für ein Gesetzgebungsorgan des Bundes oder eines Landes tätigen Untersuchungsausschusses, sonstigen Ausschusses oder Rates, das nicht selbst Mitglied des Gesetzgebungsorgans ist, oder als Hilfskraft eines solchen Ausschusses oder Rates oder
5. öffentlich bestelltem Sachverständigen, der auf die gewissenhafte Erfüllung seiner Obliegenheiten auf Grund eines Gesetzes förmlich verpflichtet worden ist,

anvertraut worden oder sonst bekanntgeworden ist. Einem Geheimnis im Sinne des Satzes 1 stehen Einzelangaben über persönliche oder sachliche Verhältnisse eines anderen gleich, die für Aufgaben der öffentlichen Verwaltung erfaßt worden sind; Satz 1 ist jedoch nicht anzuwenden, soweit solche Einzelangaben anderen Behörden oder sonstigen Stellen für Aufgaben der öffentlichen Verwaltung bekanntgegeben werden und das Gesetz dies nicht untersagt.
(3) Den in Absatz 1 Genannten stehen ihre berufsmäßig tätigen Gehilfen und die Personen gleich, die bei ihnen zur Vorbereitung auf den Beruf tätig sind. Den in Absatz 1 und den in Satz 1 Genannten steht nach dem Tode des zur Wahrung des Geheimnisses Verpflichteten ferner gleich, wer das Geheimnis von dem Verstorbenen oder aus dessen Nachlaß erlangt hat.
(4) Die Absätze 1 bis 3 sind auch anzuwenden, wenn der Täter das fremde Geheimnis nach dem Tode des Betroffenen unbefugt offenbart.
(5) Handelt der Täter gegen Entgelt oder in der Absicht, sich oder einen anderen zu bereichern oder einen anderen zu schädigen, so ist die Strafe Freiheitsstrafe bis zu zwei Jahren oder Geldstrafe.

§ 222 [Fahrlässige Tötung]

Wer durch Fahrlässigkeit den Tod eines Menschen verursacht, wird mit Freiheitsstrafe bis zu fünf Jahren oder mit Geldstrafe bestraft.

§ 223 [Körperverletzung]

(1) Wer einen anderen körperlich mißhandelt oder an der Gesundheit beschädigt, wird mit Freiheitsstrafe bis zu drei Jahren oder mit Geldstrafe bestraft.
(2) Ist die Handlung gegen Verwandte aufsteigender Linie begangen, so ist auf Freiheitsstrafe bis zu fünf Jahren oder auf Geldstrafe zu erkennen.

§ 230 [Fahrlässige Körperverletzung]

Wer durch Fahrlässigkeit die Körperverletzung eines anderen verursacht, wird mit Freiheitsstrafe bis zu drei Jahren oder mit Geldstrafe bestraft.

§ 257 [Begünstigung]

(1) Wer einem anderen, der eine rechtswidrige Tat begangen hat, in der Absicht Hilfe leistet, ihm die Vorteile der Tat zu sichern, wird mit Freiheitsstrafe bis zu fünf Jahren oder mit Geldstrafe bestraft.
(2) Die Strafe darf nicht schwerer sein als die für die Vortat angedrohte Strafe.
(3) Wegen Begünstigung wird nicht bestraft, wer wegen Beteiligung an der Vortat strafbar ist. Dies gilt nicht für denjenigen, der einen an der Vortat Unbeteiligten zur Begünstigung anstiftet.
(4) Die Begünstigung wird nur auf Antrag, mit Ermächtigung oder auf Strafverlangen verfolgt, wenn der Begünstiger als Täter oder Teilnehmer der Vortat nur auf Antrag, mit Ermächtigung oder auf Strafverlangen verfolgt werden könnte. § 248 a gilt sinngemäß.

§ 258 [Strafvereitelung]

(1) Wer absichtlich oder wissentlich ganz oder zum Teil vereitelt, daß ein anderer dem Strafgesetz gemäß wegen einer rechtswidrigen Tat bestraft oder einer Maßnahme (§ 11 Abs. 1 Nr. 8) unterworfen wird, wird mit Freiheitsstrafe bis zu fünf Jahren oder mit Geldstrafe bestraft.
(2) Ebenso wird bestraft, wer absichtlich oder wissentlich die Vollstreckung einer gegen einen anderen verhängten Strafe oder Maßnahme ganz oder zum Teil vereitelt.
(3) Die Strafe darf nicht schwerer sein als die für die Vortat angedrohte Strafe.
(4) Der Versuch ist strafbar.
(5) Wegen Strafvereitelung wird nicht bestraft, wer durch die Tat zugleich ganz oder zum Teil vereiteln will, daß er selbst bestraft oder einer Maßnahme unterworfen wird oder daß eine gegen ihn verhängte Strafe oder Maßnahme vollstreckt wird.
(6) Wer die Tat zugunsten eines Angehörigen begeht, ist straffrei.

§ 258 a [Strafvereitelung im Amt]

(1) Ist in den Fällen des § 258 Abs. 1 der Täter als Amtsträger zur Mitwirkung bei dem Strafverfahren oder dem Verfahren zur Anordnung der Maßnahme (§ 11 Abs. 1 Nr. 8) oder ist er in den Fällen des § 258 Abs. 2 als Amtsträger zur Mitwirkung bei der Vollstreckung der Strafe oder Maßnahme berufen, so ist die Strafe Freiheitsstrafe von sechs Monaten bis zu fünf Jahren, in minder schweren Fällen Freiheitsstrafe bis zu drei Jahren oder Geldstrafe.
(2) Der Versuch ist strafbar.
(3) § 258 Abs. 3, 6 ist nicht anzuwenden.

§ 323 c [Unterlassene Hilfeleistung]

Wer bei Unglücksfällen oder gemeiner Gefahr oder Not nicht Hilfe leistet, obwohl dies erforderlich und ihm den Umständen nach zuzumuten, insbesondere ohne erhebliche eigene Gefahr und ohne Verletzung anderer wichtiger Pflichten möglich ist, wird mit Freiheitsstrafe bis zu einem Jahr oder mit Geldstrafe bestraft.

6.4 Strafprozeßordnung

§ 53 [Berufsgeheimnis]

I Zur Verweigerung des Zeugnisses sind ferner berechtigt
1. Geistliche über das, was ihnen in ihrer Eigenschaft als Seelsorger anvertraut worden oder bekanntgeworden ist;
2. Verteidiger des Beschuldigten über das, was ihnen in dieser Eigenschaft anvertraut worden oder bekanntgeworden ist;
3. Rechtsanwälte, Patentanwälte, Notare, Wirtschaftsprüfer, vereidigte Buchprüfer, Steuerberater und Steuerbevollmächtigte, Ärzte, Zahnärzte, Apotheker und Hebammen über das, was ihnen in dieser Eigenschaft anvertraut worden oder bekanntgeworden ist;

3 a. Mitglieder oder Beauftragte einer ermächtigten Beratungsstelle nach § 218 c des Strafgesetzbuches oder einer zur Begutachtung nach § 219 des Strafgesetzbuches zuständigen Stelle über das, was ihnen in dieser Eigenschaft anvertraut worden oder bekanntgeworden ist;

4. Mitglieder des Bundestages, eines Landtages oder einer zweiten Kammer über Personen, die ihnen in ihrer Eigenschaft als Mitglieder dieser Organe oder denen sie in dieser Eigenschaft Tatsachen anvertraut haben sowie über diese Tatsachen selbst;
5. Personen, die bei der Vorbereitung, Herstellung oder Verbreitung von periodischen Druckwerken oder Rundfunksendungen berufsmäßig mitwirken oder mitgewirkt haben, über die Person des Verfassers, Einsenders oder Gewährsmanns von Beiträgen und Unterlagen sowie über die ihnen im Hinblick auf ihre Tätigkeit gemachten Mitteilungen, soweit es sich um Beiträge, Unterlagen und Mitteilungen für den redaktionellen Teil handelt.

(II) Die in Absatz 1 Nr. 2 bis 3 a Genannten dürfen das Zeugnis nicht verweigern, wenn sie von der Verpflichtung zur Verschwiegenheit entbunden sind.

§ 53 a [Berufshelfer]

(I) Den in § 53 Abs. 1 Nr. 1 bis 4 Genannten stehen ihre Gehilfen und die Personen gleich, die zur Vorbereitung auf den Beruf an der berufsmäßigen Tätigkeit teilnehmen. Über die Ausübung des Rechtes dieser Hilfspersonen, das Zeugnis zu verweigern, entscheiden die in § 53 Abs. 1 Nr. 1 bis 4 Genannten, es sei denn, daß diese Entscheidung in absehbarer Zeit nicht herbeigeführt werden kann.
(II) Die Entbindung von der Verpflichtung zur Verschwiegenheit (§ 53 Abs. 2) gilt auch für die Hilfspersonen.

§ 81 a [Körperliche Untersuchung des Beschuldigten]

(I) Eine körperliche Untersuchung des Beschuldigten darf zur Feststellung von Tatsachen angeordnet werden, die für das Verfahren von Bedeutung sind. Zu diesem Zweck sind Entnahmen von Blutproben und andere körperliche Eingriffe, die von einem Arzt nach den Regeln der ärztlichen Kunst zu Untersuchungszwecken vorgenommen werden, ohne Einwilligung des Beschuldigten zulässig, wenn kein Nachteil für seine Gesundheit zu befürchten ist.
(II) Die Anordnung steht dem Richter, bei Gefährdung des Untersuchungserfolges durch Verzögerung auch der Staatsanwaltschaft und ihren Hilfsbeamten (§ 152 des Gerichtsverfassungsgesetzes) zu.

§ 81 c [Untersuchung anderer Personen]

(I) Andere Personen als Beschuldigte dürfen, wenn sie als Zeugen in Betracht kommen, ohne ihre Einwilligung nur untersucht werden, soweit zur Erforschung der Wahrheit festgestellt werden muß, ob sich an ihrem Körper eine bestimmte Spur oder Folge einer Straftat befindet.
(II) Bei anderen Personen als Beschuldigten sind Untersuchungen zur Feststellung der Abstammung und die Entnahme von Blutproben ohne Einwilligung des zu Untersuchenden zulässig, wenn kein Nachteil für seine Gesundheit zu befürchten und die Maßnahme zur Erforschung der Wahrheit unerläßlich ist. Die Untersuchungen und die Entnahme von Blutproben dürfen stets nur von einem Arzt vorgenommen werden.
(III) Untersuchungen oder Entnahmen von Blutproben können aus den gleichen Gründen wie das Zeugnis verweigert werden. Haben Minderjährige oder wegen Geisteskrankheit oder Geistesschwäche entmündigte Personen wegen mangelnder Verstandesreife oder wegen Verstandesschwäche von der Bedeutung ihres Weigerungsrechts keine genügende Vorstellung, so entscheidet der gesetzliche Vertreter; § 52 Abs. 2 Satz 2 und Abs. 3 gilt entsprechend. Ist der gesetzliche Vertreter von der Entscheidung ausgeschlossen (§ 52 Abs. 2 Satz 2) oder aus sonstigen Gründen an einer rechtzeitigen Entscheidung gehindert und erscheint die sofortige Untersuchung oder Entnahme von Blutproben zur Beweissicherung erforderlich, so sind diese Maßnahmen nur auf besondere Anordnung des Richters zulässig. Der die Maßnahmen anordnende Beschluß ist unanfechtbar. Die nach Satz 3 erhobenen Beweise dürfen im weiteren Verfahren nur mit Einwilligung des hierzu befugten gesetzlichen Vertreters verwertet werden.
(IV) Maßnahmen, nach den Absätzen 1 und 2 sind unzulässig, wenn sie dem Betroffenen bei Würdigung aller Umstände nicht zugemutet werden können.
(V) Die Anordnung steht dem Richter, bei Gefährdung des Untersuchungserfolges durch Verzögerung, von den Fällen des Absatzes 3 Satz 3 abgesehen, auch der Staatsanwaltschaft und ihren Hilfsbeamten (§ 152 des Gerichtsverfassungsgesetzes) zu.
(VI) Bei Weigerung des Betroffenen gilt die Vorschrift des § 70 entsprechend. Unmittelbarer Zwang darf nur auf besondere Anordnung des Richters angewandt werden. Die Anordnung setzt voraus, daß der Betroffene trotz Festsetzung eines Ordnungsgeldes bei der Weigerung beharrt oder daß Gefahr im Verzuge ist.

6.5 Zivilprozeßordnung

§ 383. [Zeugnisverweigerung aus persönlichen Gründen]

(1) Zur Verweigerung des Zeugnisses sind berechtigt:
1. der Verlobte einer Partei;
2. der Ehegatte einer Partei, auch wenn die Ehe nicht mehr besteht;
3. diejenigen, die mit einer Partei in gerader Linie verwandt oder verschwägert, in der Seitenlinie bis zum dritten Grad verwandt oder bis zum zweiten Grad verschwägert sind oder waren;
4. Geistliche in Ansehung desjenigen, was ihnen bei der Ausübung der Seelsorge anvertraut ist;
5. Personen, die bei der Vorbereitung, Herstellung oder Verbreitung von periodischen Druckwerken oder Rundfunksendungen berufsmäßig mitwirken oder mitgewirkt haben, über die Person des Verfassers, Einsenders oder Gewährsmanns von Beiträgen und Unterlagen sowie über die ihnen im Hinblick auf ihre Tätigkeit gemachten Mitteilungen, soweit es sich um Beiträge, Unterlagen und Mitteilungen für den redaktionellen Teil handelt;
6. Personen, denen kraft ihres Amtes, Standes oder Gewerbes Tatsachen anvertraut sind, deren Geheimhaltung durch ihre Natur oder durch gesetzliche Vorschrift geboten ist, in betreff der Tatsachen, auf welche die Verpflichtung zur Verschwiegenheit sich bezieht.

(2) Die unter Nummern 1 bis 3 bezeichneten Personen sind vor der Vernehmung über ihr Recht zur Verweigerung des Zeugnisses zu belehren.
(3) Die Vernehmung der unter Nummern 4 bis 6 bezeichneten Personen ist, auch wenn das Zeugnis nicht verweigert wird, auf Tatsachen nicht zu richten, in Ansehung welcher erhellt, daß ohne Verletzung der Verpflichtung zur Verschwiegenheit ein Zeugnis nicht abgelegt werden kann.

6.6 Reichsversicherungsordnung

§ 368 [Kassenärztliche Versorgung]

(1) Ärzte, Zahnärzte und Krankenkassen (§ 225 und § 44 des Gesetzes über die Krankenversicherung der Landwirte) wirken zur Sicherstellung der ärztlichen Versorgung der Versicherten und ihrer Angehörigen (kassenärztliche Versorgung) zusammen. Ihre Beziehungen regeln sich nach den Vorschriften der §§ 368 a bis 368 s. Die Regelung erstreckt sich auf
die Teilnahme an der kassenärztlichen Versorgung (§§ 368 a bis 368 c),
die Grundsätze für die kassenärztliche Tätigkeit (§§ 368 d bis 368 f),
das Vertragswesen und das Schlichtungswesen (§§ 368 g bis 368 i),
die Bildung von Kassenärztlichen Vereinigungen (§§ 368 k bis 368 m),
die Aufgaben der Kassenärztlichen Vereinigungen (§ 368 n),
die Errichtung von Landes- und Bundesausschüssen der Ärzte und Krankenkassen und ihre Aufgaben (§§ 368 o bis 368 r),
die besonderen vertraglichen Regelungen im Rahmen der Rehabilitation (§ 368 s).
Soweit sich die folgenden Vorschriften auf Ärzte beziehen, gelten sie entsprechend für Zahnärzte.
(2) Die kassenärztliche Versorgung umfaßt die ärztliche Behandlung. Zu ihr gehören auch die Maßnahmen zur Früherkennung von Krankheiten, ärztliche Betreuung bei Mutterschaft, die Anordnung der Hilfeleistung anderer Personen, die Versorgung mit Zahnersatz und Zahnkronen, die Verordnung von Arznei-, Verband-, Heil-, Hilfsmitteln, Brillen und Krankenhauspflege sowie die Ausstellung von Bescheinigungen und die Erstellung von Berichten, die die Krankenkassen und der Vertrauensärztliche Dienst zur Durchführung ihrer gesetzlichen Aufgaben und die die Versicherten für den Anspruch auf Fortzahlung des Arbeitsentgelts benötigen. Zur kassenärztlichen Versorgung gehören ferner die Verordnung von Maßnahmen nach § 182 Abs. 1 Nr. 1 Buchstabe e sowie die ärztlichen Maßnahmen nach den §§ 200 e und 200 f.
(3) Ziel der Sicherstellung der kassenärztlichen Versorgung ist es, den Versicherten und ihren Familienangehörigen eine bedarfsgerechte und gleichmäßige ärztliche Versorgung, die auch einen ausreichenden Not- und Bereitschaftsdienst umfaßt, in zumutbarer Entfernung unter Berücksichtigung des jeweiligen Standes der medizinischen Wissenschaft und Technik sowie der Möglichkeiten der Rationalisierung und Modernisierung zur Verfügung zu stellen.
(4) Die Kassenärztlichen Vereinigungen haben im Einvernehmen mit den Landesverbänden der Krankenkassen, im Benehmen mit den zuständigen Landesbehörden und nach Maßgabe der von den Bundesausschüssen erlassenen Richtlinien (§ 368 p Abs. 7) auf Landesebene einen Bedarfsplan zum Zwecke der Sicherstellung der kassenärztlichen Versorgung aufzustellen und jeweils der Entwicklung anzupassen. Die Ziele und Erfordernisse der Raumordnung und Landesplanung sowie der Krankenhausbedarfsplanung sind zu beachten. Der Bedarfsplan ist in geeigneter Weise zu veröffentlichen.
(5) Kommt das Einvernehmen zwischen den Kassenärztlichen Vereinigungen und den Landesverbänden der Krankenkassen nicht zustande, kann einer der Beteiligten den Landesausschuß der Ärzte und Krankenkassen (§ 368 o) anrufen.
(6) Die Beziehungen zwischen Kassenzahnärzten und Zahntechnikern mit Ausnahme der Vergütung sowie der Rechnungsregelung nach einheitlichen Grundsätzen regeln sich nach dem bürgerlichen Vertragsrecht. Vorschriften des bürgerlichen Vertragsrechts dürfen nur durch Vereinbarung der in § 368 g Abs. 2 bezeichneten Vertragsparteien mit den Zahntechnikern abbedungen werden. Innungen oder Innungsverbände können Vereinbarungen nach Satz 2 mit bindender Wirkung für ihre Mitglieder schließen; Nichtmitglieder können diesen Vereinbarungen beitreten.

§ 539 [Versicherte Personen]

(1) In der Unfallversicherung sind, unbeschadet der §§ 541 und 542, gegen Arbeitsunfall versichert
1. die auf Grund eines Arbeits-, Dienst- oder Lehrverhältnisses Beschäftigten,
2. Heimarbeiter, Zwischenmeister, Hausgewerbetreibende (§ 162) und ihre im Unternehmen tätigen Ehegatten sowie die sonstigen mitarbeitenden Personen,
3. Personen, die zur Schaustellung oder Vorführung künstlerischer oder artistischer Leistungen vertraglich verpflichtet sind,

4. Personen, die nach den Vorschriften des *Gesetzes über Arbeitsvermittlung und Arbeitslosenversicherung* oder im Vollzug des Bundessozialhilfegesetzes der Meldepflicht unterliegen, wenn sie
   a) zur Erfüllung ihrer Meldepflicht die hierfür bestimmte Stelle aufsuchen oder
   b) auf Aufforderung einer Dienststelle der Bundesanstalt für Arbeit oder einer seemännischen Heuerstelle diese oder andere Stellen aufsuchen,
5. Unternehmer, solange und soweit sie als solche Mitglieder einer landwirtschaftlichen Berufsgenossenschaft sind, ihre mit ihnen in häuslicher Gemeinschaft lebenden Ehegatten und die in Unternehmen zum Schutze und zur Förderung der Landwirtschaft einschließlich der landwirtschaftlichen Selbstverwaltung und ihrer Verbände Tätigen,
6. Küstenschiffer und Küstenfischer als Unternehmer gewerblicher Betriebe der Seefahrt (Seeschiffahrt und Seefischerei), die zur Besatzung ihres Fahrzeugs gehören oder als Küstenfischer ohne Fahrzeug fischen und die bei dem Betrieb regelmäßig keine oder höchstens zwei kraft Gesetzes versicherte Arbeitnehmer gegen Entgelt beschäftigen, sowie deren im Unternehmen tätige Ehegatten,
7. die im Gesundheits- oder Veterinärwesen oder in der Wohlfahrtspflege Tätigen,
8. die in einem Unternehmen zur Hilfe bei Unglücksfällen Tätigen sowie die Teilnehmer an Ausbildungsveranstaltungen dieser Unternehmen einschließlich der Lehrenden,
9. Personen, die
   a) bei Unglücksfällen oder gemeiner Gefahr oder Not Hilfe leisten oder einen anderen aus gegenwärtiger Lebensgefahr oder erheblicher gegenwärtiger Gefahr für Körper oder Gesundheit zu retten unternehmen
   b) einem Bediensteten des Bundes, eines Landes, einer Gemeinde, eines Gemeindeverbandes oder einer anderen Körperschaft, Anstalt oder Stiftung des öffentlichen Rechts, der sie zur Unterstützung bei einer Diensthandlung heranzieht, Hilfe leisten,
   c) sich bei Verfolgung oder Festnahme einer Person, die einer rechtswidrigen, den Tatbestand eines Strafgesetzes verwirklichenden Tat verdächtig ist, oder zum Schutz eines widerrechtlich Angegriffenen persönlich einsetzen,
10. Blutspender und Spender körpereigener Gewebe,
11. Personen, die auf Grund von Arbeitsschutz- oder Unfallverhütungsvorschriften ärztlich untersucht oder behandelt werden,
12. a) Personen, die Luftschutzdienst leisten, wenn sie hierzu durch eine zuständige Stelle herangezogen sind oder wenn sie handeln, weil Gefahr im Verzuge ist,
    b) freiwillige Helfer des Bundesluftschutzverbandes,
    c) Teilnehmer an den Ausbildungsveranstaltungen des Bundesamtes für zivilen Bevölkerungsschutz, des Bundesluftschutzverbandes oder des Luftschutzhilfsdienstes einschließlich der Lehrenden,
13. die für den Bund, ein Land, eine Gemeinde, einen Gemeindeverband oder eine andere Körperschaft, Anstalt oder Stiftung des öffentlichen Rechts ehrenamtlich Tätigen, wenn ihnen nicht durch Gesetz eine laufende Entschädigung zur Sicherstellung ihres Lebensunterhalts gewährt wird, und die von einem Gericht, einem Staatsanwalt oder einer sonst dazu berechtigten Stelle zur Beweiserhebung herangezogenen Zeugen,
14. a) Kinder während des Besuchs von Kindergärten,
    b) Schüler während des Besuchs allgemeinbildender Schulen,
    c) Lernende während der beruflichen Aus- und Fortbildung und ehrenamtlich Lehrende in Betriebsstätten, Lehrwerkstätten, berufsbildenden Schulen, Schulungskursen und ähnlichen Einrichtungen, soweit sie nicht bereits zu den nach den Nummern 1 bis 3 und 5 bis 8 Versicherten gehören
    d) Studierende während der Aus- und Fortbildung an Hochschulen, soweit sie nicht bereits zu den nach den Nummern 1 bis 3 und 5 bis 8 Versicherten gehören,
15. Personen, die bei dem Bau eines Familienheimes (Eigenheim, Kaufeigenheim, Kleinsiedlung), einer eigengenutzten Eigentumswohnung, einer Kaufeigentumswohnung oder einer Genossenschaftswohnung im Rahmen der Selbsthilfe tätig sind, wenn durch das Bauvorhaben öffentlich geförderte oder steuerbegünstigte Wohnungen geschaffen werden sollen. Dies gilt auch für die Selbsthilfe bei der Aufschließung und Kultivierung des Geländes, der Herrichtung der Wirtschaftsanlagen und der Herstellung von Gemeinschaftsanlagen. Für die Begriffsbestimmungen sind die §§ 5, 7 bis 10, 12, 13 und 36 des Zweiten Wohnungsbaugesetzes in der Fassung vom *1. August 1961 (Bundesgesetzbl. I S. 1121)* maßgebend,

16. Entwicklungshelfer im Sinne des Entwicklungshelfer-Gesetzes vom 18. Juni 1969 (Bundesgesetzbl. I S. 549) die im Ausland für eine begrenzte Zeit beschäftigt sind oder im Ausland oder im Geltungsbereich dieses Gesetzes für eine solche Beschäftigung vorbereitet werden.
17. Personen,
    a) denen von einem Träger der gesetzlichen Krankenversicherung oder der gesetzlichen Rentenversicherung oder einer landwirtschaftlichen Alterskasse stationäre Behandlung im Sinne des § 559 gewährt wird
    b) die auf Kosten eines Trägers der gesetzlichen Rentenversicherung oder der Bundesanstalt für Arbeit an einer berufsfördernden Maßnahme zur Rehabilitation teilnehmen, soweit sie nicht bereits zu den nach den Nummern 1 bis 3, 5 bis 8 und 14 Versicherten gehören, oder
    c) die zur Vorbereitung von berufsfördernden Maßnahmen zur Rehabilitation auf Aufforderung eines in Buchstabe b genannten Trägers dienen oder andere Stellen aufsuchen.

(2) Gegen Arbeitsunfall sind ferner Personen versichert, die wie ein nach Absatz 1 Versicherter tätig werden; dies gilt auch bei nur vorübergehender Tätigkeit

(3) Soweit die Absätze 1 und 2 weder eine Beschäftigung noch eine selbständige Tätigkeit voraussetzen, gelten sie für alle Personen, die die dort genannten Tätigkeiten im Geltungsbereich dieses Gesetzes ausüben; § 4 des Vierten Buches Sozialgesetzbuch gilt entsprechend. Absatz 1 Nr. 9 Buchstabe a gilt auch für Personen, die außerhalb des Geltungsbereichs dieses Gesetzes tätig werden, wenn sie innerhalb dieses Geltungsbereichs ihren Wohnsitz oder gewöhnlichen Aufenthalt haben.

§ 541 [Versicherungsfreiheit]

(1) Versicherungsfrei sind
1. Personen hinsichtlich der Unfälle im Rahmen eines Dienst- oder Arbeitsverhältnisses, für das beamtenrechtliche Unfallfürsorgevorschriften oder entsprechende Grundsätze gelten; ausgenommen sind Ehrenbeamte und ehrenamtliche Richter,
2. Personen hinsichtlich der Arbeitsunfälle, für die ihnen Versorgung nach dem Bundesversorgungsgesetz oder solchen Gesetzen gewährt wird, die das Bundesversorgungsgesetz für anwendbar erklären, es sei denn, daß der Arbeitsunfall zugleich die Folge einer Schädigung im Sinne dieser Gesetze ist,
3. Mitglieder geistlicher Genossenschaften, Diakonissen, Schwestern vom Deutschen Roten Kreuz und Angehörige solcher ähnlicher Gemeinschaften, die sich aus überwiegend religiösen oder sittlichen Beweggründen mit Krankenpflege, Unterricht oder anderen gemeinnützigen Tätigkeiten beschäftigen, wenn ihnen nach den Regeln ihrer Gemeinschaft lebenslange Versorgung gewährleistet ist,
4. Ärzte, Heilpraktiker, Zahnärzte, Dentisten und Apotheker, soweit sie eine selbständige berufliche Tätigkeit ausüben,
5. unbeschadet des § 777 Nr. 1 und 2 in Verbindung mit § 776 Abs. 1 Nr. 1
    a) Verwandte auf- oder absteigender Linie des Haushaltsvorstandes oder seines Ehegatten,
    b) sonstige Kinder (§ 583 Abs. 5) des Haushaltsvorstandes oder seines Ehegatten,
    c) Geschwister des Haushaltsvorstandes oder seines Ehegatten

    bei unentgeltlicher Beschäftigung im Haushalt.

(2) Scheidet eine verletzte, wegen Versicherungsfreiheit aus der Unfallversicherung nicht entschädigte Person im Sinne des Absatzes 1 Nr. 3 aus der Gemeinschaft aus oder endet die Versorgung, so kann sie für die Zeit danach von dem Träger der Unfallversicherung die Leistungen verlangen, die ihr ohne die Versicherungsfreiheit zustehen würden, es sei denn, daß die geistliche Genossenschaft oder das Mutterhaus von sich aus die Versorgung in gleichem Umfang sicherstellt. Die geistliche Genossenschaft oder das Mutterhaus erstatten dem Träger der Unfallversicherung dessen Aufwendungen.

§ 542 [Versicherungsfreiheit]

Versicherungsfrei sind ferner
1. Unternehmer von nicht gewerbsmäßig betriebenen Binnenfischereien oder Imkereien und ihre

Ehegatten, wenn die Fischerei oder die Imkerei nicht Bestandteil oder Nebenunternehmen eines landwirtschaftlichen Unternehmens ist,

2. a) Verwandte auf- oder absteigender Linie dieser Unternehmer oder ihrer Ehegatten,
   b) sonstige Kinder (§ 583 Abs. 5) dieser Unternehmer oder ihrer Ehegatten,
   c) Geschwister dieser Unternehmer oder ihrer Ehegatten

   bei unentgeltlicher Beschäftigung in nicht gewerbsmäßig betriebenen Fischereien oder Imkereien,
3. Personen, die auf Grund einer vom Fischerei- oder Jagdausübungsberechtigten unentgeltlich oder entgeltlich erteilten Fischerei- oder Jagderlaubnis die Fischerei oder Jagd ausüben (Fischerei- oder Jagdgäste)
4. Mitglieder von Sportfischereivereinigungen, soweit sie die im Besitz der Vereinigung stehenden Gewässer zum eigenen Nutzen befischen.

§ 636 [Beschränkung der Schadensersatzpflicht des Unternehmers]

(1) Der Unternehmer ist den in seinem Unternehmen tätigen Versicherten, deren Angehörigen und Hinterbliebenen, auch wenn sie keinen Anspruch auf Rente haben, nach anderen gesetzlichen Vorschriften zum Ersatz des Personenschadens, den ein Arbeitsunfall verursacht hat, nur dann verpflichtet, wenn er den Arbeitsunfall vorsätzlich herbeigeführt hat oder wenn der Arbeitsunfall bei der Teilnahme am allgemeinen Verkehr eingetreten ist. Der Schadensersatzanspruch des Versicherten, seiner Angehörigen und seiner Hinterbliebenen vermindert sich jedoch um die Leistungen, die sie nach Gesetz oder Satzung infolge des Arbeitsunfalls von Trägern der Sozialversicherung erhalten.
(2) Das gleiche gilt für Ersatzansprüche Versicherter, die Beschäftigte eines weiteren Unternehmers sind, sowie deren Angehörigen und Hinterbliebenen gegen diesen Unternehmer.

§ 637 [Beschränkung der Schadensersatzpflicht in anderen Fällen]

(1) § 636 gilt bei Arbeitsunfällen entsprechend für die Ersatzansprüche eines Versicherten, dessen Angehörigen und Hinterbliebenen gegen einen in demselben Betrieb tätigen Betriebsangehörigen, wenn dieser den Arbeitsunfall durch eine betriebliche Tätigkeit verursacht.
(2) § 636 gilt bei Arbeitsunfällen in Unternehmen der Feuerwehren ferner entsprechend für Ersatzansprüche Versicherter, deren Angehörigen und Hinterbliebenen gegen Feuerwehrvereine und ihre Vorstände, die Mitglieder von Pflicht- und freiwilligen Feuerwehren, die beigezogenen Löschpflichtigen, die freiwillig beim Feuerwehrdienst helfenden Personen sowie gegen alle beim Tätigwerden der Feuerwehr mit Befehlsgewalt ausgestatteten Personen.
(3) Bei Arbeitsunfällen in sonstigen Unternehmen zur Hilfe bei Unglücksfällen einschließlich des zivilen Bevölkerungsschutzes gilt Absatz 2 entsprechend.
(4) § 636 gilt bei Arbeitsunfällen in den in § 539 Abs. 1 Nr. 14 genannten Unternehmen ferner entsprechend für Ersatzansprüche eines Kindes oder eines Lernenden, deren Angehörigen und Hinterbliebenen gegen den Unternehmer sowie in Verbindung mit Absatz 1 für Ersatzansprüche dieser Versicherten untereinander.

§ 640 [Haftung der Unternehmer]

(1) Haben Personen, deren Ersatzpflicht durch § 636 oder § 637 beschränkt ist, den Arbeitsunfall vorsätzlich oder grob fahrlässig herbeigeführt, so haften sie für alles, was die Träger der Sozialversicherung nach Gesetz oder Satzung infolge des Arbeitsunfalls aufwenden müssen. Statt der Rente kann der Kapitalwert gefordert werden.
(2) Die Träger der Sozialversicherung können nach billigem Ermessen insbesondere unter Berücksichtigung der wirtschaftlichen Verhältnisse des Schädigers auf den Ersatzanspruch verzichten

6.7 Bundesbeamtengesetz

§ 78 [Haftung]

(1) Verletzt ein Beamter schuldhaft die ihm obliegenden Pflichten, so hat er dem Dienstherrn, dessen Aufgaben er wahrgenommen hat, den daraus entstandenen Schaden zu ersetzen. Hat der Beamte seine Amtspflicht in Ausübung eines ihm anvertrauten öffentlichen Amtes verletzt, so hat er dem Dienstherrn den Schaden nur insoweit zu ersetzen, als ihm Vorsatz oder grobe Fahrlässigkeit zur Last fällt. Haben mehrere Beamte den Schaden gemeinsam verursacht, so haften sie als Gesamtschuldner.
(2) Hat der Dienstherr einem Dritten auf Grund der Vorschrift des Artikels 34 Satz 1 des Grundgesetzes Schadenersatz geleistet, so ist der Rückgriff gegen den Beamten nur insoweit zulässig, als ihm Vorsatz oder grobe Fahrlässigkeit zur Last fällt.
(3) Die Ansprüche nach Absatz 1 verjähren in drei Jahren von dem Zeitpunkt an, in dem der Dienstherr von dem Schaden und der Person des Ersatzpflichtigen Kenntnis erlangt hat, ohne Rücksicht auf diese Kenntnis in zehn Jahren von der Begehung der Handlung an. Die Ansprüche nach Absatz 2 verjähren in drei Jahren von dem Zeitpunkt an, in dem der Ersatzanspruch des Dritten diesem gegenüber von dem Dienstherrn anerkannt oder dem Dienstherrn gegenüber rechtskräftig festgestellt ist und der Dienstherr von der Person des Ersatzpflichtigen Kenntnis erlangt hat.
(4) Leistet der Beamte dem Dienstherrn Ersatz und hat dieser einen Ersatzanspruch gegen einen Dritten, so geht der Ersatzanspruch auf den Beamten über.

§ 87 a [Übergang von Schadenersatzansprüchen]

Wird ein Beamter körperlich verletzt oder getötet, so geht ein gesetzlicher Schadenersatzanspruch, der dem Beamten oder seinen Hinterbliebenen infolge der Körperverletzung oder der Tötung gegen einen Dritten zusteht, insoweit auf den Dienstherrn über, als dieser
1. während einer auf der Körperverletzung beruhenden Aufhebung der Dienstfähigkeit zur Gewährung von Dienstbezügen oder
2. infolge der Körperverletzung oder der Tötung zur Gewährung einer Versorgung oder einer anderen Leistung

verpflichtet ist. Der Übergang des Anspruches kann nicht zum Nachteil des Beamten oder der Hinterbliebenen geltend gemacht werden.

6.8 Straßenverkehrsgesetz

§ 7. [Haftung des Fahrzeughalters]

(1) Wird bei dem Betrieb eines Kraftfahrzeugs ein Mensch getötet, der Körper oder die Gesundheit eines Menschen verletzt oder eine Sache beschädigt, so ist der Halter des Fahrzeugs verpflichtet, dem Verletzten den daraus entstehenden Schaden zu ersetzen.
(2) [1] Die Ersatzpflicht ist ausgeschlossen, wenn der Unfall durch ein unabwendbares Ereignis verursacht wird, das weder auf einem Fehler in der Beschaffenheit des Fahrzeugs noch auf einem Versagen seiner Verrichtungen beruht. [2] Als unabwendbar gilt ein Ereignis insbesondere dann, wenn es auf das Verhalten des Verletzten oder eines nicht bei dem Betrieb beschäftigten Dritten oder eines Tieres zurückzuführen ist und sowohl der Halter als der Führer des Fahrzeugs jede nach den Umständen des Falles gebotene Sorgfalt beobachtet hat.
(3) [1] Benutzt jemand das Fahrzeug ohne Wissen und Willen des Fahrzeughalters, so ist er an Stelle des Halters zum Ersatz des Schadens verpflichtet; daneben bleibt der Halter zum Ersatz des Schadens verpflichtet, wenn die Benutzung des Fahrzeugs durch sein Verschulden ermöglicht worden ist. [2] Satz 1 findet keine Anwendung, wenn der Benutzer vom Fahrzeughalter für den Betrieb des Kraftfahrzeugs angestellt ist oder wenn ihm das Fahrzeug vom Halter überlassen worden ist.

§ 8a. [Haftung für Insassen bei geschäftsmäßiger Personenbeförderung]

(1) [1] Ist eine durch ein Kraftfahrzeug beförderte Person getötet oder verletzt worden, so haftet der Halter dieses Fahrzeugs nach § 7 nur dann, wenn es sich um entgeltliche, geschäftsmäßige Personenbeförderung handelt. [2] Ist eine durch ein Kraftfahrzeug beförderte Sache beschädigt worden, so haftet der Halter dieses Fahrzeugs nach § 7 nur, wenn eine durch das Kraftfahrzeug unter den Voraussetzungen des Satzes 1 beförderte Person die Sache an sich trägt oder mit sich führt. [3] Die Geschäftsmäßigkeit einer Personenbeförderung im Sinne der Sätze 1 und 2 wird nicht dadurch ausgeschlossen, daß die Beförderung von einer Körperschaft oder Anstalt des öffentlichen Rechts betrieben wird.
(2) [1] Die Verpflichtung des Halters, wegen Tötung oder Verletzung beförderter Personen Schadensersatz nach Absatz 1 Satz 1 in Verbindung mit § 7 zu leisten, darf weder ausgeschlossen noch beschränkt werden. [2] Entgegenstehende Bestimmungen und Vereinbarungen sind nichtig.

§ 16. [Haftpflicht auf Grund sonstigen Rechtes]

Unberührt bleiben die bundesrechtlichen Vorschriften, nach welchen der Fahrzeughalter für den durch das Fahrzeug verursachten Schaden in weiterem Umfang als nach den Vorschriften dieses Gesetzes haftet oder nach welchen ein anderer für den Schaden verantwortlich ist.

§ 17. [Ausgleichspflicht mehrerer Haftpflichtiger]

(1) [1] Wird ein Schaden durch mehrere Kraftfahrzeuge verursacht und sind die beteiligten Fahrzeughalter einem Dritten kraft Gesetzes zum Ersatz des Schadens verpflichtet, so hängt im Verhältnis der Fahrzeughalter zueinander die Verpflichtung zum Ersatz sowie der Umfang des zu leistenden Ersatzes von den Umständen, insbesondere davon ab, inwieweit der Schaden vorwiegend von dem einen oder dem anderen Teil verursacht worden ist. [2] Das gleiche gilt, wenn der Schaden einem der beteiligten Fahrzeughalter entstanden ist, von der Haftpflicht, die für einen anderen von ihnen eintritt.
(2) Die Vorschriften des Absatzes 1 finden entsprechende Anwendung, wenn der Schaden durch ein Kraftfahrzeug und ein Tier oder durch ein Kraftfahrzeug und eine Eisenbahn verursacht wird.

§ 18. [Ersatzpflicht des Fahrzeugführers]

(1) [1] In den Fällen des § 7 Abs. 1 ist auch der Führer des Kraftfahrzeugs zum Ersatz des Schadens nach den Vorschriften der §§ 8 bis 15 verpflichtet. [2] Die Ersatzpflicht ist ausgeschlossen, wenn der Schaden nicht durch ein Verschulden des Führers verursacht ist.
(2) Die Vorschrift des § 16 findet entsprechende Anwendung.
(3) Ist in den Fällen des § 17 auch der Führer eines Fahrzeugs zum Ersatz des Schadens verpflichtet, so finden auf diese Verpflichtung in seinem Verhältnis zu den Haltern und Führern der anderen beteiligten Fahrzeuge, zu dem Tierhalter oder Eisenbahnunternehmer die Vorschriften des § 17 entsprechende Anwendung.

6.9 Luftverkehrsgesetz

§ 33. [Ersatzpflicht des Halters; Schwarzflug]

(1) [1] Wird beim Betrieb eines Luftfahrzeugs durch Unfall jemand getötet, sein Körper oder seine Gesundheit verletzt oder eine Sache beschädigt, so ist der Halter des Luftfahrzeugs verpflichtet, den Schaden zu ersetzen. [2] Für die Haftung aus dem Beförderungsvertrag sowie für die Haftung des Halters militärischer Luftfahrzeuge gelten die besonderen Vorschriften der §§ 44 bis 54. [3] Wer Personen zu Luftfahrern ausbildet, haftet diesen Personen gegenüber nur nach den allgemeinen gesetzlichen Vorschriften.

(2) [1] Benutzt jemand das Luftfahrzeug ohne Wissen und Willen des Halters, so ist er an Stelle des Halters zum Ersatz des Schadens verpflichtet. [2] Daneben bleibt der Halter zum Ersatz des Schadens verpflichtet, wenn die Benutzung des Luftfahrzeugs durch sein Verschulden ermöglicht worden ist. [3] Ist jedoch der Benutzer vom Halter für den Betrieb des Luftfahrzeugs angestellt oder ist ihm das Luftfahrzeug vom Halter überlassen worden, so ist der Halter zum Ersatz des Schadens verpflichtet; die Haftung des Benutzers nach den allgemeinen gesetzlichen Vorschriften bleibt unberührt.

§ 44. [Haftung für Fluggäste und Reisegepäck]

(1) [1] Wird ein Fluggast an Bord eines Luftfahrzeugs oder beim Ein- und Aussteigen getötet, körperlich verletzt oder sonst gesundheitlich geschädigt, so ist der Luftfrachtführer verpflichtet, den Schaden zu ersetzen. [2] Das gleiche gilt für den Schaden, der an Sachen entsteht, die der Fluggast an sich trägt oder mit sich führt.
(2) [1] Der Luftfrachtführer haftet ferner für den Schaden, der an Frachtgütern und aufgegebenem Reisegepäck während der Luftbeförderung entsteht. [2] Die Luftbeförderung umfaßt den Zeitraum, in dem sich die Güter oder das Reisegepäck auf einem Flughafen, an Bord eines Luftfahrzeugs oder – bei Landung außerhalb eines Flughafens – sonst in der Obhut des Luftfrachtführers befinden.

§ 45. [Auschluß der Haftung]

Die Ersatzpflicht des Luftfrachtführers nach § 44 tritt nicht ein, wenn er beweist, daß er und seine Leute alle erforderlichen Maßnahmen zur Verhütung des Schadens getroffen haben oder daß sie diese Maßnahmen nicht treffen konnten.

§ 46. [Haftungshöchstbeträge]

(1) [1] Im Falle der Tötung oder Verletzung einer beförderten Person haftet der Luftfrachtführer für jede Person bis zu einem Betrage von 320 000 Deutsche Mark. [2] Dies gilt auch für den Kapitalwert einer als Entschädigung festgesetzten Rente.
(2) [1] Im Falle des Verlusts oder der Beschädigung von beförderten Gütern haftet der Luftfrachtführer bis zu einem Betrag von 67,50 Deutsche Mark für das Kilogramm. [2] Diese Beschränkung gilt nicht, wenn der Absender bei der Aufgabe des Stücks einen Lieferwert angegeben und den vereinbarten Zuschlag entrichtet hat. [3] In diesem Falle hat der Luftfrachtführer bis zur Höhe des angegebenen Lieferwerts Ersatz zu leisten, sofern er nicht beweist, daß der angegebene Lieferwert höher ist als der tatsächlich entstandene Schaden.
(3) Die Haftung des Luftfrachtführers für Gegenstände, die der Fluggast an sich trägt oder mit sich führt oder die als Reisegepäck aufgegeben sind, ist auf einen Höchstbetrag von 3 200 Deutsche Mark gegenüber jedem Fluggast beschränkt.

§ 47. [Anzuwendende Vorschriften]

Auf die Haftung des Luftfrachtführers für Schäden an beförderten Personen oder Sachen finden im übrigen die §§ 34 bis 36, 38 bis 40 Anwendung.

§ 48. [Haftung auf Grund sonstigen Rechtes]

(1) [1] Der Anspruch auf Schadensersatz, auf welchem Rechtsgrund er auch beruht, kann gegen den Luftfrachtführer nur unter den Voraussetzungen und Beschränkungen geltend gemacht werden, die in diesem Unterabschnitt vorgesehen sind. [2] Ist jedoch der Schaden von dem Luftfrachtführer oder einem seiner Leute in Ausführung ihrer Verrichtungen vorsätzlich oder grobfahrlässig herbeigeführt worden, so bleibt die Haftung nach den allgemeinen gesetzlichen Vorschriften unberührt; die Haftungsbeschränkungen dieses Unterabschnitts gelten in diesem Falle nicht.

(2) [1] Die gesetzlichen Vorschriften, nach denen andere Personen für den Schaden haften, bleiben unberührt. [2] Die Leute des Luftfrachtführers, die in Ausführung ihrer Verrichtungen gehandelt haben, haften jedoch nur bis zu den Beträgen des § 46, es sei denn, daß ihnen Vorsatz oder grobe Fahrlässigkeit zur Last fällt.
(3) Der Gesamtbetrag, der von dem Luftfrachtführer und seinen Leuten als Schadensersatz zu leisten ist, darf vorbehaltlich einer weitergehenden Haftung bei Vorsatz oder grober Fahrlässigkeit die Beträge des § 46 nicht übersteigen.

§ 53

(1) Für Schäden der in § 33 genannten Art, die durch militärische Luftfahrzeuge verursacht werden, haftet der Halter nach den Vorschriften des ersten Unterabschnitts dieses Abschnitts; jedoch ist § 37 nicht anzuwenden.
(2) War der Getötete oder Verletzte kraft Gesetzes einem Dritten zur Leistung von Diensten in dessen Hauswesen oder Gewerbe verpflichtet, so hat der Halter des militärischen Luftfahrzeugs dem Dritten auch für die entgehenden Dienste durch Entrichtung einer Geldrente Ersatz zu leisten.
(3) [1] Bei Verletzung des Körpers oder der Gesundheit kann der Verletzte auch wegen des Schadens, der nicht Vermögensschaden ist, eine billige Entschädigung in Geld verlangen. [2] Der Anspruch ist nicht übertragbar und geht nicht auf die Erben über, es sei denn, daß er durch Vertrag anerkannt oder daß er rechtshängig ist.

§ 54

[1] Erleidet eine Person oder eine Sache bei der Beförderung in einem militärischen Luftfahrzeug durch Unfall einen Schaden der in § 44 bezeichneten Art, so ist der Halter des Luftfahrzeugs zum Schadensersatz verpflichtet. [2] Diese Haftung darf im voraus durch Vereinbarung weder ausgeschlossen noch beschränkt werden. [3] Die §§ 46 bis 48 sind anzuwenden.

6.10 Kündigungsschutzgesetz

Erster Abschnitt. Allgemeiner Kündigungsschutz

§ 1. Sozial ungerechtfertigte Kündigungen

(1) Die Kündigung des Arbeitsverhältnisses gegenüber einem Arbeitnehmer, dessen Arbeitsverhältnis in demselben Betrieb oder Unternehmen ohne Unterbrechung länger als sechs Monate bestanden hat, ist rechtsunwirksam, wenn sie sozial ungerechtfertigt ist.
(2) [1] Sozial ungerechtfertigt ist die Kündigung, wenn sie nicht durch Gründe, die in der Person oder in dem Verhalten des Arbeitnehmers liegen, oder durch dringende betriebliche Erfordernisse, die einer Weiterbeschäftigung des Arbeitnehmers in diesem Betrieb entgegenstehen, bedingt ist. [2] Die Kündigung ist auch sozial ungerechtfertigt, wenn
1. in Betrieben des privaten Rechts
   a) die Kündigung gegen eine Richtlinie nach § 95 des Betriebsverfassungsgesetzes verstößt,
   b) der Arbeitnehmer an einem anderen Arbeitsplatz in demselben Betrieb oder in einem anderen Betrieb des Unternehmens weiterbeschäftigt werden kann

und der Betriebsrat oder eine andere nach dem Betriebsverfassungsgesetz insoweit zuständige Vertretung der Arbeitnehmer aus einem dieser Gründe der Kündigung innerhalb der Frist des § 102 Abs. 2 Satz 1 des Betriebsverfassungsgesetzes schriftlich widersprochen hat,
2. in Betrieben und Verwaltungen des öffentlichen Rechts
   a) die Kündigung gegen eine Richtlinie über die personelle Auswahl bei Kündigungen verstößt,
   b) der Arbeitnehmer an einem anderen Arbeitsplatz in derselben Dienststelle oder in einer anderen Dienststelle desselben Verwaltungszweiges an demselben Dienstort einschließlich seines Einzugsgebietes weiterbeschäftigt werden kann

und die zuständige Personalvertretung aus einem dieser Gründe fristgerecht gegen die Kündigung Einwendungen erhoben hat, es sei denn, daß die Stufenvertretung in der Verhandlung mit der übergeordneten Dienststelle die Einwendungen nicht aufrechterhalten hat.
[3] Satz 2 gilt entsprechend, wenn die Weiterbeschäftigung des Arbeitnehmers nach zumutbaren Umschulungs- oder Fortbildungsmaßnahmen oder eine Weiterbeschäftigung des Arbeitnehmers unter geänderten Arbeitsbedingungen möglich ist und der Arbeitnehmer sein Einverständnis hiermit erklärt hat. [4] Der Arbeitgeber hat die Tatsachen zu beweisen, die die Kündigung bedingen.
(3) [1] Ist einem Arbeitnehmer aus dringenden betrieblichen Erfordernissen im Sinne des Absatzes 2 gekündigt worden, so ist die Kündigung trotzdem sozial ungerechtfertigt, wenn der Arbeitgeber bei der Auswahl des Arbeitnehmers soziale Gesichtspunkte nicht oder nicht ausreichend berücksichtigt hat; auf Verlangen des Arbeitnehmers hat der Arbeitgeber dem Arbeitnehmer die Gründe anzugeben, die zu der getroffenen sozialen Auswahl geführt haben. [2] Satz 1 gilt nicht, wenn betriebstechnische, wirtschaftliche oder sonstige berechtigte betriebliche Bedürfnisse die Weiterbeschäftigung eines oder mehrerer bestimmter Arbeitnehmer bedingen und damit der Auswahl nach sozialen Gesichtspunkten entgegenstehen. [3] Der Arbeitnehmer hat die Tatsachen zu beweisen, die die Kündigung als sozial ungerechtfertigt im Sinne des Satzes 1 erscheinen lassen.

§ 2. Änderungskündigung

[1] Kündigt der Arbeitgeber das Arbeitsverhältnis und bietet er dem Arbeitnehmer im Zusammenhang mit der Kündigung die Fortsetzung des Arbeitsverhältnisses zu geänderten Arbeitsbedingungen an, so kann der Arbeitnehmer dieses Angebot unter dem Vorbehalt annehmen, daß die Änderung der Arbeitsbedingungen nicht sozial ungerechtfertigt ist (§ 1 Abs. 2 Satz 1 bis 3, Abs. 3 Satz 1 und 2). [2] Diesen Vorbehalt muß der Arbeitnehmer dem Arbeitgeber innerhalb der Kündigungsfrist, spätestens jedoch innerhalb von drei Wochen nach Zugang der Kündigung erklären.

§ 3. Kündigungseinspruch

[1] Hält der Arbeitnehmer eine Kündigung für sozial ungerechtfertigt, so kann er binnen einer Woche nach der Kündigung Einspruch beim Betriebsrat einlegen. [2] Erachtet der Betriebsrat den Einspruch für begründet, so hat er zu versuchen, eine Verständigung mit dem Arbeitgeber herbeizuführen. [3] Er hat seine Stellungnahme zu dem Einspruch dem Arbeitnehmer und dem Arbeitgeber auf Verlangen schriftlich mitzuteilen.

§ 4. Anrufung des Arbeitsgerichtes

[1] Will ein Arbeitnehmer geltend machen, daß eine Kündigung sozial ungerechtfertigt ist, so muß er innerhalb von drei Wochen nach Zugang der Kündigung Klage beim Arbeitsgericht auf Feststellung erheben, daß das Arbeitsverhältnis durch die Kündigung nicht aufgelöst ist. [2] Im Falle des § 2 ist die Klage auf Feststellung zu erheben, daß die Änderung der Arbeitsbedingungen sozial ungerechtfertigt ist. [3] Hat der Arbeitnehmer Einspruch beim Betriebsrat eingelegt (§ 3), so soll er der Klage die Stellungnahme des Betriebsrates beifügen. [4] Soweit die Kündigung der Zustimmung einer Behörde bedarf, läuft die Frist zur Anrufung des Arbeitsgerichtes erst von der Bekanntgabe der Entscheidung der Behörde an den Arbeitnehmer ab.

§ 5. Zulassung verspäteter Klagen

(1) War ein Arbeitnehmer nach erfolgter Kündigung trotz Anwendung aller ihm nach Lage der Umstände zuzumutenden Sorgfalt verhindert, die Klage innerhalb von drei Wochen nach Zugang der Kündigung zu erheben, so ist auf seinen Antrag die Klage nachträglich zuzulassen.
(2) [1] Mit dem Antrag ist die Klageerhebung zu verbinden; ist die Klage bereits eingereicht, so ist auf sie im Antrag Bezug zu nehmen. [2] Der Antrag muß ferner die Angabe der die nachträgliche Zulassung begründenden Tatsachen und der Mittel für deren Glaubhaftmachung enthalten.

(3) [1] Der Antrag ist nur innerhalb von zwei Wochen nach Behebung des Hindernisses zulässig. [2] Nach Ablauf von sechs Monaten, vom Ende der versäumten Frist an gerechnet, kann der Antrag nicht mehr gestellt werden.
(4) [1] Über den Antrag entscheidet das Arbeitsgericht durch Beschluß. [2] Gegen diesen ist die sofortige Beschwerde zulässig.

§ 6. Verlängerte Anrufungsfrist

[1] Hat ein Arbeitnehmer innerhalb von drei Wochen nach Zugang der Kündigung aus anderen als den in § 1 Abs. 2 und 3 bezeichneten Gründen im Klagewege geltend gemacht, daß eine rechtswirksame Kündigung nicht vorliege, so kann er in diesem Verfahren bis zum Schluß der mündlichen Verhandlung erster Instanz auch die Unwirksamkeit der Kündigung gemäß § 1 Abs. 2 und 3 geltend machen. [2] Das Arbeitsgericht soll ihn hierauf hinweisen.

§ 7. Wirksamwerden der Kündigung

Wird die Rechtsunwirksamkeit einer sozial ungerechtfertigten Kündigung nicht rechtzeitig geltend gemacht (§ 4 Satz 1, §§ 5 und 6), so gilt die Kündigung, wenn sie nicht aus anderem Grunde rechtsunwirksam ist, als von Anfang an rechtswirksam; ein vom Arbeitnehmer nach § 2 erklärter Vorbehalt erlischt.

§ 8. Wiederherstellung der früheren Arbeitsbedingungen

Stellt das Gericht im Falle des § 2 fest, daß die Änderung der Arbeitsbedingungen sozial ungerechtfertigt ist, so gilt die Änderungskündigung als von Anfang an rechtsunwirksam.

§ 9. Auflösung des Arbeitsverhältnisses durch Urteil des Gerichts; Abfindung des Arbeitnehmers

(1) [1] Stellt das Gericht fest, daß das Arbeitsverhältnis durch die Kündigung nicht aufgelöst ist, ist jedoch dem Arbeitnehmer die Fortsetzung des Arbeitsverhältnisses nicht zuzumuten, so hat das Gericht auf Antrag des Arbeitnehmers das Arbeitsverhältnis aufzulösen und den Arbeitgeber zur Zahlung einer angemessenen Abfindung zu verurteilen. [2] Die gleiche Entscheidung hat das Gericht auf Antrag des Arbeitgebers zu treffen, wenn Gründe vorliegen, die eine den Betriebszwecken dienliche weitere Zusammenarbeit zwischen Arbeitgeber und Arbeitnehmer nicht erwarten lassen. [3] Arbeitnehmer und Arbeitgeber können den Antrag auf Auflösung des Arbeitsverhältnisses bis zum Schluß der letzten mündlichen Verhandlung in der Berufungsinstanz stellen.
(2) Das Gericht hat für die Auflösung des Arbeitsverhältnisses den Zeitpunkt festzusetzen, an dem es bei sozial gerechtfertigter Kündigung geendet hätte.

§ 10. Höhe der Abfindung

(1) Als Abfindung ist ein Betrag bis zu zwölf Monatsverdiensten festzusetzen.
(2) [1] Hat der Arbeitnehmer das fünfzigste Lebensjahr vollendet und hat das Arbeitsverhältnis mindestens fünfzehn Jahre bestanden, so ist ein Betrag bis zu fünfzehn Monatsverdiensten, hat der Arbeitnehmer das fünfundfünfzigste Lebensjahr vollendet und hat das Arbeitsverhältnis mindestens zwanzig Jahre bestanden, so ist ein Betrag bis zu achtzehn Monatsverdiensten festzusetzen. [2] Dies gilt nicht, wenn der Arbeitnehmer in dem Zeitpunkt, den das Gericht nach § 9 Abs. 2 für die Auflösung des Arbeitsverhältnisses festsetzt, das in § 1248 Abs. 5 der Reichsversicherungsordnung, § 25 Abs. 5 des Angestelltenversicherungsgesetzes oder § 48 Abs. 5 des Reichsknappschaftsgesetzes bezeichnete Lebensalter erreicht hat.
(3) Als Monatsverdienst gilt, was dem Arbeitnehmer bei der für ihn maßgebenden regelmäßigen

Arbeitszeit in dem Monat, in dem das Arbeitsverhältnis endet (§ 9 Abs. 2), an Geld und Sachbezügen zusteht.

§ 11. Anrechnung auf entgangenen Zwischenverdienst

[1] Besteht nach der Entscheidung des Gerichts das Arbeitsverhältnis fort, so muß sich der Arbeitnehmer auf das Arbeitsentgelt, das ihm der Arbeitgeber für die Zeit nach der Entlassung schuldet, anrechnen lassen,
1. was er durch anderweitige Arbeit verdient hat,
2. was er hätte verdienen können, wenn er es nicht böswillig unterlassen hätte, eine ihm zumutbare Arbeit anzunehmen,
3. was ihm an öffentlich-rechtlichen Leistungen infolge Arbeitslosigkeit aus der Sozialversicherung, der Arbeitslosenversicherung, der Arbeitslosenhilfe oder der Sozialhilfe für die Zwischenzeit gezahlt worden ist. [2] Diese Beträge hat der Arbeitgeber der Stelle zu erstatten, die sie geleistet hat.

§ 12. Neues Arbeitsverhältnis des Arbeitnehmers; Auflösung des alten Arbeitsverhältnisses

[1] Besteht nach der Entscheidung des Gerichts das Arbeitsverhältnis fort, ist jedoch der Arbeitnehmer inzwischen ein neues Arbeitsverhältnis eingegangen, so kann er binnen einer Woche nach der Rechtskraft des Urteils durch Erklärung gegenüber dem alten Arbeitgeber die Fortsetzung des Arbeitsverhältnisses bei diesem verweigern. [2] Die Frist wird auch durch eine vor ihrem Ablauf zur Post gegebene schriftliche Erklärung gewahrt. [3] Mit dem Zugang der Erklärung erlischt das Arbeitsverhältnis. [4] Macht der Arbeitnehmer von seinem Verweigerungsrecht Gebrauch, so ist ihm entgangener Verdienst nur für die Zeit zwischen der Entlassung und dem Tage des Eintritts in das neue Arbeitsverhältnis zu gewähren. [5] § 11 findet entsprechende Anwendung.

§ 13. Verhältnis zu sonstigen Kündigungen

(1) [1] Die Vorschriften über das Recht zur außerordentlichen Kündigung eines Arbeitsverhältnisses werden durch das vorliegende Gesetz nicht berührt. [2] Die Rechtsunwirksamkeit einer außerordentlichen Kündigung kann jedoch nur nach Maßgabe des § 4 Satz 1 und der §§ 5 bis 7 geltend gemacht werden. [3] Stellt das Gericht fest, daß die außerordentliche Kündigung unbegründet ist, ist jedoch dem Arbeitnehmer die Fortsetzung des Arbeitsverhältnisses nicht zuzumuten, so hat auf seinen Antrag das Gericht das Arbeitsverhältnis aufzulösen und den Arbeitgeber zur Zahlung einer angemessenen Abfindung zu verurteilen; die Vorschriften des § 9 Abs. 2 und der §§ 10 bis 12 gelten entsprechend.
(2) [1] Verstößt eine Kündigung gegen die guten Sitten, so kann der Arbeitnehmer ihre Nichtigkeit unabhängig von den Vorschriften dieses Gesetzes geltend machen. Erhebt er innerhalb von drei Wochen nach Zugang der Kündigung Klage auf Feststellung, daß das Arbeitsverhältnis durch die Kündigung nicht aufgelöst ist, so finden die Vorschriften des § 9 Abs. 1 Satz 1 und Abs. 2 und der §§ 10 bis 12 entsprechende Anwendung; die Vorschriften des § 5 über Zulassung verspäteter Klagen und des § 6 über verlängerte Anrufungsfrist gelten gleichfalls entsprechend.
(3) Im übrigen finden die Vorschriften dieses Abschnitts auf eine Kündigung, die bereits aus anderen als den in § 1 Abs. 2 und 3 bezeichneten Gründen rechtsunwirksam ist, keine Anwendung.

§ 14. Angestellte in leitender Stellung

(1) Die Vorschriften dieses Abschnitts gelten nicht
1. in Betrieben einer juristischen Person für die Mitglieder des Organs, das zur gesetzlichen Vertretung der juristischen Person berufen ist,
2. in Betrieben einer Personengesamtheit für die durch Gesetz, Satzung oder Gesellschaftsvertrag zur Vertretung der Personengesamtheit berufenen Personen.
(2) [1] Auf Geschäftsführer, Betriebsleiter und ähnliche leitende Angestellte, soweit diese zur selb-

ständigen Einstellung oder Entlassung von Arbeitnehmern berechtigt sind, finden die Vorschriften dieses Abschnitts mit Ausnahme des § 3 Anwendung. [2] § 9 Abs. 1 Satz 2 findet mit der Maßgabe Anwendung, daß der Antrag des Arbeitgebers auf Auflösung des Arbeitsverhältnisses keiner Begründung bedarf.

Zweiter Abschnitt. Kündigungsschutz im Rahmen der Betriebsverfassung und Personalvertretung

§ 15. Unzulässigkeit der Kündigung

(1) [1] Die Kündigung eines Mitglieds eines Betriebsrats, einer Jugendvertretung, einer Bordvertretung oder eines Seebetriebsrats ist unzulässig, es sei denn, daß Tatsachen vorliegen, die den Arbeitgeber zur Kündigung aus wichtigem Grund ohne Einhaltung einer Kündigungsfrist berechtigen, und daß die nach § 103 des Betriebsverfassungsgesetzes erforderliche Zustimmung vorliegt oder durch gerichtliche Entscheidung ersetzt ist. [2] Nach Beendigung der Amtszeit ist die Kündigung eines Mitglieds eines Betriebsrats, einer Jugendvertretung oder eines Seebetriebsrats innerhalb eines Jahres, die Kündigung eines Mitglieds einer Bordvertretung innerhalb von sechs Monaten, jeweils vom Zeitpunkt der Beendigung der Amtszeit an gerechnet, unzulässig, es sei denn, daß Tatsachen vorliegen, die den Arbeitgeber zur Kündigung aus wichtigem Grund ohne Einhaltung einer Kündigungsfrist berechtigen; dies gilt nicht, wenn die Beendigung der Mitgliedschaft auf einer gerichtlichen Entscheidung beruht.

(2) [1] Die Kündigung eines Mitglieds einer Personalvertretung oder einer Jugendvertretung ist unzulässig, es sei denn, daß Tatsachen vorliegen, die den Arbeitgeber zur Kündigung aus wichtigem Grund ohne Einhaltung einer Kündigungsfrist berechtigen, und daß die nach dem Personalvertretungsrecht erforderliche Zustimmung vorliegt oder durch gerichtliche Entscheidung ersetzt ist. [2] Nach Beendigung der Amtszeit der in Satz 1 genannten Personen ist ihre Kündigung innerhalb eines Jahres, vom Zeitpunkt der Beendigung der Amtszeit an gerechnet, unzulässig, es sei denn, daß Tatsachen vorliegen, die den Arbeitgeber zur Kündigung aus wichtigem Grund ohne Einhaltung einer Kündigungsfrist berechtigen; dies gilt nicht, wenn die Beendigung der Mitgliedschaft auf einer gerichtlichen Entscheidung beruht.

(3) [1] Die Kündigung eines Mitglieds eines Wahlvorstands ist vom Zeitpunkt seiner Bestellung an, die Kündigung eines Wahlbewerbers vom Zeitpunkt der Aufstellung des Wahlvorschlags an, jeweils bis zur Bekanntgabe des Wahlergebnisses unzulässig, es sei denn, daß Tatsachen vorliegen, die den Arbeitgeber zur Kündigung aus wichtigem Grund ohne Einhaltung einer Kündigungsfrist berechtigen, und daß die nach § 103 des Betriebsverfassungsgesetzes oder nach dem Personalvertretungsrecht erforderliche Zustimmung vorliegt oder durch eine gerichtliche Entscheidung ersetzt ist. [2] Innerhalb von sechs Monaten nach Bekanntgabe des Wahlergebnisses ist die Kündigung unzulässig, es sei denn, daß Tatsachen vorliegen, die den Arbeitgeber zur Kündigung aus wichtigem Grund ohne Einhaltung einer Kündigungsfrist berechtigen; dies gilt nicht für Mitglieder des Wahlvorstands, wenn dieser durch gerichtliche Entscheidung durch einen anderen Wahlvorstand ersetzt worden ist.

(4) Wird der Betrieb stillgelegt, so ist die Kündigung der in den Absätzen 1 bis 3 genannten Personen frühestens zum Zeitpunkt der Stillegung zulässig, es sei denn, daß ihre Kündigung zu einem früheren Zeitpunkt durch zwingende betriebliche Erfordernisse bedingt ist.

(5) [1] Wird eine der in den Absätzen 1 bis 3 genannten Personen in einer Betriebsabteilung beschäftigt, die stillgelegt wird, so ist sie in eine andere Betriebsabteilung zu übernehmen. [2] Ist dies aus betrieblichen Gründen nicht möglich, so findet auf ihre Kündigung die Vorschrift des Absatzes 4 über die Kündigung bei Stillegung des Betriebs sinngemäß Anwendung.

§ 16. Neues Arbeitsverhältnis; Auflösung des alten Arbeitsverhältnisses

[1] Stellt das Gericht die Unwirksamkeit der Kündigung einer der in § 15 Abs. 1 bis 3 genannten Personen fest, so kann diese Person, falls sie inzwischen ein neues Arbeitsverhältnis eingegangen ist, binnen einer Woche nach Rechtskraft des Urteils durch Erklärung gegenüber dem alten Arbeitgeber die Weiterbeschäftigung bei diesem verweigern. [2] Im übrigen finden die Vorschriften des § 11 und des § 12 Satz 2 bis 4 entsprechende Anwendung.

Dritter Abschnitt. Anzeigepflichtige Entlassungen (vom Abdruck wird abgesehen).

6.11 Arbeitsgerichtsgesetz

§ 1. Gerichte für Arbeitssachen

Die Gerichtsbarkeit in Arbeitssachen – §§ 2 bis 3 – wird ausgeübt durch die Arbeitsgerichte – §§ 14 bis 31 –, die Landesarbeitsgerichte – §§ 33 bis 39 – und das Bundesarbeitsgericht – §§ 40 bis 45 – (Gerichte für Arbeitssachen).

§ 2. Sachliche Zuständigkeit im Urteilsverfahren

(1) Die Gerichte für Arbeitssachen sind ausschließlich zuständig für
1. bürgerliche Rechtsstreitigkeiten zwischen Tarifvertragsparteien oder zwischen diesen und Dritten aus Tarifverträgen oder über das Bestehen oder Nichtbestehen von Tarifverträgen;
2. bürgerliche Rechtsstreitigkeiten zwischen tariffähigen Parteien oder zwischen diesen und Dritten aus unerlaubten Handlungen, soweit es sich um Maßnahmen zum Zwecke des Arbeitskampfes oder um Fragen der Vereinigungsfreiheit einschließlich des hiermit im Zusammenhang stehenden Betätigungsrechts der Vereinigungen handelt;
3. bürgerliche Rechtsstreitigkeiten zwischen Arbeitnehmern und Arbeitgebern
   a) aus dem Arbeitsverhältnis;
   b) über das Bestehen oder Nichtbestehen eines Arbeitsverhältnisses;
   c) aus Verhandlungen über die Eingehung eines Arbeitsverhältnisses und aus dessen Nachwirkungen;
   d) aus unerlaubten Handlungen, soweit diese mit dem Arbeitsverhältnis im Zusammenhang stehen;
   e) über Arbeitspapiere;
4. bürgerliche Rechtsstreitigkeiten zwischen Arbeitnehmern oder ihren Hinterbliebenen und
   a) Arbeitgebern über Ansprüche, die mit dem Arbeitsverhältnis in rechtlichem oder unmittelbar wirtschaftlichem Zusammenhang stehen;
   b) gemeinsamen Einrichtungen der Tarifvertragsparteien oder Sozialeinrichtungen des privaten Rechts über Ansprüche aus dem Arbeitsverhältnis oder Ansprüche, die mit dem Arbeitsverhältnis in rechtlichem oder unmittelbar wirtschaftlichem Zusammenhang stehen,

   soweit nicht die ausschließliche Zuständigkeit eines anderen Gerichts gegeben ist;
5. bürgerliche Rechtsstreitigkeiten zwischen Arbeitgebern und Einrichtungen nach Nummer 4 Buchstabe b, soweit nicht die ausschließliche Zuständigkeit eines anderen Gerichts gegeben ist;
6. bürgerliche Rechtsstreitigkeiten über Ansprüche von Arbeitnehmern oder ihren Hinterbliebenen auf Leistungen der Insolvenzsicherung nach dem Vierten Abschnitt des Ersten Teils des Gesetzes zur Verbesserung der betrieblichen Altersversorgung;
7. bürgerliche Rechtsstreitigkeiten zwischen Entwicklungshelfern und Trägern des Entwicklungsdienstes nach dem Entwicklungshelfergesetz;
8. bürgerliche Rechtsstreitigkeiten zwischen den Trägern des freiwilligen sozialen Jahres und Helfern nach dem Gesetz zur Förderung des freiwilligen sozialen Jahres;
9. bürgerliche Rechtsstreitigkeiten zwischen Arbeitnehmern aus gemeinsamer Arbeit und aus unerlaubten Handlungen, soweit diese mit dem Arbeitsverhältnis im Zusammenhang stehen.

(2) Die Gerichte für Arbeitssachen sind auch zuständig für bürgerliche Rechtsstreitigkeiten zwischen Arbeitnehmern und Arbeitgebern,
a) die ausschließlich Ansprüche auf Leistung einer festgestellten oder festgesetzten Vergütung für eine Arbeitnehmererfindung oder für einen technischen Verbesserungsvorschlag nach § 20 Abs. 1 des Gesetzes über Arbeitnehmererfindungen zum Gegenstand haben;
b) die als Urheberrechtsstreitsachen aus Arbeitsverhältnissen ausschließlich Ansprüche auf Leistung einer vereinbarten Vergütung zum Gegenstand haben.

(3) Vor die Gerichte für Arbeitssachen können auch nicht unter die Absätze 1 und 2 fallende Rechtsstreitigkeiten gebracht werden, wenn der Anspruch mit einer bei einem Arbeitsgericht anhängigen oder gleichzeitig anhängig werdenden bürgerlichen Rechtsstreitigkeit der in den Absätzen 1 und 2 bezeichneten Art in rechtlichem oder unmittelbar wirtschaftlichem Zusammenhang steht und für seine Geltendmachung nicht die ausschließliche Zuständigkeit eines anderen Gerichts gegeben ist.
(4) Auf Grund einer Vereinbarung können auch bürgerliche Rechtsstreitigkeiten zwischen juristischen Personen des Privatrechts und Personen, die kraft Gesetzes allein oder als Mitglieder des Vertretungsorgans der juristischen Person zu deren Vertretung berufen sind, vor die Gerichte für Arbeitssachen gebracht werden.
(5) In Rechtsstreitigkeiten nach diesen Vorschriften findet das Urteilsverfahren statt.

6.12 Staatshaftungsgesetz v. 26. Juni 1981

(BGBl I S. 553) (Auszug)

§ 17 Haftungsabgrenzung zum Privatrecht

(1) Die Haftung des Trägers aus seiner Teilnahme am Privatrechtsverkehr richtet sich nach den dafür geltenden Vorschriften, soweit gesetzlich nichts anderes bestimmt ist.
(2) Der Träger haftet auch für hoheitliches Verhalten nur nach den Vorschriften des Privatrechts
1. bei der Verletzung seiner Verkehrssicherungspflicht für Grundstücke, Gewässer, Bauwerke und sonstige Anlagen,
2. bei der Teilnahme am Land-, Wasser- und Luftverkehr,
3. bei der Beförderung von Personen und Gütern durch Verkehrsbetriebe einschließlich der Deutschen Bundesbahn und der Deutschen Bundespost im Postreisedienst,
4. bei der ärztlichen oder zahnärztlichen Behandlung mit Ausnahme der Behandlung, die gegen den Willen des Behandelten durchgeführt wird, und
5. bei der Versorgung mit Wasser und Energie.

Die in den §§ 14 und 15 bezeichneten Ansprüche können neben den in Satz 1 bezeichneten Ansprüchen geltend gemacht werden, wenn sie denselben Sachverhalt betreffen.
(3) Die Pflicht zur Verkehrssicherung für Straßen, Wege, Plätze und für Wasserstraßen und Wasserflächen, die dem öffentlichen Verkehr gewidmet sind, gilt für die Anwendung dieses Gesetzes als eine Pflicht des öffentlichen Rechts; für ihre Verletzung haftet der Träger nur nach diesem Gesetz. § 2 Abs. 2 wird insoweit nicht angewandt.
(4) Personen, durch die der Träger die in den Absätzen 1 und 2 genannten Tätigkeiten ausübt, haften dem Geschädigten nicht. An ihrer Stelle haftet der Träger, für den sie die Tätigkeit ausgeübt haben.

6.13 Krankenhausfinanzierungsgesetz und Bundespflegesatzverordnung (Auszug)

Krankenhausfinanzierungsgesetz

§ 1 Grundsatz

Zweck dieses Gesetzes ist die wirtschaftliche Sicherung der Krankenhäuser, um eine bedarfsgerechte Versorgung der Bevölkerung mit leistungsfähigen Krankenhäusern zu gewährleisten und zu sozial tragbaren Pflegesätzen beizutragen.

§ 2 Begriffsbestimmungen

Im Sinne dieses Gesetzes sind

1. Krankenhäuser
   Einrichtungen, in denen durch ärztliche und pflegerische Hilfeleistung Krankheiten, Leiden oder Körperschäden festgestellt, geheilt oder gelindert werden sollen oder Geburtshilfe geleistet wird und in denen die zu versorgenden Personen untergebracht und verpflegt werden können,
2. Investitionskosten
   a) die Kosten der Errichtung (Neubau, Umbau, Erweiterungsbau) von Krankenhäusern und der Anschaffung der zum Krankenhaus gehörenden Wirtschaftsgüter, ausgenommen der zum Verbrauch bestimmten Güter (Verbrauchsgüter),
   b) die Kosten der Wiederbeschaffung der Güter des zum Krankenhaus gehörenden Anlagevermögens (Anlagegüter),
   zu den Investitionskosten gehören nicht die Kosten des Grundstücks, des Grundstückserwerbs, der Grundstückserschließung sowie ihrer Finanzierung.
3. für die Zwecke dieses Gesetzes den Investitionskosten gleichstehende Kosten
   a) die Entgelte für die Nutzung der in Nummer 2 bezeichneten Anlagegüter,
   b) die Zinsen, die Tilgung und die Verwaltungskosten von Darlehen, soweit sie zur Finanzierung der in Nummer 2 sowie in Buchstabe a bezeichneten Kosten aufgewandt worden sind.
   c) die in Nummer 2 sowie in Buchstaben a und b bezeichneten Kosten, soweit sie gemeinschaftliche Einrichtungen der Krankenhäuser betreffen,
   d) Kapitalkosten (Abschreibungen und Zinsen) für die in Nummer 2 genannten Wirtschaftsgüter.
4. Pflegesätze
   die Entgelte der Benutzer oder ihrer Kostenträger für stationäre und halbstationäre Leistungen des Krankenhauses

§ 17 Grundsätze für die Pflegesatzregelung

(1) Die Pflegesätze sind für alle Benutzer nach einheitlichen Grundsätzen zu bemessen. Sie müssen auf der Grundlage der Selbstkosten eines sparsam wirtschaftenden, leistungsfähigen Krankenhauses und einer Kosten- und Leistungsrechnung eine wirtschaftliche Betriebsführung ermöglichen und die medizinisch und wirtschaftlich rationelle Versorgung durch die Krankenhäuser sichern.
(2) Werden Arztkosten oder Nebenkosten gesondert berechnet, so ist dies bei der Bemessung der Pflegesätze zu berücksichtigen; durch Rechtsverordnung nach § 16 ist zu bestimmen, welche Kosten als Arzt- oder Nebenkosten anzusehen und in welcher Höhe die Erlöse des Krankenhauses bei der Ermittlung der Selbstkosten zu berücksichtigen sind. Als Nebenkosten im Sinne des Satzes 1 können nur die Kosten besonders teurer diagnostischer oder therapeutischer Verfahren oder besonders teurer Medikamente bestimmt werden.
(3) Im Pflegesatz sind Kosten für wissenschaftliche Forschung und Lehre, die über einen normalen Krankenhausbetrieb hinausgehen, und Kosten für Leistungen, die weder unmittelbar noch mittelbar der stationären Krankenhausversorgung dienen, nicht zu berücksichtigen.
(4) Bei Krankenhäusern, die nach diesem Gesetz gefördert werden, und bei den in § 4 Abs. 3 Nr. 1 erster Halbsatz bezeichneten Krankenhäusern sind außer den in Absatz 3 genannten Kosten im Pflegesatz nicht zu berücksichtigen

1. Investitionskosten, ausgenommen die Kosten der Wiederbeschaffung von Wirtschaftsgütern mit einer durchschnittlichen Nutzungsdauer bis zu drei Jahren,
2. Kosten der Grundstücke, des Grundstückserwerbs, der Grundstückserschließung sowie ihrer Finanzierung,
3. Anlauf- und Umstellungskosten,
4. Kosten der in § 4 Abs. 3 Nr. 8 bis 10 bezeichneten Einrichtungen,
5. Kosten, für die eine sonstige öffentliche Förderung gewährt wird;

dies gilt bei Krankenhäusern, die teilweise gefördert werden, nur hinsichtlich des geförderten Teils.

(5) Bei Krankenhäusern, die nach diesem Gesetz nicht öffentlich gefördert werden, dürfen von Sozialleistungsträgern keine höheren Pflegesätze gefordert werden, als sie von diesen für Leistungen vergleichbarer nach diesem Gesetz geförderter Krankenhäuser zu entrichten sind, es sei denn, daß das Krankenhaus im Hinblick auf § 323 c des Strafgesetzbuches zur Aufnahme des Kranken verpflichtet ist. Krankenhäuser, die nur deshalb nach diesem Gesetz nicht gefördert werden, weil sie keinen Antrag auf Förderung stellen, dürfen auch von einem Krankenhausbenutzer keine höheren als die sich aus Satz 1 ergebenden Pflegesätze fordern.

Bundespflegesatzverordnung

§ 18 Ermittlung der Selbstkosten

(1) Für die Ermittlung der Selbstkosten gelten die §§ 17, 18 Abs. 2 Satz 2 und § 30 Abs. 2 KHG sowie die folgenden Vorschriften.
(2) Für jedes Kalenderjahr ist ein Selbstkostenblatt, das die dort bezeichneten Kosten und Erlöse des abgelaufenen Kalenderjahres enthält, zu erstellen und der zuständigen Landesbehörde bis spätestens zum 30. April des folgenden Jahres in doppelter Ausfertigung zuzuleiten. In begründeten Ausnahmefällen kann auf Antrag die Frist verlängert werden. Das Muster des Selbstkostenblattes (Anlage 1) ist Bestandteil der Verordnung.
(3) Selbstkosten im Sinne dieser Verordnung sind unbeschadet der §§ 17, 18 Abs. 2 Satz 2 und § 30 Abs. 2 KHG und der folgenden Absätze die mit einer stationären und halbstationären Krankenhausbehandlung bei sparsamer Wirtschaftsführung unter Berücksichtigung der Leistungsfähigkeit des Krankenhauses verbundenen Kosten. Dabei sind auch die Kostenänderungen und die zu erwartenden Kostenentwicklungen, diese jedoch ohne die Personalkosten im Sinne des § 17 Abs. 2 zu berücksichtigen.
(4) Für Instandhaltung und Instandsetzung von Anlagegütern sind als Selbstkosten für jedes Krankenhausplanbett jährlich 0,92 vom Hundert der Bemessungsgrundlage nach Satz 2 anzusetzen. Als Bemessungsgrundlage sind entsprechend dem Jahr der Inbetriebnahme und der Anforderungsstufe die Beträge der nachstehenden Tabelle zugrunde zu legen:

Jahr der Inbetriebnahme	Anforderungsstufen			
	I	II	III	IV
bis 31.12. 1950	45600	48450	51300	62700
1.1. 1951 bis 31.12. 1960	56800	60350	63900	78100
1.1. 1961 bis 31.12. 1965	63200	67150	71100	86900
1.1. 1966 bis 31.12. 1970	74400	79050	83700	102300
ab 1.1. 1971	80000	85000	90000	110000

Es gehören Krankenhäuser
1. mit bis zu 250 Krankenhausplanbetten zur Anforderungsstufe I,
2. mit mehr als 250 und bis zu 350 Krankenhausplanbetten zur Anforderungsstufe II,
3. mit mehr als 350 und bis zu 650 Krankenhausplanbetten zur Anforderungsstufe III,
4. mit mehr als 650 Krankenhausplanbetten zur Anforderungsstufe IV.

Abweichend von Satz 3 kann eine andere Anforderungsstufe oder im Ausnahmefall ein anderer Betrag festgesetzt werden, soweit dies zur Erhaltung der Leistungsfähigkeit des Krankenhauses unter Berücksichtigung seiner im Krankenhausbedarfsplan bestimmten Aufgaben notwendig oder ausreichend ist. Wird die Bemessungsgrundlage (§ 10 Abs. 1 KHG) gemäß § 10 Abs. 3 oder Abs. 5 KHG neu festgesetzt, so ist auch die Bemessungsgrundlage nach Satz 2 entsprechend der durchschnittlichen Entwicklung der Instandhaltungs- und Instandsetzungskosten neu festzusetzen.

(5) Als Kosten der Ambulanz des Krankenhauses sind bei vorhandener Kostenstellenrechnung die auf die Ambulanz entfallenden Selbstkosten, bei fehlender Kostenstellenrechnung die auf Grund einer wirklichkeitsnahen Schätzung ermittelten Kosten abzuziehen. Ist eine wirklichkeitsnahe Schätzung nicht möglich, sind 90 vom Hundert der Einnahmen abzuziehen.
(6) Als Kostenerstattung der Ärzte, soweit diese zur gesonderten Berechnung ihrer Leistungen berechtigt sind, sind für die hierdurch verursachten Sachkosten und Personalkosten bei vorhandener Kostenstellenrechnung die Selbstkosten, bei fehlender Kostenstellenrechnung die auf Grund einer wirklichkeitsnahen Schätzung ermittelten Kosten abzuziehen. Ist eine wirklichkeitsnahe Schätzung nicht möglich, sind von den Abgaben der Ärzte an das Krankenhaus 70 vom Hundert abzuziehen. Die Erlöse für ärztliche Sachleistungen nach § 368 n Abs. 2 Satz 1 der Reichsversicherungsordnung sind in Höhe von 90 vom Hundert abzuziehen; dies gilt auch für Erlöse für entsprechende ärztliche Sachleistungen, die für Versicherte der Ersatzkassen oder Berechtigte anderer Sozialleistungsträger erbracht werden.
(7) Ein Kostenabzug wegen nicht nur vorübergehender Minderbelegung ist vorzunehmen, wenn die durchschnittliche Bettenausnutzung der Krankenhausplanbetten 75 vom Hundert unterschreitet. Vom Kostenabzug ist abzusehen, soweit eine für die Versorgung der Bevölkerung notwendige Fortführung des Betriebs des Krankenhauses nicht mehr gewährleistet wäre.
(8) Bei der Ermittlung der Selbstkosten bleiben die durch die Aufnahmen zur Begutachtung erforderlichen zusätzlichen Sach- und Personalkosten außer Betracht.
(9) Bei vorhandener Kostenstellenrechnung sind die auf die sonstigen gesondert berechenbaren Leistungen (§ 6) entfallenden Selbstkosten vor Ermittlung der Selbstkosten des allgemeinen Pflegesatzes abzuziehen. Bei fehlender Kostenstellenrechnung sind bei der Ermittlung der kostengleichen Berechnungstage zur Ausgliederung der Kosten der sonstigen gesondert berechenbaren Leistungen Äquivalenzziffern anzuwenden.
(10) Bei der Festsetzung besonderer Pflegesätze (§ 4) kann die zuständige Behörde verlangen, daß die für den besonderen Pflegesatz maßgebenden Selbstkosten in einem besonderen Selbstkostenblatt nachgewiesen werden.

7 Rettungssanitäterausbildung

7.1 Entwurf des Gesetzes über den Beruf des Rettungssanitäters (Rettungssanitäter-Gesetz – RettSanG E 1972)

Der Bundestag hat mit Zustimmung des Bundesrates das folgende Gesetz beschlossen:

I. Abschnitt
Die Erlaubnis

§ 1

Wer eine Tätigkeit unter der Berufsbezeichnung „Rettungssanitäter" oder „Rettungssanitäterin" ausüben will, bedarf der Erlaubnis.

§ 2

(1) Eine Erlaubnis nach § 1 wird erteilt, wenn der Antragsteller
1. nach einem 2jährigen Lehrgang die staatliche Prüfung für Rettungssanitäter bestanden hat,
2. sich nicht eines Verhaltens schuldig gemacht hat, aus dem sich die Unzuverlässigkeit zur Ausübung des Berufs ergibt, und
3. nicht wegen eines körperlichen Gebrechens, wegen Schwäche seiner geistigen oder körperlichen Kräfte oder wegen einer Sucht zur Ausübung des Berufs unfähig oder ungeeignet ist.

(2) Eine außerhalb des Geltungsbereiches dieses Gesetzes erworbene abgeschlossene Ausbildung gilt als Ausbildung im Sinne des Absatzes 1 Nr. 1, wenn die Gleichwertigkeit des Ausbildungsstandes anerkannt wird.

(3) Eine Ausbildung im Sanitätsdienst der Bundeswehr gilt als Ausbildung im Sinne des Absatzes 1 Nr. 1, wenn der Antragsteller nachweist, daß er als Soldat im Sanitätsdienst der Bundeswehr
1. die Sanitätsprüfung, den fachlichen Teil der Unteroffiziersprüfung für Unteroffiziere im Sanitätsdienst der Bundeswehr und die Prüfung für Sanitätspersonal im Rettungsdienst bestanden und
2. eine 2jährige praktische Tätigkeit im Rettungsdienst der Bundeswehr abgeleistet hat.

§ 3

(1) Die Erlaubnis ist zurückzunehmen, wenn bei ihrer Erteilung eine der Voraussetzungen nach § 2 Abs. 1 Nr. 2 und 3 nicht vorgelegen hat, die staatliche Prüfung nicht bestanden oder die Ausbildung nach § 2 Abs. 2 oder 3 nicht abgeschlossen war.

(2) Die Erlaubnis ist zu widerrufen, wenn nachträglich die Voraussetzung nach § 2 Abs. 1 Nr. 2 weggefallen ist.

(3) Die Erlaubnis kann widerrufen werden, wenn nachträglich eine der Voraussetzungen nach § 2 Abs. 1 Nr. 3 weggefallen ist.

(4) In den Fällen der Absätze 1 bis 3 ist der Betroffene vor der Entscheidung zu hören.

§ 4

(1) Der Lehrgang nach diesem Gesetz wird an staatlich anerkannten Schulen für Rettungssanitäter durchgeführt.

(2) Zum Lehrgang wird zugelassen, wer

1. das 17. Lebensjahr vollendet hat,
2. eine abgeschlossene Volksschulbildung, einen Hauptschulabschluß oder eine andere gleichwertige Schulbildung nachweist und
3. eine ärztliche Bescheinigung darüber vorliegt, daß er nicht wegen Mangels an körperlichen Kräften oder Fähigkeiten offensichtlich zur Berufsausübung ungeeignet sein wird.

§ 5

(1) Auf den Lehrgang werden angerechnet:
1. Unterbrechungen durch Ferien,
2. Unterbrechungen durch Krankheit oder aus sonstigen vom Auszubildenden nicht zu vertretenden Gründen bis zur Gesamtdauer von acht Wochen.

(2) Die zuständige Behörde kann auf Antrag eine andere Ausbildung im Umfange ihrer Gleichwertigkeit auf den Lehrgang für Rettungssanitäter anrechnen, wenn die Durchführung des Lehrgangs und die Erreichung des Ausbildungszieles dadurch nicht gefährdet werden. Eine abgeschlossene Ausbildung als Krankenpfleger oder Krankenschwester nach den Vorschriften des Krankenpflegegesetzes in der Fassung der Bekanntmachung vom 20. September 1965 (Bundesgesetzbl. I S. 1443), zuletzt geändert durch das Dritte Gesetz zur Änderung des Krankenpflegegesetzes vom 4. Mai 1972 (Bundesgesetzbl. I S. 753), ist stets bis zu mindestens zwölf Monaten anzurechnen. Das gleiche gilt hinsichtlich einer mindestens 4jährigen Dienstzeit im Sanitätsdienst der Bundeswehr, des Bundesgrenzschutzes oder der Polizei eines Landes, wenn der Antragsteller im Sanitätsdienst der Bundeswehr die Sanitätsprüfung und den fachlichen Teil der Unteroffiziersprüfung, im Sanitätsdienst des Bundesgrenzschutzes die Fachprüfung für die Verwendung als Sanitätsbeamter im Bundesgrenzschutz oder im Sanitätsdienst der Polizei eines Landes eine vergleichbare Prüfung für die Verwendung im Sanitätsdienst der Polizei eines Landes bestanden hat.

§ 6

Der Bundesminister für Jugend, Familie und Gesundheit regelt durch Rechtsverordnung mit Zustimmung des Bundesrates in einer Ausbildungs- und Prüfungsordnung für Rettungssanitäter die Mindestanforderungen an den Lehrgang, das Nähere über die staatliche Prüfung und die Urkunde für die Erlaubnis nach § 1. In der Rechtsverordnung ist vorzusehen, daß der Auszubildende während des Lehrgangs am theoretischen und praktischen Unterricht, an einer praktischen Ausbildung im Krankenhaus sowie an Einsätzen mit dem Rettungsfahrzeug teilzunehmen hat. Bei der staatlichen Prüfung muß das Schwergewicht auf dem Nachweis von Kenntnissen und Fähigkeiten in der Versorgung und Transportbegleitung von Notfallpatienten liegen.

II. Abschnitt
Zuständigkeiten

§ 7

(1) Die Entscheidungen nach § 2 Abs. 1 und § 9 Abs. 1 und 2 trifft die zuständige Behörde des Landes, in dem der Antragsteller die Prüfung oder die Sonderprüfung abgelegt oder die Ausbildung abgeschlossen hat.

(2) Die Entscheidungen nach § 2 Abs. 1 in Verbindung mit § 2 Abs. 2 oder 3 und nach § 3 trifft die zuständige Behörde des Landes, in dem der Antragsteller oder der Inhaber der Erlaubnis
1. seinen Wohnsitz hat,
2. wenn die Zuständigkeit nach Nummer 1 nicht gegeben ist, seinen Wohnsitz begründen will, oder
3. wenn eine Zuständigkeit nach Nummer 1 oder 2 nicht gegeben ist, zuletzt seinen Wohnsitz gehabt hat.

(3) Die Entscheidungen über die staatliche Anerkennung einer Schule nach § 4 Abs. 1 trifft die zuständige Behörde des Landes, in dem die Schule liegt.

(4) Die Entscheidung über die Anrechnung einer Ausbildung nach § 5 Abs. 2 trifft die zuständige Behörde des Landes, in dem der Bewerber an einem Lehrgang teilnehmen will.
(5) Die Landesregierung bestimmt die zur Durchführung dieses Gesetzes zuständigen Behörden.

III. Abschnitt
Bußgeldvorschrift

§ 8

(1) Ordnungswidrig handelt, wer ohne Erlaubnis nach § 1 die Berufsbezeichnung „Rettungssanitäter" oder „Rettungssanitäterin" führt.
(2) Die Ordnungswidrigkeit kann mit einer Geldbuße geahndet werden.

IV. Abschnitt
Übergangsvorschriften

§ 9

(1) Personen, die während der beiden dem Inkrafttreten dieses Gesetzes vorausgehenden Jahre nicht nur gelegentlich im Rettungsdienst als Transportbegleiter tätig gewesen sind oder die im Zeitpunkt des Inkrafttretens des Gesetzes eine Ausbildung als Rettungssanitäter oder Transportsanitäter abgeschlossen haben, die nicht den in Absatz 2 genannten Erfordernissen entspricht, oder nach Inkrafttreten des Gesetzes eine solche vorher begonnene Ausbildung abschließen, erhalten auf Antrag die Erlaubnis nach § 1, wenn sie nachweisen, daß sie
1. innerhalb von zehn Jahren nach Inkrafttreten dieses Gesetzes
   a) an einer von den Sanitätsorganen, von den Einrichtungen der Feuerwehr oder von zur Ausbildung staatlich ermächtigten oder anerkannten Stellen durchgeführten Ausbildung in der Notfallrettung von 150 Stunden teilgenommen und
   b) an einer staatlich anerkannten Schule für Rettungssanitäter die Sonderprüfung für Rettungssanitäter bestanden haben und
2. die Voraussetzungen des § 2 Abs. 1 Nr. 2 und 3 erfüllen.

Der Bundesminister für Jugend, Familie und Gesundheit regelt durch Rechtsverordnung mit Zustimmung des Bundesrates in einer Sonderprüfungsordnung das Nähere über die staatliche Sonderprüfung für Rettungssanitäter, bei der das Schwergewicht auf dem Nachweis von Kenntnissen und Fähigkeiten in der Versorgung und Transportbegleitung von Notfallpatienten liegen muß.
(2) Personen, die vor Inkrafttreten dieses Gesetzes eine Ausbildung als Rettungssanitäter oder Transportsanitäter erfolgreich abgeschlossen haben, die Voraussetzungen des § 2 Abs. 1 Nr. 2 und 3 erfüllen und den Antrag innerhalb von 2 Jahren nach Inkrafttreten dieses Gesetzes stellen, erhalten die Erlaubnis nach § 1, wenn die Ausbildung
1. sich auf mindestens 180 Stunden theoretischen Unterrichts mit praktischen Übungen erstreckte,
2. in erster Linie auf die Vermittlung von Kenntnissen und Fähigkeiten auf dem Gebiete der Versorgung und Betreuung von Notfallpatienten unter besonderer Berücksichtigung der Reanimation gerichtet war und
3. eine Prüfung umfaßte, die
   a) den Nachweis der in Nummer 2 genannten Fähigkeiten und Fertigkeiten zum Gegenstand hatte und
   b) von einer staatlichen oder kommunalen Stelle oder unter ihrer Aufsicht oder von einer Sanitätsorganisation durchgeführt worden ist.

V. Abschnitt
Schlußvorschrift

§ 10

Dieses Gesetz gilt nach Maßgabe des § 13 Abs. 1 des Dritten Überleitungsgesetzes vom 4. Januar 1952 (Bundesgesetzbl. I S. 1) auch im Land Berlin. Rechtsverordnungen, die aufgrund dieses Gesetzes erlassen werden, gelten im Land Berlin nach § 14 des Dritten Überleitungsgesetzes.

§ 11

Dieses Gesetz tritt am 1. Oktober 1974 in Kraft.

Ausbildungs- und Prüfungsordnung für Rettungssanitäter

vom ... Entwurf (Stand: 23. Februar 1972)

Aufgrund des § 6 des Gesetzes über den Beruf des Rettungssanitäters vom ... (Bundesgesetzblatt I S. ...) wird mit Zustimmung des Bundesrates verordnet:

§ 1 Ausbildung und Prüfung

(1) Die Ausbildung zum Beruf des Rettungssanitäters besteht aus einem einjährigen Lehrgang an einer staatlich anerkannten Schule für Rettungssanitäter und einer anschließenden praktischen Ausbildung in einer Krankenanstalt und einer Rettungswache von jeweils sechs Monaten.
(2) Die staatliche Prüfung für Rettungssanitäter umfaßt einen theoretischen und einen praktischen Prüfungsabschnitt. Der theoretische Prüfungsabschnitt, der einen schriftlichen und einen mündlichen Teil umfaßt, wird im Anschluß an den Lehrgang, der praktische Prüfungsabschnitt im Anschluß an die praktische Ausbildung abgelegt.

§ 2 Lehrgänge

(1) Der einjährige Lehrgang für Rettungssanitäter umfaßt die in Anlage 1 aufgeführten Fächer für den theoretischen und praktischen Unterricht mit den dort genannten Stundenzahlen.
(2) Der Auszubildende weist seine regelmäßige und erfolgreiche Teilnahme am Unterricht durch Bescheinigungen nach dem Muster der Anlage 2 nach.

§ 3 Praktische Ausbildung

(1) Die praktische Ausbildung beginnt mit der sechsmonatigen Ausbildung in der Krankenanstalt, an die sich die sechsmonatige praktische Ausbildung in der Rettungswache anschließt. Die praktische Ausbildung darf erst begonnen werden, wenn der Auszubildende den theoretischen Prüfungsabschnitt bestanden hat.
(2) Die Ausbildung in der Krankenanstalt ist auf den folgenden Abteilungen für die angegebene Dauer durchzuführen:

1. Unfall- und Notaufnahmestation	2 Monate
2. Intensivpflegestation oder Wachstation	2 Monate
3. Kinderstation	3 Wochen
4. Neurologische und psychiatrische Station	3 Wochen
5. Entbindungsstation	2 Wochen

Während der Ausbildung ist der Auszubildende mit der Versorgung von Notfallpatienten vertraut zu machen. Ihm ist Gelegenheit zu geben, die im Unterricht während des Lehrgangs erworbenen Kenntnisse praktisch anzuwenden. Dabei ist das Schwergewicht auf solche Fälle zu legen, mit denen ein Rettungssanitäter bei der Berufsausübung zu tun hat. Der Auszubildende soll während der Ausbildung auch mit Notfallsituationen in der Geburtshilfe vertraut gemacht werden. Nach Abschluß der Ausbildung erhält der Auszubildende eine Bescheinigung nach dem Muster der Anlage 3. Die Bescheinigung ist von dem Leiter der Krankenanstalt und von dem Ausbildenden zu unterschreiben.

(3) Während der Ausbildung in der Rettungswache nimmt der Auszubildende an den Einsätzen des Krankenkraftwagens teil. Dabei soll er unter Anleitung eines Notarztes oder eines Rettungssanitäters die in der vorhergehenden Ausbildung erworbenen Kenntnisse und Fähigkeiten unter den besonderen Verhältnissen eines Rettungstransportes anzuwenden lernen. Der Auszubildende muß durch die Ausbildung in den Stand gesetzt werden, die Transportfähigkeit von Notfallpatienten, Kranken und Verletzten zu beurteilen, die zur Herstellung der Transportfähigkeit notwendigen Maßnahmen zu treffen sowie die Versorgung und Betreuung dieser Personen während des Transportes zu übernehmen. Er soll ferner lernen, die Ausrüstung des Krankenkraftwagens sicher und selbständig zu bedienen und anzuwenden, den Krankenkraftwagen sicher zu fahren, die Technik des Funksprechverkehrs zu beherrschen und während der Fahrt selbständige Entscheidungen über lebensrettende Maßnahmen in bezug auf den Patienten zu treffen. Nach Abschluß der Ausbildung erhält der Auszubildende eine Bescheinigung nach dem Muster der Anlage 4. Die Bescheinigung ist von dem Leiter der Rettungswache und von dem Ausbilder zu unterschreiben.

(4) Der Auszubildende ist während der praktischen Ausbildung für die Zeit freizustellen, die er benötigt, um die Fahrerlaubnis zum Führen von Kraftfahrzeugen der Klasse 3 zu erwerben.

(5) Auf die praktische Ausbildung nach dieser Verordnung finden die Vorschriften des Berufsbildungsgesetzes (BBiG) vom 14. August 1969 (Bundesgesetzblatt I S. 1112), geändert durch das Gesetz zur Änderung des Berufsbildungsgesetzes (BBiG) vom 12. März 1971 (Bundesgesetzblatt I S. 185), über die Probezeit während des Berufsausbildungsverhältnisses keine Anwendung.

§ 4 Prüfungsausschuß

(1) Bei jeder Schule für Rettungssanitäter wird ein Prüfungsausschuß gebildet, der aus folgenden Mitgliedern besteht:
1. einem Medizinalbeamten als Vorsitzenden und
2. Lehrkräften der Schule als Fachprüfer.

(2) Jedes Mitglied des Prüfungsausschusses hat einen oder mehrere Stellvertreter. Die zuständige Behörde bestellt die Mitglieder des Prüfungsausschusses sowie deren Stellvertreter und beruft sie ab. Vor der Bestellung der Fachprüfer und deren Stellvertreter ist der Leiter der Schule zu hören. Der Vorsitzende bestimmt die Fachprüfer und deren Stellvertreter für die einzelnen Fächer.

(3) Der Prüfling legt die Prüfung vor dem Prüfungsausschuß bei der Schule ab, an der er den Lehrgang abgeschlossen hat. Ausnahmen von Satz 1 kann die Behörde zulassen, die für den Prüfungsausschuß zuständig ist, bei der die Prüfung oder ein Abschnitt der Prüfung abweichend von der Regelung des Satzes 1 abgelegt werden soll. Diese Behörde entscheidet nach Anhörung der ursprünglich zuständigen Behörde.

§ 5 Zulassung zur Prüfung

(1) Der Vorsitzende entscheidet auf Antrag über die Zulassung zum theoretischen und praktischen Prüfungsabschnitt und setzt die Prüfungstermine fest.

(2) Die Zulassung zum theoretischen Prüfungsabschnitt wird erteilt, wenn folgende Nachweise vorliegen:
1. ein Geburtsschein oder eine Geburtsurkunde,
2. die Bescheinigung nach § 2 Abs. 2 über die regelmäßige und erfolgreiche Teilnahme am theoretischen und praktischen Unterricht während des Lehrgangs und
3. ein ärztliches Zeugnis über die körperliche Eignung zur Ausübung des Berufs, das bei der Vorlage nicht älter als drei Monate sein darf.

(3) Die Zulassung zum praktischen Prüfungsabschnitt wird erteilt, wenn
1. der theoretische Prüfungsabschnitt bestanden ist und
2. folgende Nachweise vorliegen:

a) die Bescheinigung über die praktische Ausbildung in der Krankenanstalt und in der Rettungswache nach dem Muster der Anlagen 3 und 4 und

b) der Nachweis über den Besitz einer gültigen Fahrerlaubnis zum Führen von Kraftfahrzeugen der Klasse 3.

(4) Die Zulassungen zu den Prüfungsabschnitten sowie die Prüfungstermine sollen dem Auszubildenden spätestens zwei Wochen vor Prüfungsbeginn schriftlich mitgeteilt werden.

§ 6 Theoretischer Prüfungsabschnitt

(1) Der schriftliche Teil der Prüfung erstreckt sich auf alle Fächer, die nach Anlage 1 zu § 2 Abs. 1 Gegenstand des theoretischen und praktischen Unterrichts sind. Der Prüfling hat in einer Aufsichtsarbeit schriftlich gestellte Fragen zu beantworten. Die Aufsichtsarbeit dauert vier Stunden und soll an einem Tage erledigt sein. Der Aufsichtsführende wird vom Vorsitzenden des Prüfungsausschusses bestellt. Die Aufsichtsarbeit wird von dem Vorsitzenden des Prüfungsausschusses gestellt und von ihm im Benehmen mit mindestens zwei Fachprüfern nach § 9 benotet.

(2) Im mündlichen Teil der Prüfung hat der Prüfling

a) seine Kenntnisse über Maßnahmen bei der Versorgung und beim Transport von Notfallpatienten unter besonderer Berücksichtigung der Stoffgebiete der in den Nummern 4, 5 und 8 bis 14 der Anlage 1 zu § 2 Abs. 1 genannten Fächer nachzuweisen und

b) Fragen aus den Stoffgebieten der in den Nummern 6 und 7 der Anlage 1 zu § 2 Abs. 1 genannten Fächer zu beantworten.

Die Prüfung wird von einer Prüfungskommission, die aus dem Vorsitzenden des Prüfungsausschusses und mindestens zwei Fachprüfern besteht, abgenommen und nach § 9 benotet. Sie soll für den einzelnen Prüfling je Gebiet zehn Minuten dauern. Die Gruppen, die von einer Prüfungskommission gleichzeitig geprüft werden, sollen nicht mehr als fünf Personen umfassen.

§ 7 Praktischer Prüfungsabschnitt

Im praktischen Prüfungsabschnitt hat der Prüfling am Beispiel von drei ausgewählten Fällen zu demonstrieren, wie er Schwerverletzte oder Schwerkranke bei der Übernahme zum Transport in das Krankenhaus versorgt, die Transportfähigkeit feststellt, den Transport vorbereitet und durchführt. Auf Verlangen des Prüfers hat der Prüfling seine Verrichtungen zu erläutern. Die Prüfung wird von einer Prüfungskommission, die aus dem Vorsitzenden des Prüfungsausschusses und mindestens zwei Fachprüfern besteht, abgenommen und nach § 9 benotet. Sie soll für den einzelnen Prüfling an einem Tag erledigt sein.

§ 8 Niederschrift

Über die Prüfung ist in beiden Abschnitten eine Niederschrift zu fertigen, aus der Gegenstand, Verlauf und Ergebnis der Prüfung und etwa vorkommende Unregelmäßigkeiten hervorgehen.

§ 9 Benotung

Die schriftliche Aufsichtsarbeit (§ 6 Abs. 1) sowie die Leistungen in der mündlichen und in der praktischen Prüfung (§ 6 Abs. 2 und § 7) werden wie folgt benotet:

„sehr gut" (1), wenn die Leistung den Anforderungen in besonderem Maße entspricht,

„gut" (2), wenn die Leistung den Anforderungen voll entspricht,

„befriedigend" (3), wenn die Leistung im allgemeinen den Anforderungen entspricht,

„ausreichend" (4), wenn die Leistung zwar Mängel aufweist, aber im ganzen den Anforderungen noch entspricht,

„mangelhaft" (5), wenn die Leistung den Anforderungen nicht entspricht, jedoch erkennen läßt, daß die notwendigen Grundkenntnisse vorhanden sind und die Mängel in absehbarer Zeit behoben werden können,

„ungenügend" (6), wenn die Leistung den Anforderungen nicht entspricht und selbst die Grundkenntnisse so lückenhaft sind, daß die Mängel in absehbarer Zeit nicht behoben werden können.

§ 10 Bestehen und Wiederholung der Prüfung

(1) Die Prüfung ist bestanden, wenn beide Prüfungsabschnitte bestanden sind. Der theoretische Prüfungsabschnitt ist bestanden, wenn die Note für die schriftliche Aufsichtsarbeit (§ 6 Abs. 1 Satz 5) und die Note für den mündlichen Teil (§ 6 Abs. 2 Satz 2) mindestens „ausreichend" sind. Der praktische Prüfungsabschnitt ist bestanden, wenn die Prüfungsnote (§ 7 Satz 3) mindestens „ausreichend" ist.
(2) Über die bestandene staatliche Prüfung wird ein Zeugnis nach dem Muster der Anlage 5 erteilt, auf dem die Prüfungsnote für die schriftliche Aufsichtsarbeit und die Noten für den mündlichen Teil des theoretischen Prüfungsabschnitts und für den praktischen Prüfungsabschnitt einzutragen sind. Über das Nichtbestehen der Prüfung erhält der Prüfling vom Vorsitzenden des Prüfungsausschusses eine schriftliche Mitteilung, in der die Prüfungsnoten anzugeben sind.
(3) Jeder Teil des theoretischen Prüfungsabschnitts und der praktische Prüfungsabschnitt können zweimal wiederholt werden. Eine weitere Wiederholung ist auch nach einer erneuten vollständigen Lehrgangsausbildung nicht möglich.
(4) Der Vorsitzende des Prüfungsausschusses kann die Zulassung zu einer Wiederholungsprüfung von einer bestimmten Art der Vorbereitung abhängig machen. Die Wiederholungsprüfung muß jeweils spätestens zwölf Monate nach der letzten Prüfung abgeschlossen sein; Ausnahmen kann die zuständige Behörde in begründeten Fällen zulassen.

§ 11 Rücktritt von der Prüfung

(1) Tritt ein Prüfling nach seiner Zulassung von der Prüfung zurück, so hat er die Gründe für seinen Rücktritt unverzüglich dem Vorsitzenden des Prüfungsausschusses mitzuteilen. Genehmigt der Vorsitzende den Rücktritt, so gilt die Prüfung als nicht unternommen. Die Genehmigung ist nur zu erteilen, wenn wichtige Gründe vorliegen. Im Falle einer Krankheit kann die Vorlage einer ärztlichen Bescheinigung verlangt werden.
(2) Wird die Genehmigung für den Rücktritt nicht erteilt, oder unterläßt es der Prüfling, die Gründe für seinen Rücktritt unverzüglich mitzuteilen, so gilt die Prüfung als nicht bestanden.

§ 12 Versäumnisfolgen

(1) Versäumt ein Prüfling einen Prüfungstermin oder gibt er die Aufsichtsarbeit nicht oder nicht rechtzeitig ab, oder unterbricht er die Prüfung, so gilt der betreffende Prüfungsteil als nicht bestanden, wenn nicht ein wichtiger Grund vorliegt. Liegt ein wichtiger Grund vor, so gilt der Teil der Prüfung als nicht unternommen.
(2) Die Entscheidung darüber, ob ein wichtiger Grund vorliegt, trifft der Vorsitzende des Prüfungsausschusses. § 11 Abs. 1 Satz 1 gilt entsprechend.

§ 13 Ordnungsverstöße und Täuschungsversuche

Der Vorsitzende des Prüfungsausschusses kann bei Prüflingen, die die ordnungsgemäße Durchführung der Prüfung in erheblichem Maße gestört oder sich eines Täuschungsversuchs schuldig gemacht haben, den betreffenden Teil der Prüfung für „nicht bestanden" erklären. Eine solche Erklärung ist nach Ablauf von drei Jahren nach Abschluß der Prüfung nicht mehr zulässig.

§ 14 Berlin-Klausel

Diese Verordnung gilt nach § 14 des Dritten Überleitungsgesetzes vom 4. Januar 1952 (Bundesgesetzblatt I S. 1) in Verbindung mit § 12 des Gesetzes über den Beruf des Rettungssanitäters auch im Land Berlin.

§ 15 Inkrafttreten

Diese Verordnung tritt am ... in Kraft.

Anlage 1 (zu § 2 Abs. 1)

Fächer für den theoretischen und praktischen Unterricht während des Lehrgangs

1. Berufskunde, Staatsbürger- und Gesetzeskunde sowie Straßenverkehrsrecht	50 Stunden
2. Anatomie und Physiologie	90 Stunden
3. Allgemeine und persönliche Hygiene sowie Desinfektionslehre	40 Stunden
4. Erste Hilfe, Verbandslehre, Betreuung, Lagerung und Transport von Unfallpatienten, Kranken, Verletzten und Hilfsbedürftigen, von Notfallpatienten	100 Stunden
5. Reanimation (Freimachen der Luftwege, Absaugen, künstliche Beatmung, Schockerkennung und -bekämpfung, Herzmassage)	100 Stunden
6. Instrumenten- und Apparatekunde sowie deren Anwendung unter besonderer Berücksichtigung der Reanimation	80 Stunden
7. Injektions- und Infusionstechnik	30 Stunden
8. Chirurgie unter besonderer Berücksichtigung der Traumatologie, Blutungen und Verbrennungen	200 Stunden
9. Innere Medizin und Pädiatrie unter besonderer Berücksichtigung lebensbedrohender Zustände und Infektionskrankheiten	170 Stunden
10. Intoxikationen	60 Stunden
11. Notfälle durch Umwelteinflüsse	60 Stunden
12. Erste Hilfe bei Geburtshilfe (Notfälle)	40 Stunden
13. Neurologie und Psychiatrie	60 Stunden
14. Technik der Bergung Verletzter	50 Stunden
15. Strahlenschutz und einfache Dosimetrie	30 Stunden
16. Fernmelde- und Fahrzeugkunde	40 Stunden
	1 200 Stunden

7.2 Entwurf eines Gesetzes über den Beruf des Rettungssanitäters (Rettungssanitäter-Gesetz – RettSanG – Entwurf des Berufsverbandes 1983)

Der Bundestag hat mit Zustimmung des Bundesrates das folgende Gesetz beschlossen:

I. Abschnitt
Die Erlaubnis

§ 1

Wer eine Tätigkeit unter der Berufsbezeichnung „Rettungssanitäter" oder „Rettungssanitäterin" ausüben will, bedarf der Erlaubnis.

§ 2

(1) Die Erlaubnis nach § 1 wird erteilt, wenn der Antragsteller bzw. die Antragstellerin
1. die 1jährige Basisausbildung zum Krankenpflegehelfer (-helferin) bestanden hat,
2. die 1jährige Ausbildung für die spezifischen Belange des Rettungsdienstes abgeschlossen und die staatliche Abschlußprüfung bestanden hat,
3. sich nicht eines Verhaltens schuldig gemacht hat, aus dem sich die Unzuverlässigkeit zur Ausübung des Berufs ergibt,
4. über die notwendigen physischen und psychischen Voraussetzungen verfügt.

(2) Eine außerhalb des Geltungsbereiches dieses Gesetzes erworbene abgeschlossene Ausbildung gilt als Ausbildung im Sinne des Absatzes 1 Nr. 1 und 2, wenn die Gleichwertigkeit des Ausbildungsstandes anerkannt wird.

(3) Eine Ausbildung im Sanitätsdienst der Bundeswehr gilt als Ausbildung im Sinne des Absatzes 1 Nr. 1 und 2, wenn der Antragsteller nachweist, daß er als Soldat im Sanitätsdienst der Bundeswehr
1. die Sanitätsprüfung, den fachlichen Teil der Unteroffiziersprüfung für Unteroffiziere im Sanitätsdienst der Bundeswehr und die Prüfung für Sanitätspersonal im Rettungsdienst bestanden und
2. eine 2jährige praktische Tätigkeit im Rettungsdienst der Bundeswehr abgeleistet hat.

§ 3

(1) Die Erlaubnis ist zurückzunehmen, wenn bei ihrer Erteilung eine der Voraussetzungen nach § 2 Abs. 1 Nr. 2 und 3 nicht vorgelegen hat oder die Ausbildung nach § 2 Abs. 2 oder 3 nicht abgeschlossen war.

(2) Die Erlaubnis ist zu widerrufen, wenn er (sie) sich nach der Erteilung eines Verhaltens schuldig gemacht hat, aus dem sich die Unzuverlässigkeit zur Ausübung des Berufes ergibt.

(3) Die Erlaubnis kann widerrufen werden, wenn nachträglich eine der Voraussetzungen nach § 2 Abs. 1 Nr. 3 weggefallen ist.

(4) In den Fällen der Absätze 1 bis 3 ist der Betroffene vor der Entscheidung zu hören.

§ 4

(1) Die Ausbildungsabschnitte nach diesem Gesetz werden durchgeführt:
1. an staatlich anerkannten Schulen für die Krankenpflegehilfe und
2. an staatlich anerkannten Einrichtungen für die spezifische Ausbildung von Rettungssanitätern an Krankenhäusern oder staatlich anerkannten Schulen der Hilfsorganisationen bzw. der Feuerwehren.

(2) Zur Ausbildung wird zugelassen, wer
1. das 17. Lebensjahr vollendet hat,

2. eine abgeschlossene Volksschulbildung, einen Hauptschulabschluß oder eine andere gleichwertige Schulbildung nachweist und
3. eine ärztliche Bescheinigung darüber vorlegt, daß er nicht wegen Mangels an körperlichen Kräften oder Fähigkeiten offensichtlich zur Berufsausübung ungeeignet sein wird.

§ 5

(1) Auf die Ausbildung werden angerechnet:
1. Unterbrechungen durch Ferien,
2. Unterbrechungen durch Krankheit oder aus sonstigen vom Auszubildenden nicht zu vertretenden Gründen bis zur Gesamtdauer von acht Wochen.

(2) Die zuständige Behörde kann auf Antrag eine andere Ausbildung im Umfange ihrer Gleichwertigkeit auf den Lehrgang für Rettungssanitäter und Rettungssanitäterinnen anrechnen, wenn die Durchführung des Lehrgangs und die Erreichung des Ausbildungszieles dadurch nicht gefährdet werden.
1. Bei einer abgeschlossenen Ausbildung als Krankenpfleger oder Krankenschwester nach den Vorschriften des Krankenpflegesetzes vom ...... 1983 (Bundesgesetzblatt I, 1983 ......) entfällt zumindest die Ausbildung in der Krankenpflegehilfe nach § 2 Abs. 1 Nr. 1. Darüber hinaus können 2 Monate für den zweiten Ausbildungsabschnitt nach § 2 Abs. 1 Nr. 2 angerechnet werden.
2. Das gleiche gilt hinsichtlich einer mindestens 4jährigen Dienstzeit im Sanitätsdienst der Bundeswehr, des Bundesgrenzschutzes oder der Polizei eines Landes, wenn der Antragsteller im Sanitätsdienst der Bundeswehr die Sanitätsprüfung und den fachlichen Teil der Unteroffiziersprüfung, im Sanitätsdienst des Bundesgrenzschutzes die Fachprüfung für die Verwendung als Sanitätsbeamter im Bundesgrenzschutz oder im Sanitätsdienst der Polizei eines Landes eine vergleichbare Prüfung für die Verwendung im Sanitätsdienst der Polizei eines Landes bestanden hat.
3. Eine Ausbildung im Dienst der Berufsfeuerwehr ist stets bis zu 8 Monaten des 2. Ausbildungsabschnittes (§ 2 Abs. 1 Nr. 2) anzurechnen, wenn der Antragsteller regelmäßig im medizinischen Rettungsdienst der Feuerwehr eingesetzt war und nicht die Erlangung der Berufsbezeichnung „Rettungssanitäter“ nach § 9 Abs. 1 oder Abs. 2 anstrebt.

§ 6

Der Bundesminister für Jugend, Familie und Gesundheit regelt durch Rechtsverordnung mit Zustimmung des Bundesrates in einer Ausbildungs- und Prüfungsordnung für Rettungssanitäter und Rettungssanitäterinnen die Mindestanforderungen an die Ausbildungsabschnitte, das Nähere über die staatliche Prüfung und die Urkunde für die Erlaubnis nach § 1. In der Rechtsverordnung ist vorzusehen, daß der oder die Auszubildende während der Ausbildung am theoretischen und praktischen Unterricht, an einer praktischen Ausbildung im Krankenhaus sowie an Einsätzen mit dem Rettungsfahrzeug teilzunehmen hat. Bei der staatlichen Prüfung muß das Schwergewicht auf dem Nachweis von Kenntnissen und Fähigkeiten in der Versorgung und Transportbegleitung von Notfallpatienten liegen.

II. Abschnitt
Zuständigkeiten

§ 7

(1) Die Entscheidung nach § 2 Abs. 1 und § 9 Abs. 1 und 2 trifft die zuständige Behörde des Landes, in dem der Antragsteller die Prüfung oder die Sonderprüfung abgelegt oder die Ausbildung abgeschlossen hat.

(2) Die Entscheidung nach § 2 Abs. 1 in Verbindung mit § 2 Abs. 2 oder 3 und nach § 3 trifft die zuständige Behörde des Landes, in dem der Antragsteller oder der Inhaber der Erlaubnis
1. seinen Wohnsitz hat,

2. wenn die Zuständigkeit nach Nummer 1 nicht gegeben ist, seinen Wohnsitz begründen will, oder
3. wenn eine Zuständigkeit nach Nummer 1 oder 2 nicht gegeben ist, zuletzt seinen Wohnsitz gehabt hat.

(3) Die Entscheidung über die staatliche Anerkennung einer Schule nach § 4 Abs. 1 Nr. 1 und Nr. 2 trifft die zuständige Behörde des Landes, in dem die Schule liegt.

(4) Die Entscheidung über die Anrechnung einer Ausbildung nach § 5 Abs. 2 trifft die zuständige Behörde des Landes, in dem der Bewerber an einer Ausbildung teilnehmen will.

(5) Die Landesregierung bestimmt die zur Durchführung dieses Gesetzes zuständigen Behörden.

III. Abschnitt
Bußgeldvorschriften

§ 8

(1) Ordnungswidrig handelt, wer ohne Erlaubnis nach § 1 die Berufsbezeichnung „Rettungssanitäter" oder „Rettungssanitäterin" führt.

(2) Die Ordnungswidrigkeit kann mit einer Geldbuße geahndet werden.

IV. Abschnitt
Übergangsvorschriften

§ 9

(1) Personen, die zum Zeitpunkt des Inkrafttretens dieses Gesetzes eine Ausbildung nach den Grundsätzen zur Ausbildung des Personals im Rettungswesen des Bund-Länder-Ausschusses „Rettungswesen" vom 20.9. 1977 (520-Stunden-Minimal-Programm) vollständig absolviert haben und regelmäßig im Krankentransport und Rettungsdienst eingesetzt werden, erhalten auf Antrag die Erlaubnis nach § 1, wenn sie nachweisen, daß sie
1. innerhalb von 10 Jahren nach Inkrafttreten dieses Gesetzes
   a) zumindest an einem 6wöchigen Intensivpraktikum „Lebensrettende Sofortmaßnahmen": Venenpunktion, Beatmung, Intubation, Reanimation (s. Anlage 2 der Ausbildungs- und Prüfungsordnung für Rettungssanitäter) erfolgreich teilgenommen haben,
   b) an einer staatlich anerkannten Schule für Rettungssanitäter/Rettungssanitäterinnen eine Sonderprüfung für Rettungssanitäter(-innen) bestanden haben,
2. die Voraussetzungen des § 2 Abs. 1 Nr. 3 und 4 erfüllen.

(2) Personen, die zum Zeitpunkt des Inkrafttretens dieses Gesetzes eine Ausbildung nach der „520-Stunden-Regelung" (Grundsätze zur Ausbildung des Personals im Rettungswesen; Bund-Länder-Ausschuß „Rettungswesen") nicht vollständig absolviert haben, aber regelmäßig im Krankentransport und Rettungsdienst eingesetzt werden, erhalten auf Antrag die Erlaubnis nach § 1, wenn sie nachweisen, daß sie
1. innerhalb von 10 Jahren nach Inkrafttreten dieses Gesetzes
a) eine der „520-Stunden-Regelung" entsprechende Ausbildung absolviert haben,
b) zusätzlich zumindest an einem 6wöchigen Intensivpraktikum „Lebensrettende Sofortmaßnahmen": Venenpunktion, Beatmung, Intubation, Reanimation (s. Anlage 2 der Ausbildungs- und Prüfungsordnung für Rettungssanitäter) erfolgreich teilgenommen haben,
c) an einer staatlich anerkannten Schule für Rettungssanitäter(-innen) eine Sonderprüfung bestanden haben,
2. die Voraussetzung des § 2 Abs. 1 Nr. 3 u. 4 erfüllen.

Der Bundesminister für Jugend, Familie und Gesundheit regelt durch Rechtsverordnung mit Zustimmung des Bundesrates in einer Sonderprüfungsordnung das Nähere über die staatliche Sonderprüfung für Rettungssanitäter/Rettungssanitäterinnen, bei der das Schwergewicht auf dem Nachweis von Kenntnissen und Fähigkeiten in der Versorgung und Transportbegleitung von Notfallpatienten liegen muß.

V. Abschnitt
Schlußvorschrift

§ 10

Dieses Gesetz gilt nach Maßgabe des § 13 Abs. 1 des Dritten Überleitungsgesetzes vom 4. Januar 1952 (Bundesgesetzbl. I S. 1) auch im Land Berlin. Rechtsverordnungen, die aufgrund dieses Gesetzes erlassen wurden, gelten im Land Berlin nach § 14 des Dritten Überleitungsgesetzes.

§ 11

Dieses Gesetz tritt am ... in Kraft.

Ausbildungs- und Prüfungsordnung für Rettungssanitäter

(Entwurf Stand: Mai 1983)

Aufgrund § 6 des Gesetzes über den Beruf des Rettungssanitäters vom ... (Bundesgesetzblatt I S. ...) wird mit Zustimmung des Bundesrates verordnet:

§ 1 Ausbildung

(1) Die Ausbildung zum Beruf des Rettungssanitäters gliedert sich in zwei Abschnitte:
1. 1jährige Basisausbildung zum Krankenpflegehelfer(-helferin) an einer staatlich anerkannten Einrichtung der Krankenpflegehilfeausbildung an Krankenhäusern
2. 1jährige Ausbildung für die spezifischen Belange des Rettungsdienstes an einer staatlich anerkannten Einrichtung für die spezifische Ausbildung von Rettungssanitätern an Krankenhäusern oder Schulen der Hilfsorganisationen bzw. der Feuerwehren.

(2) Voraussetzung für die Zulassung zur Ausbildung nach Abs. 1 Ziff. 2 ist der erfolgreiche Abschluß der Basisausbildung nach Abs. 1 Ziff. 1.

(3) Im zweiten Abschnitt erfolgt die Ausbildung für die spezifischen Belange des Rettungsdienstes. Er umfaßt die präklinische Notfallmedizin, die durch einen sinnvollen Wechsel zwischen schulischer Vorbereitung für den Rettungsdienst, spezieller Klinikpraktika und Praktika im Krankentransport, im Rettungs- und im Notarztdienst vermittelt werden soll. Die Verantwortung für den geordneten Ausbildungsablauf des zweiten Abschnittes kann sowohl bei den staatlich anerkannten Landesschulen der Hilfsorganisationen und der Feuerwehren, als auch bei Kliniken liegen, die sich am organisierten Notarztdienst beteiligen. Der notwendige Wechsel zwischen schulischer Ausbildung, Praktika im Rettungsdienst und Klinikpraktika erfolgt in Absprache zwischen den jeweiligen Ausbildungsstätten.

§ 2 Prüfungen

(1) Die erfolgreiche Teilnahme an der Ausbildung für Krankenpflegehilfe ist durch eine entsprechende Prüfung vor staatlichen Prüfungsausschüssen nachzuweisen.

(2) Die Ausbildung für die spezifischen Belange des Rettungsdienstes schließt nach 12 Monaten ebenfalls mit einer staatlichen Prüfung ab. Diese Prüfung umfaßt einen theoretischen und einen praktischen Abschnitt. Der theoretische Teil besteht aus einem schriftlichen und mündlichen Abschnitt.

§ 3 Ausbildungsabschnitte

(1) Die 1jährige Ausbildung zum Krankenpflegehelfer (Krankenpflegehelferin) im 1. Ausbildungsabschnitt umfaßt die in Anlage 1 aufgeführten Fächer für den theoretischen und praktischen Unterricht mit den dort genannten Stundenzahlen.
(2) Die Ausbildung im 2. Ausbildungsabschnitt für die spezifischen Belange des Rettungsdienstes umfaßt die in Anlage 2 aufgeführten Fächer für den theoretischen und praktischen Unterricht und den dort genannten Stundenzahlen.

§ 4 Gesamtausbildungsprogramm

(1) Die praktische und theoretische Ausbildung im ersten Abschnitt entspricht voll den in der jeweils gültigen Ausbildungs- und Prüfungsordnung für Krankenpflegehelfer und Krankenpflegehelferinnen festgelegten Grundsätzen.
(2) Die angehenden Rettungssanitäter(-innen) werden nach bestandenem Examen Krankenpflegehelfer(-innen), für das zweite Ausbildungsjahr jeweils in die staatlich anerkannten Schulen, an Kliniken oder Ausbildungseinrichtungen der Hilfsorganisationen und der Feuerwehren einberufen, dort unterrichtet oder von dort in die anderen Ausbildungsstätten (Klinik, Rettungswache oder Schule) delegiert.
(3) Der zweite Ausbildungsabschnitt beginnt mit einer 2wöchigen Vorbereitung für den Einsatz im Krankentransport an den Schulen der Hilfsorganisationen bzw. Feuerwehren. Daran schließt sich ein 1monatiges Praktikum im Krankentransport an.
(4) Der (die) Krankenpflegehelfer(-in), der/die die Ausbildung im zweiten Abschnitt begonnen, mit Teil A erfolgreich abgeschlossen hat und den Lehrgang abbricht, erhält eine Bescheinigung über die absolvierten Ausbildungsteile. Er (Sie) ist berechtigt, sich Rettungshelfer bzw. Rettungshelferin zu nennen.
(5) Die weitere Ausbildung gliedert sich wie folgt:

1. theoretische Vorbereitung für den Rettungsdienst	2 Monate	Schule
2. praktische Vorbereitung für den Rettungsdienst	2 Monate	Klinik
– Praktikum klinische Notfallmedizin (4 Wochen)		
– Praktikum Intensivmedizin (4 Wochen)		
3. praktischer Einsatz Lehrrettungswache	2 Monate	Rettungsdienst
– Einweisung in die Leitstellenfunktion (2 Wochen)		
– Einsatz im Rettungsdienst als zusätzlicher Helfer eines Lehrrettungssanitäters (6 Wochen)		
– davon mindestens 2 Wochen im organisierten Notarztdienst		
4. Intensivpraktikum „Lebensrettende Sofortmaßnahmen“: Venenpunktion, Beatmung, Intubation, Reanimation	6 Wochen	Klinik
5. Leitsymptome bei lebensbedrohlichen Notfällen	1 Monat	Schule
6. Abschlußprüfung	2–4 Wochen	Schule
– Theorie		
– Praxis		

Die Stoffgebiete ergeben sich aus Anlage 2 zu dieser Ausbildungs- und Prüfungsordnung.
Während der praktischen Ausbildungsabschnitte in der Klinik und in der Lehrrettungswache sind ausbildungsbegleitende Unterrichte zu erteilen. Dieser Unterricht soll Erläuterungen der in der praktischen Ausbildung durchgeführten Maßnahmen enthalten. Er kann in Form von Fragestunden, Diskussionen, praktischen Ausbildungen sowie auch Lehrunterrichten erteilt werden. Das Lehrpersonal dieser Unterrichte besteht in der Klinik aus Ärzten, insbesondere Notärzten, sowie Schwestern und Pflegern. In der Lehrrettungswache sollten in erster Linie besonders qualifizierte Rettungssanitäter als Lehrrettungssanitäter eingesetzt werden. Den Lehrgangsteilnehmern ist Gelegenheit zu geben, die bereits während des Lehrgangs erworbenen Kenntnisse praktisch anzuwenden. Dabei ist das Schwergewicht auf solche Fälle zu legen, die seinem eigentlichen Aufgabengebiet im Rettungsdienst entsprechen. Der (die) Auszubildende soll während der Ausbildung auch mit Notfallsituationen der Geburtshilfe vertraut gemacht werden.
(6) Nach Abschluß der Klinikausbildung nach § 4 Abs. 5 Punkt 2 erhält der (die) Auszubildende eine Bescheinigung.
Nach erfolgreichem Abschluß des Intensivpraktikums „Lebensrettende Sofortmaßnahmen“ nach

§ 4 Abs. 5 Punkt 4 erhält der (die) Auszubildende eine „Bescheinigung über die Befähigung zur Durchführung erweiterter lebensrettender Sofortmaßnahmen" nach Muster der Anlage 3 zur Ausbildungs- und Prüfungsordnung.
(7) Während der Ausbildung in der Lehrrettungswache nimmt der Auszubildende bzw. die Auszubildende an den Einsätzen der Rettungsfahrzeuge teil. Dabei sollen sie unter Anleitung eines Lehrrettungssanitäters und unter notärztlicher Überwachung die in der vorhergehenden Ausbildung erworbenen Kenntnisse und Fähigkeiten unter den besonderen Verhältnissen eines Rettungseinsatzes anwenden lernen. Der bzw. die Auszubildende muß durch die Ausbildung in den Stand gesetzt werden, das Ausmaß der Lebensbedrohung und die Transportfähigkeit von Notfallpatienten, Kranken und Verletzten zu beurteilen, die zur Sicherung der Vitalfunktionen und zur Herstellung der Transportfähigkeit notwendigen Maßnahmen zu treffen, sowie die Versorgung und Betreuung dieser Personen während des Transportes zu übernehmen. Er (Sie) soll ferner lernen, die Ausrüstung der Fahrzeuge des Rettungsdienstes sicher und selbständig zu bedienen und anzuwenden, den Krankenkraftwagen sicher zu fahren, die Technik des Funksprechverkehrs zu beherrschen und während der Fahrt im Rahmen seiner Möglichkeiten selbständige Entscheidungen über lebensrettende Maßnahmen zu treffen. Nach Abschluß der Ausbildung erhält der oder die Auszubildende eine Bescheinigung.
(8) Der oder die Auszubildende ist während der praktischen Ausbildung für die Zeit freizustellen, die er benötigt, um die Fahrerlaubnis zum Führen von Kraftfahrzeugen der Klasse 3 zu erwerben.
(9) Auf die praktische Ausbildung nach dieser Verordnung finden die Vorschriften des Berufsbildungsgesetzes (BBiG) vom 14. August 1969 (Bundesgesetzblatt I S. 1112), geändert durch das Gesetz zur Änderung des Berufsbildungsgesetzes (BBiG) vom 12. März 1971 (Bundesgesetzblatt I S. 185), über die Probezeit während des Berufsausbildungsverhältnisses keine Anwendung.

§ 5 Prüfungsausschuß/Prüfungskommission

(1) Bei jeder staatlich anerkannten Einrichtung für die spezifische Ausbildung von Rettungssanitätern wird ein Prüfungsausschuß und eine oder mehrere Prüfungskommissionen gebildet.
(2) Der Prüfungsausschuß besteht aus
einem Mediziner als Vorsitzenden und
zwei Beisitzern aus dem Kreis der Unterrichtenden.
(3) Die Prüfungskommission besteht aus
dem Vorsitzenden des Prüfungsausschusses als Vorsitzendem
sowie zwei Beisitzern aus dem Kreis der Unterrichtenden.
(4) Jedes Mitglied des Prüfungsausschusses hat einen Stellvertreter. Die zuständige Behörde bestellt die Mitglieder des Prüfungsausschusses sowie deren Stellvertreter und beruft sie ab. Vor der Bestellung der Fachprüfer in die Prüfungskommissionen, ist der Leiter der Ausbildungsstätte zu hören.
(5) Der Prüfling legt die Prüfung vor dem Prüfungsausschuß bei der Einrichtung ab, an der er den Lehrgang abgeschlossen hat.

§ 6 Zulassung zur Prüfung

(1) Der Vorsitzende des Prüfungsausschusses entscheidet über den Antrag auf Zulassung zum theoretischen und praktischen Prüfungsabschnitt und setzt den Prüfungstermin fest.
(2) Dem Gesuch auf Zulassung sind beizufügen:
1. ein Geburtsschein oder eine Geburtsurkunde
2. die Bescheinigung nach § 2 Abs. 1,
3. die Bescheinigung nach § 4 Abs. 6,
4. die Bescheinigung nach § 4 Abs. 7,
5. Bescheinigung über die Befähigung zur Durchführung erweiterter lebensrettender Sofortmaßnahmen (§ 4 Abs. 5 Nr. 4),

(3) Die Zulassung zur Prüfung sowie die Prüfungstermine sollen dem oder der Auszubildenden spätestens zwei Wochen vor Prüfungsbeginn schriftlich mitgeteilt werden.

§ 7 Theoretischer Prüfungsabschnitt

(1) Der schriftliche Teil der Prüfung erstreckt sich auf alle Fächer, die nach Anlage 2 zu § 3 Abs. 2 Gegenstand des theoretischen und praktischen Unterrichts sind. Der Prüfling hat in einer Aufsichtsarbeit schriftlich gestellte Fragen zu beantworten. Die Aufsichtsarbeit dauert vier Stunden und soll an einem Tage erledigt sein. Der Aufsichtsführende wird vom Vorsitzenden des Prüfungsausschusses bestellt. Die Aufsichtsarbeit wird von dem Vorsitzenden des Prüfungsausschusses gestellt und von ihm im Benehmen mit mindestens zwei Fachprüfern nach § 10 benotet.
(2) Im mündlichen Teil der Prüfung hat der Prüfling seine Kenntnisse über Maßnahmen bei der Versorgung und beim Transport von Notfallpatienten nachzuweisen. Die Prüfung wird von einer Prüfungskommission, die aus dem Vorsitzenden des Prüfungsausschusses und mindestens zwei Fachprüfern besteht, abgenommen und nach § 10 benotet. Sie soll für den einzelnen Prüfling je Gebiet zehn Minuten dauern. Die Gruppen, die von einer Prüfungskommission gleichzeitig geprüft werden, sollen nicht mehr als fünf Personen umfassen.

§ 8 Praktischer Prüfungsabschnitt

Im praktischen Prüfungsabschnitt hat der Prüfling am Beispiel von drei ausgewählten Fällen zu demonstrieren, wie er Notfallpatienten, Schwerverletzte oder Schwerkranke am Notfallort und zum Transport in das Krankenhaus versorgt, die Transportfähigkeit feststellt, den Transport vorbereitet und durchführt. Auf Verlangen des Prüfers hat der Prüfling seine Verrichtungen zu erläutern. Die Prüfung wird von einer Prüfungskommission, die aus dem Vorsitzenden des Prüfungsausschusses und mindestens zwei Fachprüfern besteht, abgenommen und nach § 10 benotet. Sie soll für den einzelnen Prüfling an einem Tag erledigt sein.

§ 9 Niederschrift

(1) Über die Prüfung ist in beiden Abschnitten eine Niederschrift zu fertigen, aus der Gegenstand, Verlauf und Ergebnis der Prüfung und etwa vorkommende Unregelmäßigkeiten hervorgehen.
Sie ist vom Vorsitzenden des Prüfungsausschusses und den Fachprüfern zu unterzeichnen.
(2) Über die bestandene staatliche Prüfung wird ein Zeugnis ausgestellt, auf dem die Prüfungsnote für die schriftliche Aufsichtsarbeit und die Noten für den mündlichen Teil des theoretischen Prüfungsabschnitts und für den praktischen Prüfungsabschnitt einzutragen sind. Über das Nichtbestehen der Prüfung erhält der Prüfling vom Vorsitzenden des Prüfungsausschusses eine schriftliche Mitteilung, in der die Prüfungsnoten anzugeben sind.

§ 10 Benotung

Die schriftliche Aufsichtsarbeit (§ 7 Abs. 1) sowie die Leistungen in der mündlichen und in der praktischen Prüfung (§ 7 Abs. 2 und § 8) werden wie folgt benotet:
„sehr gut“ (1), wenn die Leistungen den Anforderungen in besonderem Maße entsprechen,
„gut“ (2), wenn die Leistungen den Anforderungen voll entsprechen,
„befriedigend“ (3), wenn die Leistungen im allgemeinen den Anforderungen entsprechen,
„ausreichend“ (4), wenn die Leistungen zwar Mängel aufweisen, aber im ganzen den Anforderungen noch entsprechen,
„mangelhaft“ (5), wenn die Leistungen den Anforderungen nicht entsprechen, jedoch erkennen lassen, daß die notwendigen Grundkenntnisse vorhanden sind und die Mängel in absehbarer Zeit behoben werden können,
„ungenügend“ (6), wenn die Leistungen den Anforderungen nicht entsprechen und selbst die Grundkenntnisse so lückenhaft sind, daß die Mängel in absehbarer Zeit nicht behoben werden können.

§ 11 Bestehen und Wiederholung der Prüfung

(1) Die Prüfung ist bestanden, wenn beide Prüfungsabschnitte bestanden sind. Der theoretische Prüfungsabschnitt ist bestanden, wenn die Note für die schriftliche Aufsichtsarbeit (§ 7 Abs. 1 Satz 5) und die Note für den mündlichen Teil (§ 7 Abs. 2 Satz 2) mindestens „ausreichend" sind. Der praktische Prüfungsabschnitt ist bestanden, wenn die Prüfungsnote (§ 8 Satz 3) mindestens „ausreichend" ist.
(2) Über die bestandene staatliche Prüfung wird ein Zeugnis nach dem Muster der Anlage 5 erteilt, auf dem die Prüfungsnote für die schriftliche Aufsichtsarbeit und die Noten für den mündlichen Teil des theoretischen Prüfungsabschnitts und für den praktischen Prüfungsabschnitt einzutragen sind. Über das Nichtbestehen der Prüfung erhält der Prüfling vom Vorsitzenden des Prüfungsausschusses eine schriftliche Mitteilung, in der die Prüfungsnoten anzugeben sind.
(3) Jeder Teil des theoretischen Prüfungsabschnitts und der praktische Prüfungsabschnitt können zweimal wiederholt werden. Eine weitere Wiederholung ist auch nach einer erneuten vollständigen Lehrgangsausbildung nicht möglich.
(4) Der Vorsitzende des Prüfungsausschusses kann die Zulassung zu einer Wiederholungsprüfung von einer bestimmten Art der Vorbereitung abhängig machen. Die Wiederholungsprüfung muß jeweils spätestens zwölf Monate nach der letzten Prüfung abgeschlossen sein; Ausnahmen kann die zuständige Behörde in begründeten Fällen zulassen.

§ 12 Rücktritt vor der Prüfung

(1) Tritt ein Prüfling nach seiner Zulassung von der Prüfung zurück, so hat er die Gründe für seinen Rücktritt unverzüglich dem Vorsitzenden des Prüfungsausschusses mitzuteilen. Genehmigt der Vorsitzende den Rücktritt, so gilt die Prüfung als nicht unternommen. Die Genehmigung ist nur zu erteilen, wenn wichtige Gründe vorliegen. Im Falle einer Krankheit kann die Vorlage einer ärztlichen Bescheinigung verlangt werden.
(2) Wird die Genehmigung für den Rücktritt nicht erteilt oder unterläßt es der Prüfling, die Gründe für seinen Rücktritt unverzüglich mitzuteilen, so gilt die Prüfung als nicht bestanden.

§ 13 Versäumnisfolgen

(1) Versäumt ein Prüfling einen Prüfungstermin oder gibt er die Aufsichtsarbeit nicht oder nicht rechtzeitig ab, oder unterbricht er die Prüfung, so gilt der betreffende Prüfungsteil als nicht bestanden, wenn nicht ein wichtiger Grund vorliegt. Liegt ein wichtiger Grund vor, so gilt der Teil der Prüfung als nicht unternommen.
(2) Die Entscheidung darüber, ob ein wichtiger Grund vorliegt, trifft der Vorsitzende des Prüfungsausschusses. § 12 Abs. 1 Satz 1 gilt entsprechend.

§ 14 Ordnungsverstöße und Täuschungsversuche

Der Vorsitzende des Prüfungsausschusses kann bei Prüflingen, die die ordnungsgemäße Durchführung der Prüfung in erheblichem Maße gestört oder sich eines Täuschungsversuches schuldig gemacht haben, den betreffenden Teil der Prüfung für „nicht bestanden" erklären. Eine solche Erklärung ist nach Ablauf von drei Jahren nach Abschluß der Prüfung nicht mehr zulässig.

§ 15 Berlin-Klausel

Diese Verordnung gilt nach § 14 des Dritten Überleitungsgesetzes vom 4. Januar 1952 (Bundesgesetzblatt I S. 1) in Verbindung mit § 12 des Gesetzes über den Beruf des Rettungssanitäters auch im Land Berlin.

§ 16 Inkrafttreten

Diese Verordnung tritt am ... in Kraft.

Anlage 1 zur Ausbildungs- und Prüfungsordnung, § 3 Abs. 1
(Theoretischer und praktischer Unterricht in der Krankenpflegehilfe)

Stundenzahl: 40

1. Berufs-, Gesetzes-, Staatsbürgerkunde
1.1 Krankenpflegegesetz und Einführung in die Tätigkeitsbereiche der vom Gesetz erfaßten Berufe in der Krankenpflege und ihre Abgrenzung zueinander
1.2 Berufskundliche Fragen, insbesondere Ethik in der Krankenpflege
1.3 Einführung in Organisation und Dokumentation im Krankenhaus
1.4 Strafrechtliche, bürgerlich-rechtliche und öffentlich-rechtliche Vorschriften, die bei der Berufsausübung von Bedeutung sind, Rechtsstellung des Patienten oder seiner Sorgeberechtigten
1.5 Arbeitsrechtliche Bestimmungen einschließlich Mutterschutz, Arbeitsschutz und Unfallverhütung
1.6 Einführung in die Seuchen-, Arzneimittel- und Betäubungsmittelgesetzgebung
1.7 Einführung in die Systeme der sozialen Sicherung (Sozialversicherung, Sozialhilfe, Sozialangebote)
1.8 Das Gesundheitswesen in der Bundesrepublik Deutschland
1.9 Die Grundlagen der staatlichen Ordnung in der Bundesrepublik Deutschland

Stundenzahl: 20

2. Gesundheitslehre
2.1 Die Gesundheit und ihre Wechselbeziehungen
2.2 Gesundheitserziehung, Gesundheitsvorsorge, Früherkennung von Krankheiten
2.3 Allgemeine Ernährungslehre

Stundenzahl: 20

3. Hygiene
3.1 Allgemeine Hygiene und Umweltschutz einschließlich persönlicher Hygiene
3.2 Hygiene im Krankenhaus

Stundenzahl: 30

4. Grundlagen der Biologie, Anatomie und Physiologie
4.1 Zelle und Gewebe
4.2 Fortpflanzung, Wachstum, Reifung
4.3 Vererbung und Evolution
4.4 Bewegungsapparat
4.5 Herz- und Gefäßsystem
4.6 Blut und Lymphe
4.7 Atmungssystem
4.8 Verdauungssystem
4.9 Endokrines System
4.10 Harnsystem

4.11 Genitalsystem
4.12 Zentrales und peripheres Nervensystem
4.13 Sinnesorgane
4.14 Haut und Hautanhangsorgane
4.15 Regulationsvorgänge

Stundenzahl: 20

5. Arzneimittellehre
5.1 Herkunft und Bedeutung von Arzneimitteln
5.2 Arzneiformen und ihre Verabreichung
5.3 Umgang mit Arzneimitteln
5.4 Arzneimittelgruppen

Stundenzahl: 40

6. Krankheitslehre
6.1 Allgemeine Krankheitslehre
6.2 Krankheit und Krankheitsursachen
6.3 Arten und Erscheinungsformen häufig auftretender Krankheiten einschließlich Infektionskrankheiten, psychischer Krankheiten und Alterskrankheiten
6.4 Untersuchungsverfahren und Behandlungsmethoden, Vorsorgemaßnahmen

Stundenzahl: 260

7. Krankenpflegehilfe
7.1 Psychologie des kranken Menschen und Umgang mit Patienten unter Berücksichtigung ihrer physischen und psychosozialen Bedürfnisse
7.2 Mithilfe bei Aufnahme, Verlegung und Entlassung von Patienten
7.3 Umgang mit Angehörigen und Besuchern
7.4 Beobachten des Patienten
7.4.1 Beobachten des Aussehens und Verhaltens des Patienten
7.4.2 Ermitteln und Registrieren von Vitalfunktionen und sonstigen Beobachtungsergebnissen
7.4.3 Ergreifen von Maßnahmen einschließlich der Weitergabe von Beobachtungsergebnissen
7.4.4 Fortlaufende Beobachtung im Hinblick auf Therapiewirkung, Komplikationsvermeidung und Rezidivverhütung
7.5 Pflegemaßnahmen
7.5.1 Hilfen bei Verrichtungen des täglichen Lebens
7.5.2 Hilfen bei Ausscheidungsvorgängen
7.5.3 Vorbeugende Maßnahmen gegen Folgekrankheiten
7.5.4 Hilfen bei der körperlichen Mobilisierung
7.5.5 Hilfen bei der psychischen Aktivierung und Anleitung zur Beschäftigung
7.5.6 Ernährung und Hilfen bei der Nahrungsaufnahme unter Berücksichtigung diätetischer Kostformen
7.6 Pflegetechniken und besondere Maßnahmen
7.6.1 Anwenden von physikalischen Maßnahmen
7.6.2 Spezielle Pflege des Auges, des Ohres, der Nase, des Mundes und der Haut
7.6.3 Mithilfe beim Versorgen von Wunden und beim Anlegen von Verbänden und Schienen
7.6.4 Mithilfe bei Injektionen, Sondierungen und Spülungen
7.6.5 Mithilfe bei der Vorbereitung des Patienten für ärztliche Untersuchungen, Operationen und sonstige ärztliche Maßnahmen
7.6.6 Pflege von Instrumenten und medizinischen Geräten und Mithilfe bei der Anwendung
7.6.7 Umgang mit Untersuchungsmaterial
7.7 Organisation der Pflegearbeit

7.7.1 Einführung in den Pflegeprozeß
7.7.2 Berichterstattung und Pflegedokumentation
7.8 Besondere Pflegemaßnahmen bei Patienten mit:
7.8.1 Störungen der Vitalfunktionen
7.8.2 Geistiger Behinderung oder psychosozialer Störung
7.8.3 Körperlichen Behinderungen oder Bewegungsstörungen
7.8.4 Chronischen Krankheiten
7.8.5 Infektiösen Erkrankungen
7.8.6 nach operativer Behandlung
7.9 Krankenpflegehilfe in besonderen Situationen und Bereichen
7.9.1 Pflege alter Menschen
7.9.2 Pflege und Begleitung des sterbenden Menschen
7.9.3 Verhalten bei Todesfällen
7.9.4 Einführung in die Wochen- und Neugeborenenpflege
7.9.5 Einblick in Tätigkeiten im Operations- und Ambulanzbereich, in psychiatrischen Einrichtungen, in sonstigen Pflegeeinrichtungen und in Gemeindepflege- und Sozialstationen, häusliche Krankenpflege
7.10 Grundlagen der Rehabilitation

Stundenzahl: 20

8. Erste Hilfe
8.1 Allgemeines Verhalten bei Notfällen
8.2 Erstversorgung
8.3 Maßnahmen der Wiederbelebung
8.4 Transport
8.5 Blutstillung
8.6 Wundversorgung und Versorgung bei Knochenbrüchen
8.7 Maßnahmen bei Schockzuständen
8.8 Infusion und Transfusion
8.9 Maßnahmen bei Vergiftungen
8.10 Maßnahmen bei sonstigen Notfällen wie Verbrennungen, Hitzschlag, Sonnenstich, Unterkühlung, Ertrinken, Verschüttung, Ersticken, Unfälle durch elektrischen Strom, Eindringen von Fremdkörpern

Stundenzahl: 50
Zur Verteilung auf die Fächer 1 bis 8

Stundenzahl insgesamt: 500

Praktische Ausbildung in der Krankenpflegehilfe

Stunden
Praktische Ausbildung
– ausgenommen Funktionsbereiche – 1100

Anlage 2 zur Ausbildungs- und Prüfungsordnung, § 3 Abs. 2

(Fächer für den theoretischen und praktischen Unterricht während der Ausbildung)

Ausbildung für die spezifischen Belange des Rettungsdienstes

(zweites Ausbildungsjahr)

A. Ausbildung für den Krankentransport

1. Theoretische Vorbereitung für den Krankentransport (Schule) 72 Stunden

- Sanitätsausbildung
- Hygiene im Krankentransport
- Berufskunde
- Funkunterweisung
- Unterweisung für Fahrten mit und ohne Sondersignal

2. Praktikum im Krankentransport (praktischer Einsatz) 144 Stunden

- Desinfektion
- Fahrzeugpflege
- Einsatzfahrt
- Umgang mit der medizinisch-technischen Ausstattung des Krankenwagens

B. Ausbildung für den Rettungsdienst

1. Theoretische Vorbereitung für den Rettungsdienst (Schule) 288 Stunden

- Anatomie für Rettungssanitäter
- Physiologie für Rettungssanitäter
- Pathophysiologie für Rettungssanitäter
- Wiederholung Erste Hilfe
- Lebensrettende Sofortmaßnahmen
- Spezielle Notfallmedizin
- Arzneimittellehre für Rettungssanitäter
- Medizinische Geräte des Rettungsdienstes
- Boden- und Luftfahrzeuge des Rettungsdienstes
- Organisation- und Einsatztaktik des modernen Rettungsdienstes
- Kurs zur Erlangung des Funkzeugnisses
- Technische Rettung

2. Praktische Vorbereitung für den Rettungsdienst (Klinik) 288 Stunden

a) 4 Wochen klinische Notfallmedizin, insbes. Unfallambulanz, zentrale Notaufnahme, Anästhesiebetrieb, anästhesiologischer Aufwachraum, Kreißsaal
b) 4 Wochen Intensivstation

(Unterweisung durch erfahrenes ärztliches und nichtärztliches klinisches Personal)

- Verfahren zur Überprüfung der Vitalfunktionen
- Verfahren zur Aufrechterhaltung der Vitalfunktionen
- stufenweises Vorgehen unter den Gesichtspunkten der präklinischen Notfallmedizin

3. Lehrrettungswache (praktischer Einsatz) 288 Stunden

a) 2 Wochen Einweisung in die Leitstellentätigkeit
b) 6 Wochen praktischer Einsatz im Rettungsdienst als zusätzlicher Helfer des Rettungssanitäters, davon mindestens 2 Wochen im organisierten Notarztdienst

Schwerpunkte

- Einrichtung, Organisation und Funktion der Leitstelle
- Entgegennahme von Notfallmeldungen

- Einsatzsteuerung
- praktischer Einsatz auf Rettungswagen und Notarztwagen, ggf. Rettungshubschrauber[1]
- Einarbeitung in die Funktion des alleinverantwortlich tätigen Rettungssanitäters
- Einarbeitung in die Funktion als Assistent des Notarztes

4. Intensivpraktikum „Lebensrettende Sofortmaßnahmen" (Klinik) 216 Stunden
- Venenpunktion
- Beatmung
- Reanimation
- Erwerb des Berechtigungsscheines Venenpunktion, Intubation, Reanimation[2]

5. Leitsymptome bei lebensbedrohlichen Notfällen (Schule) 144 Stunden
- Erste Hilfe
- lebensrettende Sofortmaßnahmen
- Maßnahmen des Rettungssanitäters
- notärztliche Verfahren
- medikamentöse Therapie
- Übergänge zur klinischen Therapie

6. Abschlußprüfung (Schule) 144 Stunden

a) Theorie
b) Praxis

gesamt 1584 Stunden

Anlage 3 zur Ausbildungs- und Prüfungsordnung, § 4 Abs. 5 Nr. 4

(Bescheinigung über die Befähigung zur Durchführung erweiterter lebensrettender Sofortmaßnahmen)

Herr/Frau ______________________________

hat in der Zeit vom ____________________ bis ____________________

an der Abteilung ______________________________

der Klinik/des Krankenhauses ______________________________
das Intensivpraktikum „Lebensrettende Sofortmaßnahmen" erfolgreich absolviert.

Er/Sie hat folgende Maßnahmen erlernt und kann sie daher auch im Rettungseinsatz auf direkte ärztliche Anweisung und unter ärztlicher Aufsicht durchführen:
- die Punktion peripherer Venen
- das Anlegen einer Infusion
- die intravenöse Injektion von Medikamenten
- die Beatmung ohne Hilfsmittel, Beutel-Maskenbeatmung, Beatmung über Trachealtubus
- die Herz-Lungen-Wiederbelebung
- die Defibrillation

Wenn wegen der Bedrohung der Vitalfunktionen ein sofortiges Handeln geboten ist und weniger invasive Verfahren zur Überlebenssicherung nicht ausreichen, ist

---

1 Der Einsatz auf Rettungshubschraubern ist nur dann zulässig, wenn gleichzeitig neben dem Notarzt ein Lehrrettungssanitäter mitfliegt

2 Berechtigung tritt erst nach Abschluß der staatlichen Prüfung am Ende des 2. Ausbildungsabschnittes in Kraft

Herr/Frau ____
derzeit befähigt, bei Nichtverfügbarkeit eines Notarztes im Rettungsdienst

- periphere Venen zu punktieren
- Elektrolytlösungen oder Volumenersatzmittel zu infundieren
- eine Notintubation (ohne Verwendung von Relaxantien)

durchzuführen.

Datum

____

(Unterschrift des ärztlichen Abteilungsleiters)

8 Vereinbarungen über die Durchführung von Rettungs- und Notarztdienst

8.1 Rahmenvertrag zur Regelung des Einsatzes von Ärzten mit Notarztwagen

zwischen der

Kassenärztlichen Vereinigung Bayerns
Körperschaft des öffentlichen Rechts

und

dem Landesverband der Ortskrankenkassen in Bayern
Körperschaft des öffentlichen Rechts

dem Landesverband der Betriebskrankenkassen in Bayern
Körperschaft des öffentlichen Rechts

dem Landesverband der Innungskrankenkassen in Bayern
Körperschaft des öffentlichen Rechts

der Landwirtschaftlichen Krankenkasse Oberbayern
Körperschaft des öffentlichen Rechts
(handelnd für die Landwirtschaftlichen Krankenkassen in Bayern)

dem Verband der Angestellten-Krankenkassen e. V.
Landesausschuß Bayern

dem Verband der Arbeiter-Ersatzkassen e. V.
Landesausschuß Bayern

dem Bayerischen Roten Kreuz
Präsidium
Körperschaft des öffentlichen Rechts

dem Arbeiter-Samariter-Bund
Landesorganisation Bayern

der Johanniter-Unfallhilfe Bayern

dem Malteser-Hilfsdienst e. V. in Bayern

der Deutschen Lebensrettungsgesellschaft
Landesverband Bayern

der Landeshauptstadt München
Branddirektion

Teil I

§ 1

Die vorstehenden Vertragspartner anerkennen die in der Mustervereinbarung nach Anlage 1 zu diesem Vertrag enthaltenen Grundsätze und Regelungen über den Einsatz von Ärzten mit Notarztwagen in Bayern.

§ 2

Die vorstehenden Vertragspartner werden mit den Rettungszweckverbänden in Bayern Vereinbarungen nach dem Muster der Anlage 1 zu diesem Vertrag abschließen und dabei die Notarztwagen (Standorte) im einzelnen festlegen, für die die ärztliche Besetzung im Rahmen der kassenärztlichen Versorgung übernommen wird.
Am Abschluß der Vereinbarungen mit den Rettungszweckverbänden sind von den vorstehenden Vertragspartnern zu 8. bis 12. nur diejenigen beteiligt, die den jeweiligen Notarztwagen betreiben.

§ 3

Für die von der Landeshauptstadt München – Branddirektion – betriebenen Notarztwagen schließen die vorstehenden Vertragspartner zu 1. bis 7. und zu 13. eine Vereinbarung entsprechend dem Muster der Anlage 1 zu diesem Vertrag.

Teil II

Vereinbarung über die Vergütung des Einsatzes von Ärzten mit Notarztwagen

Anlage 2

Teil III

Vereinbarung über das Abrechnungsverfahren bei Einsatz von Ärzten mit Notarztwagen

Anlage 3

Teil IV

§ 4

Dieser Vertrag kann künftig geändert werden
in Teil I nur von vorstehenden Vertragspartnern gemeinsam,
in Teil II (Anlage 2) allein von den vorstehenden Vertragspartnern zu 1. bis 7.,
in Teil III (Anlage 3) allein von vorstehenden Vertragspartnern zu 1. und 8.
Davon unberührt bleibt das Kündigungsrecht für jeden Vertragspartner nach Teil V

Teil V

§5

Dieser Vertrag tritt am 1. Juli 1980 in Kraft. Er gilt zunächst für ein Jahr und verlängert sich jeweils um ein weiteres Jahr, wenn er nicht spätestens drei Monate vor Ablauf des Jahres schriftlich gekündigt wird.

Kassenärztliche Vereinigung Bayerns
Körperschaft des öffentlichen Rechts

Landesverband der Ortskrankenkassen in Bayern
Körperschaft des öffentlichen Rechts

Landesverband der Betriebskrankenkassen in Bayern
Körperschaft des öffentlichen Rechts

Landesverband der Innungskrankenkassen in Bayern
Körperschaft des öffentlichen Rechts

Landwirtschaftliche Krankenkasse Oberbayern
Körperschaft des öffentlichen Rechts (handelnd für die Landwirtschaftlichen Krankenkassen in Bayern)

Verband der Angestellten-Krankenkassen e. V.
Landesausschuß Bayern

Verband der Arbeiter-Ersatzkassen e. V.
Landesausschuß Bayern

Bayerisches Rotes Kreuz – Präsidium
Körperschaft des öffentlichen Rechts

Arbeiter Samariter-Bund
Landesorganisation Bayern

Johanniter-Unfallhilfe Bayern

Malteser-Hilfsdienst e. V. in Bayern

Deutsche Lebensrettungsgesellschaft
Landesverband Bayern

Landeshauptstadt München
Branddirektion

Anlage I

Muster einer Vereinbarung zur Regelung des Einsatzes von Ärzten mit Notarztwagen

zwischen der

Kassenärztlichen Vereinigung Bayerns
Körperschaft des öffentlichen Rechts

und dem

Landesverband der Ortskrankenkassen in Bayern
Körperschaft des öffentlichen Rechts

Landesverband der Betriebskrankenkassen in Bayern
Körperschaft des öffentlichen Rechts

Landesverband der Innungskrankenkassen in Bayern
Körperschaft des öffentlichen Rechts

Landwirtschaftliche Krankenkasse Oberbayern
Körperschaft des öffentlichen Rechts
(handelnd für die Landwirtschaftlichen Krankenkassen in Bayern)

Verband der Angestellten-Krankenkassen e. V.

Verband der Arbeiter-Ersatzkassen e. V.

Rettungszweckverband
Körperschaft des öffentlichen Rechts

und der

Hilfsorganisation(en) . . .

§ 1

(1) Aufgabe des Notarztes im Rettungsdienst ist die Bereitschaft zum Rettungseinsatz, die ärztliche Erstversorgung, die Herstellung der Transportfähigkeit und die ärztliche Betreuung des Notfallpatienten während des Transportes in enger Zusammenarbeit mit den Rettungssanitätern und anderen Hilfskräften sowie mit den im Bayerischen Rettungsdienstgesetz (BayRDG) genannten Stellen.
(2) Die ärztliche Mitwirkung im Rahmen des Rettungsdienstes ist Bestandteil der ambulanten kassen- und vertragsärztlichen Versorgung.

§ 2

(1) Unbeschadet der Trägerschaft der Landkreise und kreisfreien Gemeinden sowie der Rettungszweckverbände gemäß Art. 2 BayRDG und der Mitwirkung der in Art. 3 BayRDG Genannten ist es aufgrund des Sicherstellungsauftrages der Kassenärztlichen Vereinigungen für die ambulante kassen-/vertragsärztliche Versorgung auch Aufgabe der Kassenärztlichen Vereinigung Bayerns, die zum Einsatz mit Notarztwagen im Rahmen des Rettungsdienstes erforderlichen Notärzte zur Verfügung zu stellen. Dies gilt nur für Notarztwagen, deren Standort mit Zustimmung der Vertragspartner festgelegt wurde.

(2) Die KVB erfüllt diese Aufgabe mit geeigneten Kassen-/Vertragsärzten, beteiligten oder hierzu ermächtigten Ärzten.
(3) Soweit der KVB Ärzte nach Abs. 2 nicht in ausreichender Zahl zur Verfügung stehen, wird der Rettungszweckverband gemäß Art. 7 Abs. 2 BayRDG darauf hinwirken, daß von Krankenhausträgern geeignete Krankenhausärzte für diese Einsätze vermittelt werden. Die KVB wird die erforderlichen Ermächtigungen der Krankenhäuser für den Einsatzzuschlag nach § 9 Sätze 2 und 3 in analoger Anwendung von § 7 Abs. 2 Gesamtverträge-Ärzte aussprechen.

§ 3

(1) Die Rettungszweckverbände regeln für jeden Notarztwagen die ärztliche Besetzung.
(2) Die Einsatzpläne werden durch die zuständige Rettungsleitstelle im Einvernehmen mit der KVB-Bezirksstelle erstellt.
(3) Die weiteren Einzelheiten über Art, Umfang und Durchführung des Notarztwagendienstes werden in Anlagen zu dieser Vereinbarung für jeden Notarztwagen geregelt.

§ 4

Die am Notarztwagendienst teilnehmenden Ärzte stehen in ihrer Wohnung oder ihrer Praxis für den Notarztwageneinsatz in Bereitschaft. Wird diese Bereitschaft im Krankenhaus, in der Rettungsleitstelle oder ähnlichen Stellen erbracht, wird ein angemessener Aufenthaltsraum vom Rettungszweckverband zur Verfügung gestellt.

§ 5

(1) Der Notarzt erreicht mit dem Notarztwagen, einem Rendezvous-Fahrzeug oder einem anderen Fahrzeug den Einsatzort.
(2) Der Notarzt hat, soweit erforderlich, die ärztliche Betreuung des Patienten im Notarztwagen am Einsatzort und während des Transportes vorzunehmen.

§ 6

(1) Die Hilfsorganisationen verpflichten sich, unbeschadet eines etwaigen gesetzlichen Unfallversicherungsschutzes, für die im Notarztwagendienst eingesetzten Ärzte eine private Unfallversicherung abzuschließen. Diese hat folgende Leistungen vorzusehen:
1. Bei Todesfall mindestens 500 000 DM
2. Bei Vollinvalidität 1 000 000 DM
3. Bei Teilinvalidität die Leistungen nach der verbesserten Gliedertaxe.

(2) Die Hilfsorganisationen verpflichten sich, für die im Notarztwagendienst eingesetzten Ärzte eine Haftpflichtversicherung abzuschließen. Die Versicherung hat folgende Leistungen vorzusehen:
1. Personenschaden 2 000 000 DM
2. Sachschaden 100 000 DM
3. Vermögensschaden 25 000 DM

Eine Verpflichtung nach Satz 1 besteht nicht, wenn der im Notarztwagendienst eingesetzte Arzt bereits im Rahmen einer vom Krankenhausträger abgeschlossenen Versicherung für diese Tätigkeit versichert ist.

§ 7

Die am Notarztwagendienst teilnehmenden Ärzte sind während des Einsatzes gegenüber dem Rettungsdienstpersonal in medizinischen Fragen weisungsbefugt.

§ 8

Die Hilfsorganisationen stellen den Notärzten eine entsprechende Schutzkleidung gegen Erstattung der Selbstkosten zur Verfügung.

§ 9

Kassen-/Vertragsärzte erhalten für den Notarztwagen-Bereitschaftsdienst eine Pauschalvergütung, die zwischen der KVB und den Landesverbänden der RVO-Krankenkassen in Bayern und dem VdAK – Landesausschuß Bayern – vereinbart wird. Der Einsatzzuschlag für Krankenhausärzte, die die Notarztwagentätigkeit als Dienstaufgabe erbringen, richtet sich nach den jeweiligen tarifrechtlichen Regelungen. Diese ärztlichen Einsatzzuschläge werden als Bestandteil des Benutzungsentgeltes nach Art. 10 BayRDG erhoben. Das gleiche gilt für die Bereitschaftsdienst-Pauschalvergütungen der Kassen-/Vertragsärzte.

§ 10

Die Vereinbarung tritt am 1. Juli 1980 in Kraft. Sie gilt zunächst für ein Jahr und verlängert sich jeweils um ein weiteres Jahr, wenn sie nicht spätestens 3 Monate vor Ablauf des Jahres schriftlich gekündigt wird.

Anlage 2

Vereinbarung über die Vergütung des Einsatzes von Ärzten mit Notarztwagen

zwischen der

Kassenärztlichen Vereinigung Bayerns
Körperschaft des öffentlichen Rechts

und dem

Landesverband der Ortskrankenkassen in Bayern
Körperschaft des öffentlichen Rechts

Landesverband der Betriebskrankenkassen in Bayern
Körperschaft des öffentlichen Rechts

Landesverband der Innungskrankenkassen in Bayern
Körperschaft des öffentlichen Rechts

Landwirtschaftliche Krankenkasse Oberbayern
Körperschaft des öffentlichen Rechts
(handelnd für die Landwirtschaftlichen Krankenkassen in Bayern)

Verband der Angestellten-Krankenkassen e. V.
Landesausschuß Bayern

Verband der Arbeiter-Ersatzkassen e. V.
Landesausschuß Bayern

§ 1

Soweit ein Kassen-/Vertragsarzt im Rahmen der Notarztwagentätigkeit kassen-/vertragsärztliche Leistungen erbringt, richtet sich die Höhe der Vergütung nach den jeweiligen gesamtvertraglichen Regelungen.

§ 2

Zur Abgeltung der besonderen Bereitschaft des Notarztwagendienstes werden den teilnehmenden Kassen-/Vertragsärzten folgende Pauschalvergütungen gewährt:
In der Zeit von 8.00 Uhr bis 20.00 Uhr DM 84,–
In der Zeit von 20.00 Uhr bis 8.00 Uhr DM 144,–
Bei Änderung der Einsatzzeiten werden die Vergütungen entsprechend diesen Sätzen nach Stunden berechnet (pro Stunde 1/12).

§ 3

(1) Soweit ein von der KVB ermächtigtes Krankenhaus die ärztliche Besetzung des Notarztwagens übernommen hat, erhält der Krankenhausträger quartalsweise von der KVB aus dem Landesfonds den jeweiligen tarifvertraglichen Einsatzzuschlag zur Weiterleitung an den betreffenden Krankenhaus-Arzt.
(2) Für diese Fälle werden von der KVB jährlich DM 50,– je Einzelfall dem Krankenhausträger für die Mitwirkung zur ärztlichen Besetzung des Notarztwagens aus dem Landesfonds überwiesen. Dieser Betrag ist im Selbstkostenblatt in Abschnitt B 1 VI. Erlösabzüge e) gesondert auszuweisen.

§ 4

Die Abrechnung der Vergütung für den Notarztwagendienst erfolgt auf gesonderten Abrechnungsscheinen. (Nach beigefügtem Muster)

§ 5

Die Abrechnung dieser Vergütungen mit den Krankenkassen wird von der jeweiligen KVB-Bezirksstelle durchgeführt.

§ 6

Diese Vereinbarung tritt mit Wirkung ab 1. Juli 1980 in Kraft und kann mit einer Frist von 3 Monaten zum Jahresende mit eingeschriebenem Brief gekündigt werden.

Anlage 3

Vereinbarung über das Abrechnungsverfahren bei Einsatz von Ärzten mit Notarztwagen

zwischen der

Kassenärztlichen Vereinigung Bayerns
Körperschaft des öffentlichen Rechts

und dem

Bayerischen Roten Kreuz (Präsidium)
Körperschaft des öffentlichen Rechts

§ 1

Das Bayerische Rote Kreuz erhebt als Bestandteil des Benutzungsentgeltes der Vereinbarungen nach Art. 10 Abs. 1 BayRDG für alle verrechnungsfähigen Notarzteinsätze, die für Rechnung der Sozialversicherungsträger durchgeführt werden, eine Pauschale zur Deckung der Kosten der ärztlichen Bereitschaft für die Besetzung der Notarztwagen. Diese Regelung gilt auch gegenüber solchen Kostenträgern, die nicht Vertragspartner gemäß Art. 10 Abs. 1 sind, denen gegenüber jedoch die Vereinbarung zur Anwendung kommt.

§ 2

1) Das BRK stellt der KVB je Monat die notwendigen Daten über den Einsatz der Ärzte im Rettungsdienst zur Verfügung.
2) Zur Durchführung dieser Aufgabe stellt die KVB dem BRK ein Verzeichnis aller am Notarztdienst teilnehmenden Ärzte (Kassenärzte und ermächtige Ärzte) und Krankenhäuser einschließlich deren 7-stellige Abrechnungsnummer zur Verfügung.
3) Für Standorte von Notarztwagen, die nach den Bestimmungen der Anlage 1 des Rahmenvertrages vom 7. Mai 1980 unter die Bereitschaftsvergütungsregelung fallen, stellt das BRK jeweils bis zum Ende des folgenden Monats der KVB nachstehende Daten auf maschinell lesbaren Datenträgern zur Verfügung:
Je Arzt bzw. Krankenhaus:
   a) Anzahl der Bereitschaftsdienste bzw. -stunden, aufgegliedert nach Datum, Tag- und Nachtzeit Rettungswache.
   b) Datum und Uhrzeit aller im Bereitschaftszeitraum geleisteten Einsätze mit folgenden Angaben:
   Rettungsdienstnummer[1]
   Name des Patienten und Kostenträger
Für Einsätze bei Privatpatienten erfolgt der Hinweis – Selbstzahler –
Für Anschlußeinsätze, für die kein Benutzungsentgelt erhoben werden kann, erfolgt ein entsprechender Hinweis – Transportart 8 –

1 BRK-Kreisverband, Rettungswache, Auftragsnummer/Monat = verschlüsselt

§ 3

Im Rahmen der Leistungsabrechnung und Zahlungsabwicklung stellt das BRK jeweils umgehend nach Fertigstellung der monatlichen Abschlüsse folgende Daten auf maschinell lesbaren Datenträgern zur Verfügung:

1) Gesamtzahl der durchgeführten Notarzteinsätze für die eine Rechnung gestellt wurde, unterteilt nach Kostenträger.
2) Gesamtsumme der zu Soll gestellten Beträge unterteilt nach Kostenträger.
3) Summe der Zahlungseingänge unterteilt nach Kostenträger.
4) Summe der offenen Posten unterteilt nach Monaten und Kostenträger.
5) Änderungsfälle, Stornierungen unterteilt je Arzt, mit Rettungsdienstnummer, Name der Patienten, Kostenträger.
6) Rückforderung der Kostenträger für nicht abrechnungsfähige Fälle unterteilt je Arzt mit Rettungsdienstnummer, Name des Patienten, Kostenträger.
7) Ergänzend zu 4) wird zum 31.12. eine Einteilung aller offenen Forderungen nach Kostenträger bis Mitte Februar des Folgejahres geliefert.

Die unter Ziffer 3 aufgeführte Zahlungseingangssumme wird bis Ende des Folgemonats an die KVB überwiesen.

§ 4

Die beim BRK anfallenden Kosten für die gemäß §§ 1 bis 3 und Anlage 1 zu erbringenden Leistungen werden von der KVB monatlich erstattet. Das BRK kann diese Kosten bei der monatlichen Überweisung in Abzug bringen. Die Höhe der monatlichen Kosten wird jeweils für ein Geschäftsjahr (1.1.–31.12.) zwischen BRK und KVB einvernehmlich festgelegt.

§ 5

Die Vereinbarung tritt am 1. Juli 1980 in Kraft. Sie gilt zunächst bis zum 31. März 1981 und verlängert sich jeweils um ein weiteres Jahr, wenn sie nicht spätestens 3 Monate vor dem 1.4. gekündigt wird.
Im übrigen ist die Geltung dieser Vereinbarung daran gebunden, daß zwischen Sozialversicherungsträgern und Hilfsorganisationen eine Vertragsregelung gemäß § 9 Satz 3 der Anlage 1 besteht.

Kassenärztliche Vereinigung Bayerns
– Körperschaft des öffentlichen Rechts –

Bayerisches Rotes Kreuz – Präsidium –
– Körperschaft des öffentlichen Rechts –

8.2 Rahmenvertrag zur Regelung des organisierten Rettungswesens (Rettungs- und Notarztdienst) im Rettungsdienstbereich Stadtkreis Ulm Alb-Donau-Kreis

zwischen der

1. Universität Ulm, als Trägerin des Klinikums der Universität

einerseits

und

2. der Bundesrepublik Deutschland, vertreten durch den Bundesminister der Verteidigung, dieser vertreten durch die Wehrbereichsverwaltung V als Trägerin des Bundeswehrkrankenhauses Ulm

3. dem Deutschen Roten Kreuz, Kreisverband Ulm e. V.

und

4. dem **Arbeiter-Samariter-Bund** Baden-Württemberg e. V.
als Träger des Rettungsdienstes

andererseits.

Teil I

Präambel

Das organisierte Rettungswesen im Rettungsdienstbereich Stadt Ulm/Alb-Donau-Kreis hat bundesweit Impulse zur Organisation des Rettungswesens gegeben. Um das Erreichte zu sichern, mit dem Ziel einer stetigen Verbesserung, schließen die Vertragspartner nachstehende Vereinbarungen zur Anpassung der bestehenden Organisation an die veränderten organisatorischen Gegebenheiten.

§1

(1) Die Vertragspartner sind sich einig, daß die Universität Ulm als Trägerin des Klinikums der Universität die Organisation des Einsatzes der Notärzte im bodengebundenen Rettungsdienst übernimmt und deren Mitwirkung im genannten Rettungsdienstbereich unter der organisatorischen Verantwortung ihrer Anästhesiologischen Klinik sicherstellt. Die Vertragspartner sind sich einig, daß die Bundeswehr die Organisation des Einsatzes der Notärzte im Luftrettungsdienst übernimmt und deren Mitwirkung im genannten Rettungsdienstbereich unter der organisatorischen Verantwortung der Abteilung X, Anästhesiologie, des Bundeswehrkrankenhauses Ulm sicherstellt.
(2) Die Vertragspartner sind sich einig, daß sämtliche Einsätze im Rettungsdienstbereich über die Rettungsleitstelle Ulm abzuwickeln sind.

§2

Die Unterhaltung eines wirkungsvollen organisierten Rettungswesens erfordert eine planvolle Zusammenarbeit der Träger des Rettungs- und des Notarztdienstes. Um diese Zusammenarbeit sicherzustellen, schließen die jeweiligen Vertragspartner jeweils für ihren Zuständigkeits- und Wirkungsbereich die nachfolgend als Anlagen beigefügten Vereinbarungen.

Teil II

Vereinbarung über den Einsatz von Ärzten im Rettungsdienst – Anlage 1 –

Teil III

Vereinbarung über das Zusammenwirken im bodengebundenen Notarztdienst und im Luftrettungsdienst sowie über ärztliche Weiterbildung im Bundeswehrkrankenhaus und im Universitätsklinikum
– Anlage 2 –

Teil IV

Vereinbarung über die Weiterbildung von Rettungssanitätern der Hilfsorganisationen
– Anlage 3 –

Teil V

Dieser Vertrag kann geändert werden
in Teil I nur von allen Vertragspartnern gemeinsam
in Teil II - Anlage 1 - nur von den Vertragspartnern 1. 3. und 4.
in Teil III - Anlage 2 - nur von den Vertragspartnern 1. und 2.
in Teil IV - Anlage 3 - nur von den Vertragspartnern 1. 3. und 4.
Das Kündigungsrecht jedes Vertragspartners nach Teil VI bleibt unberührt.

Teil VI

§ 4
Dieser Vertrag tritt am 1.7. 1982 in Kraft. Er gilt zunächst für 1 Jahr und verlängert sich um 1 Jahr, sofern er nicht spätestens 3 Monate vor Ablauf des Jahres gekündigt wird.

Ulm, den 1. Oktober 1982

Für die **Universität Ulm**

Für die **Bundesrepublik Deutschland**

Für den **Arbeiter-Samariter-Bund** Baden-Württemberg e. V.

Für das **Deutsche Rote Kreuz** Kreisverband Ulm e. V.

Anlage 1

Vereinbarung über den Einsatz von Ärzten im Rettungsdienst

zwischen

der **Universität Ulm** - Träger des Klinikums der Universität Ulm - (im folgenden Krankenhausträger)

einerseits
und
dem **Deutschen Roten Kreuz,** Kreisverband Ulm e. V.
und
dem **Arbeiter-Samariter-Bund** Baden-Württemberg e. V.
- Träger des Rettungsdienstes - (im folgenden Hilfsorganisationen)

andererseits

§ 1

(1) Der Krankenhausträger verpflichtet sich, qualifizierte Ärzte zur Durchführung des Rettungsdienstes rund um die Uhr in ausreichender Zahl zur Verfügung zu stellen.
(2) Der Krankenhausträger stellt entsprechend den einvernehmlich aufzustellenden Dienstplänen Ärzte der Anästhesiologischen Klinik zur Verfügung. Diese müssen mindestens im zweiten Jahr der Facharztweiterbildung stehen und neben entsprechenden Kenntnissen über die körperliche Eignung zur Durchführung des Dienstes verfügen.
(3) Die Begleitung von Kindertransporten erfolgt ebenfalls nach dieser Vereinbarung durch Ärzte der Kinderklinik des Krankenhausträgers.
(4) Der Krankenhausträger soll nach näherer Absprache Räumlichkeiten für den Aufenthalt des Einsatzpersonals der Hilfsorganisationen und der Einsatzfahrzeuge bereitstellen.

§ 2

(1) Die Hilfsorganisationen verpflichten sich zur Bereitstellung des zur Durchführung des Rettungsdienstes rund um die Uhr notwendigen Personals und der Einsatzfahrzeuge.
(2) Die Hilfsorganisationen tragen nach einvernehmlicher Absprache untereinander Sorge dafür, daß die für den Notarzteinsatz vorgesehenen Rettungswagen über die personelle Besetzung verfügen und als Notarztwagen einsetzbar sind. Die Anforderung und der Einsatz der Notärzte erfolgt ausschließlich über die Rettungsleitstelle Ulm.
(3) Die Hilfsorganisationen transportieren den Notarzt mit einem geeigneten Notarzteinsatzfahrzeug zum Einsatzort. Das Fahrzeug darf nicht vom Notarzt gesteuert werden.
(4) Das Notarzteinsatzfahrzeug wird im Klinikbereich untergestellt und einsatzbereit gehalten.

§ 3

Die Hilfsorganisationen verpflichten sich, unbeschadet eines gesetzlichen Unfallversicherungsschutzes für die eingesetzten Ärzte, eine private Unfallversicherung abzuschließen.
Diese hat folgende Leistungen vorzusehen:
1. Bei Todesfall 1 000 000,– DM
2. bei Vollinvalidität 1 000 000,– DM
3. bei Teilinvalidität die Leistungen nach der verbesserten Gliedertaxe.
Auf den Versicherungsschutz kann durch Erklärung gegenüber dem Krankenhausträger verzichtet werden (vgl. SR 2c Nr. 3 Abs. 2 Protokollnotiz Nr. 5).

§ 4

(1) Die eingesetzten Ärzte sind während des Einsatzes gegenüber dem Personal der Hilfsorganisationen in medizinischen Fragen weisungsbefugt.
(2) Sie entscheiden in eigener Verantwortung über die notwendigen ärztlichen und organisatorischen Maßnahmen. Im ärztlichen Bereich sind sie keinen Weisungen unterworfen.

§ 5

Der Krankenhausträger stellt den Ärzten eine entsprechende Schutzkleidung zur Verfügung.

§ 6

(1) Die Hilfsorganisationen stellen dem jeweiligen Kostenträger die Einsatzkosten in Rechnung.
(2) Dem Krankenhausträger sind diejenigen Kosten zu ersetzen, die durch die Bereitstellung seiner Ärzte entstehen (§ 6 RDG). Die Abrechnung erfolgt derzeit aufgrund der Vereinbarung über die Vergütung für die Inanspruchnahme von Krankenhausärzten beim Notarztwageneinsatz (Notarztpauschale) in ihrer jeweils geltenden Fassung.

§ 7

Die Hilfsorganisationen verpflichten sich, zugunsten der eingesetzten Notärzte eine Regreßhaftpflichtversicherung abzuschließen. Diese sieht Versicherungsschutz in Höhe von 5 Millionen DM pauschal für Personen- und Sachschäden vor.

§ 8

Erfahren die tatsächlichen Gegebenheiten eine so wesentliche Veränderung, daß die Durchführung dieses Vertrages gefährdet ist, so verpflichten sich die Vertragspartner zur Aufnahme von Verhandlungen mit dem Ziel einer Anpassung.

§ 9

Dieser Vertrag tritt am 1.8. 1982 in Kraft. Er gilt zunächst für die Dauer eines Jahres und verlängert sich um 1 Jahr, wenn er nicht spätestens 3 Monate vor Ablauf des Jahres schriftlich gekündigt wird.

Ulm/Stuttgart, den 12.08. 1982

Für die **Universität**

Für den **Arbeiter-Samariter-Bund**
Baden-Württemberg e. V.

Für das **Deutsche Rote Kreuz**
Kreisverein Ulm e. V.

Anlage 2

Vereinbarung über das Zusammenwirken im bodengebundenen Notarztdienst und im Luftrettungsdienst, sowie über ärztliche Weiterbildung im Bundeswehrkrankenhaus und im Universitätsklinikum

zwischen

der **Bundesrepublik Deutschland**
- vertreten durch den Bundesminister der Verteidigung, dieser vertreten durch die Wehrbereichsverwaltung V in Stuttgart,

nachfolgend „Bundeswehr" genannt

und

der **Universität Ulm** als Trägerin des Klinikums der Universität Ulm, nachstehend „Universitätsklinikum" genannt

Präambel

Die Vertragspartner wirken im Rettungswesen des Rettungsdienstbereiches Stadtkreis Ulm/Alb-Donau-Kreis zusammen. Zu diesem Zweck arbeiten die Vertragspartner im luft- bzw. bodengebundenen Notarztdienst im Rahmen ihrer jeweiligen Kapazität zusammen. Die Zusammenarbeit soll zugleich der Fort- und Weiterbildung der eingesetzten Notärzte zugute kommen.
Die nachfolgenden Einzelbestimmungen basieren auf den §§ 21 und 23 der Grundvereinbarung zwischen der Bundesrepublik Deutschland und dem Land Baden-Württemberg vom 17./28.07. 80 über die Zusammenarbeit zwischen der Universität Ulm und dem Bundeswehrkrankenhaus Ulm.

§ 1

(1) Das Universitätsklinikum wird Ärzten der Abteilung X, Anästhesie, des Bundeswehrkrankenhauses Ulm entsprechend der Kapazität seiner Anästhesiologischen Klinik Arbeitsmöglichkeiten im bodengebundenen Rettungswesen einräumen.
(2) Das Universitätsklinikum wird diesen Ärzten in seiner Anästhesiologischen Klinik nach einvernehmlicher Absprache die Möglichkeit zur Weiterbildung im Rahmen der Facharztweiterbildung einräumen.
(3) Der Einsatz der Sanitätsoffiziere durch das Land erfolgt auf den Rettungsmitteln der Hilfsorganisationen.

§ 2

(1) Die Bundeswehr wird Ärzten der Anästhesiologischen Klinik des Universitätsklinikums entsprechend der Kapazität seiner Abteilung X, Anästhesie, im Bundeswehrkrankenhaus Ulm Arbeitsmöglichkeiten im Luftrettungsdienst einräumen.
(2) Die Bundeswehr wird diesen Ärzten im Bundeswehrkrankenhaus Ulm nach einvernehmlicher Absprache die Möglichkeit zur Weiterbildung im Rahmen der Facharztweiterbildung einräumen.
(3) Die Bundeswehr stellt das Luftrettungsmittel samt Personal nach den für sie im Bereich des Luftrettungswesens geltenden Vorschriften zur Verfügung.

§ 3

(1) Die Vertragspartner verpflichten sich, für den Einsatz im Notarztdienst nur solche Ärzte ihrer Bereiche zu benennen, die mindestens das zweite Jahr ihrer Facharztweiterbildung erreicht haben und neben entsprechenden Kenntnissen über Flugtauglichkeit verfügen.
(2) Für die Dauer ihrer Tätigkeit werden die Ärzte in die Abteilung X, Anästhesie, bzw. die Anästhesiologische Klinik, eingegliedert. Sie unterliegen für die Dauer ihrer Tätigkeit den Weisungen der jeweiligen Leiter der Einrichtungen, in denen sie tätig sind.
(3) Der jeweilige Status der eingesetzten Ärzte wird nicht berührt.

§ 4

Jeder Vertragspartner benennt einen Beauftragten; diese regeln in gegenseitiger Absprache die zur Durchführung dieser Vereinbarung notwendigen Einzelheiten, wie Dauer, Zeitpunkt und Ort der Weiterbildung sowie Zahl der Ärzte u. a.

§ 5

Die Vertragspartner stellen einander für die Ausbildung im Rahmen dieser Vereinbarung keine Kosten in Rechnung.

§ 6

Jeder Vertragspartner rechnet die Einsätze seines Bereiches nach den jeweils geltenden Vorschriften ab. Eine Leistungsverrechnung findet nicht statt.

§ 7

(1) Die eingesetzten Ärzte sind während des Einsatzes gegenüber dem nichtärztlichen Personal der Bundeswehr und der Hilfsorganisationen in medizinischen Fragen weisungsbefugt.
(2) Sie entscheiden in eigener Verantwortung über die notwendigen ärztlichen und organisatorischen Maßnahmen. Im ärztlichen Bereich sind sie keinen Weisungen unterworfen.[1]

§ 8

Die Vertragspartner stellen den Ärzten eine entsprechende Schutzkleidung zur Verfügung.

§ 9

Die Begleitung von Kindertransporten erfolgt ebenfalls nach dieser Vereinbarung durch Ärzte der Kinderklinik des Universitätsklinikums.

§ 10

(1) Sanitätsoffiziere, die im bodengebundenen Rettungsdienst eingesetzt sind, genießen Unfallversicherungsschutz über die von den Hilfsorganisationen abgeschlossene private Unfallversicherung.
Diese sieht folgende Leistungen vor:
1. Bei Todesfall 1 000 000,– DM
2. Bei Vollinvalidität 1 000 000,– DM
3. Bei Teilinvalidität die Leistungen nach der verbesserten Gliedertaxe.
(2) Die Vertragsparteien weisen ihre Ärzte darauf hin, daß ein darüber hinausgehender Versicherungsschutz nicht gewährt werden kann.
Auf d. Versicherungsschutz kann durch Erklärung gegenüber dem Uniklinikum verzichtet werden (vgl. SR 2 c Nr. 3 Abs. 2 BAT Protokollnotiz Nr. 5).

§ 11

(1) Schadensfälle sind im Außenverhältnis nach Maßgabe der gesetzlichen Bestimmungen abzuwickeln.
(2) Die Vertragspartner verpflichten sich, im Innenverhältnis
1. dem Partner Schäden, soweit diese mittelbar oder unmittelbar von ihren Angehörigen durch schuldhaftes Verhalten zugefügt worden sind und soweit der Partner sie nicht durch Inanspruchnahme Dritter decken kann, zu ersetzen. Der in Anspruch genommene Partner kann seine Ersatzpflicht auf den Umfang beschränken, als er selbst von seinen Angehörigen nach Maßgabe der dienstlichen Haftungs- und Inanspruchnahmegrundsätze Ersatz verlangt.
2. Angehörige des anderen Partners nicht in Anspruch zu nehmen.

§ 12

Die Verhandlungspartner verpflichten sich, bei Bekanntwerden unvorhergesehener Umstände, die die Änderung von Einzelbestimmungen dieser Vereinbarung aus der Sicht eines Vertragspartners erforderlich machen, in Verhandlungen zu treten; die Verhandlungen müssen innerhalb von 6 Monaten zur Einigung führen.

---

1 zum weisungsfreien Bereich gehört auch die Entscheidung des Notarztes, in welchem Krankenhaus die Notfallaufnahme erfolgen soll

§ 13

Dieser Vertrag tritt am 01.05. 1982 in Kraft. Er gilt zunächst für 1 Jahr und verlängert sich um 1 Jahr, sofern er nicht spätestens 3 Monate vor Ablauf des Jahres schriftlich gekündigt wird.

Ulm, den 28. Mai 1982	Stuttgart,
Universität Ulm	**Wehrbereichsverwaltung V**

Anlage 3

Vereinbarung über die Aus- und Fortbildung von Rettungssanitätern der Hilfsorganisationen

zwischen

der **Universität Ulm** (im folgenden: Krankenhausträger)

und

dem **Deutschen Roten Kreuz,** Kreisverband Ulm e.V.
dem **Arbeiter-Samariter-Bund** Baden-Württemberg e.V.
– Träger des Rettungsdienstes –
(im folgenden: Hilfsorganisationen)

§ 1

Der Krankenhausträger erklärt seine Bereitschaft, im Rahmen seiner Kapazität bei der Aus- und Fortbildung der Rettungssanitäter der Hilfsorganisationen mitzuwirken. Dies geschieht z. B. dadurch, daß einzelnen Rettungssanitätern oder in Ausbildung zum Rettungssanitäter Befindlichen die Tätigkeit in der Klinik in Form eines Blockpraktikums ermöglicht wird.

§ 2

Die Hilfsorganisationen verpflichten sich, nur Personal, das die Qualifikation eines Rettungssanitäters hat oder sich in der Ausbildung zum Rettungssanitäter befindet, zu den Kursen zu entsenden. Für die Dauer der Kurse werden die Rettungssanitäter von ihren sonstigen Dienstaufgaben entbunden.

§ 3

Jeder Vertragspartner benennt einen Beauftragten; diese regeln in gegenseitiger Absprache die zur Durchführung dieser Vereinbarung notwendigen Einzelheiten, wie Zeitpunkt und Dauer der Ausbildung, Zahl der Teilnehmer, Ausbildungsstationen u.a.

§ 4

Während der Ausbildung sind die Teilnehmer den Weisungen des Personals des Krankenhausträgers unterworfen. Sie haben die Haus- und Dienstordnung zu beachten. Bei Verstößen hiergegen werden die Teilnehmer von den Hilfsorganisationen auf Antrag des Krankenhausträgers durch sofortige Beendigung der Ausbildung abberufen.

§ 5

Die Hilfsorganisationen behalten sich vor, ihre Rettungssanitäter aus wichtigem Grund (Katastrophenfall, Gefährdung des Dienstbetriebes) – ggf. mit sofortiger Wirkung – zurückzuberufen.

§ 6

Sind die Hilfsorganisationen zur Gegenleistung gegenüber dem Krankenhausträger weder bereit noch in der Lage, so findet die Aus- und Weiterbildung nach § 1 beim Krankenhausträger gegen Kostenersatz statt.

§ 7

(1) Schadensfälle sind im Außenverhältnis nach Maßgabe von Gesetz und Rechtsprechung abzuwickeln.
(2) Die Vertragspartner verpflichten sich, im Innenverhältnis
1. dem Partner Schäden, soweit diese mittelbar oder unmittelbar von ihren Angehörigen durch schuldhaftes Verhalten zugefügt worden sind und soweit der Partner sie nicht durch Inanspruchnahme Dritter decken kann, zu ersetzen. Der in Anspruch genommene Partner kann seine Ersatzpflicht auf den Umfang beschränken, als er selbst von seinen Angehörigen nach Maßgabe der dienstlichen Haftungs- und Inanspruchnahmegrundsätze Ersatz verlangen kann.
2. Angehörige des anderen Partners nicht in Anspruch zu nehmen.

(3) Die Hilfsorganisationen verpflichten sich für Personal, welches beim Krankenhausträger aus- und fortgebildet wird, eine Haftpflichtversicherung abzuschließen, die folgende Leistungen vorsieht:

Personenschäden	3 Mio. DM
Sachschäden	300000,– DM
Vermögensschäden	100000,– DM.

§ 8

Dieser Vertrag tritt am 1.6. 1982 in Kraft. Er gilt zunächst für 1 Jahr und verlängert sich um 1 Jahr, sofern er nicht spätestens 3 Monate vor Ablauf des Jahres schriftlich gekündigt wird.

Ulm/Stuttgart, den 19. Aug. 1982

Für die **Universität Ulm**
Für den **Arbeiter-Samariter Bund** Baden-Württemberg e. V.

Für das **Deutsche Rote Kreuz,** Kreisverband Ulm e. V.

8.3 Vereinbarung

gemäß Art. 7 Abs. 2 Nr. 1 des Bayerischen Gesetzes über den Rettungsdienst (BayRDG) vom 11. Januar 1974 (GVBl. S. 1)

zwischen
dem **Rettungszweckverband Würzburg**
als Träger des Rettungsdienstes
vertreten durch den Verbandsvorsitzenden

und
dem **Bayerischen Roten Kreuz,** Kreisverband Würzburg
als Durchführender des Rettungsdienstes
vertreten durch den Vorsitzenden des Kreisverbandes

über die Mitwirkung von Ärzten des Roten Kreuzes am Notarztdienst im Bereich des KV Würzburg

§ 1

(1) Aufgabe des Notarztdienstes ist die ärztliche Erstversorgung, Herstellung der Transportfähigkeit und Betreuung der Notfallpatienten während des Transportes in enger Zusammenarbeit mit den Rettungssanitätern und anderen Hilfskräften, sowie mit den im Bayerischen Rettungsdienstgesetz genannten Stellen.
(2) Der Notarztdienst des Bayerischen Roten Kreuzes, Kreisverband Würzburg übernimmt die Organisation und Durchführung des Notarztdienstes nach Maßgabe der folgenden Bestimmungen.

§ 2

(1) Das BRK Würzburg verpflichtet durch Einzelvereinbarung geeignete Ärzte in ausreichender Zahl zur Mitwirkung am Notarztdienst und bestellt auf ihren Vorschlag einen Arzt als Leiter des Notarztdienstes.
(2) Geeignet im Sinne von Abs. 1 sind Ärzte, die über eine mindestens einjährige klinische Erfahrung verfügen und ausreichende notfallmedizinische Kenntnisse und Fähigkeiten besitzen. Über die Eignung des ärztlichen Personals für den Einsatz auf dem Notarztwagen entscheidet der leitende Arzt des Notarztdienstes des BRK Würzburg.
(3) Der Notarztdienst des BRK Würzburg stellt sicher, daß jeweils ein Arzt abrufbereit für den Einsatz zur Verfügung steht. Den Dienst- und Einsatzplan erstellt der leitende Arzt des Notarztdienstes.
(4) Für den Luftrettungsdienst gilt entsprechendes

§ 3

Der Notarzt wird durch die Rettungsleitstelle Würzburg angefordert. Der Rettungszweckverband stellt die jederzeitige Erreichbarkeit des Notarztes durch die Rettungsleitstelle sicher. Dazu werden dem BRK Würzburg eine ausreichende Zahl von Meldeempfängern zur Verfügung gestellt.

§ 4

(1) Der Notarzt wird entweder durch den bei der Rettungswache des BRK Würzburg stationierten Notarztwagen und falls dieser nicht zur Verfügung steht, durch den Notarzt- bzw. Rettungswagen der nächsterreichbaren Rettungswache (Stationssystem) oder im Rendezvoussystem durch ein nach den Empfehlungen des DRK ausgerüstetes Notarzteinsatzfahrzeug (NEF) zum Einsatzort gebracht.
Beim Einsatz eines Rettungshubschraubers bringt dieser den Notarzt zum Einsatzort.
(2) Der leitende Arzt des Notarztdienstes entscheidet, welches der beiden Systeme beim bodengebundenen Notarztdienst zum Einsatz kommt nach Maßgabe des Einsatzplanes. Dieser liegt der Rettungsleitstelle vor.
(3) In gesonderten Fällen besteht die Möglichkeit, daß der Notarzt auch als Selbstfahrer des NEF zum Einsatz kommt. Der KV Würzburg des BRK verpflichtet sich nur, entsprechend qualifizierte Ärzte für diese Art des Einsatzes auszuwählen. Die Qualifikation wird überprüft und dokumentiert.

§5

(1) Das BRK Würzburg verpflichtet sich, unbeschadet eines etwaigen gesetzlichen Unfallversicherungsschutzes, für die im Notarztdienst eingesetzten Ärzte eine private Unfallversicherung abzuschließen. Diese hat folgende Leistungen vorzusehen:
1. Bei Todesfall mindestens DM 500000,–
2. bei Vollinvalidität DM 1000000,–

3. bei Teilinvalidität die Leistungen nach der verbesserten Gliedertaxe.
(2) Das BRK Würzburg schließt zugunsten jeden Notarztes eine Haftpflichtversicherung mit Dekkungssummen für den einzelnen Schadensfall von mindestens
DM 2000000,– für Personenschäden
DM 200000,– für Sachschäden
DM 25000,– für Vermögensschäden ab.
(3) Das BRK Würzburg stellt die gesetzliche Unfallversicherung der Notärzte durch die BG für Gesundheitsdienst und Wohlfahrtspflege, Hamburg sicher. Der Rettungszweckverband erstattet dem BRK die für die freiwillige Versicherung bei dieser BG erforderlichen Beiträge.
(4) Das BRK Würzburg stellt den Notärzten die entsprechende Schutzkleidung zur Verfügung.

§6

Das BRK Würzburg stellt die für die spezielle Fortbildung der Notärzte erforderlichen Mittel zur Verfügung. Die Organisation und Durchführung der Fortbildung obliegt dem leitenden Arzt des Notarztdienstes.

§7

(1) Die am Notarztdienst beteiligten Ärzte sind während des Einsatzes gegenüber dem Rettungsdienstpersonal in medizinischen Fragen weisungsbefugt.
(2) Der leitende Arzt des Notarztdienstes ist in allen Fragen der medizinischen Versorgung von Notfallpatienten gegenüber der Rettungsleitstelle weisungsbefugt.
(3) Der leitende Arzt des Notarztdienstes ist allen am Notarztdienst beteiligten Ärzten gegenüber in organisatorischen Fragen und bei der Anordnung von Einsätzen weisungsbefugt.

§8

Diese Vereinbarung tritt am ... in Kraft. Sie gilt zunächst für ein Jahr und verlängert sich jeweils um ein weiteres Jahr, wenn nicht spätestens drei Monate vor Ablauf des Jahres schriftlich gekündigt wird.

Würzburg, den

Entwurf

Vereinbarung

zwischen
dem **Bayerischen Roten Kreuz**
Kreisverband Würzburg
vertreten durch den Vorsitzenden

und dem Notarzt

Herrn (Frau) Dr. med.

über die Mitwirkung am
Notarztdienst des BRK Würzburg

§ 1

(1) Das BRK, KV Würzburg hat es durch Vereinbarung mit dem Rettungszweckverband Würzburg übernommen, den Notarztdienst zu organisieren und ihn mit geeigneten Ärzten durchzuführen, die sich ihm gegenüber zur Mitwirkung verpflichten.
(2) Die Vereinbarung zwischen dem BRK Würzburg und dem Rettungszweckverband Würzburg ist Anlage dieser Vereinbarung.

§ 2

Herr (Frau) Dr. med. ... verpflichtet sich hiermit im Auftrag des BRK Würzburg nach Maßgabe des vom leitenden Arzt des Notarztdienstes zu erstellenden Dienst- und Einsatzplanes am Notarztdienst teilzunehmen. Er erkennt das Weisungsrecht des leitenden Arztes des Notarztdienstes in organisatorischen Fragen und bei der Anordnung der Einsätze an und verpflichtet sich, an den speziellen Fortbildungsveranstaltungen für Notärzte teilzunehmen.

§ 3

Das BRK Würzburg verpflichtet sich, zugunsten des Arztes die in § 5 Abs. 1–2 der Vereinbarung zwischen dem BRK Würzburg und dem Rettungszweckverband Würzburg vorgesehene Versicherung abzuschließen und ihm die entsprechenden Kosten zur freiwilligen Versicherung bei der BG f. Gesundheitsdienst und Wohlfahrtspflege zu erstatten.

§ 4

Der Notarzt rechnet seine Leistungen bei der Kassenärztlichen Vereinigung Bayerns – Bezirksstelle Unterfranken – ab, oder stellt sie, soweit eine Abrechnung über die KVB ausscheidet, den Patienten oder Kostenträgern unmittelbar in Rechnung.

§ 5

Diese Vereinbarung tritt mit der Unterschrift in Kraft.
Sie gilt für die Dauer eines Jahres und verlängert sich jeweils um ein weiteres Jahr, wenn nicht spätestens drei Monate vor Ablauf des Jahres schriftlich gekündigt wird.
Eine Kündigung vor Ablauf dieser Frist ist nach Einhaltung einer dreimonatigen Kündigungsfrist jederzeit möglich.

Würzburg, den

Literatur

Ahnefeld, F. W.: Sekunden entscheiden, 2. Auflage 1981

Becker, H.: Kraftfahrzeughaftpflichtschäden, 6. Aufl. 1960

Bender, B.: Staatshaftungsrecht 3. Aufl. 1981

Bidinger, H.: Kommentar zum Personenbeförderungsgesetz

Bockelmann, P.: Strafrecht des Arztes, 1968

Deutsch, E.: Haftungsrecht, 1976

Dietz, R., Richardi, R.: Bundespersonalvertretungsgesetz, 2. Auflage 1978

Dunz, W.: Aktuelle Fragen zum Arzthaftungsrecht unter Berücksichtigung der neueren höchstrichterlichen Rechtsprechung, 1980

Erbs, G., Kohlhaas, M.: Strafrechtliche Nebengesetze

Erman, W.: BGB-Handkommentar, 6. Aufl. 1975 (zit. Erman + Bearbeiter)

Eyermann, E., Fröhler, L.: Verwaltungsgerichtsordnung 6. Aufl. 1974

Geigel, R., Geigel, R.: Der Haftpflichtprozeß, 16. Aufl. 1976

Gerdelmann, W., Korbmann, H., Kutter, St., Stramka, E.: Krankentransport und Rettungswesen, Loseblatthandbuch 1978

Gorgaß, B., Ahnefeld, F. W.: Der Rettungssanitäter, 1980

Handbuch des Rettungswesens: (herausgeg. v. Biese, A. (†), Lüttgen, R., Versen, P., (†), Kerutt, H. (†), Gatz, K., Sefrin, P., 1974 f. (zit.: Handbuch)

Hübner, A., Drost, H.: Ärztliches Haftungsrecht, 1955

Jagusch, H.: Straßenverkehrsrecht, 22. Aufl. 1976

Joachimski, S.: Betäubungsmittelrecht, 1972

Kern, B.-R., Laufs, A.: Die ärztliche Aufklärungspflicht, 1983

Kohlhaas, M.: Medizin und Recht, 1969

Lackner, K.: Strafgesetzbuch, 9. Aufl. 1975

Laufs, A.: Arztrecht, 2. Aufl. 1978

Maunz, Th., Dürig, G., Herzog, R., Scholz, R.: Kommentar zum Grundgesetz

Medicus, D.: Bürgerliches Recht, 9. Aufl. 1980

Medicus, D.: Gesetzliche Schuldverhältnisse, 1977 (zit. Schuldverhältnisse)

Mergen, A. (Hrsg.): Die juristische Problematik in der Medizin, 3 Bände 1971 (zit.: Bearbeiter in: Mergen)

Münchener Kommentar: Münchener Kommentar zum BGB, herausgeg. von K. Rebmann und F. J. Säcker, 1977 ff. (zit.: Münchner Kommentar-Bearbeiter)

Narr, H.: Ärztliches Berufsrecht, 2. Aufl. 1977

Oehler, H., Schulz: Rettungsdienst in Bayern, Kommentar

Opderbecke, H. W., Weissauer, W.: Forensische Probleme in der Anästhesiologie, 1981

Palandt, O.: Bürgerliches Gesetzbuch, Kommentar, 39. Aufl. 1980 (zit.: Palandt und Bearbeiter)

Plog, E., Wiedow, A.: Kommentar zum BBG

Putzo, H.: Die Arzthaftung, Grundlagen und Folgen, 1979

Reichert, B., Dannecker, F., Kühr, C.: Handbuch des Vereins- und Verbandsrechts, 2. Aufl. 1977

Simitis, S., Damman, U., Mallmann, O., Reh, H.-J.: Kommentar zum Bundesdatenschutzgesetz, 2. Aufl. 1979

Söllner, A.: Arbeitsrecht, 4. Aufl. 1974

Soergel, Th.: Bürgerliches Gesetzbuch, Kommentar, 10. Aufl. 1969 (zit.: Soergel und Bearbeiter)

Schaub, G.: Arbeitsrechtshandbuch, 4. Aufl. 1980

Schäfer, A., Bonk, H. J.: Staatshaftungsgesetz, 1982

Schmidt-Salzer, J.: Produkthaftung, 1973

Schönke, A., Schröder, H., Cramer, P., Eser, A., Lenckner, Th., Stree, W.: Strafgesetzbuch, 20. Aufl. 1980

Schwerd, W.: (Hrsg.) Kurzgefaßtes Lehrbuch der Rechtsmedizin, 1975
Sefrin, P.: (Hrsg.) Notfalltherapie im Rettungsdienst, 2. Aufl. 1981
Vollmar, A., Müller, F. G., Kalff, G.: Notfallsituationen im Krankenhaus, 1980
Wolff, H.-J., Bachof, O.: Verwaltungsrecht Bd. II, 4. Aufl. 1976
Zöllner, W.: Arbeitsrecht, 2. Aufl. 1979

Sachverzeichnis

Die angegebenen Fundstellen beziehen sich auf die Randnummern.